# 인도불교 부흥운동의 선구자

## 제2의 아소카, 아나가리카 다르마팔라

법화사상연구소 기획총서 ❶

# 인도불교 부흥운동의 선구자
## 제2의 아소카, 아나가리카 다르마팔라

카하왓떼 스리 수메다 스님 편저
조준호 옮김

B.E.(Buddhist Era / 佛紀) : 2554    C.E.(Common Era: 西紀) : 2010

## 🪷 봉헌 🪷

불교의 대의를 위해 봉헌하도록 축복, 교육 그리고 기회를 주신 분들

인두루베 우타라난다 마하나야카
(Induruve Uttarananda Mahanayaka) 큰스님

밧데가마 위말라 완사 아누나야카
(Baddegama Wimala Wansa Anunayaka) 큰스님

암피티예 시리위말라(Ampitiye Siriwimala) 큰스님

도단고다 레와타(Dodangoda Rewatha) 큰스님

벨란윌라 위말라라타나
(Bellanwila Wimalaratana) 큰스님

키라마 위말라조티
(Kirama Wimalajothi) 큰스님

| 나의 부모님 |

W.A. 릴라와티 마니케 (Leelawathi Manike)

U.K.R.M 키리 반다라 닐라메 (Kiri Bandara Nilame)

## 한국어판 발간사

　2,600여 년 전 한 인간이 길 위에서 태어났습니다. 그는 길 위에서 깨달음을 얻었으며 길 위에서 참된 행복으로 이르는 길을 설파하시다가 길 위에서 세상을 떠났습니다. 그는 바로 석가모니 붓다였습니다. 오늘날 많은 사람들이 그의 가르침에 따라 행복으로 이르는 길을 따라가고 있습니다.
　그러나 그분이 태어나시고 가르침을 펼치셨던 인도에서는 그분의 발자취를 유적으로만 만날 수 있을 뿐입니다. 안타깝게도 800여 년 전 그분의 가르침은 인도에서 절멸되고 그 분의 성스러운 행적이 남아있던 장소들마저 신념을 달리하는 사람들의 손에 의해 파괴되어 버렸기 때문입니다.
　다시 오랜 세월이 흐른 후 1891년 1월 22일 스리랑카의 한 청년이 석가모니 붓다께서 깨달음을 얻으신 부다가야를 찾아와서 금강보좌에 이마를 대었습니다. 그 순간 그는 그의 몸통을 관통하는 듯한 전율을 느꼈으며 자신의 평생의 서원을 세우게 되었습니다. 붓다의 발자취가 서려있는 성소를 불교도의 품으로 되찾아오고 이 땅에 붓다의 가르침을 중흥시키겠다는 것이 그것이었습니다. 그는 바로 인도 불교부흥운동의 선구자로 일컬어지는 아나가리카 다르마팔라 존자입니다.

이후 1891년 마하보디 소싸이어티(이후 마하보디협회로 칭함)를 창립한 이래 일생에 걸친 그의 헌신과 노력으로 붓다의 성스러운 발자취가 서려있는 위대한 성소들이 불교도의 품으로 돌아오게 되었습니다. 오늘날 우리가 아무런 제약 없이 이곳을 참배할 수 있게 된 것은 바로 다르마팔라 존자의 피땀 어린 정성 덕분인 것입니다.
　1913년 8월 20일 다르마팔라존자는 우리나라를 방문하였다고 합니다. 그는 당시 한국의 불교계에 당신이 태국의 국왕으로부터 이운받았던 석가모니부처님의 진신사리를 기증하였으니 현재 조계사 경내에 있는 7층 사리탑이 바로 그 불사리를 봉안하고 있는 것입니다. 다르마팔라존자의 방문의 여파는 또한 소승의 사조(師祖)이신 당시 한국 불교계의 거목이셨던 용성큰스님과의 정신적인 교류로도 이어지니, 용성큰스님께서 대각회를 창립하시고 불교성지 복원운동을 주도하시며, 일반 대중들은 이해할 수도 없었던 한문불경의 한글화를 통하여 대중화를 이루는 기틀을 닦으셨던 것입니다.

　소승은 3년 전에 인도를 방문하였다가 부처님의 성도지인 부다가야의 보리수나무 아래에서 일단의 남방불교스님들이 독송법회를 개최하시는 모습을 보고 깊은 감명을 받았습니다. 이에 당시 행사를 주관하시던 마하보디협회와 자매결연을 맺고 대보리회의 후원과 부다가야 인근 각국 스님들의 협조를 얻어 대승불교권에서는 처음으로 2회에 걸쳐 독송법회와 오계수계법회를 봉행한 바 있습니다. 이때 인도 마하보디협회의 사무총장이신 레와타 스님께서 다르마팔라존자의 일대기를 담은 영문 'Anagarika Dharmapala(아나가리카 다르마팔라) 〈The Lion of Lanka, Second Asoka in India〉' 책을 저에게 선물하시며 한국에서 많은 분들에게 이 책이 읽혀졌으면 좋겠다는 말씀을 하신 적이 있었습니다. 이에 소승은 한국으로 돌아오자마자 곧 번역의 적임자를 찾게 되었고 마침 초기불교의 전공자이자 인도 최고의 명문인 델리대학교에서 박사학위를 받으신 조준호 박사께 한국어로 옮겨줄 것을 부탁한바 있습니다.

금번 조준호 박사의 번역으로 근대 불교계의 보배이자 인도불교부흥운동의 선구자였던 다르마팔라존자의 일대기와 행적이 한글로 번역되어 출간되었습니다. 이 책을 통하여 우리는 그동안 우리가 모르고 있었던 한 위대한 인간의 치열했던 삶과 사상을 이해할 수 있으며, 나아가서 그의 평생에 걸친 염원이었던 불교부흥운동의 횃불을 다시 한번 밝힐 수 있게 되기를 바라마지 않습니다.

이 책의 번역을 허락해 주신 저자 수메다 스님과, 인도 대보리회의 사무총장이신 레와타스님, 사무부총장 씨울리 스님, 스리랑카어의 번역을 도와주신 위말라끼띠 스님과 난다라타나 스님 및 관계자 분들의 협조와, 번역 도중 허리를 수술하면서까지 이 책을 한국어로 옮겨주신 조준호박사와 보리수투어 정기선 사장 및 이화문화출판사의 이홍연 사장과 이 책의 발간에 힘써 주신 모든 분들의 노고에 감사를 드립니다.

불기 2554년 10월 23일
법화정사 회주 비구 도림 합장

 **서문**

아나가리카 다르마팔라는 불교를 전파하기 위해 끊임없이 활동하고, 허례주의, 미신, 사회적 불의의 노예상태에서 인간을 해방하기 위해 부단히 투쟁하며, 종교와 정치에서 새 시대를 선도했다. 이는 내가 이 전기 언행록을 편찬하게 된 계기가 되었다.

이 전기는 당대를 가장 잘 반영했던 한 인물에 대해 알기를 원했던 모든 것을 담고 있다. 역사적으로 분화된 민족들 간에 공통의 유대를 재설립하기 위해, 그리고 사람들이 오랫동안 주장해오던 세계정신을 회복하기 위해 개인과 집단의 의식을 고취하며, 그의 다사다난한 생애, 식민지 통치자들이 싱할라(스리랑카) 민족에게 가하던 이상한 정체성 공격에서 그들의 의식을 회복하려는 신랄한 언쟁, 부처님의 성도지인 붓다가야의 정당한 소유권을 불교도에게 회복하려는 노력을 자세히 기술하였다.

불교 포교에 헌신하기 위해 인도에 머무는 동안에, 나는 아나가리카에 관한 책과 문헌을 읽었고 또한 사르나트에서 그의 고귀한 활동을 계속하는데 공헌을 할 기회를 가질 수 있었다. 나는 다르마팔라가 시작한 임무가 거대하다는 사실을 알고 있다. 그의 비전을 실현하기 위해 이 생애만으로는 충분하지 않을 것이다. 그가 바라던 대로 그 과업을 계속해 나아가도록 나에게 내세가 주어지기를 바란다.

 아나가리카의 생애 이야기는 그 자체로 역사적 서사시이다. 19세기 후반기의 시작인 1864년 9월 17일에 태어나서 그는 69세까지 살며 불교의 대의를 위해 인생을 바쳤다. 그의 과업을 21세기로 추진하는 것은 현재 우리의 의무이다.

 이 책의 여러 장은 아나가리카 자신이 쓴 저술 작품의 선집이거나 그와 관련이 있던 혹은 그를 만날 특권이 있었던 사람들의 헌사이다. 나는 또한 그가 친밀하게 관계를 맺었던 저명 인사, 정치인, 학자들의 기록이나 서신을 포함했다. 불교 역사에서 영원히 기억될 저명 인사들을 기록하는 데 있어, 아나가리카 다르마팔라가 그의 역동적인 지도력 때문에 자신을 더욱 생기있게 만들었다는 것을 누구도 부인할 수 없다.

 나는 매일 사르나트에서 인도와 다른 나라에서 온 순례자들에게 아나가리카 다르마팔라의 고귀한 일생에 대해 말할 기회를 가져왔다. 많은 이들이 아나가리카의 삶과 활동을 담은 책을 원했다. 따라서 이 책이 나오게 되었다. 나는 또한 가까운 장래에 이 책이 힌두어, 싱할라어, 그리고 많은 다른 언어로 번역되어 출간되기를 희망한다.

내가 동남 태평양 연안국들과 인도에서의 불교 포교 활동을 위해 스리랑카를 떠날 때, 나의 존경하는 스승인 암피티예 시리위말라 큰스님과 나의 사랑하는 부모님의 축복덕분에 헌신, 용기, 신념을 가지고 나에게 주어진 다양한 종류의 임무를 수행하는 것이 가능할 수 있었다.

인도 마하보디협회의 사무총장인 도담고다 레와타 스님에게 내가 필요한 매 순간마다 나에게 지도와 격려를 해준 것에 대해 심심한 사의를 표한다.

작품에 예증 자료와 관점을 신도록 허락해준 박학한 학자들과 저명한 작가와 출판업자들 모두에게 진심으로 감사를 전한다.

인도와 스리랑카에서 자료와 문서를 수집하는데 도움을 준 마하보디협회의 전 편집장이자 스리랑카의 원로 언론인 우팔리 루파싱헤와 아파락케 수가타완사 스님, 탈라투오예 사밋디시리스님에게 많은 은혜를 입었다. 또한 나의 후원자인 미국의 틱누지오이후옹 박사와 싱가포르의 낸시 림 호 네오 부인과 이 책을 출간하는 데 협력해준 콜롬보의 사만 아타우다테

띠를 언급하고 싶다.

나의 원고를 세심하게 교정해준 C. 마니 교수, 역사 학과장인 파라마난다 싱 교수, 바라나시의 마하트마 간디 까시 비드야피쓰, 사르나트 마하보디 인터 칼리지의 학장 베니 마드호 박사에게 감사한다.

우리 사르나트 마하보디협회의 직원들인 사르나트 마하보디협회의 마노즈 쿠마르 싱 박사와 스리 람디라즈의 노고에 감사를 남긴다.

사타남 프린터즈 출판사는 이 책이 제 시간에 나올 수 있도록 친절히 협력해주었으며 이에 대해 축복을 받을 것이다.

- 카하왓떼 스리 수메다 스님
불기 2550년
바라나시, 사르나트 녹야원

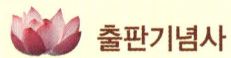 **출판기념사**

　불교의 포교에 평생을 보낸 인도 마하보디협회의 설립자 아나가리카 다르마팔라의 생애와 활동에 대해 누구도 이토록 상세하고 정확한 역사를 만날 수 없을 것이다. 여기서 언급할 중요한 요점 중 일부는 19세기 말에 실제로 서구 세계 뿐 아니라 아시아 불교국에 불교 사원의 비참한 상태를 드러내고 또한 그 기원지에 불교 문화를 회복할 필요성을 알린 운동에 영감을 준 인물이 아나가리카 다르마팔라였다는 것이다.

　아나가리카의 생애에 대해 읽는 것은 나에게 항상 즐거움이었다. 좌절, 장애, 승리, 행운, 불운에도 불구하고 삶의 여정이 끝나는 날까지 대담하게 그의 여정을 계속한 용기 있고 고귀한 인물의 드라마이기 때문이다.

　아나가리카 다르마팔라는 인생에 있어 확고한 신념과 자신감을 가지고 모든 발걸음을 내딛을 수 있는 그 자신이 하나의 건조물이었다. 이것이 그가 과업의 성공을 거두는 데 있어 바탕이 된 진정한 비밀이었다.

　지난 30년 간 인도 마하보디협회에 봉헌하는 동안 나는 아나가리카의 삶과 활동에 관한 수많은 책과 기사를 읽었다. 이 책은 아나가리카의 삶을 이야기해 줄 뿐 아니라 또한 그 주제에 관해 광범위한 조사를 행했다. 차별화되어있을 뿐 아니라 계몽적이고 매우 교육적인 책이다.

스리 수메다 스님의 책은 아나가리카에 관한 포괄적인 역사이며, 이 '현대 불교 부흥의 선구자'에 대해 잘 알려져 있지 않은 사실들을 성실히 묘사하고 조사했다. 이 책은 이 위대한 법의 전사(Dhamma warrior)의 생애를 충실히 올바로 평가하고 있다.

인도 마하보디협회의 부사무총장이며 아나가리카가 그의 생애의 마지막 나날들을 보낸 사르나트 센터의 책임 비구인 카하왓떼 스리 수메다 스님은 순수한 결의와 함께 인도와 세계 전 지역에 불교의 부흥을 위해 영감을 준 그 고귀한 인물에게 헌사를 바쳤다. 나는 개인적으로 당신이 아나가리카 다르마팔라에 대해 항상 알고 싶어 했던 사실들에 대한 포괄적인 책으로 이 책을 추천한다.

도담고다 레왓타 스님
인도 마하보디협회 사무총장

## 목 차

- 한국어판 발간사 ⋯⋯ 6
- 서문 ⋯⋯ 10
- 출간 기념사 ⋯⋯ 14

Ⅰ ■ 아나가리카 다르마팔라
: 법의 수호자 ⋯⋯ 29

Ⅱ ■ 아나가리카 다르마팔라의 생애 ⋯⋯ 85

    아나가리카 다르마팔라의 부모 ⋯⋯ 89
    어린 시절의 회상 ⋯⋯ 96
    다르마팔라 아나가리카 ⋯⋯ 109
    설립자의 입적과 그 이후 ⋯⋯ 126
    진정한 제자 데와쁘리야 발리싱하,
    아나가리카 다르마팔라의 최초의 그리고 최고의 제자 ⋯⋯ 130
    메어리 엘리자베스 포스터 부인 ⋯⋯ 161
    인도와 실론의 지도자들의 주목할 만한 추도문과 기념사 ⋯⋯ 167
    실론이 인도에 준 것 ⋯⋯ 172
    인도 지도자들의 추모사 ⋯⋯ 176
    인디라 간디 부인이 다르마팔라의 공헌에 대해 말하다 ⋯⋯ 177
    일본에서의 다르마팔라 ⋯⋯ 180
    다르마팔라 탄생 100주년 기념 위원회 ⋯⋯ 184

# CONTENTS

**III** ■ 아나가리카 다르마팔라와 그가 교류한
  인도 국가 지도자, 주요 협회, 세계적 인사 ······ 193

　　마하트마 간디 ······ 195
　　인도 국민회의 ······ 204
　　힌두위원회 ······ 214
　　스와라지 바완, 자와할랄 네루와 다르마팔라의 과업과의 협력 ······ 216
　　인도 총 국민회의의 서한 ······ 220
　　고 자와할랄 네루와 불교 ······ 221
　　라빈드라 나트 타고르 ······ 231
　　스와미 비베카난드 ······ 247
　　인도의 고고학 조사부, 존 마샬 경과 그들의 다르마팔라 과업과의 관계 ······ 253
　　영적 조언자, 시리 수망갈라 큰스님 ······ 260
　　헨리 스틸 올코트 대령 ······ 265
　　일생의 친구 에드윈 아놀드 경 (Edwin Arnold) ······ 272
　　Sambudhagama Chakravarti 아슈토시 무케르지 경 ······ 289


**IV** ■ 아나가리카 다르마팔라의 불교와 불교 성지에 대한
  역사적 기록과 관점 ······ 293

　　성스러운 대의(大義)를 위한 38년간의 봉헌(奉獻) ······ 298
　　우리의 20년간의 업적 ······ 302
　　마하보디협회의 사업 ······ 314
　　고대인도 불교 성지로의 순례 ······ 324
　　붓다가야 : 가장 신성한 불교 사원 ······ 339
　　신성한 이시빠따나 (Isipatana), 베나레스의 사르나트 ······ 353

17

## 목 차

V ■ 아나가리카 다르마팔라의
　　　비전과 과업 ⋯⋯ 357

　　　다르마팔라의 과업 ⋯⋯ 360
　　　다르마팔라와 인도와 실론에서의 문화부흥 ⋯⋯ 380
　　　아나가리카 다르마팔라의 실론에서의 활동 ⋯⋯ 391
　　　다르마팔라의 신 불교와 젊은 아시아 ⋯⋯ 397

VI ■ 세계 종교 대회와 다르마팔라의
　　　유럽에서의 과업 ⋯⋯ 401

　　　시카고 종교 대회 ⋯⋯ 407
　　　시카고 세계 종교 대회의 불교 대표단의 Diary leaves ⋯⋯ 409
　　　아나가리카 다르마팔라에 관한 외국에서의 매체보도 ⋯⋯ 418
　　　영국에서의 불교 ⋯⋯ 433
　　　붓다 탄신일에 세계 평화를 위한 동양의 연합 ⋯⋯ 439
　　　서양인들에 대한 우리의 의무 ⋯⋯ 448

VII ■ 아나가리카 다르마팔라의
　　　뛰어난 강연 ⋯⋯ 453

　　　힌두교와의 관계에 있어서의 불교 ⋯⋯ 455
　　　세계가 붓다에 진 빚 ⋯⋯ 482
　　　사르나트, 물라간다쿠티 사원에서
　　　아나가리카 다르마팔라가 행한 개원 연설 ⋯⋯ 515

## CONTENTS

VIII ■ 아나가리카 다르마팔라의
　　　중요 서신 ······ 519

　　　편지 실론에서의 고난 ······ 521
　　　민주주의적 시암 ······ 526
　　　시암 국왕 폐하와 마하보디협회 간에 교환된 전보 ······ 527
　　　마하보디협회 서신 ······ 528
　　　설립자로부터의 메시지 ······ 530

IX ■ 참고문헌 ······ 533

　　　■ 추도사 ······ 536
　　　■ 추도시 ······ 544
　　　■ 역자 후기 ······ 556
　　　■ 편저자 카하왓떼 스리 수메다 스님
　　　　(Dr. Kahawatte Siri Sumedha Thera)에 관하여 ······ 558

1 인도 불교 성지 순례의
  기반을 세운 아소카

**2** 아나가리카 다르마팔라
　 위대한 불교 부흥 운동가

3 붓다가야 대탑의 부처님께 공양을 올리기 위하여
행진을 하고 있다. 왼쪽부터 레와타스님, 도림스님.
불기 2553년 2월 17일(2009)

4  수계법회를 집전하는 인도 마하보디협회
왼쪽부터 도실스님, 레와타스님, 도림스님
불기 2554년 2월 24일(2010)

5 부다가야의 대탑에서 세계 각국의 스님들을 모시고
제1회 수계법회를 열고 있다.
불기 2553년 2월 17일(2009)

6  오계를 수지하고 있는 불자들 - 제2차 수계법회, 부다가야. 불기 2554년 2월 24일(2010)

7 인도 마하보디협회와 자매결연을 맺다 (붓다가야)
  왼쪽부터 씨왈리스님, 도림스님, 난다라타나스님.
  불기 2553년 2월 17일(2009)

# Agreement Letter
## of

Friendship in between Mahabodhi Society in India (Bodhgaya Branch) and Lotus Association for World Enlightenment in South Korea.

**The Indian Mahabodhi Society;**

The Indian Mahabodhi society, which has been established by Rev. Anagarika Dharmapala in 1891 A.D. is conducting Buddhist services for uplifting Buddhism worldwide and welfare works for human beings. The Bodhgaya Branch which is located in Gaya(Bihar state) the holly place where the Buddha were enlightened, does main roll of its great services for protect the Buddhism in India.

**The Lotus Association for World Enlightenment in South Korea**

The Buphwajungsa Buddhist institute has been established by the Most Ven. Seok Dorim in 1988 A.D. Since then it has launched many Buddhist services in several countries for spreading out the Buddhism and conducting social works programme.

The both Indian, Mahabodhi society (Bodhgaya Branch) and Lotus Association for World Enlightenment sign a mutual understanding letter of friendship at Bodhgaya-India to make a joint collaboration for future cultural works, with following agreements;

1. To conduct the programme " chanting for world peace" annually at the Bodhgaya Sri Mahabodhi premises( the date will be fixed times to time by exchanging letters between both institutions)
2. Bhikkhu in-charge of the Bodhgaya agrees to provide necessary facilities to success the programe in every year.
3. The Lotus Association for World Enlightenment agrees to take hand with Bodhgaya Mahabodhi Society to work together for its welfare projects and religious works.

Both Institutions form a closer friendship through the effective achievement of the above agreement.

Signed at Bodhgaya on _17th Feb._ 2009

Most Ven.Seok Dorim  
Chairman  
Lotus Association for World Enlightenment  
South Korea

Most Ven. P. Seewalee  
Deputy General Secretary  
Maha Bodhi Society  
Bodhgaya-India

# I
아나가리카 다르마팔라
: 법의 수호자

**1-1** 다르마팔라, 마하보디 협회의 창립자이며 사무총장

**1-2** 100년 전 아나가리카 다르마팔라가 일본을 방문했을 때 함께 한 일본 불교승려

**1-3** 1891년 스리 닐 짜물 무케르지의 캘커타 저택에서 후에 캘커타 시장이며 입법부 의원이 된 어린 스리 나레쉬 나트 무케르지와 함께 한 아나가리카 다르마팔라

**1-4** 아나가리카 다르마팔라, 베잔트 부인, G.N. 샤크라바티(앞줄 왼쪽부터)와 W.Q. 판사 (아나가리카 뒤편 의자에 착석한 인물)

1-5 태국에서 마하보디 협회에 봉헌한 부처님 사리.(두 번째 줄 중앙에 서있는 아나가리카 다르마팔라)

**1-6** 45세의 아나가리카 다르마팔라

1-7 녹야원 초전법륜지에서 구족계를 받고 있는 다르마팔라 스님

**1-8** 구족계를 받은 직후의
　　　다르마팔라 스님의 모습

**1-9** 다르마팔라의 구족계 의식을 마친 후 기념사진

**1-10**  1931년 초전법륜지의 물라간다쿠티 사찰 개원식에서의 다르마팔라

# I
# 아나가리카 다르마팔라
## : 법의 수호자

카하왓떼 스리 수메다 장로, 박사

아나가리카 다르마팔라는(Anagarika Dharmapala) 싱할리의 위대한 불교인으로 애국자이자, 불교의 부흥과 포교를 행한 비범한 인물이다. 그는 불교 탄생국에서 불교를 살아있는 신앙으로 만들었으며, 전 세계에 붓다와 법(Dhamma)에 대해 알렸다.

그는 1864년 9월 17일 실론의 저명한 불자 상류계층인 헤와비따르네가(家)에서 태어났다. 어린 시절 이름은 기독교식으로 돈 데이비드였으며 이는 당시 차별받던 지역에 있어 필요한 방편이었다.

그의 아버지 무달리야르 돈 카롤리스 헤와위따르네와 어머니 스리마시 말리카 헤와위따르네는 재산의 대부분을 불교와 불자교육을 위해 시주하였으며, 어린 데이비드를 싱할리 전통 불교 환경 속에서 양육하며 인류의 선(善)을 추구하도록 교육하고 지도했다.

데이비드는 콜롬보의 페타 가톨릭 학교(성 마리아 학교)에서 초등교육을 받았다. 후에 콜롬보 코타헤나의 성 베네딕트 학교와 콜롬보에서 6마일 떨어진 곳에 위치한 코페의 성 토마스 기독교 기숙학교에 다녔고, 메게투바테 구나난다 나야카 큰스님과 히카두웨 시리 수망갈라 마하나야카 스님의 지도하에 싱할리와 불교에 대해 공부했다.

그는 콜롬보 비됴다야 피리베나(사찰부설학교)에서 헨리 스틸 올코트 대령과 블라바츠키 부인을 만나 인생의 전환점을 마련하게 되었고 특히 종교 공부 측면에서 큰 변화를 맞게 되었다.

돈 데이비드는 1883년 학교를 마치고 교육청 서기가 되었다. 근무하는 동안 올코트 대령의 실론 여행에 동행했으며, 1886년 1월에는 공직을 그만두고 올코트 대령이 이끌던 신지학회(Theosophical Society)에서 불교의 번영을 위해 전념하며, 영국 식민지배 하에 있던 섬에 불선(佛善)을 펴기 위해 일하게 된다.

블라바츠키 부인과 신지학 운동을 연구하기 위해 남인도의 아디아르를 처음으로 방문한 것은 바로 이 시기였다. 그는 런던에서 출판된 〈아시아의 빛(The Light of Asia)〉의 저명한 저자인 에드윈 아놀드가 텔레그라프지에 실은 몇 편의 기사를 읽고 붓다가야 스리 마하보디 사원의 비참한 상황에 대해 자세히 알게 되어 깊은 인상을 받았다.

그는 또한 영국식 기독교 이름인 돈 데이비드 헤와위따르네를 다르마팔라 헤와위따르네(법의 수호신)로 개명했다. 그는 공직을 그만두고 불교 신지학회(BTS)에 불교부문 사무총장으로서 직접 참여했다.

그는 또한 불교출판사가 출판하는 신문인 〈산다레사(Sandaresa)〉(달빛)의 간사를 담당했고, 신지학회는 불교인 학교를 설립했다.

영국 식민지 지배 하에서 불교인의 권리를 위해 투쟁하는 불교인 수호 위원회가 설립되었고 그는 1886년 3월부터 1890년까지 부사무총장으로 근무했다.

그는 1888년에 리드비터와 〈불교인(The Buddhist)〉이라는 영문신문을 창간하여 편집자로 일했다.

다르마팔라는 1890년 12월 당시 실론이라 알려진 스리랑카를 떠나 일본인 승려 코젠 구나나트라와 함께 아디아르 법회에 참석했다. 그 후 1891년 1월 둘은 녹야원, 사르나트를 거쳐 붓다가야로 향하는 순례를 시작했다.

다르마팔라는 1월 22일 붓다가야 사원과 싯다르타 왕자가 깨달음을 얻은 보리수나무를 처음으로 방문하며 그의 생애 가장 결정적인 하루를 맞는다.

사원의 비참한 상황에 대해 읽고 성지의 형편없는 환경을 직접 보고, 다르마팔라는 이 성스러운 사원을 회복하고 불교 탄생지에 불교를 재건하는 위대한 임무를 시작하기로 결심했다.

그의 일기에서 발췌한 다음 글은 그가 사원의 방치된 상황을 보고 바로 느꼈던 강한 도덕적 충동을 잘 보여준다.

"금강보좌(金剛寶座)에 이마를 갖다 대자마자 문득 원(願)이 생겼다. 석가 왕자가 보리수 아래서 깨달음을 얻은 이 곳, 이 세상 어느 곳과도 견줄 수 없는 이 성지에 머물며 이곳을 돌봐야겠다."

그는 보리수 앞에서 그 방치된 성지를 구하는데 목숨을 바치기로 맹세했다.

그는 붓다가야 사원과 관련된 사건들을 조사하며 3월까지 붓다가야에 머문 후 당시 인도의 상업 수도인 캘커타를 거쳐 현재 미얀마의 랑군을 향해 떠났다. 캘커타에서 바부 닐 무케르지의 환대를 받으며 머무는 동안 모든 편의를 제공받았다. 이 방문을 통해 다르마팔라는 캘커타를 활동의 근거지로 삼기로 결심했다.

버마 불교 지도자들에게 붓다가야 사원의 방치된 상태를 알리기 위해 랑군을 방문한 후, 그는 미래 계획을 결론지으려는 확고한 결심을 지닌 채 콜롬보로 돌아왔다.

그는 1891년 5월 31일 시리 수망갈라 마하나야카 스님을 초대 회장으로 하는 붓다가야 마하보디협회를 설립했다.

다음은 협회 설립문 중 발췌한 내용이다.

> 붓다가야 마하보디협회
> 콜롬보에 위치
> 1891년 3월 31일
> 목적 : 불교 수도원 건립, 불교 대학 설립, 붓다가야에서 불교 비구 협회원 유지, 불교국 중국, 일본, 시암, 캄보디아, 버마, 실론, 치타공, 네팔, 티베트, 아라칸을 대표
>
> 영자와 인도 자국어 불교 협회지의 출간
>
> 이러한 중대한 일을 수행하기 위해 백만 루피가 필요하며 이는 국채에 투자될 예정이다. 전 세계 불교인들은 자유로이 참여할 수 있다.

사무 재직자와 대표자 이름을 보아 협회가 사실상 전 아시아의 불교 조직이었음이 분명하다. 협회 사무총장으로 다르마팔라는 너무 젊었으므로 존경받고 나이 지긋한 올코트 대령이 협회 사무를 총괄하는 위치에 있었다.

1891년 7월 다르마팔라는 4명의 라만냐 종파 비구를 실론에서 붓다가야로 보내기로 결정하고 캘커타까지 증기선 "로제타"를 타고 동행했다. 비구들은 기차를 이용해 캘커타에서 붓다가야로 갔다. 그들은 버마 왕 민돈 민이 설립한 순례 객사에서 머물렀다.

다르마팔라는 캘커타에서 돌아와 그의 친구 바부 닐 무케르지와

함께 머무르며 무케르지가(家) 사람들과 많은 친분을 쌓았다.

1891년 10월 그는 캘커타 알버트홀(현재 칼리지 스트리트의 카페)에서 불교와 힌두교의 관련성에 대한 그의 최초의 영어 강의를 했다. 이 강의는 두 종교를 다시 연결하려는 노력으로 여겨졌고, 당시 유력 신문인 〈인디언 미러(Indian Mirror)〉의 편집장 나렌드라 낫센과 같은 많은 지성인들이 참석했다.

같은 달 다르마팔라는 전 세계 불교인들이 붓다가야 사원의 실태에 대해 관심을 갖게 하려는 고귀한 목적으로 붓다가야에서 국제불교협의회를 개최했다. 일본, 실론(스리랑카), 중국, 버마(미얀마)와 치타공(현 방글라데시), 인도의 비구와 평신도 불교 지도자들이 참석했다.

앞서 말한 대로 다르마팔라는 캘커타를 본거지로 하고 캘커타 강가다르 바부가(街)에 마하보디협회를 설립했다. 후에 협회는 크리크가(街)로 이전되었다.

그는 임무를 실현하기 위한 다음 단계로 1892년 5월 마하보디 저널을 창간했다.

1893년에 다르마팔라는 시카고에서 열린 세계종교대회에 참석해 불교와 마하보디협회를 대표했다. 시카고에서 한 그의 연설 〈세계가 붓다에 진 빚(The World's Debt to Buddha)〉은 청중들에게 깊은 인상을 주었다.

이는 19세기의 가장 중요한 행사 중 하나였고 다르마팔라 인생에 획기적 사건이었다. 여기서 중요하게 언급할 것은 다르마팔라가 아나가리카(속세의 삶을 포기한 자) 다르마팔라라는 이름으로 협의회에 참석한 점이다.

또한 미국 시카고에서 돌아오는 길에 북미의 부유한 은행가의 아내인 메어리 T. 포스터 부인을 만나게 된다. 후에 그녀는 마하보디 협회의 가장 든든한 후원자가 되었다. 그녀는 진정 아나가리카의 "수양모(Foster Mother)"였으며, 그녀의 관대한 기부금으로 인도와 스리랑카에 학교, 병원, 사원, 수도원과 많은 기관들을 세울 수 있었다.

1893년과 1894년 동안 아나가리카는 붓다가야 사원의 실상을 알리고 이 성스런 사원을 불교세계로 회복시키기 위한 후원을 구하기 위해 런던, 뉴욕, 일본, 중국, 랑군, 방콕과 콜롬보를 방문했다. 그는 또한 불교에 관한 강의도 했다.

1893년 11월 일본에서 그는 도쿄 시바에 있는 텐토쿠지 사원의 수탁자들에게서 대불상을 받았다.

런던에서는 에드윈 아놀드와 베잔트 부인과 만났으며 이들은 후일 그의 일생의 친구가 되었다.

1894년 4월 그는 콜롬보를 방문해 부유한 싱할리 불교인들이 붓다가야의 마하보디 마을을 구입할 수 있는 자금을 시주하도록 영향을 주었다. 9월에는 콜롬보에서 붓다가야 재단을 설립할 수 있게 되었다.

스리랑카 불교인들이 붓다가야와 다른 불교 성지로의 순례가 1894년 12월 최초로 구성되었다. 순례단의 부인들은 처음으로 사리를 입었다.

아나가리카의 붓다가야 사원을 구하기 위한 임무는 그가 일본에서 받은 불상을 붓다가야 사원의 중심 제단에 모시며 '행동'에 들어갔다. 불상이 제실에 안치되자 그 사원의 관리인이라 자칭하는 마한트의 하인이 바로 불상을 강제로 철거하고 밖에다 던져버렸다.

1895년 2월 예불을 방해한 죄로 마한트의 부하들에 대한 소송이 제기되었다. 이것이 국제적으로 유명한 "위대한 붓다가야 사원 소송"의 시작이었다.

일본 불상은 1910년까지 버마 객사에 보관되었고 후에 캘커타의 고등법원의 명령에 따라 캘커타로 옮겨졌다. 현재 불상은 캘커타 스리 다르마라지카 사원에 안치되어 있다.

소송이 법원에서 진행되는 동안 아나가리카는 인도에 불교를 포교하기 위해 가능한 모든 노력을 다했다.

1906년 5월 아나가리카는 800년 만에 최초로 인도 웨사카 축제를 개최해 석가모니 붓다가 탄생하고 깨달음을 얻고 입적한 것을 기념하는 종교행사를 캘커타에서 열고 대중과의 만남을 가졌다. 인도 각지의 비구뿐만 아니라 학자와 지역사회 지도자들도 참석했다.

이 시기에 메어리 포스터 부인은 교육과 출판업을 위한 시주를 시작했다.

1896년부터 1901년까지 아나가리카 다르마팔라는 붓다가야 사원 법적 소송에 참석하고 미국과 다른 나라들을 방문하며 대부분의 시간을 보냈다.

1901년 10월 우드번 총독은 붓다가야를 방문하여 붓다가야 협회의 요청에 따라 불교 순례자들을 위한 객사를 건축할 땅을 할애해 주었다.

정부와 마한트는 이 기간 동안 마하보디 사원을 공동 관리했다. 사원에는 예불의 자유도 있었다. 체류할 필요가 있어 비구들이 마하보디 다르마살라에 머물렀다.

여기서 언급할 중요한 내용은 아나가리카가 방문한 1901년에는 석가모니 붓다가 다섯 수행자 꼰단냐, 왑빠, 밧디야, 마하나마, 앗싸지에게 최초의 설법을 행한 성지인 사르나트에 안 좋은 상황이 전개되고 있었다는 것이다.

그는 성지가 돼지우리로 사용되고 불탑의 벽돌이 집과 다리를 건설하기 위해 수레로 옮겨지는 것을 목격했다. 그는 불교의 최고 성지가 비참히 방치되고 있는 상황에 충격을 받고 슬퍼했다.

아나가리카는 즉시 베나레스 징세관에게 편지를 보내 성지를 회복하고 보존할 것을 요청했다.

그는 편지에 이렇게 언급했다. "내가 어제 성지를 방문하고 모든 것이 완전히 방치된 상태라는 것을 알게 되었습니다. 그곳은 전에는 노란색(승복)이 번쩍이던 곳이었는데 현재는 폐허만이 남아있습니다. 그곳을 전에는 독실한 신자들이 성스런 경내를 거닐었는데 지금은 마을의 돼지들이 차지하고 있습니다. 기독교인에게 예루살렘과 마찬가지로, 무슬림에게 메카와 마찬가지로, 4억 7천 5백만 불교인들에게 사르나트의 녹야원은 성스러운 곳입니다.

그는 또한 이렇게 덧붙였다. "깨어있는 넓은 아량으로 정부 소유로 알고 있는 희망의 경내 땅을 마하보디협회의 처분에 맡겨주실 것을 요청합니다."

"만일 당신이 불멸의 신성한 스승들이 숭배해 온 성지를 회복하고 보존하려는 4억 7천 5백만 불교인들의 소중한 원을 이뤄준다면, 아시아 불교인들은 감사히 여길 것이며 불교인들에게 너무도 소중한 사원의 해방자로서 당신의 이름이 불교 역사에 길이 남을 것임을 당연히 확신하실 것입니다."라고 그는 덧붙였다.

그러나 그는 정부로부터 부지를 할당받기 전에 직접 사르나트 녹야원의 중심부지를 구입했다. 그럼에도 정부 당국은 후에 특정 부지의 구입을 금하는 반대입장을 제기했다.

1902년에서 1904년 사이에 아나가리카는 다시 일본, 미국, 런던, 네덜란드, 덴마크, 이탈리아를 여행하며 석가모니 붓다의 고귀한 법을 전하고, 사르나트의 붓다가야와 다른 불교 성지를 복구할 자금을 모금했다. 미국과 영국에서 기술학교를 방문하고 수업과목과 실용수업에 대해 알게 되었다.

1904년 4월에 그는 콜롬보를 방문하고, 7월에 사르나트로 돌아와 젊은이들을 위한 기술학교를 설립했다.

1902년 5월에 창간된 마하보디 저널은 당시 큰 인기를 끌고 있었고 인도와 전 세계에서 상당한 부수를 발행했다. 저널과 다른 불교 출판물 외에도 아나가리카는 캘커타 대학에서 팔리어 강의를 시작했다. 이는 불교 포교에 중요한 진척이었다.

그는 1906년 5월부터 콜롬보를 수차례 방문하며 콜롬보 근처 라자기리야와 남부 히니두마 지역에 싱할리 바우다야, 마하보디 출판사와 학교를 설립했다.

1907년에 붓다가야 소송에 있어 얼마간의 좌절이 있었지만 아나가리카는 용기와 확신을 지니고 법적 분쟁을 계속했다.

메어리 포스터 부인은 아나가리카가 시작한 고귀한 업적에 만족을 표하며 캘커타에 마하보디협회의 건물을 구입하기 위한 자금을 시주했다. 이로 인해 1908년 7월 캘커타 중심부 베니아푸쿠르가 (街)에 건물을 구입할 수 있었다.

아나가리카는 1912년에서 1915년까지 그의 대부분의 시간을 스리랑카에서 보냈다. 민족부흥운동을 시작하고 섬 전역을 돌며 싱할리 불교인들 사이에 민족적 감정을 일으켰다. 그는 우마차를 타고 이 마을 저 마을을 다니며 반제국주의 사상과 의견을 표출했다. 이때 그는 민족의 영웅이었고 국민들은 그를 랑카의 사자라고 불렀다.

이 기간 중에 그는 콜롬보 달리가(街) 말리카 상타가라에 포스터 로빈슨 병원과 마하보디 대학을 설립했다.

1915년 5월 싱할리와 무슬림 간에 "실론 폭동"이 발생했다. 유럽에서 전쟁이 발발한 지 막 일 년이 지난 후였다.

스리랑카의 영국 당국은 헤와위따르네가(家)의 강력한 싱할리 불심을 알게 되었고 그 강력함을 없애기로 결정했다. 그들은 아나가리카의 남동생 에드먼드를 구속하고 그를 반역죄로 군사법원에서 재판해 유죄판결을 내리고 종신형을 선고했다. 그는 후에 감옥에서 사망했다.

아나가리카 다르마팔라는 스리랑카에 있던 영국 통치자들의 체포를 피하기 위해 즉시 인도로 갈 것을 권유받았다. 그러나 그는 캘커타에 도착한 뒤에 영국 당국의 요청에 의해 5년간 자택연금형에 처해진다.

그는 더 훌륭한 대의를 위해 이 5년을 바쳐 캘커타에 스리 다르마라지카 사원을 건설하였다.

1915년에 인도의 마하보디협회는 등록 단체(No. S/2666/61, 1915-16)가 되었다. 고등법원의 수석 재판관이자 캘커타 대학의 부총장이며 인도 고등교육 체계의 진정한 설립자인 아슈토시 무케르지가 회장이 되어 관리국이 구성되었다.

아나가리카 다르마팔라는 사무총장으로 선출되었다.

1915년 7월에 그는 캘커타 칼리지 스트리트에 부지를 구입했다. 인도 정부가 마하보디협회가 캘커타에 적합한 사원을 건축하면 석가모니 붓다의 진신 사리를 전달하겠다는 제안을 공표했을 때, 아나가리카는 그 제안에 동의하고 1918년 7월 칼리지 스트리트에 사원을 세우기 시작했다. 기석은 12월 6일에 놓여졌다.

사원 건설은 1920년에 완공되었는데 메어리 포스터 부인이 사원 기금의 주요한 시주자였다. 그녀는 총 63,606루피를 기부했고 바로다의 마하라자가 5,685루피를 시주했다. 비를라 형제가 또한 사원 기금에 5,000루피를 기부했다.

스리 다르마라지카 사원은 1920년 11월 20일에 인상 깊은 개원식으로 막을 열었다.

인도의 마하보디협회 회장인 아슈토시 무케르지는 아나가리카 다르마팔라와 애니 베잔트 부인과 함께 정부청사에 도착했고 버마, 싱할리, 중국, 일본, 시암, 인도 비구들과 약 이천 명의 군중으로 이루어진 화려한 행렬을 했다. 벵갈 총독인 로널드셰이 경은 아슈토시 무케르지에게 크리스탈함에 보관된 석가모니 진신 사리를 건넸다. 그는 아나가리카 다르마팔라에게도 똑같은 함을 건넸고 아나가리카는 여섯 마리의 말이 끄는 마차에 놓인 제단에 함을 올려놓았다. 행렬은 다르마라지카 사원으로 돌아왔고 사리함은 특별히 준비된 불탑에 안치되었다.

저녁에 저명인사들이 참석해 로널드셰이 경의 주재로 사원의 저녁 예불이 개최되었다.

이로써 캘커타에 적합한 사원을 건설하겠다던 아나가리카 다르마팔라의 활동의 중심이자 오랜 숙원이 마침내 이루어졌다.

1922년에 영국은 그를 캘커타 거주제한에서 풀어주어 인도 밖으로 나갈 수 있게 허가해 주었다. 또한 아나가리카의 수제자 데와쁘리야 발리싱하는 스승의 열망을 실현하기 위해 열심히 노력했다.

다르마라지카 사원 건설에 참여하는 동안 아나가리카와 데와쁘리야 발리싱하는 고고학 당국 및 영국 관료들과 붓다가 최초의 설법을 하신 사르나트에 사원을 지을 부지를 확보하기 위한 협상을 시작했다. 1901년 아나가리카가 구입한 부지는 분쟁 중에 있었다. 하지만 그들은 사원을 지을 부지를 어떻게든 확보할 수 있었다.

1916년 6월 30일 인도 정부는 벵갈 정부를 통해 협회가 사르나트에 사원을 건설하는 조건으로 주기로 한 석가모니 붓다의 진신 사리를 협회에 전달할 준비가 되었다는 것을 알렸다.

당시 전쟁으로 인해 확산된 안 좋은 상황으로 인해 협회는 사원 건설을 시작할 수 없었다.

1920년에 상황이 정상화되었고 협회는 협회 부지에 사원을 건립하기로 결정했다. 그러나 인도 정부가 석가모니 붓다의 진신 사리를 안치할 사원을 세울 것을 제안한 편지가 수중에 있었지만 최종 승인을 얻기 위해 많은 고초를 겪었다. 아나가리카 다르마팔라의 제자 데와쁘리야 발리싱하는 확신을 갖고 이 모든 어려움을 헤쳐 나갔다.

1922년 11월 3일 연방정부 총독인 하코트 버틀러 경이 사원 기석을 안치했다.

물라간다쿠티 사원 기공식 직후, 그 곳에서 불교 활동의 부흥을 진정으로 시작하기로 다짐하였다. 쿰발웰레 시리니와사 스님이 사르나트의 주지스님이 되었다. 스승으로부터 인도 협회의 활동을 넘겨받은 데와쁘리야 발리싱하는 사르나트를 자주 방문해 사원의 업무를 감독했다.

사원 건립이 진행되는 동안 고고학 당국은 또 다시 공사를 중지시켰다. 이는 협회에 있어 하나의 난제였고 아나가리카 다르마팔라의 남동생인 헤와위따르네 박사는 데와쁘리야 발리싱하와 함께 탁실라까지 가서 존 마샬 경을 만나 공감을 끌어냈다.

1926년 정부가 기초공사와 관련되어 발생하는 비용을 부담하고 계획된 사원을 위한 적당한 부지를 제공하는 데 동의하면서 정부와 협회 간의 분쟁은 해결되었다.

정부는 거의 20에이커의 부지를 할양해 주고 사원의 부속 시설로 공원을 설계하고 그곳에 알맞게 조경을 하는 비용을 부담해 주었다.

사원 건립은 메어리 포스터 부인, 아나가리카의 부모님과 형제들, 인도와 해외의 독지가들이 시주한 자금으로 다시 개시되었다.

데와쁘리야 발리싱하는 멀리 영국에서 런던 불교인 포교단에 참석하고 있었기 때문에 아나가리카의 다른 제자인 P.P. 시리와다나가 관리인으로 사원 건축 일을 감독했다.

이 기간 동안 아나가리카 다르마팔라는 스리랑카를 방문해서 1915년 폭동 기간 동안 중단되었던 싱할리 바우다야를 재개했다.

1923년에 메어리 포스터 상설 재단이 미화 5만 달러의 자본금으로 설립되었다.

1925년부터 1927년까지 아나가리카는 영국, 미국, 스리랑카를 수차례 순례했다. 이 시기에 런던 불교 포교단이 개최되었다. 1926년 7월 런던 불교 포교단의 상설 본부가 아나가리카의 부친 영지의 신탁자들이 만든 H. 돈 카롤리스 회사의 기부금과 메어리 포스터 부인의 개인적인 기증에 의해 런던 포스터 하우스에서 창단되었다. 입수된 기록에 따르면 아나가리카 다르마팔라는 1927년 말에 리젠트 공원에 사원을 건립하기 위한 또 다른 건물을 구입할 수 있는 충분한 자금을 마련해 런던을 다시 방문했다. 같은 해 그는 영국에 숭고한 법의 등불이 계속 타오를 수 있도록 3명의 싱할리 비구인 파라와해라 와지라냐나, 헤고다 난다사라, 데히가스페 판나사레 스님을 런던으로 보냈다.

국부 마하트마 간디가 데와쁘리야 발리싱하의 초청에 응해 1927년 캘커타에서 열린 웨사카 축제에 참석한 것도 주목할 가치가 있는 사건이다.

1927년 말에서 1931년까지 아나가리카 다르마팔라는 위장병과 심장병으로 병상에 누워있었지만 마하보디협회의 미래와 사르나트에서의 일에 대해 계획했다.

1930년 12월 19일 하와이 호놀룰루 출신의 메어리 엘리자베스 포스터 부인의 죽음은 아나가리카에게는 큰 충격이었다. 그녀는 그의 "수양모"였고 아나가리카 다르마팔라의 고귀한 업적에 아끼지 않고 기부했다. 캘커타의 다르마라지카 사원과 물라간다쿠티 사원 건설에 최초로 기부한 사람은 그녀였다. 아나가리카가 불교 부흥을 위해 재정적으로 도움이 필요할 때마다 절대적으로 신뢰하며 그를 도운 사람도 포스터 부인이었다.

아나가리카는 그녀의 죽음을 애도하며 마하보디 저널에 다음 글을 써서 출판했다.

"… 그러나 인도에 사사나(붓다의 가르침)를 부흥시키기 위해 영국에 사사나를 확립하기 위해 멀리 호놀룰루에서 메어리 포스터 부인에게서 도움의 손길이 도착했다. 불교계에 그녀의 위치를 대신할 사람은 아무도 없다. 부유한 불교인들은 모두 죽었다. 자기희생적인 비구는 매우 드물다. 인도에서는 다시금 젊은 영웅들이 노란 장삼을 입고 아힘사(비폭력), 카루나(悲)와 마이트리(慈)의 교리를 설법할 것이다."

아나가리카 다르마팔라는 병세가 약간 호전되자 1931년 인도를 다시 방문해서 물라간다쿠티 사원 건설을 둘러봤다. 그는 하나에서 열까지 사원의 마지막 작업들을 감독했다.

그는 다시금 건강이 좋지 않자 마지막 생애를 사르나트에서 보내기로 결심했다.

이에 그는 간소하게 편의를 위한 모든 준비를 했다. 그의 두 칸짜리 주거지에 있던 일상 용품 중 특별품은 두 개의 지팡이, 등나무로 만든 휠체어, 안락의자 한 개, 실내화 두 켤레와 독서용 안경이 전부였다.

아나가리카는 자주 읽고 쓰는 습관이 있었고 캘커타에서와 마찬가지로 사르나트에도 개인 서재가 있었다. 사르나트 서재를 물라간다쿠티 사원 서재라 불렀다. 사원의 건축 감독을 마치고 팔리어와 영어로 법에 관한 책을 읽는 것이 그의 매일의 습관이었다.

사르나트에 있는 동안 그가 특별한 관심을 기울인 이들은 사르나트에서 교육을 마치고 캔디(스리랑카 센트럴 힐즈 수도)에 있는 포스터 학교에서 라빈드라 나트 타고르의 시골 학교 산티니케탄으로 간 10명의 젊은 사미승이었다.

10인의 수련승들 중 4명은 협회에 지대한 공헌을 했다. 그들은 상가라타나 스님, H. 담마난다 스님, U. 담마라타나 스님과 H. 담마로카 스님이다. 치타공 출신인 세 명의 사미승도 담마두타 비구로 교육을 받기위해 보내어졌다. 그들 중 한 명이 뉴델리 센터의 비구 책임자이며 후에 인도 마하보디협회의 회장이 된 L. 아리야완사 나야카 큰스님이다.

아나가리카는 또한 전 세계 불교계 학생들을 교육할 국제 불교 학교를 세우려는 계획을 수립했다. 이로써 그가 석가모니 붓다의 고귀한 법을 포교할 인력을 교육하는 데 얼마나 큰 관심을 가졌는지 알 수 있다.

물라간다쿠티 사원이 완성되기 위해서는 건축을 계속할 충분한 자금을 마련하는 것이 그 당시 그가 직면했던 가장 큰 문제였다. 그러나 자금은 예상치 않게 각지에서 모였다.

그의 제자 데와쁘리야 발리싱하가 멀리 영국에서 런던 불교 포교단의 관리자로 있느라 곁에 없다는 것이 그가 처한 또 다른 문제였다.

물라간다쿠티 사원 건축이 끝날 즈음 아나가리카는 1931년 7월 13일 바루가무웨 레와타 큰스님으로부터 스리 데와미타 다르마팔라라는 법명을 받고 수계의식과 함께 출가하였다. 이제 그의 소원은 그가 건립한 석가모니 붓다의 성스런 진신 사리를 안치한 캘커타의 다르마라지카 사원을 방문해 노란 장삼을 입고 그의 오랜 친구들과 독지가들에게 설법을 하는 것이었다. 8월에 그는 건강이 좋아져 캘커타를 방문해 한 달을 보내고 세 차례 대중 강의를 했다.

아나가리카는 8월 마지막 주에 사르나트로 돌아왔고 이후로 다시는 여행길에 나서지 못했다.

스리랑카에서 생후 25년을 보낸 후 다르마팔라는 44년을 더 살았다. 그는 이 시기의 대부분의 시간을 인도에서 포교활동을 하며 보냈다. 그러나 그는 또한 1889년, 1896년, 1903년, 1913년, 1925-6년에는 전 세계 여러 곳을 여행했다. 이 여행 동안 그는 아키아브(1892), 상하이(1894), 시암(1894), 런던(1904), 하와이(1913); 중국, 한국, 보로부두르(1913)를 방문했고 일본은 네 차례 방문했다. 1925년과 1926년에 그는 유럽과 미국을 여행하고 그가 유럽에 세운 최초의 불교 사원이 있는 런던에서 상당한 시간을 보냈다. 1892년에는 캘커타에서 거주했으며 1931년에 사르나트로 인생의 마지막 이동을 했다. 그는 스리랑카로 약 16차례 귀국했다.

캘커타로 떠나기 전에 사원 개원식을 위한 만반의 준비를 마쳤다.

계획대로 물라간다쿠티 사원 개원식은 1931년 11월 11일 치러졌다.

사원은 인도의 붉은 돌에 고대 불교 건축 장식물을 조각한 200피트 높이의 거대한 건축물이다.

11월 11일 오후 2시 15분에 고고학 사무총장인 라이 바하두르 다야람 사니는 윌링던 각하를 대신하여 석가모니 붓다의 진신사리를 마하보디협회에 이운했다.

인도 마하보디협회의 100년 기념판은 이 형형색색의 행사를 묘사하며 다음과 같이 출판했다.

"벵갈의 또 다른 아들이자 캘커타의 마하보디협회 회장인 만마타 나트 무케르지 법관이 이번에 진신 사리를 이운받았다."

법관 무케르지는 진신 사리를 스리 데와미타 다르마팔라의 형제인 라자 헤와위따르네에게 건넸고 사리함은 긴 행렬을 지나 베나레스의 마하라자 전하가 행사에 쓰라고 보내준 코끼리 등에 실렸다.

사리는 개원식에 참석하기 위해 런던에서 귀국한 데와쁘리야 발리싱하가 물라간다쿠티 사원에서 이운받았다.

데와쁘리야 발리싱하는 참석자 중 가장 연로한 비구인 현재 방글라데시의 치타공에서 온 아가사라 마하스타비라에게 사리를 이운했다. 사리함은 마침내 설법인을 하고 있는 사르나트 불상의 복제상 대좌 밑에 위치한 보관소에 봉안되었다.

가장 주목할 사실은 사원 설립에 선도적 역할을 한 고귀한 인물이자 이제는 불교의 수행자가 된 인물이 스리 데와미타 다르마팔라의 이름으로 휠체어에 앉아 개원식이 진행되는 것을 지켜본 일이다.

티베트, 버마(미얀마), 시암(태국,) 실론(스리랑카) 및 다른 불교국에서 참석한 500여 명을 포함한 1000여 명의 방문객들이 저녁에 대중 집회에 참석했다.

이 집회에서 시리 데와미타 다르마팔라는 감동적인 연설을 했다. 다음날 기념식수로 스리랑카의 고대 수도인 아누라다푸라에서 가져온 보리수 묘목 세 그루를 심었다. 아누라다푸라 보리수는 세계에서 가장 오랜 된 나무 중 하나이며 석가모니 왕자가 깨달음을 얻은 붓다가야 보리수의 묘목이다. 이 묘목은 아소카 왕의 딸인 메헤니 상가미타가 스리랑카로 가져왔다.

물라간다쿠티 사원의 건립과 개원은 아나가리카 다르마팔라가 평생의 희생과 투쟁으로 이룬 결정체이자 가장 영광스러운 업적이다.

아나가리카는 물라간다쿠티 사원 건축을 완성하기 위해 많은 장애물을 넘어야만 했다. 이런 점에서 영국 통치자들 중 인도가 발전하기를 원했던 하코트 버틀러 각하와 존 마샬 경 같은 예외적인 인물들과 스리 데와쁘리야 발리싱하, P.P. 시리와르데네, C.A. 헤와위따르네 박사, 라자 헤와위따르네, 라이 바하두르 G.N. 차크라바르티, M.M. 강굴리 같은 일꾼들, 헤와위따르네의 부모님, 메어리 포스터 부인, 쿰발웰레 스리 니와사 큰스님 등의 독지가들이 물라간다쿠티 사원 건립에 공헌을 했고, 존경스럽게 기려지고 있다.

스리 발리싱하의 요청으로 영국 마하보디협회 회장 B.L. 부루톤은 사원 개원식에 특별 참석하여 사원의 벽장식을 위해 개인적으로 1만 루피의 시주를 했다. 일본인 예술가 코세츠 노수와 그의 조수 카왈이 이 일을 맡아 3년 반 동안 전념해 프레스코 그림 작업을 했다.

1932년 말까지 스리 데와미타 다르마팔라는 사원 내부의 마지막 작업을 총괄했다.

개원 1주년을 기념할 특별 행사는 없었지만 개원 2주년 대중 행사는 1933년 11월 11일에 개최되었고 자와할랄 네루가 그의 아내, 여동생, 딸 인디라와 함께 참석했다.

1933년 1월 16일 8개의 돌기둥으로 둘러싸인 가로 세로 약 50피트의 부지가 스리 데와미타 다르마팔라 서계식을 위해 마하 승가에 기부되었다.

말왓타종의 M. 싯다르타 아누나야카 큰스님이 중심이 되고 실론(스리랑카)에서 사르나트로 온 비됴다야와 비댤란카라의 두 명의 원장이 이끄는 10명의 법랍 높은 비구가 함께 승가 수계식의 율

(律)에 따라 구족계를 수여할 장소가 잡혀졌다.

경계 지역인 장소[sima : 界]가 정해진 직후에 첫 출가계를 지니고 있던 스리 데와미타 다르마팔라는 구족계를 받았고 완전히 홀로 설 수 있는 비구가 되었다.

구족계를 받은 직후 그는 다시 건강이 악화되었다. 병중에 내내 다르마팔라는 붓다가야 문제에 관해 계속해서 물었다. 그것에 대해 말하지 않고 지나가는 날이 하루도 없었다. 불교계를 위해 그 성지를 회복하는 것은 그의 가장 큰 소망이었다.

"내가 2년 만 더 산다면 그 성스런 사원이 복구되는 것을 볼 수 있을거야." 한 번은 그가 시리 발리싱하에게 말했다.

데와미타 다르마팔라는 몇 달 동안 병상에 묶여있었다. 1933년 4월 20일 그의 건강상태가 심각해졌고 콜롬보의 친척들에게 연락이 갔다.

당시 브라흐만차리야 데와쁘리야 발리싱하로 불리던 시리 데와쁘리야 발리싱하는 캘커타에서 사르나트로 급히 갔다. 그는 스승을 돌볼 의사들을 수소문했다. 캘커타의 유명 내과의사인 P. 난디 박사가 사르나트로 향했다.

이 고귀한 인물이 죽기 전 생애 마지막 날들, 마지막 순간을 많은 병으로 고통 받는 감정을 글로 옮기기란 그 상대방의 입장에서 어려운 일이다.

그러하기에 데와미타 다르마팔라의 마지막 나날 동안 침상을 지킨 브라흐만차리야 데와쁘리야 발리싱하가 쓴 마하보디 저널에 실린 다음 글을 인용한다.

"다르마팔라의 조카 라자 헤와위따르네가 우리가 예상했던 것보다 하루 일찍 26일에 콜롬보에서 도착했다. 나는 환자가 심각한 상황이 되기 전에 그가 도착해서 내 마음 속의 무거운 짐을 덜어주기를 너무나도 바랬다. 나는 말할 수 없는 안도감을 느꼈다. 다르마팔라는 그를 바로 알아보고는 애정을 담아 그의 얼굴을 어루만지며 동생 닐에 대해 물었다. 그는 또한 불교 협의회가 보낸 진정서에 대해 어떠한 조치가 취해지고 있는지 물었다. 시간이 지남에 따라 회복되는 기미가 보였지만 그것도 잠시였다. 마지막 순간이 곧 오고 있었고 불교계는 눈물에 젖어있었다. 환자가 충분한 영양분을 섭취하지 못하자 그의 뜻을 어기고 영양분을 주사로 투입했다. 27일에 그는 갑자기 불러서 중요한 것을 쓰려니 펜과 종이를 가져다 달라고 했다. 그 때 그는 의식이 절반만 있었고 힘들여 무엇인가를 쓰더니 눈을 감았다. 3줄의 글이 씌어 있었는데 한 줄은 알아볼 수 없었고 두 줄은 다음의 내용이었다. "난디 박사, 난 영양제 주사가 싫소. 난 죽을 것이오."

## 임종의 순간 (Anichawata Sankara)

난디 박사는 희망적이었고 우리에게 걱정하지 말라고 했지만 28

일 그의 건강은 차도를 보이지 않았다. 난디 박사는 사르나트에서 5일을 머무른 후 저녁 기차를 타고 떠나며 그의 조수가 치료를 계속할 수 있도록 자세한 지시를 내리고 갔다.

환자는 잠을 이루지 못하고 밤을 보냈고, 당시 무척 염려되었지만 우리는 그 다음날 어떤 일이 닥쳐올지 생각도 못 했다. 29일 아침에 그는 거의 의식이 없었고 내 이름을 한 번 중얼거린 것을 제외하고는 한 마디도 안 했다. 평상시처럼 의사 조수가 스펀지 목욕을 시켰지만 평소와는 다르게 환자는 옆으로 돌아눕지 않았다. 그는 음식을 먹으려고 하지 않았고 눈은 반쯤 감겨있었다.

라자 헤와위따르네와 병실에 있던 모든 사람들이 그의 침대 곁을 지키며 침묵 속에서 걱정스럽게 그를 지켜보고 있었다. 12시 경에 체온이 올라가기 시작했고 나와 의사가 백방으로 노력했지만 2시 경에는 화씨 104도까지 상승했다. 우리는 마지막 순간이 얼마 남지 않았다는 것을 알 수 있었고 헤와위따르네는 비구와 사미승을 불러 피리트(pirith : 防護呪)를 독송해 줄 것을 요청했다. 승려가 독송하는 동안 3시에 이 위대한 지도자는 평화롭게 마지막 숨을 거두었다.

**고요한 미소**

그의 얼굴은 행복하고 만족스러운 고요한 미소를 보였다. 그렇게 현대사의 가장 위대한 싱할리인의 뛰어난 생애가 끝을 맺었고, 이 시대의 가장 소중하고 영향력 있는 인물을 보냈다. 그는 싱할리를 국가적 타락과 멸망에서 구한 것만이 아니라, 마찬가지로 전 세계에 인도주의적 활동을 하는 것을 통해 싱할리를 위대한 나라의 영예로운 곳으로 이끌었다. 이는 그가 인류에 대한 봉사만을 보여준 것이 아니라, 그가 국가의 번영이라는 대의 그리고 전 세계 불교라는 대의를 위한 봉헌이 지난 7백 년 동안 어느 누구와도 비할 데 없이 탁월하다고 주장하는 것은 조금도 부인할 수 없을 것이다. 국민들은 그에게 감사하며 그를 불교 역사에 아소카, 마힌다, 그리고 다른 위대한 인물 등의 위대한 포교자와 같은 위치에 놓고 그 기억을 소중히 여기리라 믿어 의심치 않는다. (마하보디 저널 1933년 6월)

시리 데와미타 다르마팔라의 서거 후에 즉시 브라흐만차리야 데와쁘리야 발리싱하를 사무국장으로 하는 장례 의원회가 조직되었다.

미국, 영국, 일본, 실론(스리랑카), 버마(미얀마), 시암(태국), 그리고 인도의 저명 기관과 국가 지도자들에게 전보를 쳤다.

특별 대표단이 캘커타, 붓다가야 그밖에 다른 곳에서 사르나트로 속속 모여 들었다.

마하보디협회는 다음의 공식 서거 발표문을 발표했고 인도와 해외 신문에 타전되었다.

## 서거 발표문

　우리의 사랑하는 안내자이자 지도자 시리 데와미타 다르마팔라가 안타깝게도 1933년 4월 29일 입적하셨습니다.

　시리 데와미타 다르마팔라가 4월 29일 사르나트에서 서거하자 불교계는 회복할 수 없는 상실감에 젖어있습니다. 이번 서거는 단지 전 세계 불교 신자에게 뿐 아니라 종교인 모두에게 큰 슬픔일 것입니다. 시리 데와미타 다르마팔라가 단지 현대 불교계의 위대한 지도자에 그치는 것이 아니라 그의 인생과 활동이 수백만 인류에게 영향을 미치지 않을 수 없는 성인이기 때문입니다. 불교도가 아니어도 그의 봉헌이 목표로 한 위대한 운동과 인류의 고양에 있어 그가 완벽히 일체되었다는 사실에 영감을 받기 때문입니다.

　시리 데와미타 다르마팔라는 1864년 9월 실론에서 태어나 콜롬보 성 토마스 학교에서 공부하며 성경 연구에 있어 뛰어난 적성을 보였습니다. 그 자신은 인생의 여러 면에서 전통적인 신심과 지도력에 있어 실론에서 독보적 위치를 차지하고 있던 유복한 불자 가문 출신이었습니다. 그는 공무원으로 근무했으나 1886년 사직하였습니다. 이때 이미 그의 젊은 영혼에 큰 영향을 행사했던 올코트 대령과 블라바츠키 부인과 교류하며, 현존하는 질서에 대한 그의 불만감은 후에 인본주의와 건설적인 일로 확고히 구체화되었습니다. 그는 풍족한 위

> 치에서 물러나와 위대한 금욕과 봉헌을 시작했으며 이는 현대사회가 광적으로 무분별하게 추구하는 권력과 지배욕과는 동떨어진 것이었습니다.     마하보디 저널 1933년 5월

가까운 곳에서 먼 곳에서 수백 명의 사람들이 장례식에 참석하기 위해 모였다. 그러나 시리 데와미타 다르마팔라 고인의 뜻에 따라 마지막 예식은 전통 불교 의식에 따라 간단히 치러졌다.

물라간다쿠티 사원 뒤에 한 장소가 선정되어 흰 천으로 덮인 장작더미가 세워졌다.

마침내 그의 조카 라자 헤와위따르네가 장작에 불을 붙였다.

불법의 포교와 부흥에, 그리고 인류의 선에 바쳐진 위대한 인생이 불꽃으로, 재로, 역사로 사라졌다.

실론(스리랑카)의 신문사들은 그가 불교와 국가를 위해 행한 봉헌에 대하여 뉴스기사와 보도문을 출판했다.

사르나트에서 2주간의 장례를 마친 후 그의 유해는 스리랑카로 이송되었는데, 마드라스에서 탈라이만나까지는 증기선으로, 그곳에서 콜롬보까지는 기차로 이운되었다.

실론 타임즈(Times of Ceylon)는 예식 절차를 다음과 같이 보도했다.

"시리 데와미타 다르마팔라의 유해가 포트 기차역에서 말리가칸데 사원까지 이동되는 길을 따라 많은 군중이 모여들었다. 행렬이 지나가는 길을 따라 흰 모래가 뿌려졌고, 흰 깃발이 길 양 옆을 장식했다.

역에서는 많은 군중의 승려와 일반 신도들이 유해를 실은 기차가 도착하기를 기다리고 있었고 플랫폼 입장권은 모든 입구에서 판매되었다. 맥 칼럼 로드에서 기다리는 군중 중에는 유해를 따를 행렬을 위한 각 지역의 협회 대표단이 있었다.

기관차에 커다란 하얀 만(卍)자를 달고 야자수 잎을 장식한 유해를 실은 특별 기차는 오후 1시 30분에 도착하였다. 역 안팎의 군중들은 '사두(Sadhu)'를 큰 소리로 외치기 시작했다.

고인의 가까운 친족들과 많은 비구들이 기차를 타고 왔고, 말와테의 마하 나야카 스님, 인도에서 유해를 모시고 온 라자 헤와위따르네와 데와쁘리야 발리싱하, 그리고 제이콥 무나싱헤, 닐 헤와위따르네가 받침대에 놓인 유해를 담은 함을 보호하고 있었다.

기차에서 스님들이 종교적인 게송을 낭송하였고 고인의 처남인 제이콥 무나싱헤가 승가를 대신하여 말와테의 마하 나야카 스님에게 유해함을 전달했다. 그런 다음 마하 나야카 스님이 신도를 대표하는 D.B. 자야틸라카에게 유해를 건넸다.

아름답게 장식된 불탑 형태의 유골함이 '사두'의 외침과 함께 역 구내 밖에 있는 노란 비단 차양 밑으로 옮겨졌다.

그런 다음 행렬이 천천히 시작되었고 한 무리의 캔디안(Kandyan) 무용수와 네 마리의 코끼리가 행렬 뒤를 따랐다. 마침내 데와미타가 사르나트에 창건한 사원을 본떠 만든 유골함을 실은 특별 마차가 도착했다. 무한디람 피터 위레세케라가 역에서 맥 칼럼 로드와 파슨스 로드 교차로에 서있던 마차로 함을 머리에 이고 옮겼다.

잠시 후 행렬이 마침내 시작되었고 쇼츠 로드, 유니온 플레이스 딘즈 로드를 거쳐 4시 30분쯤에 말리가칸데 사원에 도착했다.

엄청난 군중이 사원 경내에 모여 데와미타의 유해에 마지막 예를 표했다. 사원 입구에서 시리 수망갈라가 함을 미리 설치해 놓은 특별 불단에 안치했다. 모란투두웨 담마난다 큰스님이 오계(五戒) 의식을 거행했다. 후에 유골함은 위층으로 옮겨져 경내가 내려다보이는 발코니 연단에 안치되었다. 거대한 군중들이 진행을 따를 수 있도록 확성기와 스피커를 곳곳에 설치했다."

### 대중법회 (Public meeting)

"그런 다음 오계 의식이 다시 한 번 더 거행되며 대중 법회가 시작되었다. 말와테의 시리 사라난카라 수망갈라 마하 나야카 스님이 주재했고 고인을 기리는 추도사(tribute)가 행해졌다."

카하웨 라타나사르, 루누포쿠네 담마난다, 팔라네 바지라냐나, 바지랄라 팬 아난다 큰스님이 마하 승가를 대신하여 연단에 올랐고, 국가 지도자 D.B. 자야틸레케 경, W.A. 드 실바, C.W.W. 카난가라가 국가를 대신하여 연설했다.

스리랑카 국민들은 할 수 있는 모든 경의를 표하며, 떠나간 지도자의 죽음을 애도했다.

그가 죽은 후 브라흐만차리야 데와쁘리야 발리싱하는 협회의 사무총장이 되었고 스승의 목표와 임무를 수행해 나갔다.

데와미타 다르마팔라의 죽음 이후로 인도와 스리랑카의 마하보디협회는 매년 그의 탄생일에 맞춰 "아나가리카 다르마팔라의 날"을 기리며 인도와 스리랑카 전역 중심부에서 종교 행사와 대중 법회를 거행했다.

1993년 협회의 현 사무총장 도담고다 레와타 스님이 아나가리카가 입적한 장소에 2층 건물을 건축했다. 1층은 아나가리카의 이름을 따서 "다르마팔라 박물관"이라 지었다. 그의 글들, 그가 불교 포교를 시작해서 죽을 때까지 계속하는 동안 찍은 사진들, 지팡이, 휠체어, 실내화, 노란 장삼 같은 소지품들이 박물관에 전시되어 대중에게 공개되었다.

사르나트와 붓다가야에 세운 두 개의 동상 이외에 서벵골 정부는 이 위인을 기려 칼리지 광장과 캘커타에 그의 이름을 딴 거리에 동상을 세웠다.

사르나트의 마하보디 건물을 지나는 대로에 "다르마팔라로(路)"라 이름 붙였다.

Following is the "last will" noted down in one of his personal diaries before Anagarika Dhammapala was ordained as a Buddhist monk.

**His will**

[My great desire was to write a life of the Buddha Tathagato—but this it seems is not going to be accomplished. May I be born again in India in some noble Brahman family and learn the Dhamma in Pali and become a Bhikkhu to preach the Dhamma to Indias' Millions love and happiness to All !!! Anagarika Dharmapala. This is my last will.]

*Ref.#1*

아래의 〈마지막 대원(大願)〉는 다르마팔라가 계를 받고 스님이 된 후, 그의 개인 일기에 수록된 것이다.

[나의 가장 큰 원[大願]은 〈부처님의 생애〉를 집필하는 것이다. 그러나 이러한 큰 불사(佛事)는 안타깝게도 실현되기 어려울 것 같다. 나는 열반에 들기보다, 인도의 고귀한 신분의 몸으로 다시 태어나 빠알리(Pali)로 된 불교경전을 배우고 출가하여 불교 발상지인 인도에 불법 포교를 서원한다. 모든 이들의 행복과 사랑을 위해.

아나가리카 다르마팔라, 이것이 다음 생을 위한 나의 마지막 서원이다.]

**1-11** 입적(임종) 후에 대중에게 공개된 다르마팔라의 법체(시신)

**1-12** 다비식을 위해 이동하고 있는 다르마팔라의 법체

1-13 불꽃에 휩싸인 법체

1-14 아나가리카 다르마팔라가 초전법륜
지의 녹야원에서 살았던 옛 건물

1-15 아나가리카 다르마팔라의 개인 일기, 노트, 기록을 보관하고 있는 다르마팔라 박물관의 보관소

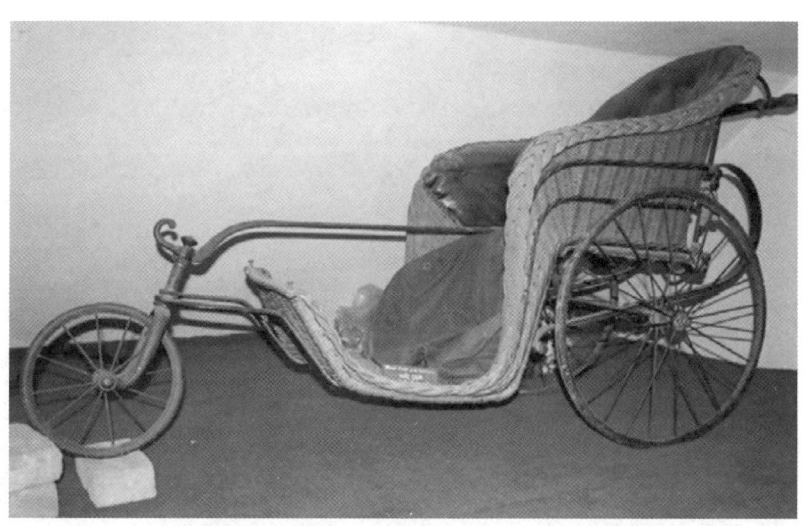

**1-16** 아나가리카 다르마팔라
가 말년에 사용한 휠체어

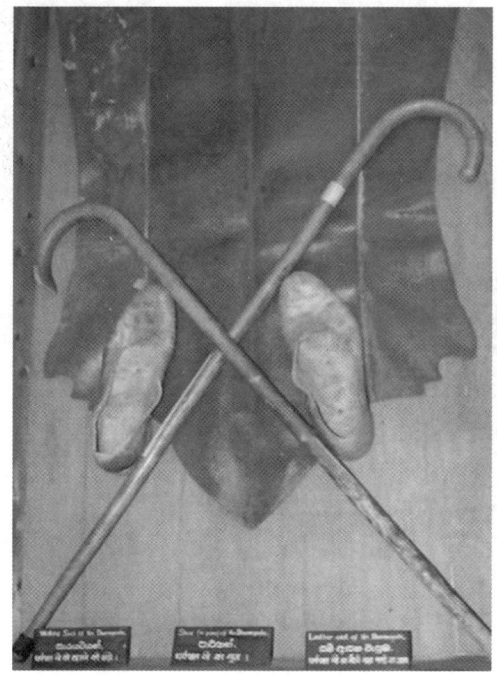

**1-17** 아나가리카 다르마팔라
의 신발과 지팡이 (박물
관 소장품)

1-18 물라간다쿠티 사찰에 보관된 아나가리카 다르마팔라의 유골을 담고 있는 모형 사리탑

**1-19** 사르나트의 녹야원 물라간다쿠티 사찰에 있는 아나가리카 다르마팔라 동상

**1-20** 아나가리카 다르마팔라가 사르나트 녹야원에 세운 장엄한 건축물, 물라간다쿠티 사찰

**1-21** 사르나트 물라간다쿠티 사찰 뒤편 아나가리카의 유골을 담고 있는 사리탑

**1-22** 사르나트 녹야원의 마하보디 100주년 기념관에 위치한 "다르마팔라 박물관"

# II
# 아나가리카 다르마팔라의 생애

아나가리카 다르마팔라의 부모

어린 시절의 회상

다르마팔라 아나가리카

설립자의 입적과 그 이후

진정한 제자 데와쁘리야 발리싱하, 아나가리카 다르마팔라의 최초의 그리고 최고의 제자

메어리 엘리자베스 포스터 부인

인도와 실론의 지도자들의 주목할 만한 추도문과 기념사

실론이 인도에 준 것

인도 지도자들의 추모사

인디라 간디 부인이 다르마팔라의 공헌에 대해 말하다

일본에서의 다르마팔라

다르마팔라 탄생 100주년 기념 위원회

**2-1** 아나가리카 다르마팔라의 모친 스리마티 말리카 헤와 위따르네

2-2 아나가리카의 부친 무달리
야르 헤와위따르네

# II
# 아나가리카 다르마팔라의 생애

## 아나가리카 다르마팔라의 부모
(무달리야르 헤와위따르네와 말리카 헤와위따르네)

인도 불교 부흥의 개척자 아나가리카 다르마팔라의 부모에 대한 심층 기사는 가족과 그의 미래 인생과 업적에 미친 영향을 말해준다. (참조 #2)

한 아이의 문화의 틀을 잡고 그것을 형성하는 것은 바로 부모이다.

이처럼, 돈 카롤리스와 아내 말리카는 어린 데이비드를 인류의 선을 위해 행동하도록 교육과 지도를 하며 전통적인 싱할리의 불교 환경 속에서 양육했다. 아나가리카 다르마팔라의 부모는 그의 업적에 영향을 주었을 뿐만 아니라 그에게 도덕성을 키워주고 실론과 해외에서 봉사하는 동안 재정적 지원을 하였다.

아나가리카 다르마팔라의 임무 성공, 철학, 인생이 있기까지 그의 뒤에는 훌륭한 부모가 있었다.

어린이가 어린 시절 동안 받은 영향이 그 후에 따르는 전체 성장 기간을 다소간 결정한다는 것은 교육심리학의 상식이고, 다르마팔라의 전기를 보면 이 법칙의 예외가 아니라는 것을 잘 알 수 있다. 그가 붓다에 깊고도 자발적으로 헌신한 것, 그가 복잡하고 유혹적인 현대 사회를 살면서 법(Dharma)의 단순하고 간단한 법칙을 본능적으로 지킨 것, 순수하고 선한 모든 것을 열렬히 사랑한 것, 또한 맑지 못하고 사악한 것은 무엇이든 가차 없이 비난한 것은 그의 어머니의 사랑스러운 조언과 그의 아버지의 금욕적인 모범으로 어린 가슴의 비옥한 토양에 심어진 씨앗이 발아한 것이 틀림없다.

말리카 헤와위따르네는 말리가칸다의 부지를 시주해 실론에 최초의 피리베나(Pirevena) 즉 불교 승가대학을 설립한 콜롬보 사업가인 안드리스 뻬레라 다르마구나와르데네의 딸이다.

비됴다야 피리베나의 이름과 초대 학장 히카두와 시리 수망갈라 마하 나야카 스님의 이름은 세계 불교사에 길이 남아 떼려야 뗄 수 없는 이름이다.

말리카는 신심 깊은 불교신자로서 붓다 사사나의 부흥과 아들의 인도 불교 부흥과 관련된 활동에 재산의 상당부분을 시주했다.

그녀는 마하보디협회의 활동과 사르나트의 물라간다쿠티 사원 건립에 특별한 애정을 쏟았다.

돈 카롤리스 헤와위따르네는 아나가리카 다르마팔라의 부친으로 73세의 나이에 사망했다.

다르마팔라는 20년 동안 아버지의 관대함 덕분에 불교의 번영을 위해 일할 수 있었다.

1906년 1월 마하보디 저널은 무달리야르 헤와위따르네의 죽음에 관해 보도하며 다음과 같이 출판했다.

고인 무달리야르는 영어를 전혀 몰랐지만 현재 아시아에서 가장 큰 가구제조업체를 설립할 수 있었던 지혜를 가진 사람이었다. 다르마팔라가 20세일 때 그의 남동생들은 모두 학생이었고 그의 아버지는 그에게 사업을 물려주려 했다. 다르마팔라는 돈을 버는 가장으로 사는 것보다 브라흐마챠리(梵行, 속세를 떠난 삶)의 삶을 살고 싶다고 말하며 이를 거절했다. 다르마팔라의 모친의 설득에 부친도 동의하여 다르마팔라는 집을 떠나 당시 실론의 불교 부흥을 위해 일하던 올코트 대령과 합류하였다. 자유를 얻은 다르마팔라는 1886년 1월부터 그의 삶을 불교에 헌신했으며 20년 동안 아버지로부터 활동비를 받았다. 그의 부친은 그가 시련을 겪을 때마다 든든한 힘이 되었다. 그는 붓다가야 성지에 발판을 마련하기 위해 애쓰는 아들에게 격려의 편지를 써 불성을 위해 노력하도록 축복하기도 하였다. 이는 그가 이타적인 아버지로부터 받은 흔치 않은 격려였다. 그는 재산을 언제든 선한 일을 위해 쓸 준비가 되어있었고 기아재단(Famine Fund)과 종교적 색채를 띠지 않는 다른 재단에 시주를 했다. 다르마팔라의 여행경비를 위해 만2천 루피를 지원했으며 아들이 1891년 시작한 선업을 수행하도록 유산을 남겼다.

고인 무달리야르는 마타라의 한 마을인 힛따띠예(Hittatiya)에 있는 선조의 사원에서 그의 형인 대장로(High Priest) 밑에서 싱할리 교육을 받았다. 그는 물리 천문학을 공부하던 모범생이었고 매력적인 독송으로 항상 고통 받는 사람들을 도울 준비가 되어 있었다. 그는 만트라, 파리타(parittas), 카와차스(Kavchas, 남의 병을 낫게해주기 위해 읊어 주는 시)를 암송했고 고통 받는 환자들 옆에 앉아 독송하면 환자들은 금세 편안함을 느꼈다. 그는 1873년 설립한 비됴다야 대학의 설립자 중 한 사람이었고, 그는 "아담스 피크(Adams Peak)"의 고승인 프라다나 나야카 수망갈라 학장을 죽는 날까지 독실하게 신뢰했다.

그는 비됴다야 대학의 부지 시주자인 고 다르마구나와르데네 무한디람의 막내딸과 결혼했다. 영국 정부는 그의 많은 자선행위와 특히 교육 증진 활동에 감사의 뜻으로 무달리야르의 칭호를 수여했다. 그는 꽃 애호가였으며 특히 그의 공장과 작업장에 수백 명의 일군들을 고용함으로써 업계를 보호했다. 그것은 순수하게 고대 싱할리 문명의 제품이었고 그의 민족적 관습을 보존하는 것이었다. 오늘날 스리랑카에서 동양학 연구가 확대되는 진보를 이룬 것은 존경스럽고 뛰어난 고승 수망갈라의 자기희생적인 업적과 비됴다야 대학을 창립한 13인의 개척자 덕분이다. 13인 중 고 다르마구나와르다나 무한디람과 이 글의 주인공이 시주의 관대함에 있어 첫 번째였다. 그는 마지막으로 3만 루피를 위임하는 일본 장학금(Japanese Scholarship)의 신탁 증서를 유언장에서 인증했다.

네 아들 중 장남인 다르마팔라는 인생을 종교에 바치고 있었고, 다음 두 아들은 돈 카롤리스와 아들들(H.Don Carolis and Sons)이라는 회사를 경영하고 있었으며, 막내아들은 대학 학자가 되어 런던 대학에서 10년간 수학한 후 현재 콜롬보에서 병원을 개원하고 있었다.

연로한 무달리야르가 죽으면서 그의 고귀한 업적은 이 생애에서 끝났지만, 그의 선행은 그의 자식들이 인류와 신앙의 대의를 위해 고귀한 활동을 하도록 영향을 주며 살아있을 것이다. 세존(世尊)인 미륵불(彌勒佛)이 이 세상에 출현할 때 우리 모두는 열반과 무상보리(無上菩提) 얻을지이다!

고 무달리야르는 정력적인 노력으로 부를 획득했고, 영예로운 명예를 얻었으며, 71세의 나이까지 건강하게 살았다 (이후 병이 들었다). 그리고 불자 우바새(Upasaka)로서 삼보(three Gems), 오계와 팔계(five and the eight precepts)에 깊은 믿음이 있었고, 항상 관대했으며 결코 탐욕적이지 않았고, 그의 의무를 등한시하지 않았으며 결코 성마른 성질을 보인 적이 없으며 항상 정열적이었다. 이러한 특징의 우바새는 극락에서 태어나도록 운명 지어진다.

아나가리카 다르마팔라의 사랑하는 모친 말리카 헤와위따르네의 죽음 후에 마하보디 저널은 이 훌륭한 우바이(Upasika)에게 꼭 맞

는 추도문을 실었으며 그 기사문은 이에 덧붙여 재간한다. (참조#3)

고 스리 데와미타 다르마팔라의 모친 스리마티 말리카 우바이가 지난 7월 26일 콜롬보 그녀의 자택에서 병환으로 사망했다. 그녀는 사망 당시 90세였다.

스리마티 말리카 우바이는 신심 깊은 부인이었고 그녀의 관대함으로 인해 싱할리 협회의 선두 후원자였다. 그녀가 콜롬보에 세운 특히 비구들을 위한 병원 말리카 니와사와 역시 그녀가 설립한 과부들의 집은 그녀의 시주에 의한 불후의 업적이다.

다음 몇 년 동안 불자 거주지가 된 사르나트의 원래 부지도 우바이 고인의 시주로 받은 돈으로 확보되었다.

이 우바이는 그녀 조국의 모든 진보적인 여권 신장 운동에 관심이 있었다.

그녀는 실론 여성들이 입던 옷을 개량하였다. 그녀가 젊은 시절 입던 옷은 가운과 치마가 전부였다. 그녀는 조국 여성들 사이에 만연해 있던 이러한 관행에 대항해 싸웠으며 아들 스리 데와미타 다르마팔라의 도움으로 그녀는 흐름을 바꿔 한때 보편적인 서양의복을 실질적으로 대체하여 사리를 입도록 하는데 성공했다. 이 우바이는 아들 스리 데와미타에게 결정적인 영향력을 행사했으며 아들은 마지막까지 모친의 원에 따르고 그녀를 인생의 안내자이자 영감을 주는 이로 존경했다. 젊은 시절 스리 데와미타는 기독교 선교학교에 보내졌다. 그 영향은 그의 성장에 적합하지 않았다. 바로 이

때 그의 모친이 그를 구하러 와서 그를 비구들의 다정한 분위기의 켈라니야로 보냈다. 그녀가 죽었을 때 실론은 국민들의 번영을 위해 많은 면에서 공헌을 한 인물을 잃게 되었다.

그녀는 사남일녀의 어머니였고 자식들 모두는 어머니보다 먼저 죽었다. 그녀의 아들은 스리 데와미타 다르마팔라, E 헤와위따르네, S. 헤와위따르네, C.A. 헤와위따르네였다. 이 네 형제는 싱하리 협회의 자랑스러운 인물이었다. E. 헤와위따르네는 사업 분야에서 독보적이었으며 아직 젊었을 때 고올(Galle)에서 생을 마감한 애국자였다. 다방면에 정통했으며 위대한 문화에 뛰어났던 S. 헤와위따르네는 지금까지 그의 선심으로 기억되고 있다. 그는 싱할리어로 해설되어있는 삼장(Tripitakas) 완결판을 출간할 수 있도록 엄청난 재산을 시주했다. 그 일은 현재 이미 출판되었는데 40권의 완성판이다. C.A. 헤와위따르네는 런던의 의학박사였다. 그는 비됴다야 동방대학(Oriental College)을 재설립했으며 이는 현재 세계 팔리어 연구에 있어 최고 위치를 차지하고 있다. 그의 업적은 또한 실론의 교육 개혁과 관련되어 기려지고 있다. 그는 교육이 국민의 국가적 이상 속에 부흥을 찾기를 원했다. 그의 활동은 그가 시작한 개혁을 계속하려는 많은 국민들에게 영감이 되고 있다.

이 우바이의 장례가 7월 30일 치러졌고 D.B. 자야틸라카 경, 고귀한. C.W.W. 카난가라, 고귀한. W.A. 드 실바, 고귀한. S.W.D.R. 반다라나야카, Sj. 데와쁘리야 발리싱하와 실론의 모든 지도자들이 이 장례식에 참석했다.

## 어린 시절의 회상

인생의 마지막 시기에 아나가리카 다르마팔라는 자서전을 쓰기 시작했지만 안타깝게 제1장을 완성한 후 입적했다. 처음 마하보디 저널에 출판된 이 글을 그 자신에 대한 '개인적인 기록'을 들여다 볼 수 있도록 여기 다시 싣는다. 전 세계 불교인들은 아나가리카를 부흥 운동의 선구자로 여긴다. 그러나 소수만이 그를 독창적인 작가로서 그의 글 솜씨에 대해 알고 있으며 여기 이 글은 아나가리카의 개인적 저술을 알 수 있게 하는 '흔치 않은 보석'이다. (참조 #4)

나는 부처님의 반열반 2408년 후에, 서력기원 1864년 9월 17일 토요일에 한 유망한 불교인 가문에서 태어났다. 내가 태어났을 때 도시에는 예불을 드릴 불당이 없어서 보름이 되면 독실한 불교인들은 불교의 안식일인 포살(Uposatha)를 지키기 위해 켈라니야(콜롬보에서 10마일 떨어진 곳에 위치)로 가야 했다. 콜롬보에서 7마일 남쪽인 라트말라나에 박식한 발라나스님의 거주지로 유명한 사원이 있었다. 콜롬보에서 불자 부모로부터 태어난 아이들은 목사가 부모의 이름과 아이의 생년월일을 기록하고 기독교 목사가 유아에게 성경 이름을 주는 교회에 가야했다. 영국 영토에 존재하던 법이 그러했다. 붓다를 믿는 종교는 금기시되었다. 실론의 해안지방이 네덜란드 지배하에 있던 시기에는 불교인들은 자신을 기독교인으로 선언하도록 강요당했고, 이러한 관습이 영국 지배 하에서도 유지되었다. 이러한 관행은 올코트 대령이 불교인의 이익을 대표하여 런던에 파견되어 불교인들을 대신하여 식민지 국무장관에게 한 진정에 의해 1884년 폐지되었다. 유아기 때 나는 페타에 있는 네덜란드 시민 여학생들이 영어를 배우던 여자 학교에 다녔으며, 6살이 되자 성 마리아 학교라 알려진 페타 가톨릭 학교에 보내졌다. 페타는 그 당시 유복한 싱할리 불자 가족뿐 아니라 네덜란드 시민 가족들의 거주 지역이었다. 현재 많은 외국인이 있는 것과 달리 콜롬보에는 그 당시 외국인이 없었다. 시민 가족들은 도시 교외지역으로 이주했고 싱할리인들도 뒤따랐다. 콜롬보는 현재 남인도 타밀사람들, 회교도인, 말레이인이 가득한 도시로 지금은 오히려 인도인 도시이다. 지금 콜롬보에서는 미적인 면이 완전히 사라졌다. 아름다운 호수도 없어졌고 꽃과 우거진 나무로 가득했던 페타의 사랑스러운 공원은 쌀 창고로 바뀌었다. 돈을 벌기위해 실론에 온 영국 무역업자들은 그들이 사는 곳의 자연에 대해 무관심했다. 그들은 네덜란드인들과 달랐다.

코타헤나의 교외지역에는 파라마난다 사원과 디포두타마 사원이라 불리던 두 개의 사원이 있었다. 각각의 사원은 단지 한 명의 사마네라(사미승) 성직자가 있었다. 나는 10살이 되던 해까지 페타에 있었고 그런 다음 아버지가 정원 집을 가지고 있던 코타헤나로 갔다. 나는 8살에서 10살까지 사립 싱할리 학교에 가야했고 거기서 실론의 불교 사원에서 가르쳐지는 것처럼 싱할리 교재로 공부해야 했다. 내 싱할리 선생님은 내 어린 마음에 모든 것을 깨끗이 하고 많은 물을 사용하여 신체를 청결히 유지할 필요성을 강하게 심어준 엄격한 선생님이었다. 내가 페타에 있을 때 노란 장삼을 입은 비구를 보는 것은 흔치 않은 일이었고 유치원에서 선생님은 네덜란드 시민 부인이었고 성 마리아 학교에서의 선생님은 무어, 로마 가톨릭교도였다. 나는 가톨릭 주교 힐라리언 실라니가 학교를 방문했던 것을 기억한다. 나는 그 앞에 무릎을 꿇고 그가 손가락에 끼고 있던 반지에 키스를 해야 했다. 내가 왜 그렇게 하도록 요청받았는지 모르지만 지시에 따라 나는 무릎을 굽혔고 주교는 내가 키스하도록 손을 내밀었다. 얼마 후 나는 성 마리아 학교를 떠나 싱할리 학교로 갔다. 싱할리의 오랜 전통에 따라 선생님에게 구장(betel, 씹는 잎담배의 종류)을 드리고 절을 하며 첫 수업을 시작했다. 이 년동안 내가 배운 것은 모두 알찼다. 나는 8시에 아침 수업에 참석했고 11시에 점심식사를 하러 집으로 갔다. 그런 다음 1시에 학교로 돌아와 5시까지 학교에 있었다. 싱할리어 한 과목 외에 다른 수업은 없었고 그 당시 내가 배웠던 것들이 나중에도 계속해서 나에게 큰 도움이 되었다. 싱할리 학교를 떠나 성 베네딕트 학교에 다녔고 나는 가장 낮은 학급에 배정되었다. 선생님은 싱할리인 가톨릭교도였고 내가 몇 달 후 상위 학급으로 진급되었을 때의 선생님은 신부였다. 매 30분마다 학급은 동정녀 마리아를 찬양하는 짧은 기도를 반복해야 했다. 나는 매일 나의 붓다에게 예불을 드렸지만 가톨릭 방식에 익숙해졌다. 목요일마다 내가 불교인이라는 이유로 신부의 특별 수업에 참석해야했다. 어거스트 신부, 다니얼, 조슈아, 케이슨이 내 담당 선생님이었고 나는 학교에 다닌 2년 동안 신부 집안의 몇 명을 개인적으로 알게 되었다. 내 부친의 정원에는 향기 나는 꽃이 많았고 축제일마다 학교에 가져갔다. 어느 날 한 신부님이 내가 가톨릭교도가 되지 않는 이유를 물었다. 이상한 것은 콜롬보에 가톨릭교가 너무도 번창하고 있었지만 나는 왜 가톨릭교도가 되지 않는지였다. 부모님과 조부모님의 영향력이 너무나 강해서 나를 불교 환경에 항상 있게 하셨다. 내가 9학년일 때 부친은 사원에서 브라흐마챠리 서약을 시작하게끔 하셨다. 그날 부친은 나에게 브라흐마챠리는 주어지는 음식에 만족하고 잠은 조금만 자야 된다고 충고해 주셨다. 서약은 단지 24시간 동안 행해졌지만 내 경우에는 내 어린 마음에 잊혀지지 않는 인상을 주었다. 1886년 5월 나는 가톨릭 학교를 떠나 콜롬보에서 6마일 떨어진 코테의 기독교 기숙학원에 보내어졌다. C.M.S 학교였는데 나는 매일 기도문을 암송해야 했고 성경 구절을 배우고 찬송가를 불렀다. 불법을 비난하는데 초점을 맞춘 스승의 불교에 대한 공격을 경험하며 전도 환경 속에 2년 반을 보냈다. 매일 아침 6시 30분에 교회에서 다우베긴목사가 기도문과 성경 구절을 읽는 예배에 참석해야했다. 그런 다음 8시에 학교에 가서 학창시절 동안 외운 창세기, 마태복음, 출애굽기, 민수기, 신명기, 여호수아, 복음서, 사도행전의 한 구절을 암송하는 시험을 봤다. 기숙사 사감은 마취제를 맞는 버릇이 있고 나무에 있는 죄 없는 새를 총으로 쏴 죽이는 것을 좋아했다. 그는 내가 종류를 불문하고 불경을 읽는 것을 허락하지 않았다. 어느 일요일 사성제(Four Noble Truths)에 관한 불교 소책자를 읽고 있을 때 그가 나에게 와서 그 책을 달라고 한 후 방 밖으로 던져버렸던 것을 기억하고 있다. 성경을 계속해서 읽고 매일 교회에 참석하자 나는 내가 외워야 했던 교훈들과는 상관없이 성경을 좋아하게 되었다. 내가 12학년이 되자 나는 자신을 시편 19장 5절에 융화시킬 수 없었다. 나는 기숙학교에서 성경 비판가가 되었고 내가 계속해서 예수 그리스도를 공격한다면 퇴학을 당할 것이라고 위협을 받았다. 내가 먹어야 했던 음식은 끔찍했고 부친은 내가 얼마나 비쩍 마른지를 보고는 나를 전학시켜야 했다. 1878년에 학교를 떠나 집에서 2달을 쉰 후에 9월에 성 토마스 대학 학교(St. Thomas Collegiate School)에 보내졌다. 매일 성 토마스 학교를 다니며 미게투왓떼(Megettuwatte) 스님의 사찰이라 알려진 사원을 지나가야 했다. 바로 그곳에서 신지학회와 올코트 대령, 블라바츠키 부인에 대해 듣게 되었다. 스님은 블라바츠키 부인으로부터 선물로 〈베일을 벗은 성자들(Isis Unveiled)〉 2권을 받았다. 올코트 대령이 같이 보낸 편지에는 그들이 불교인이고 인도에 가는 길에 실론을 방문할 계획이라는 내용과, 그들이 파나두라 공개 토론회에 대해 들었고 실론에서 기독교에 대항해서 싸우기 위해 어깨를 맞대고 함께 협력할 수 있기를 기대하며 기쁜 마음을 전한다는 내용이었다. 스님은 곧 불교와 기독교에 관한 대중 설법을 시작했고 〈베일을 벗은 성자들〉, 〈티베트의 초인들(Adepts)〉에서 발췌문을 뽑아 싱할리어로 번역했다. 올코트와 블라바츠키에 대해 듣고는 나는 너무나도 기뻤고 내가 14살 밖에 안 되었지만 그때부터 계속해서 신지학회에 대해 관심을 갖기 시작했다. 그 설립자들은 1879년 봄베이에 도착했고 신지학자(Theosophist) 창간호가 발간되었고 한 부가 미게투왓떼(Megettuwatte) 스님에게 배송되었다.

나는 소년시절부터 정의와 수행자의 삶에 관심이 있었고 아라한과 아비달마에 대한 것을 알려하였다. 실론의 비구는 아라한과를 실현하는 데에 회의적인 생각을 가졌다. 그들은 아라한과는 지나갔고 이 시대에 정신 수양으로 아라한과를 실현하는 것은 불가능하다고 했다. 이때부터 계속해서 나는 신지학자의 정기구독자가 되었다. 미게투왓떼 스님은 올코트 대령과 연락했고 그들이 실론을 방문할 계획이라는 사실을 알게 되자 그들을 맞을 준비를 하기 시작했다. 매주 그는 신지학회와 두 명의 설립자에 대한 강의를 하고 있었다. 신지학회의 설립자들이 방문을 해서 숭고한 불법에 대해 설법한다는 소식에 실론 전역에 열광적인 분위기가 일어났다. 그 이전에 유럽 불교인이 실론을 그렇게 방문한 적이 한 번도 없었고 실론을 방문한 모든 유럽인들은 불교를 공격하기만 했다. 1515년 이후로 실론은, 네덜란드, 영국 등의 무법 해적들의 사냥터였다. 1818년 이후로 C.M.S. 선교단이 불교를 파괴할 목적으로 실론에서 활동해왔다. 수천 명의 싱할리인은 영어를 배운 후에 생계를 유지하기 위해 기독교인이 되었다. 그것은 싱할리 기독교인의 모태 신앙이었다. 싱할리 마을 주민들은 1년 안에 불교를 비난하도록 훈련되었고 그 시절에 한 달에 20루피의 봉급만 주면 싱할리 사람들의 고귀한 종교에 반하여 마을에서 설법할 전도사로 예배할 수 있게 만들었다. 한 무리의 영국 C.M.S. 선교단이 섬 각지에서 일하며 무지하고 순진한 싱할리인을 호렙(Horeb)과 같은 뿌리인 아랍 종교로 개종하기 위해 애썼다. 선교단의 무자비한 공격은 위대한 연설자 미게투왓떼 스님이 기독교에 도전할 명분을 주었고 그는 아랍 기독교의 이단 교리를 비판하는 타격을 가하기 시작했다. 1872년에 파나두라에서 기독교 선교단과 불교의 노란 장삼 수도승들 간에 역사적인 논쟁이 발생했다. 논쟁에서 기독교 측은 면목이 없을 정도로 패배했다. 그것은 기독교인들이 실론에 온 이후로 불교인들이 얻은 최초의 도덕적 정복이었다. 처음에는 약탈하는 해적과 무법 강도로서, 나중에는 수백 년간 지속되어온 고대 심미적 아리아(Aryan) 문명을 파괴한 정복자로서.

1880년 5월 실론에 신지학회단이 온 것은 1872년 파나두라 논쟁 이후로 불교인들이 겪은 두 번째 부활이었다. 올코트 대령과 블라바츠키 부인이 고올(Galle)에 상륙했을 때 극진한 환영을 받았다. 신지학회지 6월호는 신지학회단이 고올(Galle)에서 콜롬보까지 성공적으로 순회하는 동안 목격한 장면들을 상세히 묘사했다. 그들이 6월 콜롬보에 도착했을 때 나는 학교에서 올코트 대령이 첫 강연을 하는 곳까지 걸어갔다. 모든 사람들이 떠나고 나의 부친과 삼촌만이 뒤에 남았을 때 나는 그들과 함께 있었다. 삼촌은 이미 블라바츠키 부인과 가까운 사이가 되었고 나는 그들과 작별인사를 할 때 삼촌, 부친과 함께 그들과 악수했을 때 느꼈던 기쁨을 지금까지 기억하고 있다. 나는 본능적으로 블라바츠키 부인에게 끌렸고 이때는 4년 후에 그녀가 부친, 조부, 수망갈라 스님 그리고 올코트 대령의 반대를 무릅쓰고 나를 아디아르로 데려가리라는 것을 상상도 못했다.

1880년 6월 이래로 나는 그 설립자들에게 마음을 뺏겼고 신지학회지가 중개인 J.R. 드 실바의 주소지로 배달될 때마다 빼먹지 않고 다 읽었다. 나는 학회지를 빌려보기 위해 학교에서 중개인 집까지 약 1마일을 걸어 다녔다. 대학 학장은 D.F. 밀러목사였는데 어느 날 나에게 말씀하신 바에 의하면 나의 성실성을 높이 평가한다며 나를 애지중지 아껴주셨다. 그는 전에 나에게 말하기를 그들이 실론에 온 이유는 영어를 가르치기 위해서가 아니라 우리를 개종하기 위해서라고 하셨다. 대답으로 나는 신약성서는 괜찮지만 구약성서는 믿을 수 없다고 말했다. 그는 나를 많이 아끼셔서 내가 1883년 4월 학교를 떠날 때 나에게 우수상을 수여했다.

부친이 1883년 가톨릭 폭동 후에 내가 기독교 학교에 가는 것을 반대하는 독실한 불교인이었기에 나는 대학 입학시험도 치루지 않고 학교를 그만두었다. 가톨릭교도들은 불교 행렬이 미게투왓떼 스님의 사찰로 가던 중에 코타헤나의 성 루시아 교회를 지날 때 무자비하게 공격했다. 나는 페타 도서관 회원이었고 거기서 시네트의 비교(秘敎)의 세계(Sinnett's Occult World)를 환희에 가득 차서 읽었다. 나는 블라바츠키 부인에게 초인들의 히말라야 파(Himalayan School of Adepts)에 입학허가를 부탁하는 편지를 쓰기로 결심했다. 그 한 달 전에 입문자(Chela)에게 필수 자격을 주는 입문자와 평제자(Chelas and lay Chelas)에 관한 기사를 읽었다. 그 때 나는 자격요건을 모두 갖추면 블라바츠키 부인을 통해 미지의 형제들에게 나의 바람을 전하지 못할 이유가 없다고 생각했다. 1883년 11월 나는 히말라야 초인들(Himalayan Adepts)에 편지를 한 통 보냈고 그 안에 그녀의 아디아르 주소로 쓴 블라바츠키 부인에게 보내는 편지를 동봉했다. 1884년 1월 올코트 대령이 콜롬보 신지학회의 요청으로 불교인들의 평화 행진에 가톨릭 교인들이 가한 정당하지 못하고 살인적인 공격에 대한 법적 절차를 밟기 위해 콜롬보에 왔다. 나는 그가 도착하자마자 그를 만나러 가서 신지학회에 가입하고 싶은 원을 전했다. 이에 그는 내가 보낸 편지를 받았고 내가 입회하기에 어리지만 말리반 거리(Maliban Street)에 있는 신지학회 임시 본부에서 시작하라고 말했다. 나와 더불어 피터 애브류와 드 실바도 함께 입회했다. 부친이 당시 협회 회장이었고 내 입회 시에 10루피의 입회비를 내주셨다. 같은 해 10월 신지학회 회원들과 아디아르로 동행했고 부친은 내가 올코트 대령, 블라바츠키 부인, 쿠퍼 오클리 부부, 런던에서 온 C.W.리드비터와 동행하도록 허락하셨다. 올코트 대령은 프란츠박사와 마드라스에서 와서 일행을 아디아르로 인솔했다. 나는 콜롬보를 출발할 모든 준비를 마쳤는데 아침 일찍 부친이 불길한 꿈을 꿨다며 내게 가서는 안 된다고 말씀했다. 나는 내가 아디아르에 못 가는 것은 옳지 못하고 올코트 대령이 아디아르까지 나를 인솔하기 때문에 아무 일도 없을 것이라고 말씀드렸다. 그러나 부친은 내 대답에 만족하지 못하고 나를 조부께 데려갔다. 조부도 내가 가서는 안 된다고 하셨고 두 분은 나를 데리고 마차를 타고 수망갈라 스님을 만나러 갔다. 스님도 나에게 가서는 안 된다고 하셨다. 나는 내가 느끼는 슬픔을 알리고 모두들 왜 내 카르마(karma)를 간섭하는지 물었다. 그러자 그는 그의 비서인 아마라몰리(Amaramoly)를 일행에 보내 올코트 대령을 만나 그 문제를 결정하도록 했다. 우리 모두가 갔을 때 올코트 대령은 즉시 내 부친과 다른 이들의 뜻과 다르게 나를 동행시키지는 않겠다고 했다. 그때 블라바츠키 부인이 급히 와서 내 부친이 나를 가지 못하게 하면 내가 분명 죽을 것이라고 했다. 그녀 자신이 내가 안전하게 돌아올 것을 책임질 것이기에 나는 아디아르에 가는 것이 두렵지 않았다. 그러나 그녀는 내가 가는 것을 허락받지 못하면 죽을 것이라고 했기에 부친은 두려움을 느꼈고 나는 블라바츠키 부인에게 인도되었다. 그녀는 나를 아디아르로 데려 갔고 그곳에게 며칠을 머물렀다. 어느 날 그녀가 방으로 나를 불러 그녀 옆에 앉혔다. 그녀는 내가 신비요법 공부를 시작할 필요가 없지만 팔리어를 공부해야 한다고 했다. 팔리어에 필요한 것이 모두 있을 것이고 나는 인류 선을 위해 일해야 한다며 나에게 축복을 빌어주었다. 그때 그곳에서 내 인생을 앞으로 인류의 선을 위해 바치기로 결심했다. 그들이 고타마 붓다에 대한 봉헌을 보여준 초인들의 신지학회지에 실린 기사에서 보이는 것처럼, 그 당시 신지학회 분위기는 히말라야 스승(Himalayan Masters)들의 붓다에 대한 봉헌의 향기로 가득 찼다. 나는 콜롬보로 돌아와 내 서약을 충실히 수행했다. 블라바츠키 부인이 유럽을 향해 아디아르를 떠난 직후인 1885년, 그녀를 태운 증기선이 콜롬보에 정박했고 나는 그녀를 만나러 갑판에 올랐다. 같은 해 11월에 부모님은 내가 그들을 떠나 콜롬보의 신지학회 본부에서 머물도록 허락해 주었다. 모친은 나를 축복하며 같이 가고 싶지만 돌봐야할 어린 두 남동생들 때문에 같이 갈 수 없다고 하셨다. 가족의 첫째인 내게 아버지는 내가 그를 떠나면 어린 아이들을 누가 돌보냐고 말했고 나는 각자 자신을 보호할 카르마(karma)를 가지고 있다고 대답했다. 나는 부친께 편지를 써서 집을 떠나 불법의 부흥을 위해 내 모든 시간을 바치기를 희망하며 브라흐마챠리(梵行) 삶을 살 수 있게 허락해 달라고 했다. 또한 신지학회가 불성을 위해 일하기에 나도 그 본부에서 머물기를 원하니 더불어 한 달에 5루피의 활동비를 주시길 부탁했다. 나는 가족을 떠나 그 때 이후로 인류의 부흥을 위해 모든 이기적인 관심을 희생하고 신실한 봉헌으로 일해 왔다. 나는 밤낮으로 신지학회와 불교의 부흥을 위해 열심히 일했다. 1886년 2월 올코트 대령과 리드비터는 콜롬보에 도착해 불교 교육 재단 (Buddhist Educational Fund)을 위한 자금을 모금했다. 나는 그때 교육부 서기로 근무 중이었고 매일 식사가 집에서 본부로 배달되었다. 올코트 대령은 그의 순례에 동행할 사람을 찾을 수 없었고 불교인 누구도 그의 순례에 동행하고 싶어 하지 않는다면 그의 시간을 낭비하는 쓸모없는 일이라고 했다. 학회에서는 가족을 떠나 그와 동행할 수 있는 사람이 아무도 없었고 나는 내 직위를 버리고 더 많은 희생을 할 기회라고 생각했다. 나는 올코트 대령에게 그와 동행할 준비가 되었다고 했고 즉시 국장에게 편지를 보내 3개월의 휴가를 요청했다. 휴가는 즉시 주어졌다. 그 이전에 나는 서기관 시험에서 내가 합격한다면 공직에 있지 않고 인류의 선을 위해 진심으로 일할 것을 맹세했었다. 나는 그 당시 스승인 K.H.의 헌신적인 추종자였고 그의 이름 안에서 일하는 것을 좋아했다. 올코트 대령, 리드비터와 나는 2층용 여행용 마차를 타고 순례했다. 위층에서 두 사람이 자고 나는 아래층 침대에서 잤다. 우리는 두 달 동안 떠돌이 생활을 했고, 그가 리드비터에 대해 H.P.B.에게 쓴 편지는 블라바츠키가 S.P. 시네트에게 보낸 편지에서 볼 수 있다. 올코트 대령은 실론을 떠나 마드라스로 갔으며 리드비터와 나는 강연 순례를 계속했다. 마차안에서 나는 내가 시험에 합격하여 승진되었다는 내용을 담은 식민지 총리(Colonial Secretary)의 편지를 받았다. 나는 일 분도 지체하지 않고 종교를 위해 일하겠으니 공직 사임을 수락해 주기를 요청하는 답장을 했다. 콜롬보로 돌아오자 아버지는 내가 그 직위를 수락해 내 봉급 전부를 신지학회에 기부하기를 바라셨다. 부친은 나를 식민지 총리에게 데려갔고 그는 내가 사직서를 철회할 것을 요청했지만 나는 거절했다. 그리고 기쁜 마음으로 나는 떠났다.

그 당시에 히말라야 초인들(Himalaya Adepts)은 현실이었다. H.P.B.는 유럽에서 활동하고 있었고, 아디아르에서 쿠퍼 오클리가 이끄는 일파는 비술에 있어서는 H.P.B.보다 T. 수바 라오가 더욱 효과적이라고 생각했다. 아디아르에서 붓다는 샹카라차리아와 그의 불이학파(Advaitism)에 점차 자리를 내주고 있었다. 아디아르 비술방은 해체되었고 스승들은 그곳을 떠났다. H.P.B.는 런던에 비교(秘教) 신지학 학교를 시작했다. 수바 라오는 죽었고 아디아르는 상업지가 되었고 중심 도서관이 형성되었다. 나는 신지학회가 실론에서 성공을 거두도록 열심히 일했고 C.P. 구네와르다나, 윌리엄스 애브류, 돈 카롤리스와 다른 몇 명이 큰 도움을 주었다. 조부는 이 운동을 재정적으로 도왔던 회장이었다. 올코트는 리드비터가 더 짧은 교리문답집(Catechism)을 준비하도록 요청했고 리드비터는 방대한 문답집을 간략한 문답집으로 편집했다. 올코트 대령은 나에게 그것을 싱할리어로 번역하도록 요청했고 나는 수망갈라 스님의 도움을 받아 번역했다. 리드비터가 편찬한 두 번째 부분은 불자 영국 학교 (Buddhist English School) 선생님인 제임스 페레라와 위말라수리야가 번역했다. 두 권은 채권을 발행한 돈으로 대령이 설립한 불교 출판사(Buddhist Press)에서 인쇄되었다. 조부는 50주를 가지고 있었고 다른 사람들은 그보다 적은 액수를 가지고 있었다. 나는 그들을 다 찾아가 채권을 협회에 기증할 것을 요청했다. 처음으로 조부에게 가서 채권을 기부하게끔 했고 그가 채권을 협회에 기부한 이후로 모든 것은 쉽게 풀렸다. 한명을 제외하고는 모두들 기꺼이 채권을 기부했고 출판사는 불교인 신지 학회의 재산이 되었다. 나는 열심히 일했고 산다레사(Sandaresa)의 빚을 청산하고 그것을 회사재단으로 설립했다. 나는 대령의 마차를 타고 서부 지역의 이 마을 저 마을을 다니며 강연을 하고 교육 운동을 대중화했다. 리드비터는 콜롬보에서 일요 학교(Sunday School)를 시작했고 이후 계속해서 몇몇 학생들을 위한 영어 학교를 설립했다. 그들 중 한 명이 현재 유명한 지나라자다사이다. 그는 지나라자다사를 매우 총애했고 지나라자다사가 그와 함께 런던으로 가기를 바랬지만 그의 부친이 허락하지 않았다. 리드비터는 결국 어린 지나라자다사를 데려가는 데 성공했다. 리드비터는 스님의 동의를 얻어 그 청년을 7년 후 실론으로 데려왔고 그 두 명은 비구 승가에 입회했다. 지나라자다사는 런던에서 7년을 보내며 실론을 잊었고 기간이 끝나갈 때는 실론으로 돌아오지 않겠다고 했다.

1889년 일본 불교인들이 올코트 대령이 실론에서 한 성공적인 업적에 대해 전해 듣고는 대령을 일본으로 수행하기 위해 대표를 파견했다. 그는 1888년 12월 콜롬보에 도착했고 나는 그가 출국할 때까지 그를 접대했다. 그는 나에게 너무나도 감사해하며 일본으로 동행할 것을 요청했다. 그는 올코트 대령을 설득해 나를 데려갔으며 우리 세 명은 일본으로 갔다. 대령은 그 떠오르는 태양의 땅에서 성공적인 순례를 마쳤다. 1887년 나는 격주 리뷰(Fortnightly Review)에 실린 기사를 읽고 일본을 방문하고 싶은 원이 생겼고 그 원은 1889년에 이루어졌다. 1888년에 치타공 불교인들이 바웃다 반두(Bauddha Bandhu)라는 이름으로 영어 월간지를 발행했고 나는 실론의 불교인들도 영어 주간지를 발행할 적기라고 생각했다. 나는 친구들에게 편지를 써서 각 10루피씩 시주할 것을 부탁했다. 총 300루피가 모아졌을 때 마드라스에서 영어 활자를 구해 1888년 12월 리드비터를 편집장으로 해서 불교도(The Buddhist)를 발간했다. 그것은 싱할리 신문인 산다레사에 대한 부록으로 발행되었다. 나는 실론에서 올코트 대령, 리드비터, 파월, 보우스 데일리와 작업했고 1890년 12월 실론을 떠나 일본인 비구 코젠 구나라트나와 함께 아디아르 법회에 참석했다. 법회가 끝난 후 우리 둘은 이시빠따나(녹야원, Isipatana), 베나레스, 붓다가야로 순례를 떠나 1891년 1월에 붓다가야에 도착했다. 여기서 내 인생의 첫 장이 끝난다.

## 다르마팔라 아나가리카

(1864-1933)

이 글은 저명한 불교 학자 말랄라 세카라(Malala Sekara) 교수가 설립자이자 주편집장이었던 불교 전서(Encyclopedia of Buddhism)에 실린 내용이다. 스리랑카 정부는 역사, 역사적 사건과 저명한 수도승들과 재가신도들에 관한 최신판 개정 계획의 일환으로 이 책을 출판했다. 다음 글은 전서 영광스러운 이름의 아나가리카 편을 다시 실었다. (참고 #5)

스리랑카의 국가적 영웅, 불교 부흥가, 사회 개혁가 아나가리카 다르마팔라는 3백년 이상 포르투갈, 네덜란드, 영국 등 외국의 지배를 받으며 쇠락한 싱할리 사람들에게 영감을 주기 위해 봉헌한 지칠 줄 모르는 운동가였다. 그는 또한 현대 전 세계 많은 지역에 있어 불교 부흥을 일으킨 주도적인 영혼이었다.

아나가리카 다르마팔라는 1864년 9월 17일 콜롬보의 부유하고 영향력 있는 싱할리 불자 가문의 네 아들 중 장남으로 태어났다. 그의 아버지 돈 카롤리스 헤와위따르네는 가구제조업자로 스리랑카 남부 마타라에서 콜롬보로 이주해서 콜롬보의 사업가 딸과 결혼했다. 두 가문이 다 독실한 불교도였지만 모순적이게도 그들은 당시 아이들에게 영국식 이름을 지어주던 유행하던 관습에 따라 장남의 이름을 돈 데이비드라 지었다.

영국 통치자들이 기독교 교회와 협력하여 시작한 기독교 선교 교육 운동은 당시 최고조에 달했고 어린 데이비드의 학교도 이러한 제도에 속했다. 너무나 당연히 그가 선택한 불교방식에서 벗어나기를 거부하자, 그는 학교 당국과 수차례 갈등을 겪었다. 이러한 갈등으로 그의 불교에 대한 관심은 더욱 고조되었다. 그는 성 베네딕트 학교와 성 토마스 학교와 같은 기독교 학교를 다녔다. 그는 성 토마스 학교에서 정규 학교 교육을 끝냈다. 후에 그는 런던 대학 입학시험을 통과했다.

이 시기에 그는 그의 장래 활동을 위해 필요한 교육을 받도록 도움을 준 여러 중요 인물들과 알게 된다. 그 중 어린 시절 교육에 도움을 준 사람은 파나두라 공개 토론회의 주역인 유명 연설가 모호티왓떼 구나난다 스님과 당시 그만큼 유명 학자였던 히카두웨 스리수망갈라 스님 두 사람이었다. 그러나 그가 문화 부흥운동을 할 때 많은 도움을 준 가장 중요한 인물은 1880년 스리랑카에 온 미국인 학자 올코트 대령이었다. 올코트 대령의 동료인 러시아 박애주의자 블라바츠키 부인도 다르마팔라의 형성기에 영향력을 준 또 다른 인물이었다. 1884년에 올코트 대령이 스리랑카를 두 번째 방문했을 때 다르마팔라는 신지학교 회원으로 등록하기를 희망했다. 당시 다르마팔라가 연령 미달이었지만 회원으로 입회되었다. 이 당시 다르마팔라는 블라바츠키 부인의 추종자가 되어 그의 부친과 지지자들의 반대를 무릅쓰고 1884년 어린 그는 그녀와 동행해 인도의 아디아르 신지학회 본부로 떠났다. 그러나 블라바츠키 부인은 아디아르에서 다르마팔라가 신지학을 포기하고 대신에 그에게 필요한 모든 지식이 있는 팔리어를 공부하도록 권했다. 그녀는 더욱 격려하며 그가 인류 선을 위해 자신을 바칠 것을 축복했다. 이러한 사건들로 인해 그는 더욱더 확신을 가졌고 블라바츠키 부인의 충고를 마음에 새기고 스리랑카로 돌아와 그가 선택한 일을 추구했다.

20세가 되자 그의 인생에 또 다른 전환점이 와서 그는 금욕적인 생활(아나가리카)을 하며 국가와 종교에 봉헌하며 완전히 헌신하기로 결심했다. 이에 그는 부모님의 허락을 받고 신지학회가 불교 부흥을 위해 일한다는 믿음을 갖고 학회 본부에 거주하기 시작했다. 당시 그의 한 추종자의 말은 이 기간 동안의 그의 삶을 잘 보여준다. "그에게 너무 작거나 너무 큰 일은 아무것도 없었다. 그는 방을 청소하고, 침대를 정돈하고, 사무실 업무를 보고, 각종 편지를 쓰고, 직접 우체국에 가서 부쳤다. 그는 사람들을 위해 통역하고, 각종 계획을 준비하고, 다른 이를 위해 강연을 번역했다. 편집장과 신문의 정책을 토의하고, 그가 교정을 했다. 그는 하루 거의 15시간 내지 16시간을 집중적으로 일했고 항상 유쾌하고 활기찼다. 이 활력과 선의를 가지고 거의 5년 동안 불교 본부에서 유익한 일을 계속해 나갔다. (상가락쉬타 비구 저, 아나가리카 다르마팔라, 법륜(Wheel) 출판사, 70-72쪽, BPS, 캔디)

1886년 올코트 대령과 리드비터는 불교 교육을 위한 모금 운동을 위해 콜롬보에 왔다. 이를 위해 그들은 전국을 돌 계획이었고 능력 있는 통역가가 필요했다. 적당한 사람이 없어 그 계획이 거의 수포로 돌아가려 했을 때 다르마팔라가 이 일에 자원했다. 교육부의 서기로 일하고 있던 그는 3개월의 휴가를 얻어 올코트 대령의 캠페인에 합류했다. 운송 수단은 올코트 대령의 2층짜리 여행용 마차였다. 2개월 간 섬 전역을 돌며 다르마팔라는 올코트 대령의 강연을 통역했다. 다르마팔라에게는 시기적절한 정통의 교육 기회가 되었고 동포의 진정한 현실에 대해 직접 체험하고 지식을 쌓을 수 있는 좋은 기회였다. 그는 급속히 발전하고 있는 세상에서 그들이 약하고 퇴보하고 있는 것을, 자랑스러운 전통을 가진 국가가 얼마나 생기 없고 생명력 없는지를 분명히 목격했다. 대조적으로 올코트 대령은 서양의 역동적이고 혁신적인 생기를 보여주었다. 다르마팔라는 싱할리 사람들이 그들 스스로의 힘으로 일어서고 잃어버린 영광을 되찾기 위해서는 이런 종류의 역동감에 자극받고 영감 받을 필요가 있다고 느꼈다. 이렇게 너무나도 중요한 민족적 필요성을 깨닫고 올코트 대령과 리드비터의 생각을 번역할 뿐 아니라 이러한 요구와 일치하는 자신의 독립적인 관점을 표출했다.

이때 다르마팔라는 기독교 선교단의 파괴적인 행위들의 위험성을 깨닫게 되었다. 그는 외국의 영향으로 인해 국가의 고귀한 특성이 어떻게 파괴되는지를 목격했고 이에 그의 대부분의 비판은 이러한 해로운 세력들에게 집중되었다. 그는 서양을 맹목적으로 모방하고 육류 섭취, 알코올 소비, 외국 이름 도입, 외국 의류 착용과 같은 변질되고 불교적이 아닌 관습을 수용하는 사람들을 비판했다. 이러한 관행으로 평범한 마을사람들의 불법에 대한 믿음이 흔들리고 그만큼 선교단과 그 지지자들은 성공을 거두고 있었다. 그러한 상황에서 올코트 대령의 불교에 대한 지지는 사람들을 일깨워줄 최고의 해독제처럼 보였다. 이에 다르마팔라는 자신이 모을 수 있는 모든 에너지와 헌신을 가지고 그의 임무에 전념했다. 그 나라의 자손으로서 그 문제들은 그 개인의 문제이기도 했지만 그의 생각을 사람들에게 전달하려는 용기를 주기도 했다. 뒤에 올코트 대령이 마드라스로 떠났을 때, 다르마팔라는 리드비터와 이 선업을 계속했다. 그러는 중에 그는 식민지 총리로부터 사무관 승진시험 통과와 당시 고려하기에 큰 성취인 승진 소식을 담은 편지를 받았다. 그러나 그는 당시 불교 포교 활동에 헌신하기로 결정했기에 부친과 식민지 총리의 설득을 뿌리치고 공직에서 완전히 사임했다.

1885년부터 1889년 사이에 그가 주로 종사한 일은 불교 신지학회 활동이었다. 신지학회 불자 부문 사무총장으로서 산다레사 신문, 불교 출판사, 불자 학교의 책임자와 불자 변호 위원회 부총장을 맡았다. 그는 싱할리 주간지 산다레사가 영어판으로 강화되기를 원했고 이를 위해 기부로 모은 돈으로 마드라스에서 영어 활자를 구입해 1888년 리드비터를 편집장으로 하여 최초의 영어 신문인 불교도(The Buddhist)를 발간했다. 산다레사가 지역 불교 소식에 초점을 맞췄다면 불교도(The Buddhist)의 내용은 서구 과학 및 심리학과 관련하여 법에 관한 토론을 주로 담았다. 그것은 유럽, 미국, 인도, 일본, 호주 등지에서 많은 부수를 발행했고 그 먼 지역에서 붓다의 가르침에 대한 관심을 불러 일으켰다. 그는 또한 대령의 우마차를 타고 강연활동을 계속했다. 바로 이 시기에 별칭 아나가리카(집 없는 사람)를 얻고 아나가리카 다르마팔라가 되었다.

올코트 대령이 일본 고승으로부터 일본을 방문할 것을 초대받은 1889년에 그도 같이 일본을 방문할 기회를 얻게 되었다. 1월 18일 올코트 대령, 다르마팔라, 일본인 사절 노구치는 두 나라의 선의의 대사로서 스리랑카를 떠났다. 다르마팔라는 도중에 몸이 아팠고 고베에서 개최된 주요 환영식에 참석할 수 없었다. 방문자들은 고베의 텐다이 종파(Tendai Sect) 사원으로 안내되었고 그 때 다르마팔라는 회복했다. 올코트 대령이 연설한 후 다르마팔라가 두 나라의 문화적 통일성에 대해 연설했다. 후에 그들은 교토를 향해 출발했지만 그는 건강악화로 혼자서 스리랑카로 돌아가기로 결심했다. 그에게 경의를 표하는 송별 군악 행진이 오사카에서 있었고 그는 그의 송별 연설에서 일본인들에 대한 사랑과 감사를 표현하며 청중을 사로잡았다.

1891년 초에 다르마팔라는 올코트 대령과 아디아르에 머물렀고 대령이 초청을 빚아 버마로 가자 다르마팔라는 그의 일본인 친구와 인도 불교 사원으로 순례를 가기로 결심했다. 1월에 그들은 사르나트(이시빠따나)와 붓다가야를 방문했다. 붓다가야에서 다르마팔라는 수백 년 동안 방치되어 온 성지를 구하는데 생애를 바치기로 결심하고 이런 취지로 보리수에 맹세를 했다. 그는 인도 불교의 비참한 현실 특히 붓다가야에 마음이 움직여서, 그의 일본인 친구와 함께 비구가 그곳을 책임질 수 있을 때까지 그곳에 머물기로 결심했다.

조각상은 사라지고, 불상은 깨지고 모독된 채로 붓다가야는 완전히 방치되고 있었다. 그곳의 상황에 익숙해지기도 전에 미얀마 객사에 방을 얻어 투숙을 했다. 그런 다음 그는 불교국들에 편지를 써서 이 상황을 알리고 도움을 요청했다. 6주간 머문 후에 1891년 3월 그는 사원의 힌두교 소유자 마한트에게서 그 부지를 구입할 자금을 모금할 계획으로 캘커타를 향해 떠났다. 그는 한동안 그것에 관해 중요한 연락을 하며 불교계에 이 문제를 알리며 그 일을 계속했다.

다르마팔라는 콜롬보로 돌아와 1891년 3월 31일 히카두웨 스리 수망갈라 스님을 회장으로 하고 올코트 대령을 이사(Director)로 하고 자신을 사무총장(secretary)으로 하는 마하보디협회를 설립했다. 다르마팔라는 붓다가 첫 설법을 한 달(6월-7월)의 보름에 수도승들이 붓다가야에 거주하고 있어야 한다고 생각했다. 이에 라만냐 니카야(Ramanna Nikaya) 종파의 4명의 수도승들을 그곳으로 가도록 설득해 일행은 7월 10일 출발했다. 그 선택된 날 그 장소에 불교기가 게양되었다.

다르마팔라는 4명의 수도승을 미얀마 객사에 정착시키고 즉시 성지 구입에 관해 마한트와의 협상을 시작했지만 인도정부와 마한트의 비협조적 태도로 지루한 공방이 계속되었다.

1891년 10월 25일 다르마팔라는 인디언 미러(Indian Mirror) 편집장 나렌드라나트 센(Narendranath Sen)의 주재로 불교와 힌두교의 유사성에 관하여 캘커타 알버트홀에서 인도에서의 그의 첫 대중 강연을 했다. 다음해 마하보디협회 사무소가 콜롬보에서 캘커타로 이전했다. 1892년 5월 그는 마하보디 저널을 창간해 불교국들의 관점과 소식을 교환했다. 저널은 널리 인기를 끌었고 다르마팔라는 시카고 종교대회에 참석하도록 초대받기에 이르렀다. 잡지일을 하면서도 소유자들에게는 수입원에 지나지 않는 붓다가야를 구하기 위해서 계속해서 자금을 모금하고 회의를 주선했다. 그러는 동안 그는 티베트 불교인들과도 친분을 쌓게 되었고 시킴(Sikkim)과 티베트의 불교인들에게 불교의 쇠퇴와 부흥에 관한 강연을 하며 마하보디협회의 대의를 위한 도움을 호소했다.

1893년 2월에 올코트 대령, 다르마팔라, 유럽 신지학자 엣지는 붓다가야를 방문했는데 그 전날 밤에 마한트의 부하들이 미얀마객 사에 있던 싱할리 수도승들과 하인들을 무자비하게 폭행했다. 항의 회의가 소집되었지만 마한트는 올코트 대령에게 어떠한 조건으로도 팔거나 임대하지 않겠다고 퉁명스럽게 말했다. 습격에 대한 법적 소송도 증거부족으로 패소했다. 마하보디 사원의 운명은 여전히 해결되지 않고 남아있었다.

　　1893년 9월 시카고에서 열린 세계 종교 대회에 다르마팔라가 상좌부(Theravada) 불교의 대표자로 참석하도록 초청받았다. 그는 배를 타고 가며 그가 영국 스승(Guru)으로 여긴 에드윈 아놀드 경의 손님으로 런던을 거쳤다. 그는 스리랑카에서 올코트 대령과 체류하며 동행했던 리드비터와 그곳에 머무르며 베잔트 부인과 리스 데이비스 박사를 만났다. 베잔트 부인은 그와 9월 6일 시카고 도착까지 동행했다. 그는 1893년 9월 18일 세계가 붓다에 진 빚(The World's Debt to Buddha)에 관한 강연을 했고 모임에서 인기 있는 인물이 되었다. 그 행사는 당대 뉴스 매체에 다음과 같이 묘사되었다. "넓은 이마에서 뒤로 넘겨진 검고 곱실거리는 머릿결을 가진 그는 날카롭고 맑은 눈으로 청중을 응시했다. 그의 긴 갈색 손가락이 그의 힘찬 목소리의 어조를 강조했고, 부흥 운동가 바로 그 모습이었다. 사람들은 그러한 인물이 불교도를 통합하고 문명세계 전역에 아시아의 빛(Light of Asia)을 널리 배포한 운동의 선두에 서 있다는 것을 알고 전율했다." (성 루이스 옵서버, 1893년 9월 21일, 상가락쉬타 비구 발췌)

뉴욕의 스트라우스는 그의 강연에 감동받고 다르마팔라에게 오계를 받은 후 불교인이 되었다. 그는 미국 최초의 불교 개종자가 되어 후에 마하보디협회의 강력한 지지자가 되었다. 회기 내내 그의 강연은 많은 군중을 불러 모았다. 이 강연으로 그는 세계적으로 유명해졌을 뿐 아니라 서구 지식인들에게 불법의 위대함에 눈뜨게 했다.

종교 대회가 9월 27일 폐회되자 그는 몇 차례 강연을 더 하고 10월 10일 미국을 떠나 일본 중국을 거쳐 인도로 갔다. 항해 중 호놀룰루 항구에서 중년의 메어리 포스터 부인을 만나는데 그녀는 후에 가장 큰 후원자 중 한 명이 된다. 만남은 단지 몇 분에 불과했지만 그녀는 너무나 깊은 인상을 받고 불자 사회 활동에 거의 백만 루피의 시주를 했으며 그 기부금으로 인도와 스리랑카에 사원, 수도원, 학교, 병원 등이 세워졌다.

10월 31일 요코하마에 정박하자 그를 만나기 위해 모인 백 명의 수도승이 있는 도쿄로 갔다. 일본에서 붓다가야 투쟁을 위한 자금 모금 노력이 수포로 돌아가자 그는 상하이로 가서 강연을 했고 에드킨스와 프랭크 박사가 통역하였다. 1894년 2월 그는 시암에 가서 마하보디협회 지부를 형성하였다. 3주간 바쁘게 보낸 후 그의 붓다가야를 살리려는 임무에 미지근한 반응을 보이는 남방 불교인들에게 다소간 실망하고 방콕을 떠나 4월 스리랑카로 돌아왔다.

그 때 다르마팔라는 국제적으로 당대 선두적인 불교 포교자로 인식되어 있었다.

콜롬보에서 그는 큰 환영을 받고 비됴다야 피리베나로 행진하며 말리가칸다에서 힉카두웨 수망갈라 스님에게 축복을 받았다. 다음 몇 주 동안 그는 시카고 경험과 붓다가야 복구 계획에 대해 순회강연을 했다. 1894년 12월 그는 최초로 스리랑카에서 붓다가야로 계획적인 순례를 떠났다. 1895년 2월 그는 일본에서 받은 아름답고 빛나는 불상을 모시고 붓다가야에 다시 도착해 불상을 붓다가야 사원에 안치했다. 마한트의 부하들이 강제로 불상을 떼어내서 아래 경당으로 던져버렸다.

이 극악한 행동은 이단자들을 고발하는 소송으로 제기되었으며 위대한 붓다가야 소송으로 널리 알려졌다. 법정은 미얀마객사를 마하보디협회 책임으로 하고 불상을 그곳에 두도록 판결했지만, 이후 1910년에 캘커타 고등 법원은 다르마팔라의 기대를 저버리고 객사를 마한트의 소유로 판결하고 불상을 캘커타로 옮기라고 명령했다. 그러나 그는 그해 처음으로 캘커타에서 웨사카를 경축할 수 있었다. 그는 미국 마하보디협회 설립자 폴 카우스 박사의 초청으로 1896년 7월 두 번째로 미국으로 떠났다. 런던에서 막스 뮐러와 더불어 에드윈 아놀드와 리스 데이비즈 박사를 다시금 만났다. 그는 하이드 파크 신지학회 협회에서 강연했다. 그는 강연하며 주요 도시를 방문하며 미국에서 일 년을 보냈다. 1897년 5월에 그는 미국에서도 37조도품(助道品)을 상징하기 위해 임시 사원에 37개의 초를 밝히고 의례에 맞춰 웨사카를 경축했다. 그는 그것에 대해 강연하고 길상경(Mangala sutta)을 찬불했다. 9월에 그는 파리로 가서 동양학자 종교대회에 참석했다. 런던에서 짧게 체류한 다음 로마로 가니 추기경이 교황을 만날 수 있도록 알선하겠다는 약속을 했다. 그러나 다르마팔라가 교황을 만나 유럽인들이 스리랑카에 도입한 음주관행에 대해 말하겠다고 추기경에게 전하자 그 성직자는 약속을 취소하고 우리 방문객들을 더 이상 만나려 하지 않았다.

1898년 내내 또 다시 이번에는 혼자서 우마차를 타고 스리랑카의 거의 전역의 마을들을 순회하며 싱할리 민족의 국가적, 종교적, 문화적 재건을 위해 싸웠다. 그는 민중들에게 신선한 열정의 물결을 일으켰다.

1899년 초에 그는 북인도로 사료 수집 여행을 떠났다. 이 4개월 간의 여행에 대해 당시의 자료는 다음과 같이 설명하고 있다. "그는 전혀 편안하지 않게 순례자로서 순회하고 있다. 산야신(sanyasins) 수행자, 힌두 순례자들과 섞여, 삼등석이나 이등석 승객들과 때로는 가장 열악한 식사를 하며, 때로는 빈자들이 자는 곳에서 자며, 혹독한 무시, 미신, 가난으로 고통 받는 빈곤층의 특징을 알아가며 그렇게 여행하고 있다." (상가락쉬타 비구, 작자미상)

그런 다음 그는 초청으로 남인도에 가서 순례강연을 했다. 그는 강연에서 불가촉천민에게 주어진 부자유를 없앨 필요성에 대해 강조했다. 또한 마하보디협회 지부가 마드라스에 설립되었다.

1902년부터 2년 동안 그는 세 번째로 미국을 방문해서 전에 시작한 포교 활동을 계속했다. 이번에 그의 원은 자신이 서구의 기술진보를 익히는 것이었고 따라서 강연과 실험실 기술협회 방문을 번갈아 했다. 보스턴의 하버드 대학에서 그는 미국의 저명한 심리학자 윌리엄 제임스의 수업에 참석했다. 그는 다르마팔라가 자신보다 심리학에 대해 강의할 자격이 더 있다고 말하며 학생 자리에 앉아 다르마팔라가 강연을 하도록 초청하는 큰 찬사를 보냈다. 다르마팔라의 불교 심리학에 관한 짧은 설명을 들은 후 윌리엄 제임스는 25년 내에 모든 사람들이 배워야 할 종류의 심리학이라며 소견을 피력했다. 이로써 다르마팔라가 서구에 불교의 깊은 교리를 알리는데 얼마만큼의 공헌을 했는지 알 수 있다.

다르마팔라는 서양의 기술적 진보에 엄청난 인상을 받고 이 점에서 동양의 후진성을 직접 알게 되었다. 그는 이 분야에 대해 깊은 관심을 갖고 미국과 영국의 많은 연구소를 방문하며 동양에 도입할 수 있기를 간절히 원했다. 1904년에 그는 포스터 부인의 도움으로 사르나트에 그러한 연구소를 세웠고 또한 이 분야에서 조국을 돕고 싶은 원을 가지고 스리랑카로 급히 갔다. 그는 이전의 경우와 다른 목적을 가지고 우마차를 타고 전국을 순회하며 캠페인을 다시 했다. 이번에는 스리랑카 사람들이 서양의 산업 발달을 접하기를 열렬히 바랬고 따라서 그의 강연의 주제도 이러한 점을 포함했다. 그는 몇 명의 싱할리 젊은이들이 일본으로 가서 방직과 다른 기술 공예를 배워오도록 계획했다. 그의 주도 하에 최초의 방직 학교를 고올의 히니두마에 설립했고 콜롬보 근처 라자지리야에도 하나 더 세웠다. 포스터 부인은 재정적으로 학교 설립을 도왔다. 같은 해 박애주의 활동에 엄청난 도움을 주었던 부친이 사망했다.

1906년 5월 그는 싱할리 주간지 싱할리 바우다야(The Sinhala Bauddhaya)를 창간해 신지학회를 포함해 다양한 단체의 반 불교 활동에 반격한다. 이 시기 다르마팔라는 신지학회와 불교의 상이성을 인식하고 20년 간 우정을 지속한 올코트 대령과 결별했다.

1907년 미얀마객사에 관한 마한트 소송은 마한트에 유리하게 판결되었고 불교인들은 불상을 치우고 1896년부터 거기에 있던 비구들을 철수하게 했다.

1911년부터 1912년 2년 동안 스리랑카를 순회하며 민족 부흥 운동을 전개했다. 싱할리 바우다야도 그의 글을 실어 그 목적을 달성하기 위한 매체로 사용되었다. 그러한 일련의 글들은 알아야 할 것들을 일깨웠고 특히 이러한 점에서 중요했다. 그는 통탄하며 싱할리 사람들이 기독교인들에게 문화적 종교적 정체성을 넘겨주고 이제는 경제적 독립성을 인도 힌두인 무역업자들에게 넘겨주어 많은 지역에서 소매업이 독점화되었다고 주장했다.

다르마팔라는 1914년 다시 한 번 더 호놀룰루로 가서 포스터 부인이 마하보디협회에 보내준 도움에 감사를 표했다. 그녀는 그녀 아버지를 기리며 콜롬보에 자선 병원을 건립할 6만 루피를 시주했고 이에 포스터 로빈슨 무료 병원이 설립되었다. 다르마팔라는 일본, 한국, 만주, 중국, 싱가포르, 자바를 거쳐 많은 청중들에게 강연을 하고 돌아왔다.

앞서 언급된 인도 회교도들은 1915년 공격적이 되어 감폴라(Gampola)에서 행진하는 불교인들을 공격했고 결과적으로 불교-회교도 폭동으로 번졌다. 섬 전역으로 혼란상황이 확산되었고 영국 통치자들은 이를 자신에 대한 반란으로 규정하고 1915년 6월 2일 군법을 선포했다. 3개월 간 불교인들은 많은 억압을 받았고 영향력 있는 불교 지도자들은 체포되어 무차별하게 사형되었다. 다르마팔라가 당시 인도에 있는 행운이 없었다면 같은 운명을 겪었을 것이다. 그러나 영국 정부는 그를 1915년부터 1920년까지 5년간 캘커타에 억류했다.

다르마팔라는 오히려 이 피할 수 없는 상황을 잘 이용해 캘커타에서 사원 관련 일을 개시했다. 1915년에 그는 주로 포스터 부인의 시주와 자비로 이를 위한 토지를 구입했다. 다음해 인도정부는 불사리를 수여했고 1918년 공사가 시작되었다. 그 계획은 2년 만에 완성되었다. 다르마라지카 사원으로 지명된 그 사원은 1920년 벵갈 총독 로널드셰이 경에 의해 개원되었고 많은 저명한 군중들이 입회했다. 다르마팔라는 행사에 맞는 감동적인 연설을 했다.

그는 건강 악화로 1922년 집으로 돌아왔다. 폭동으로 중단되었던 싱할리 바우다야(the Sinhala Bauddhaya)를 7월 재간했다. 건강이 많은 문제가 되자 1925년 취리히의 요양원에 입원해 수술을 받았다.

1925년 8월 사원과 마하보디협회를 설립할 계획으로 런던에 간 그는 강연을 마친 후 배를 타고 샌프란시스코로 가서 포스터부인에게 도움을 호소해 사원과 협회 설립을 위해 매달 일정금액을 시주 받기로 했다. 12월에 뉴욕 시청에서 강연했고 이 강연에 대해 스펙테이터(Spectator)지에 실린 글을 여기 인용한다. "청중 누구 한

명 움직이거나 기침하는 이가 없었다. 여기 메시지를 전할 한 남자가 있다. 그는 꼿꼿이 서서 침착하게 자신과 청중의 주인으로서 메시지를 전했다. 강연은 웅변가의 기술과 성직자의 위엄이 있었고 그 성직자에게 이 세상은 아무것도 아니었다. 그가 앉았을 때 정적이 흘렀고 곧 박수갈채가 쏟아졌다.”(비구 상가락쉬타 발췌) 그는 홀본(Holborn) 시청에서 열린 웨사카 회의에서 또 다른 유명한 강연을 했다. 그는 상설 본부로 런던 일링에 집을 구입해, 후원자에 경의를 표하며 포스터 하우스라 이름 지었다. 1926년 스리랑카로 돌아온 후에도 영국 불교 포교를 위한 자금 모금을 계속했다. 1927년 중반에 충분한 자금을 마련해 영국으로 돌아가 건물이 지어질 때까지 지낼 임시 주거지를 구입했다. 그러는 동안에 그는 기관지염으로 심각하게 아팠고 조카 다야난다 헤와위따르네에게 런던 포교를 맡기고 스리랑카로 왔다. 그는 런던 업무를 맡기기 위해 그의 믿을 수 있는 추종자 데와쁘리야 발리싱하와 스리랑카 출신의 3명의 수도승을 파견했다.

60대 중반의 다르마팔라는 경력의 마지막 단계로 진입했다. 1927년 런던에서 집으로 돌아온 후 위장병과 심장병으로 심한 통증을 느끼며 침상을 떠날 수 없었다. 1929년 유일하게 생존해 있으며 그에게 큰 도움이 되었던 동생 C.A. 헤와위따르네를 잃고 그는 또 한 번의 강한 충격을 받았다. 그의 훌륭한 후원자 포스터 부인은 1930년에 사망했다. 그 당시 그는 포스터 부인의 기부금과 자신의 유산으로 아나가리카 다르마팔라 신탁을 설립했다. 이 신탁은 그가 헌신했던 목적을 증진하기 위해 5명의 신탁자에 의해 경영되었다. 1931년 3월 그는 휠체어를 타고 증기선으로 캘커타로 이송되었고 스리랑카를 영원히 떠나 그 달 말에 사르나트에 도착했다.

사르나트에서 물라간다쿠티 사원 건립의 마지막 업무에 관한 가능한 모든 일에 관여하는 동안 1931년 7월 13일 바루가무웨 레와타(Baruggamuve Revata) 스님 주재 하에 승가의 일원이 되고 사원의 이름인 스리 데와미타 다르마팔라를 받았다. 8월에 캘커타에서 대중 강연을 하고 그해 말에 물라간다쿠티 사원이 완성되는 것을 보고 만족해했다. 사원의 개원식은 1931년 11월 11일에 개최되었다. 1932년 4월과 12월에 그는 두 번이나 아팠고 아마도 완전한 수도승으로 죽기를 바라며 1933년 1월 16일 구족계를 받았다. 많은 스리랑카의 주요 수도승들이 의식을 거행했다. 이 당시 그는 정말로 병약해졌다.

4월 중순에 그는 심각하게 아팠다. 상태가 악화되자 그의 주치의 낸시 박사를 호출했다. 그의 제자 데와쁘리야 발리싱하와 조카 라자 헤와위따르네와 붓다가야에 있던 6명의 사마네라(사미승)가 그의 침대 곁을 지켰다. 그는 돈 낭비에 지나지 않는다며 약을 먹기를 거부했다. 그 때 그는 "내가 곧 죽도록 내버려 두오. 다시 태어날 것이오. 나는 더 이상 내 고통을 지속할 수 없소. 나는 25번 다시 태어나 불법을 전하고 싶소."라고 했다. 이것이 그의 마지막 유언이었다. 그는 기력을 잃고 있었다. 그가 먹기를 거부해 그의 의지에 반해 음식을 주사했다. 1933년 4월 27일에 그는 갑자기 펜과 종이를 요구했고 힘겹게 무언가를 휘갈겨 썼다. 절반은 다음과 같이 쓰여 있었다. "낸시 박사, 나는 주사에 질렸소. 나를 죽게 해주오..." 1933년 4월 29일 그는 입적했다.

위의 전기는 아나가리카 다르마팔라의 주요 업적을 일어난 순서대로 연대순으로 서술하고 있다. 별도의 평가는 필요하지 않을 것이다. 그러나 결론적으로 개괄적인 평가를 하자면 우리는 그가 그의 동포들에게 자신의 종교와 민족 유산의 위대함을 일깨워준 국가적 부흥 운동가라고 할 수 있다. 그는 외래문화에 대해 가차 없이 비난하며 종종 계몽적인 결과를 이끌어냈다. 그의 연설과 글을 보면 국가의 외국 지배가 민족이 쇠퇴한 주요 원인이라는 것을 깨닫고 있었음을 분명히 알 수 있다. 그는 영국 지배의 이점을 인식하고 있었던 반면에 그렇지 않은 것은 극렬히 비판했다. 그는 매우 자주 그들을 '백인 브라민(brahamins)' 또는 '지독한(damn)' 백인이라고 언급했다. 이런 종류의 대담한 비난은 필연적으로 적을 만들었지만 그는 신경 쓰지 않았다. 국가적 부흥 운동가로서 그의 역할은 진정한 국가 정체성을 위한 방법을 보여줌으로써 열렬한 애국자만큼이나 독특하게 자리매김하고 있다.

이만큼 민족적이었다. 위에서 보여준 것처럼 국제적으로 그가 공헌한 기록도 역시 마찬가지로 인상적이다. 그는 의심할 나위 없이 그 시대의 지도적인 불교 포교 운동가였다. 불교 탄생국에서 불교가 사라져가는 것에 대해 깊이 걱정하며 그 복구를 위해 감동적으로 종사했다. 마하보디협회로 알려진 거대한 학회 조직은 오늘날까지 그 기능을 다하고 있는 전 세계 지부를 가지고 있으며 이를 보면 그가 이 분야에서 얼마만큼의 노력을 하고 공헌을 했는지 알 수 있다.

## 설립자의 입적과 그 이후

데와쁘리야 발리싱하가 저술한 이 글은 그가 스승 아나가리카 다르마팔라가 입적한 후 슬픔의 순간에 쓰였다. 글을 보면 그가 따르도록 운명된 스승의 발자취에서 그에 대한 깊은 존경과 그를 잃은 비통함을 강하게 느낄 수 있다. 스리 데와쁘리야 발리싱하는 그의 위대한 스승의 입적 후 42년간 계속해서 마하보디협회를 이끌었다. (참고 #6)

지난 41년 간 어미가 유일한 자식을 위하는 것과 같은 헌신적인 마음으로 마하보디협회를 창설하고 영양분을 준 위대한 지도자가 불멸할 수 없는 이 세상을 떠나 환생하려 한다. 인도, 실론, 전 세계 각지에서 온 수백 통의 전보와 편지를 보면 이 위대한 지도자가 전 세계 사람들에게 어떤 존경을 받았는지 알 수 있다. 그러한 편지 중 몇 편과 다양한 신앙을 가진 사람들이 보내 온 감사 글을 담고 있는 이번 호는 전적으로 그의 생애와 업적에 헌정되었으며 여기에 다른 언급을 보충할 필요는 없을 것이다. 그가 떠나며 불교적 대의가 가장 큰 타격을 받았고 결코 채울 수 없는 공백이 생겼다고 충분히 말할 수 있다. 그는 불교가 거의 생명을 다했을 때 등장해 쉼 없는 활동과 영웅적인 희생으로 쇠퇴를 막는데 성공했다. 그는 불교 르네상스 운동의 아버지였고, 불교계 전체가 깊이 빚진 이가 있다면 그건 바로 그다. 그는 위대한 임무를 가지고 와서 그것이 실현되는 것을 보고 만족스러워 했다. 그의 인생은 많은 활동 분야에서 업적들로 가득하지만 그가 이룬 가장 큰 일은 전 세계 불교인들에게 종교에 대한 책임감을 일깨운 것이다. 그는 수천 명의 가슴에 법의 햇불을 밝히는 데 성공했다. 그것이 모든 활동 중 가장 어려운 일이었다. 천만 명 중에 단지 한 명만이 이것을 이룰 수 있고 그가 밝힌 불은 분명 다가올 수 세기 동안 밝게 빛날 것이다.

이제 이 위대한 지도자가 떠났으니 불교계는 중대한 책임이 있다. 그가 이타적인 노력으로 일으킨 이러한 자각은 불교 철학과 문화를 널리 전파하기 위한 영구적인 활동으로 전환되어야 한다. 어떠한 활동도 느슨해져서는 안 된다. 기독교 선교단이 더 이상 우리를 잠식하도록 좌시해서는 안 되고 전 세계에 불법을 퍼트리기 위해 정열적인 캠페인을 조직하는 최선의 노력을 해야 한다. 우리의 친애하는 지도자를 기리는 최고의 방법은 불법이 전 세계에 가득하도록 더 많은 추진력으로 이 일을 시작하는 것이다. 우리가 이 임무에 실패한다면 위대한 스승을 진정으로 기리지 않은 것이고 그의 삶이 헛되이 되는 것이다.

그가 설립한 많은 기관에 있어 불교계는 특별한 의무가 있다. 그것들은 설립자 삶의 살아있는 상징이고 어떠한 국적이든 모든 불교인들은 충실히 후원을 해야 한다. 그것들은 그가 보여준 것과 마찬가지로 불교계가 헌신적으로 수행할 유산으로 남아있다. 그의 통찰력과 전망 덕분에 기초는 훌륭히 그리고 강력하게 다져졌다. 대의를 발전시킬 강력한 운동으로 만들기 위해 단지 불교인들의 선의와 합동의 노력만이 필요하다. 그가 시작했으나 완성되는 것을 보지 못한 일들은 즉시 착수되어야만 할 것이다. 붓다가야의 위대한 사원을 구하고 런던에 사원을 건립하고 불경을 인도 현지어(Vernaculars)로 번역하고 이시빠따나(Isipatana)에 국제 불교 대학을 설립하는 것은 불교인들의 최선의 노력을 요하는 일이다. 전 세계 우리 불자 형제들이 이 놀라운 임무에 있어 마하보디협회에 협력할 것임을 우리는 조금도 의심치 않는다.

위대한 지도자가 입적한 후 마하보디협회의 실천적인 임무를 실행할 의무는 나 자신과 몇몇 다른 일꾼들의 어깨에 달렸다. 우리 앞에 놓인 임무의 거대한 본질과 마음깊이 운동에 관심이 있는 모든 이들의 협력의 필요성을 느끼며 나는 진실로 그들이 우리와 함께하고 우리에게 설립자가 살아있는 동안 그러했던 것처럼 아낌없는 후원을 보내주길 호소한다. 오늘날 협력과 후원의 필요성은 더욱 절실하다. 거의 무(無)에서 위대한 구조를 만들어 내는 친화력 있는 인물이 더 이상 우리와 함께 하며 운명을 안내하지 않기 때문이다.

**2-3** 아나가리카 다르마팔라
1864년 9월 17일 탄생
1933년 4월 29일 입적

## 진정한 제자 데와쁘리야 발리싱하,
## 아나가리카 다르마팔라의 최초의 그리고 최고의 제자

DR. 카하왓떼 스리 수메다 스님

데와쁘리야 발리싱하는 설립자 아나가리카 다르마팔라의 진정한 제자였고 어린 시절부터 그의 스승의 그림자처럼 일했다. 스승이 입적한 후에 그는 42년 이상 동안 그의 삶을 희생하며 고귀한 임무를 계속했다. 이 글을 통해 독자들은 다르마팔라가 시작한 임무의 진척과 그가 죽은 후 진정한 제자가 완성한 임무에 대해 통찰할 수 있을 것이다.

**2-4** 스리 데와쁘리야 발리싱하

불교 부흥 운동의 지도자 중 최고의 인물인 아나가리카 다르마팔라는 세계 오대륙 전역에 붓다의 깃발을 올릴 뛰어난 인물들을 많이 '생산해내고 발굴했다.' 데와쁘리야 발리싱하는 그들 중 "최초이자 최고이다."

아나가리카가 입적한 후 데와쁘리야 발리싱하는 능력, 헌신, 봉헌의 태도로 지도자의 임무와 미래상을 진척시키는 막중한 임무를 떠안았다. 그는 마하보디협회 과업에 행한 봉헌에서 뛰어난 역할을 했다. 그는 일관된 관심을 가지고 그 실천에 자신을 헌신했다. 그는 정각자의 가르침을 봉헌함에 있어 고귀한 활동의 기록을 남겼다.

아나가리카 다르마팔라가 말한 것처럼 데와쁘리야는 최고의 국제 불교 단체인 마하보디협회의 생명줄이다.

데와쁘리야 발리싱하는 당시 실론인 스리랑카의 작은 마을에서 태어났다. 1891년 설립된 마하보디협회의 저명한 설립자 아나가리카 다르마팔라를 그가 어린 나이에 우연히 만나지 않았더라면 다른 마을 소년들과 마찬가지로 힘겨운 삶의 투쟁에 젖어 살았을 것이다.

그 만남은 어린 발리싱하의 인생에 획기적인 사건이었다. 그로 인해 그의 인생행로가 바뀌어 인류의 고귀한 업적에 인생을 헌신할 수 있었고, 불교계의 역사적 사건에 함께 할 수 있는 새로운 전망을 펼쳐주었다.

1904년 2월 10일 스리랑카의 사바라가무와(Sabaragamuwa)

지역의 한 마을인 아풀라토투와(Apulatotuwa)에서 태어난 발리싱하는 7남매의 중 6째로 태어났다. 그는 어린 나이에 부모님을 잃었다. 조부와 그의 첫째 형 람반다라(Rambandara) 발리싱하가 가족을 부양하는 짐을 지었다. 그의 조부는 캔디안(Kandyan) 귀족 출신의 마을 지도자였다. 부유하지는 않았지만 지역 전통을 아는 사람들은 모두 그 가족을 높이 평가했다.

발리싱하는 핀데니야(Pindeniya)에서 학교를 다녔고 어린 시절부터 공부에 뛰어난 적성을 보였다. 학교가 멀리 떨어져 있어 그는 매일 2마일을 걸어 다녀야 했다.

19세기 초 30년 동안 아나가리카 다르마팔라라는 이름은 스리랑카와 해외에 널리 회자되고 있었다. 한편으로 그는 아시아, 유럽, 미국 3대륙에 석가모니 붓다의 숭고한 메시지를 포교하는 위대한 임무를 시작했다. 다른 한편으로는 고국의 여기저기를 다니며 그의 사자후로 깊이 잠들어 있는 사람들을 깨우고 있었다. 그는 외지의 도시 뿐 아니라 마을에서도 강연을 했다.

다르마팔라의 말은 청중에게 마법처럼 효과를 발휘했다. 그의 연설은 한 시간 동안 계속되었다. 그는 과학의 경이로움, 서양의 물질적 풍요, 현대 사회의 정법(Saddharma) 포교의 필요성, 독립의 영광, 자신감을 고양할 필요성에 대해 연설했다. 사람들은 넋을 잃고 집중해서 그의 말에 귀 기울였다.

순회 중 다르마팔라가 발리싱하의 학교와 마을 중간에 위치한 바두가마(Vadugama) 사원을 방문해 강연을 했다. 다른 많은 학생들과 함께 발리싱하도 강연을 듣기 위해 갔다. 그의 조부와 둘째 형은 모임에 참석하기 위해 사원에 이미 가 있었다. 발리싱하는 강연을 들었지만 메시지의 많은 부분을 이해할 수 없었다. 그가 강연을 듣는 동안 다르마팔라는 연설하는 도중 그를 계속 응시했다. 카르마가 행하는 방식은 불가사의하다. 그 스승의 호기심어린 표정으로 보아 그의 학생에게서 미래 협력자의 모습을 발리싱하에게서 본 것은 분명 확실했다. 연설의 마지막 부분에 다르마팔라는 발리싱하를 불러 가족에 대해 물어봤다. 그곳에 참석해 있던 그의 조부가 대답했다. 다르마팔라는 강한 관심을 보이며 그를 콜롬보로 데려가서 교육을 시켜주겠다고 했다. 조부는 첫째 형과 상의해서 그 문제를 결정하겠다고 대답했고 그렇게 해서 가족회의가 열렸다.

형제 중 한 명이 그 위인과 함께 가야만 한다고 결정되었다. 콜롬보까지의 여행은 많은 수고와 준비 없이 다음날 시작되었다. 그러나 다르마팔라의 지도하에 공부하기 위해 아버지와 같이 콜롬보로 여행하는 것은 발리싱하에게는 극기의 더 높은 영역과 인류를 위한 봉사로의 여정이었다.

콜롬보에 도착하자마자 다르마팔라는 그의 어머니에게 발리싱하를 교육시키기 위해 데려왔으니 잘 보살펴 주십사 부탁했다. 친절한 그의 모친은 발리싱하를 돌보기 위해 기꺼이 데려가서 1917년까지 사랑으로 보살폈다.

발리싱하의 마을 학교에서는 싱할리어만 가르쳤고 영어 공부가 전혀 계획되어 있지 않았다. 따라서 헤와위따르네 가족이 주는 장학금을 받고 일본으로 가서 직조를 공부하고 영어를 배운 캔디안(Kandyan)인 V.B. 돌라피힐라(Dolapihilla)에게 발리싱하는 위탁되었다. 돌라피힐라는 당시 다르마팔라의 모친이 살고 있던 알로에 애비뉴에서 살고 있었다. 발리싱하는 거대한 저택에 살며 대가족의 한 구성원이 되었다. 그는 그런 다음 그의 교육 직업을 시작했고 다르마팔라가 콜롬보 마라다나(Maradana)에 세운 마하보디 대학에 입학해 3단계까지 공부했다. 다르마팔라는 대부분의 시간을 포교활동을 위해 콜롬보를 떠나 있었다.

제1차 세계대전이 발발했을 때 그는 캘커타에 있었다. 영국 정부는 다르마팔라의 활동을 두려워했기에 그의 활동을 제한하고 전쟁 동안 캘커타를 떠나 어느 곳도 갈 수 없도록 했다.

1917년 다르마팔라는 인도 순례를 오는 모친에게 발리싱하를 인도로 데려오도록 부탁했다. 그 당시 다르마팔라는 반킴(Bankim) 차터지 스트리트 4A번지 낡은 집에 살고 있었다. 이 건물은 후에 다르마라지카 사원을 짓기 위해 철거되었다.

발리싱하가 캘커타에 도착한 날부터 그는 인도 마하보디협회의 위대한 설립자에게 오랫동안 기다려온 도움의 손길이 되었다. 다르마팔라는 그를 보좌할 사람이 아무도 없어서 협회 회계장부를 처리할 사람조차도 없었다. 발리싱하는 다방면에서 일을 맡았고 그는 젊은 나이에도 대부분의 일을 부지런히 수행했다.

그는 벵갈어를 배우기 시작했고 이를 위해 산티니케타나(Santiniketana)로 보내져야 한다고 결정되었다. 발리싱하는 아쉬람(Ashram) 최초의 실론 학생이었고 일 년 동안 그곳에 머물렀다. 산티니케타나에 머문 짧은 기간 동안 그는 아쉬람 잡지 편집장과 문학협회(Literary Association) 간사로 선출되었다. 다르마팔라가 스리 다르마라지카 사원을 짓기로 결정할 때 즈음에는 보좌관의 도움이 더욱 절실해졌다. 발리싱하는 그의 스승을 보필하기 위해 산티니케타나를 떠나야만 했지만 그는 운 좋게도 시인 타고르의 제자가 되어 그의 보편적 영혼을 흡수할 수 있었다. 캘커타로 돌아와서 발리싱하는 미트라 학회(Mitra Institution)에 다니며 동시에 그 나이에 할 수 있는 협회일도 했다.

그는 벵갈 옷을 입고 벵갈어를 하던 벵갈 외모를 가진 평범한 싱할리인이었다.

한번은 아나가리카 다르마팔라가 일기에 썼다. "데와쁘리야가 볼푸르(산티니케타나)로 떠났다. 나는 그가 장래에 어떻게 처신할지 모르겠다. 그는 지금 좋은 가문의 벵갈 소년처럼 보인다. 나는 그가 자만하지 않기를 바란다."

1920년 캘커타에 사원이 완성되었고 벵갈 총독 로널드셰이 경은 많은 축하 속에서 개원식을 열었다. 정부가 수여한 붓다의 성스러운 진신 사리는 다채로운 행렬을 따라 정부청사(현 라즈 바완)에서 사원으로 옮겨져 새로운 사원에 안치되었다. 발리싱하는 "유동보살(Manavaka)"로 치장하고 행렬에 참가했다.

1921년 발리싱하는 대학입학시험을 우수한 성적으로 통과해 대학에서 상위 60명 안에 들었다. 그는 레지던시 칼리지(Residency College)에 들어가 대학생활을 시작했다.

1922년 다르마팔라는 실론으로 갔고 젊은 발리싱하는 캘커타의 협회를 책임지는 주요 담당자가 되었다. 그는 협회 일을 총괄하는 무거운 직책을 지게 되었다. 그는 계획 중이던 물라간다쿠티 사원 일과 관련하여 사르나트를 자주 왔다 갔다 해야 했다.

인도 정부는 사르나트에 사원을 세우려고 했던 협회의 부지를 획득했다. 그러나 이후 지루한 협상 끝에 그들은 사원 건립을 위해 다른 부지를 협회에 제공했다.

칸나(Khanna)는 사원의 설계를 했고 1922년 11월에 우타르 프라데쉬주의 총독 하코트 버틀러가 기석을 놓았다. 건축의 실질적 업무가 시작되려 할 때 다르마팔라는 실론으로 갔다. 실론에 있는 동안 실론 불교인들이 사르나트의 사원을 실론 건축 방식으로 짓자고 설득했다. 그들의 원에 따라 다르마팔라는 건축가인 멘디스의 봉사를 얻어내 설계를 준비하도록 했고 그를 인도로 보내 진행되는 일을 감독하도록 했다. 정부가 사르나트의 협회 부지를 확보했을 때 다메크 탑 근처에 작은 부지를 협회가 사용하도록 남겨두었다. 다르마팔라는 사원 건립 업무를 이 부지에서 시작하도록 지시했다. 멘디스가 정부가 수여한 새 부지를 비난하며 그곳에서 일을 시작하기를 거부했기 때문이다. 멘디스는 다메크(Dhammek) 탑 근처의 작은 부지에서 일을 시작했지만 기초공사가 1층까지 진행되었을 때 정부는 협회에 금지 명령을 내렸고 건축은 중단되었다. 발리싱하는 용기와 결단력을 가지고 이 심각한 상황을 직면했고 영웅적으로 이 일을 실행했다. 그는 계속해서 소송에 관련되어 베나레스에 있어야 했기 때문에 학업을 포기해야 했다.

마침내 다르마팔라의 형제 C.A. 헤와위따르네 박사가 탁실라에서 존 마샬 경과 만났고 끊임없는 노력으로 그가 협회의 원래 땅을 돌려주어 사원이 그곳에 건축될 수 있도록 설득했다. 정부 또한 협회에 보상을 하기로 하고 사원 근처에 공원을 설계했다. 이 모든 일들이 꽤 오랜 시간이 걸렸고 건축가는 인도에서 오래 머무는 것에 염증을 느꼈다. 그는 실론으로 가버렸고 실론 설계를 수행할 수 있는 사람이 아무도 없었다.

이 어려운 문제를 해결하기 위해 발리싱하는 그가 마음에 들어 했던 칸나의 원설계를 채택하자고 제안했다. 이 제안이 받아들여져 사원 건축이 시작되었다. 발리싱하는 또한 벽돌 건축이 주변 환경과 조화를 이루지 못한다고 생각했기 때문에 석조 표면 단장을 도입하는 책임을 맡았다. 발리싱하는 자금을 모금하기 위해 열심히 일했지만 주요 시주자는 메어리 포스터 부인과 설립자 다르마팔라 자신이었다.

발리싱하가 대학입학시험을 통과한 때부터 그는 협회의 거의 모든 책임 있는 업무를 맡았다. 그는 장부를 정리했고 다르마팔라가 월간지 마하보디 저널을 편집하는 것을 도왔다. 그는 또한 일주일에 두 번 하는 다르마팔라의 강연을 준비했다. 부처님 오신 날 축일의 전체 모습이 단지 대중법회에서 많은 사람들이 참석하는 종교 축제로 바뀐 것은 발리싱하의 열정 덕분이었다.

1927년에 발리싱하는 기록 간사와 총무로 선출되었고 다르마팔라를 위한 모든 서신을 처리했다. 그는 또한 조사차 붓다가야와 다른 곳들을 방문해서 그에게 할당된 다양한 업무를 수행했다.

다르마팔라가 실론이나 다른 곳으로 오랫동안 자리를 비우면 발리싱하는 직접 협회의 모든 사무를 총괄해야 했다.

1926년에 발리싱하는 명예롭게 Presidency College를 졸업해 대학의 포스트 박사 과정을 시작했다. 이때쯤 다르마팔라는 더욱 정열적으로 붓다가야 사원 소송을 다시 시작했고 발리싱하는 이에 중요한 참여를 하기 시작했다.

K. 시리니와사 나야카 스님과 다른 몇 명의 유명인들과 함께 발리싱하는 1922년 가야 의회에 참석해서 의원들에게 사원 문제를 환기시켰다. 바로 이 의회에서 그는 처음으로 바바 라모다르다스라 알려진 대학자인 라훌라 상크리티야야나를 만났다. 그는 비하르 지방 의회 위원회 의원으로서 사원 문제를 의회가 처리할 수 있도록 중요한 역할을 했다. 라훌라 상크리티야야나와 스와미 사티야데바가 주재하는 몇 번의 회의가 열렸다. 나중에 비드야랑카라 피리베나가 산스크리트 학자를 필요로 할 때 발리싱하는 바바 라모다르다스를 추천했다. 이로 인해 그는 임명되어 후에 라훌라 상크리티야야나의 이름으로 수도승이 되었다.

다르마팔라는 1925년 런던에서 불교 포교단을 결성했고, 1926년 실론으로 돌아와서는 영국에서의 최초의 정규 불교 포교단으로 3명의 비구를 그곳에 파견하기로 결정했다. 발리싱하가 책임자로 선출되어 그는 캘커타의 포스트 박사 과정을 포기하고 비구들과 함께 영국으로 갔다. 발리싱하는 영국에 2년 동안 머물렀다. 그는 동양 아프리카 연구학교에 입학했다. 그러나 포교단의 책임자로 그는 자신의 공부보다는 영국 마하보디협회 일에 더 많은 시간을 바쳤다. 그의 깊은 헌신과 불교 대의에 대한 본래의 열정으로 영국 마하보디협회를 세우는데 크게 공헌했고 영국에서의 포교를 성공적으로 수행했다. 그는 협회의 총무로 선출되어 런던 활동을 위한 자금을 모집하는 데 최선을 다했다. 그는 실라짜라(Silacara)비구를 런던으로 초정하여 그가 정규 강연을 하도록 계획했다. 영국에서 불교를 전파하기 위해 몇 권의 가치 있는 소책자가 출판되었다. 그는 영국에 있는 동안 월간 영국불교인(British Buddhist)의 책임자였다. 그는 또한 당시 재가신도로서 병을 앓고 있는 실라짜라 비구를 지원하기 위해 실라짜라 비구 재단을 만들었다.

발리싱하는 캘커타로 다시 돌아와 협회의 기록 간사와 총무로서의 임무를 재개했다. 그는 즉시 사르나트의 사원 완공 업무로 뛰어들었고 개원식은 1931년 11월 보름으로 정해졌다. 다르마팔라는 인도로 돌아와 사르나트에 거주하기 시작했다. 발리싱하는 협회의 두 센터를 모두 책임지는 임무를 맡고 있었기에 베나레스를 자주 드나들었다.

1931년에 산티니케탄에서 수학 중이던 사미승은 사르나트로 소환되었고 국제 불교인 기구가 창설되었다. 발리싱하는 대부분의 시간을 성지에서 보냈다. 그는 또한 불교성지로 여행을 떠났다. 그와 동부까지 동행한 B.L. 브루톤이 발리싱하의 요청으로 물라간다쿠티 사원에 붓다의 생애를 그리는데 만 루피의 시주를 하기로 했다.

캘커타와 사르나트에서의 임무 이외에도 발리싱하는 1931년 11월 11일 열리는 사원의 개원식에 집중해야 했다. 그것은 생생하게 기억하는 한 그때까지 인도에서 개최된 가장 큰 불교 행사였다. 스리 자와할랄 네루, 스리 라마난다 차터지, N. 후지, 아차리야 라마찬드라 슐라, 다스 굽타 박사와 같은 유명인들이 참석했다. 만 오천 명의 사람들이 수세기 동안 황폐하게 있던 성지에 모였다. 발리싱하는 그가 밤낮으로 일하며 역사적 사건을 크게 성공시킨 것에 대해 모든 사람의 찬사를 받았다.

사원의 개원식은 인도의 불교 부흥의 새로운 장을 열었다. 사르나트의 사원 개원식 소식이 널리 퍼지자 각지의 사람들이 불교에 더 지대한 관심을 갖기 시작했다. 결과적으로 발리싱하는 세계 각지와 많은 연락을 해야 했다. 네팔의 일부 불교도들이 개원식에 참석했고 네팔 불교의 위대한 각성이 그 날부터 시작되었다.

발리싱하 참석한 수천 명의 사람들과 기념일을 매력적인 축제로 만들려는 생각을 가졌다. 이를 위해 스포츠, 레슬링 대회, 다른 볼거리들이 있는 3일 간의 축제가 되었다. 발리싱하는 사르나트가 살아있는 중심이 되기를 원했다. 그래서 그는 진료소와 궁극적으로 최고 등급의 대학으로 만들기를 바라는 고등학교에 관한 생각을 품었다. 그는 마하보디 초등학교와 힌디 중학교를 시작했다. 마하보디 진료소는 무료로 약을 주었다. 그 때까지 의학적 도움이 없던 마을 사람들에게 큰 도움이 되었다. 그는 또한 힌디어를 하는 사람들을 위해 불교 포교를 위한 다르마둗〈포교, Dharmadoot〉이라는 이름의 힌디 월간지를 창간했다.

점점 더 많은 순례자들이 인도로 오기 시작하자 사르나트에 가람과 객사를 지을 필요성이 절실히 느껴졌다. 그는 센터에서 오랫동안 업무를 맡아 온 시리니와사 나야카 스님의 협력으로 자금을 모으기 시작했다. 이때 발리싱하는 위대한 박애주의자 세쓰 쥬갈 키쇼르 비를라를 만나서 그에게 사르나트에 객사를 건설할 것을 요청했다. 그는 기꺼이 동의해 멋진 숙박시설을 건축했다. 발리싱하의 친구 스리 사르바난다 바루아는 성지에 작은 별관을 지었다. 이를 계기로 브루톤은 다시금 공양장을 지을 또 한 번의 시주를 했다.

1904년 다르마팔라가 설립한 사르나트의 초등학교는 한동안 휴교되었고 1928년 발리싱하가 소수의 학생으로 재개교했다. 그러나 몇 년 지나지 않아 그 구역의 최고 초등학교가 되었다.

발리싱하는 책을 굉장히 사랑했고 물라간다쿠티 사원 도서관을 열기 위해 할 수 있는 모든 일을 했다. 그는 도서관을 위해 귀중한 출판물들을 손에 넣었다. C.T. 스트라우스와 학자인 셰오나라인이 소장품을 기부했다.

발리싱하가 학생시절부터 편집 일에 도움을 준 월간지 마하보디는 그의 지치지 않는 열정 덕에 많은 새로운 특집으로 발전하였다. 그가 시작한 특별 바이사카 넘버(Vaisakha Number)는 월간지의 정규 특집이었다. 기사의 크기와 질이 그의 지도로 크게 향상되었다.

1933년 다르마팔라는 발리싱하를 그 대신에 사무총장 겸 총무로 임명한 후 구족계의 비구가 되었다. 그 이후 발리싱하는 그의 에너지를 협회를 건설하는 데 쏟았다. 그는 여름 강연동안 실론을 방문해 협회 구독자와 회원을 모집하기 시작했다.

발리싱하는 불교 서적 출간을 가장 애착을 가지고 행했다. 그는 삼장(三藏)을 힌디어로 출판하기를 원했고 라훌라 상크리티야야나가 맛지마 니까야(중부)를 번역하자 기부자들의 도움을 받아 그것을 출판했다. 그의 위대한 출판 사업은 다양한 저자들의 소책자 뿐 아니라 많은 다른 번역물로 이어졌다.

1932년에 다르마팔라는 발리싱하를 호주에 있는 그의 친구 존드 실바에게 보내 그가 유언장과 다른 서류들을 준비하도록 도왔다. 그는 퀸즐랜드의 황무지로 가서 이 일을 성공적으로 마쳤다.

다르마팔라는 1933년 4월 29일 입적했고 발리싱하에게 협회 운영의 짐과 책임을 전부 맡겼다. 발리싱하는 그 설립자의 유언과 고문에 의해 수탁인과 재산 유언 집행가 중 한 명으로 지명되었다.

당시 협회는 국제 조직으로 빠르게 성장하고 있었다. 발리싱하는 그에게는 형제보다 가까운 사이인 다르마팔라의 조카들 닐 헤와위따르네와 라자 헤와위따르네의 아낌없는 지원으로 무거운 짐을 떠맡았다. 사미승들이 성장함에 따라 그들도 그를 돕기 시작했다. 발리싱하와 라자 헤와위따르네가 다르마팔라의 유해를 실론으로 가져갔을 때 당시 섬에서 본 최다 군중이 그들을 맞이했다. 콜롬보 말리가칸다 사원에서 열린 집회에는 5만 명의 사람들이 참석했다. 발리싱하는 불교의 대의를 위해 자신을 돌보지 않고 봉사한 다르마팔라를 기리는 찬사로 붓다가야가 회복되는 때까지 쉬지 않고 반복하여 전체 청중들이 서약을 하게끔 고취했다. 이로써 청중들을 감동시켜 붓다가야를 불교계로 회복할 수 있도록 모든 방법을 다 하게끔 하였다.

1934년에 발리싱하는 도쿄에서 열린 범 태평양 청년불교도 협의회에 초청받아 마하보디협회 대표단을 이끌었다. 그는 수석 부회장으로 선출되어 인도정부가 붓다가야를 불교인들에게 돌려주도록 요청하는 결의안을 통과시켰다. 인도로 돌아오는 길에 발리싱하는 홍콩, 상하이, 싱가포르, 페낭의 군중들에게 강연했다. 그리고 발리싱하는 다르마팔라가 전에 시작해 놓은 외국들과의 문화적 교류를 재개했다. 이 모든 강연에서 그는 불교인들이 인도의 불교 성지를 방문하도록 초청한다는 내용을 강조했다. 결과적으로 순례 왕래가 비약적으로 증가했다.

발리싱하는 시리니와사 장로 스님이 자금을 모아 우타르 프라데쉬주에 협회의 노가르 센터(Naugarh Center)를 건립하는 데 도움을 주었다.

라마크리쉬나 100주년 행사를 개최하는 종교의회(Paliament of Religions) 조직위원들은 발리싱하를 초청했고 그는 행사에 참가해 강연을 하였다.

1937년에 발리싱하의 친구 담마난다 코삼비는 그에게 봄베이의 바후자나 사원을 맡아줄 것을 요청했고 그는 그것을 인도 마하보디 협회와 연합했다.

봄베이의 불자 지도자 나이르 박사의 입적 후에 발리싱하의 친구들이었던 가족 구성원들이 라밍톤 로드에 있는 아난다 사원을 협회로 이관하기로 결정했다. 이에 발리싱하는 인도에서 두 번째로 큰 도시에 훌륭한 두 개의 협회 센터를 확보할 수 있었다.

1938년에 발리싱하는 미얀마, 싱가포르, 말라야, 홍콩을 오래도록 순회했다. 그는 양화판(lantern slides)을 이용해 미얀마 여러 도시에서 강연하며 두 달을 보냈다. 또 그는 그 나라의 많은 회원과 구독자를 등록받았다. 그는 손님으로 있으며 우 뜨윈경과 우 떼인마웅 판사로부터 크게 도움을 받았다. 그는 위라쿤 박사의 협조로 싱가포르에 지부를 설립했다. 싱가포르, 쿠알라룸푸르, 페낭, 홍콩 방문은 알찬 결실을 맺었다. 그는 이 나라의 불자들과 교류했고 협회 회원들을 모집했다.

1938년에 바로다(Baroda)의 마하라자 전하의 초대로 바로다에서 불교에 관해 3차례의 강연을 했다.

발리싱하의 친구인 스리 사르바난다 바루아는 그를 뉴델리로 초청했고 그가 인도 대도시의 지역 불자들을 위해 사원을 건축하는 일을 맡아줄 것을 요청했다. 이에 그는 인도 정부에 신청을 해서 건축을 위해 리딩로드에 값진 부지를 획득했다. 미얀마 입법부 의원 등은 그가 사원을 세우는 것을 돕겠다고 약속했지만 후에 필요한 돈을 모금하는 데 실패했다. 발리싱하는 그 부지에 "불교 사원 부지"라는 게시판을 세웠다. 그것을 본 관대한 세쓰 쥬갈 키쇼르 비를라(Seth Jugal Kishore Birla)는 발리싱하에게 누가 땅을 획득했는지 물어봤다. 인도의 마하보디협회라는 것을 알고 그는 기꺼이 자비로 사원을 세울 것에 동의하였다. 이는 1937년 그곳에 거주하는 스님들과 방문객들을 위한 방사와 함께 완성되었다.

1940년에 발리싱하는 중국의 운남 정부의 수장인 타이치타오 각하와 동행해 불교 성지를 방문했다. 바라나시를 방문하며 발리싱하와 몇 명 친구들은 지역 의회 위원회의 도움으로 위대하고 이상적인 황제를 기리며 '아소카의 날'을 발족했다. 스리 자와할랄 네루는 바라나시 시청 광장에서 열린 대중 집회에서 강연했다.

자연 재난이 있을 때마다 발리싱하는 구조대를 조직하는데 주도적 역할을 했다. 1934년에 끔찍한 비하르 지진이 발생했을 때 그는 지체 없이 구조 재단을 조직해 고통 받는 사람들을 도울 수도승들을 파견했다. 1935년에 실론 말라리아 희생자 구조 재단이 조직되었고 섬에 도움을 보냈다. 비슷하게 그는 도쿄 대지진의 희생자들을 구조하기 위한 재단도 조직했다.

1936년에 세쓰 쥬갈 키쇼르 비를라의 자비로운 도움으로 말라바 마하보디 포교단이 발족되었고 발리싱하는 강연을 하며 캘리쿳, 마나르를 방문했다.

발리싱하의 생각에 그의 가장 큰 업적은 영국인들이 백 년 전에 가져간 사리풋따(Sariputta)와 목갈라나(Moggallana) 아라한의 성스러운 사리를 런던에서 가져온 것이다.

그는 인도 고고 학부를 통해 영국 정부와 협상하여 사리를 인도 마하보디협회로 가져오는 데 성공했다. 이전에 많은 기관들이 시도했지만 사리를 확보하는데 실패했는데 발리싱하가 차별적으로 런던에서 신성한 사리를 반환받은 것은 그의 큰 영예였다. 그는 사리를 실론으로 먼저 가져간다면 엄청난 환대를 받고 협회에 정신적 물질적으로 큰 도움을 받을 것을 알고 있었다. 따라서 그는 영국 정부에게 사리를 실론으로 우선 보내줄 것을 요청했고 정부도 동의했다. 그러는 동안 2차 세계대전이 발발했고 사리의 안전을 위해 그 해 말까지 사리를 영국에 보관하기로 결정되었다.

1941년 일본 전쟁이 발발했을 때 스리 발리싱하는 칼리다스 나그 박사(Kalidas Nag)와 함께 체포되어 랄바자르 유치장에 감금되었다. 이로 인해 그는 병이 들었다. 석방된 후 그에게 주거지에서 반경 5마일을 벗어나지 말라는 명령이 내려졌다.

발리싱하의 인생에 있어 불행한 기간이었다. 그를 만나러 온 친구 라자 헤와위따르네는 그가 실론으로 갈 수 있도록 준비를 했다.

발리싱하는 넬루웨 지나라타나 장로 스님에게 본부를 맡겼다. 발리싱하가 실론에 도착하자마자 그는 전쟁이 끝날 때까지 인도로 돌아오지 말라는 통보를 받았다. 따라서 그는 고통스러운 환경에서 실론에서 6년을 머물도록 강요받았다.

이로 인해 건강이 악화되었지만 이러한 역경을 물리치고 정력적인 활동가의 삶에 익숙한 발리싱하는 그의 시간 전부를 실론의 마하보디협회 업무에 바쳤다. 그는 실론 마하보디협회를 위해 적합한 본부를 건설하려는 생각을 품고 Dasakruti(10개의 목표)로 알려진 자금을 모집하려는 제안에 위원회의 동의를 이끌어냈다. 그 중 실론 마하보디협회 본부건물, 산치 사원, 마드라스 센터가 시급했다. 실론 마하보디협회 간사 P.P. 시리와르데네는 전적으로 그에게 협조했다. 발리싱하는 쉬지 않고 일했고 12만 5천 루피 이상을 모으는 데 성공했다. 이 돈으로 새로운 콜롬보 본부 건물을 착공했고 마드라스 토지를 구입했다.

발리싱하는 이 일에 만족해 머무르지 않았다. 그는 콜롬보의 마하보디 본부에 살고 있었는데 출판업과 주간지 싱할라 바웃다야(Sinhala Bauddhaya)를 개량할 수 있을 거라고 느꼈다. 매니저 프랜시스 구나라트네(Francis Gunaratne)와 함께 이 업무에 착수해 출판업이 이익을 낼 수 있다는 사실을 이 년 내에 보여줄 수 있었다. 발리싱하가 실론을 떠나 인도로 갔을 즈음 협회 잔고에는 충분한 잔액이 있었다. 또한 실론에 머무르는 동안에 실론 마하보디협회 규칙이 개정되어 평생회원제가 시작되었다. 발리싱하는 또한 조직체가 일꾼들을 위한 예비 재정 계획(Provident Fund

Scheme)을 시작하도록 이끌었다.

바로 이 시기에 팔라네 바지라냐나 대장로 스님께서 인도 순례를 했다. 발리싱하는 보팔(Bhopa) 주 정부에 소개장을 써 주었고 팔라네 바지라냐나 대장로 스님은 주정부의 환대를 받았다. 그들은 사리불과 목건련의 사리를 영국에서 산치로 가져오도록 요청할 기회를 가졌다. 바지라냐나 스님은 협상에 대해 알지 못했다. 발리싱하는 이 사리와 관련하여 일을 진행 중이었고 바지라냐나 스님은 실론으로 돌아오자 발리싱하에게 보팔 정부의 요청에 대해 언급했다. 정부는 협회가 산치에 사리를 안치할 수 있도록 부지와 일정한 시주를 하기로 약속했다. 제안은 기꺼이 수락되었다. 당시 그는 사리 반환을 협상하며 산치에 사리를 안치하려는 생각을 역시 가지고 있었다. 그러나 사원 건축에 있어 당시 협회는 델리 사원일로 매우 분주해 다른 계획을 시작할 여력이 없었다. 그러나 그는 보팔 정부가 한 제안을 받아들이는 데 조금도 주저하지 않았다. 결과적으로 보팔의 나와브 각하가 기부한 이만 오천 루피의 비용으로 산치 사원을 건축했다.

실론을 거쳐 사리를 이운하려는 발리싱하의 원계획이 실현되었다. 다야 헤와위따르네가 영국으로 가서 1947년 엄청난 환대를 받으며 사리를 실론으로 모시고 왔다. 두 달 동안 대중에게 공개되었고 삼백만의 사람들이 참배했다. 이 기간 동안 실론은 축제 기간이었고 많은 곳에서 불교의 성스러운 사리에 대한 존경의 표시로 정육점과 술집이 문을 닫았다. 10만 루피 이상이 산치 사원을 위해 모금되었고 발리싱하는 협회 사무소를 연 콜롬보의 팜코트에서 하루에 수 시간을 보냈다.

발리싱하가 실론에서 머무르는 동안 인도의 불교 사원(Buddhist Shrines in India)이라는 제목의 책을 썼고 이는 인도의 불교 성지를 방문하려는 불자들을 위한 안내서가 되었다. 그는 또한 스리 A.S.R. 차리의 도움으로 마이소르정부가 방갈로르의 부지를 불교 사원을 건축하는데 쓰도록 실론 마하보디 사원에 이전하게끔 하는데 성공했다.

실론에 있는 동안 발리싱하는 벵갈 사람들이 기아로 고통 받고 있다는 가슴 아픈 이야기를 들었다. 그는 즉시 모금을 시작했고 친구들과 독지가들의 도움으로 2만1천 루피 이상을 모금할 수 있었다. 이 금액은 인도 마하보디협회가 세운 마하보디 기아 구제 재단(Maha Bodhi Famine Relief Fund)에 보내졌다. 모금을 하려는 그의 열정적인 노력을 아는 사람들은 발리싱하에게 찬사를 보냈고 그는 효율적으로 캠페인을 지휘했다.

사리불과 목건련의 사리가 인도로 이운되자 스리 자와할랄 네루를 주축으로 하는 기억에 남을 만한 환영행사가 있었다. 협회 사무총장 발리싱하는 열정적인 시간을 보냈다. 사리는 미얀마, 아삼주, 비하르주, 웃타르 프라데쉬 주, 네팔, 라다크, 시킴주, 티베트로 보내졌고 사람들의 열렬한 환영을 받았다.

발리싱하는 사리를 모시고 아삼, 시킴, 네팔, 라다크로 갔고 협회 자금을 모집하는 것을 도왔다. 라다크에서 발리싱하는 불운한 사건으로 오른팔이 부러졌다. 캘커타로부터 그와 동행했던 친구 M.R. 소프트 박사가 정성으로 돌봤다.

발리싱하는 또한 산치 사원을 수차례 방문하며 1952년 산치 사원 개원식을 조직하는데 주도적인 역할을 했다. 개원식에는 라다크리슈난 박사, 자와할랄 네루, 우누, 탄윤샨 박사, 찬 리양 초우 박사, 초우 성쿵 박사 등 많은 유명인사가 참석했다.

협회 60주년 기념일은 산치 사원 개원식과 함께 축하되었다. 발리싱하는 행사를 기념하기위해 출판된 60주년 잡지 출간의 주간이었다.

2-5 뉴델리 붓다 사원에서 모갈리푸타 티싸 아라한의 사리에 대한 공양의식을 주도하기 위해 S. 라다크리쉬난 박사를 초청한 스리 데와쁘리야 발리싱하

러크나우(Lucknow)에 있는 불교사원의 건립자 보다난다 큰스님의 요청으로 실론에서 온 발리싱하는 프라즈냐난다라는 이름으로 계를 받았다. 스님은 발리싱하를 너무도 신뢰했고 유언으로 사원을 협회에 남기기로 결정했다. 그가 죽은 후에 사원은 협회 소속이 되었다.

1954년에 발리싱하는 일본 도쿄의 니뽄쟌 묘호지(Nipponzan Myohoji)의 초청으로 일본 도쿄와 다른 도시들에서 개최된 세계 평화주의자 협의회에 참석했다. 그는 그가 가지고 있던 붓다의 진신사리 중 하나를 모시고 가서 니뽄쟌 묘호지(Nipponzan Myohoji)에게 전했다. 사리는 일본 전역을 돌았으며 그것을 기려 환영행사가 열렸다.

1954년 4월 29일 고 다르마팔라의 기일이 샤이치로 다나까(Shaichiro Tanaka)가 회장인 코쿠치카이(Kokuchikai)에서 일본 최초로 기려졌다.

일본 도쿄와 여러 도시에서의 협의회 후에 발리싱하는 후지스님이 세우기로 제안한 26개의 탑 기공식과 관련하여 순례에 참여했다. 이로 인해 그는 거의 일본 전역을 갔다.

발리싱하가 많은 역할을 한 마하보디협회의 위대한 업적 중 하나는 1949년 비하르 정부가 유명한 붓다가야 사원의 관리를 관리위원회에 이전하는 법안을 통과한 것이다. 이전에 언급한 것과 마찬가지로 사원을 회복하겠다는 것은 다르마팔라의 생애 가장 큰 목표였는데 이제 불자들이 관리하게 되었다. 그는 이를 이루기 위해 열정적으로 노력했다. 그가 죽은 후에 발리싱하는 성공을 이루는 날까지 쉬지 않기로 결심했다. 이 고귀한 목표를 이루기 위해 그는 인도와 각국에 "붓다가야의 날"을 조직했고 수년 동안 여러 사건이 있었다.

전에 말한 바와 같이 인도 국민회의는 이 문제를 받아들여 마침내 라젠드라 프라사드(Rajendra Prasad) 박사를 의장으로 하는 특별 청문 위원회를 임명했다. 다르마팔라는 위원회 위원이었지만 그가 영국에 있었기에 발리싱하와 시리와르데네(Siriwardene)가 그를 대신하여 위원회에 참석했다.

발리싱하는 위원회 앞에서 불교 관점을 피력했고 라젠드라 프라사드 박사의 지시로 보고서의 일부를 실질적으로 작성했다. 위원회의 권고사항은 동수의 불자와 힌두교인이 사원을 관리하는 것이었다. 발리싱하는 불자들이 완전한 권리를 가져야 한다고 주장했지만 청문 위원회 다수는 위와 같이 결정했다. 발리싱하는 다른 회원들의 제안으로 위원회의 결정이 만장일치가 되어야 한다는 항의안을 작성하는 것을 그만두었다. 발리싱하는 위원회 위원들과 동행해서 제안서를 가지고 마한트에게로 갔지만 마한트는 그것에 전혀 신경 쓰지 않았다.

1935년에 발리싱하는 미얀마 오타마(Ottama) 스님이 주재하는 힌두 마하 사바의 깐푸르 회의에 참석해서 사안 위원회에서 붓다가야 문제를 제기했다. 정통파는 격렬히 반대했고 일부는 신체적 폭력을 가하려 위험했다. 회의 중 한번은 혼란으로 인해 중단되어야

했다. 그러나 특별 청문 위원회가 정한 결의안은 이행되었다. 실론의 G.K.W. 페레라와 발리싱하는 위원회 앞에 나서 불자들을 위해 탄원했다. 이 위원회는 또한 합동 관리 위원회를 구성하도록 권했다. 마한트는 물론 권고안이 받아들여져서는 안 된다고 주장했던 푸리의 샹카라차리야에게 결정을 맡겼다.

발리싱하는 입법부에서 법안이 통과되는 것만이 유일한 해결책이라 느꼈다. 델리의 국민회의 미얀마 의원들이 법안을 상정했고 발리싱하는 델리로 가서 의원들에게 유세를 했다. 미얀마가 분리된 후 그 문제는 보류 상태에 머물렀다. 의회가 비하르에서 개회되고 그 문제가 내각에 상정되었다. 그들은 법안을 상정하기 위해 준비하고 있었고 진리파지(Satyagrah) 운동이 시작되자 사임했다. 독립한 후에야 스리 크리쉬나 싱하 박사(Dr Srikrishna Sinha)와 라젠드라 프라사드 박사(Dr Rajendra Prasad) 덕분에 법안이 드디어 통과되어 관리권이 가야의 지역치안판사를 의장으로 하여 4인의 불교도와 4인의 힌두교도에게 이전되었다. 비율에 있어 불자들 중에 불만이 있기도 했지만 불자가 다수인 고문단을 추가하며 협상이 타결되었다.

발리싱하도 관리 위원단에 후보로 지명된 4명의 불자 중 한 명이었다. 그는 중병이 걸릴 때까지 위원회에서 봉사했다. 발리싱하는 사원 근처에 참배자들이 없는 붓다가야에 불자 거류지를 설립할 것을 제안했다.

부처님 오신날 2,500주년 축일 2년 전부터 발리싱하는 위대한 출판물을 계획했고 많은 사람들이 관심을 가졌다. 그는 인도 정부와 주정부에 편지를 써서 그들이 그 행사를 가치 있게 경축할 것을 요청했다. 그는 축일의 행사목록에 포함된 안건에 대해 스리 자와할랄 네루와 길게 면담했다. 독립 인도의 연대기에서 역사적인 행사로 기억되도록 삼장(Tripitaka)과 불교 2,500년이라는 제목의 책의 출판, 불교 성지 개선, 기념우표 발행들의 행사가 포함되었다.

후에 마하보디협회의 회장인 시킴(Sikkim)의 마하라즈 쿠마르는 네루를 만나서 요청을 새로이 했다. 인도 정부는 자비롭게 제안의 대부분을 수락했고 정부가 제안의 많은 부분을 수행하고 행사를 경축할 것을 결정했다.

따라서 정부는 자와할랄 네루를 회장으로 하고 라다크리슈난 박사를 운영위원장으로 하는 특별 위원회를 발족했다. 시킴(Sikkim)의 마하라즈 쿠마르도 그가 부재 시 발리싱하가 대행할 것을 단서로 위원회에 소속되었다. 발리싱하는 정부 축일의 특별 책임자로 초청되었지만 그는 그 직책을 수락하면 협회가 조직하는 행사가 피해를 입을 수 있어 정중히 사양했다.

인도 정부와 다양한 주 정부가 조직한 행사는 대규모로 치러졌다. 불교에 너무나도 우호적인 네루가 영감을 주었다. 불교 성지로 통하는 길을 보수하고, 적합한 객사를 세우고, 정원을 설계하고, 물과 전기를 공급하고, 다른 많은 편의시설을 제공하는 데 수백만 루피가 인가되었다. 불자들은 자비로움과 위대함에 있어 아소카에 비견될 수 있는 유일한 인물인 위대한 인도의 영웅인 네루에 이 모든 것을 깊이 감사해야 할 빚이 있다.

발리싱하는 인도 정부가 발행한 불교 2,500년에 불교의 실상(Real of Buddhism)이라는 제목의 논문을 기고했다.

발리싱하는 부처님 오신날 축일과 관련하여 뉴델리에서 열린 회의에 인도 정부의 초청을 받았다. 달라이 라마 성하, 판첸 라마 성하, 그리고 전 세계의 다른 고위 성직자들이 참석했다. 행사에 참석한 후 발리싱하는 달라이 라마 성하, 판첸 라마 성하를 환영하러 산치로 떠났다. 발리싱하의 인생에 있어 기억할 만한 순간이었다.

수년 동안 발리싱하는 불교를 신봉하려는 의도를 표해온 유명 불가촉천민 지도자인 암베드카르(B.R. Ambedkar) 박사와 연락해왔다. 발리싱하는 불교에 관한 많은 서적을 암베드카르 박사에게

**2-6**
마하보디 협회의 축하인사 불교로 개종한 암베드카 박사 부부에게 불상을 선물하는 인도 마하보디 협회 사무총장 스리 데와쁘리야 발리싱하

보냈고 그가 마하보디에 글을 기고하도록 이끌었다. 1956년에 암베드카르 박사는 마침내 불자가 되기로 결심했고 그의 추종자들에게 그와 함께 하도록 요청했다. 따라서 이를 위해 대중 집회가 나그푸르에서 조직되었다. 발리싱하는 그 집회에 초청되었다. 그는 협회의 몇몇 스님들과 이 역사적 행사에 참석했고 종교 행사를 준비하는 데 도움을 주었다. 그는 협회를 대신하여 암베드카르 박사에게 불상을 수여했다. 그의 추종자 50만 명이 이 행사에서 불교를 종교로 가지게 되었다. 발리싱하는 모임에서 강연하고 후에 나그푸르와 인근마을의 수많은 대중 법회에서 불교와 신불교도들의 의무에 대해 연설했다.

다음 해 그는 다시 그 대규모 행사 기념일에 참석했고 많은 모임에서 강연했다. 그는 또한 봄베이를 포함한 많은 도시를 방문했고 불자들이 참석한 수십 개의 법회에서 강연했다.

초심자에게 법을 전파하기 위해 발리싱하는 인도 마하보디협회가 인도 불자 기금(Indian Buddhist Fund)을 창설하도록 했다. 이 기금으로 힌두어와 마하라쉬트라어로 예불 방식과 불교 추종자들이 관심이 가질 관련 문제를 포함하는 소책자 5만 부를 출판할 수 있었다. 암베드카르 박사의 추종자 중 약 15명이 사르나트에서 성직을 받고 이 기금의 도움으로 교육을 받았다.

1958년 태국 정부는 태국에서의 2500주년 부처님 오신날 축일에 협회 대표 2인을 파견해 달라고 협회를 초청했다. 발리싱하는 스리 마줌데르와 함께 협회 대표로 선출되었다.

캄보디아 정부의 초청으로 발리싱하는 프놈펜에 가서 그곳의 부처님 오신날 축일에 참석했다. 여기서도 그는 불교에 관한 강연을 했다.

그는 정부 초청으로 캄보디아에서 라오스로 갔다. 그는 붓다의 성스런 사리를 가져가 정부에 전달했다. 거대한 환영식이 있었고 수바나봉(Souvanauvong) 왕자, 라오스 지도자 파텟과 다른 고위 성직자가 참석했다.

그는 캄보디아의 노로돔 시하누크 왕과 다른 중요 저명인사들과 접견해서 협회의 사업에 대해 설명했다. 그는 송그람 태국 전수상과 캄보디아 왕에게 협회를 대신하여 붓다가야에서 가져온 보리수 묘목을 전달했다.

발리싱하는 프놈펜에서 사이공으로 가서 양화판(lantern slides)을 이용해 두 번의 강연을 하였다.

1959년에 발리싱하는 부처님 오신날 2,500주년 축일과 그 행사를 위해 조직된 문화 협의회에 일본 정부의 초청을 받았다. 그는 행사에 참여해 일본의 수많은 지인들과 우정의 결속을 새로이 했다.

발리싱하 생애 마지막 최고의 행사는 그의 스승 다르마팔라의 100주년 기념일이었다.

발리싱하는 그의 사랑하는 협회 업무에 전념했지만 강연을 해달라는 외부 초청을 거절한 적이 없었다. 그는 수 개의 교육, 사회,

문화 협회의 회원이었다.

발리싱하는 42년 동안 인도, 실론, 유럽의 마하보디협회를 위해 전력을 다해 일해 왔다. 그는 스승이 가르친 이상대로 어떠한 일도 그의 위신을 손상시킨다고 여기지 않았다. 사실 그는 사원 찬장 먼지를 떨고, 불상을 청소하고, 창문을 페인트칠하고, 그가 멀리 떠나 있을 때를 제외하고는 1922년부터 계속해서 해온 잡지 교정을 두세 번씩 보고, 편지를 쓰고 타자 치고, 세계 각지에서 협회에 온 많은 수의 순례자, 방문객, 손님들의 개인적 편의를 돌보고, 협회 발전을 위해 필요한 모든 일을 했다.

이런 힘든 활동 때문에 심장병이 생겼음에도 불구하고 그는 활동적이었고 많은 젊은이들보다 더 많은 일을 했다. 그는 그가 한 업적의 기록을 만족스럽게 되돌아볼 수 있는 사람 중 한 명이다. 많은 선구자들의 노력과 그 자신의 겸허한 봉헌 덕에 불교 탄생국에서 마침내 불교의 발판을 마련하였다. 불교 부흥의 고귀한 대의를 위해 일생을 희생한 다르마팔라의 마음에 너무나도 소중한 소원이었다.

약 반세기 동안 불교와 인류에 봉사한 후 발리싱하는 1968년 8월 3일 콜롬보에서 입적했다.

**2-7** 호놀룰루의 메어리 T. 포스터 부인

**2-8** 고 메어리 엘리자베스 포스터 부인

## 메어리 엘리자베스 포스터 부인 :
### 아나가리카 다르마팔라의 수양모

　미국의 위대한 하와이 여성인 메어리 엘리자베스 포스터 부인은 아나가리카 다르마팔라의 '수양모'였다. 금세기 초에 다르마팔라가 시작한 사업들의 자금모금에 열린 마음으로 시주하였으며, 도량이 큰 자비로움에 있어 포스터 부인에 필적할 사람은 어느 누구도 없다. 물라간다꾸띠 사찰 창건은 그녀의 재정적 도움으로 시작되었다. 그녀는 또한 다르마팔라가 인도와 스리랑카에서 시작한 종교, 사회, 교육 사업에 수차례의 기부를 하였다. 포스터 부인은 1930년 12월 19일 호놀룰루에서 임종을 맞이했고 아나가리카 다르마팔라가 입적하기 단지 거의 2년 반 전이었다. 1932년에는 그녀의 임종 2주기를 기리며 다음 글을 썼다.

　"불교 부흥을 위해 재정적 도움이 필요할 때면 그를 도운 것은 그의 '수양모'였다.
　아나가리카 다르마팔라의 '수양모'는 이제 없다. 메어리 포스터 부인은 1930년 12월 19일 금요일 오후 2시에 호놀룰루에서 임종을 맞았다. 1893년 10월 18일 나는 그녀를 만났다. 아니 그녀가 나를 호놀룰루 항구에서 S.S. 오셔닉호 승선 중에 만나러 왔다. 나는 스리랑카 불자 대표로 1893년 9월 시카고에서 열린 종교대회에 참석하기 위해 미국에 갔다. 회기가 끝나고 고문 이사회 의장 존 핸리 버로우즈 박사가 시카고에서 호놀룰루를 거쳐 스리랑카로 가는 무료 표를 주었다. 증기선이 호놀룰루 항구에 정박했을 때, 포스터 부인과 친구들이 배에 올랐다.
　나는 그들이 내가 증기선에 타고 있는 것을 어떻게 알게 되었는지 모른다. 그러나 그들은 왔고, 포스터 부인은 그녀가 통제 불가능하며 끊임없이 생기는 화를 불교로 억누를 수 있도록 도와줄 수 있는지 알고 싶어 했다. 나는 의지력을 키우고 10단어로 된 문구 "나는 괜찮을 것이다. 나는 끓어오르는 화를 통제할 것이다"를 반복하라는 붓다가 준 간단한 심리적 조언을 알려 주었다. 그녀는 이 방법을 실천해 성공했고 그때부터 그녀는 매년 내가 하는 일에 약간의 기부금을 보냈다. 그녀는 마하보디 저널을 통해 내가 하는 운동을 알고 있었지만 그녀에게 도와달라는 호소를 하지 않았다. 1902년 8월 나는 캘리포니아 로스앤젤레스에 있었고 그 때 북인도의 방치된 사람들의 문맹 아이들을 돕고 베나레스 사르나트에 농업학교를 설립하는 운동을 해야겠다는 생각이 떠올랐다. 내 계획에 대해 메어리 포스터 부인에게 충동적으로 편지를 써서 그녀에게 계획을 설명했다. 그녀에게서 500 달러 수표가 동봉된 1902년 10월 16일 자의 답장을 받았다. '포스터 기술학교 기금'이 즉시 창설되었다. 인도 사회 운동에 관심이 있던 한 지인 여성이 그녀를 도와달라고 부탁해서 이 돈에서 250 달러를 시주했다.

1903년 1월 나는 샌프란시스코의 몇 친구들이 인도-미국 기술 부흥 기금을 관리하기 위한 위원회를 시작하도록 했고, 샌프란시스코 신지 학회의 E. J. 이튼 부인을 사무국장으로 선출했다. 나는 1903년 내내 미국의 다양한 지역의 교육 센터를 방문하며 보냈다. 1903년 1월 3일에 포스터 부인은 나에게 3천 달러를 더 기부했고 그 돈을 캘커타 홍콩상하이 은행으로 보냈고 포스터 기술학교 기금이 개설됐다. 나는 시카고의 몽고메리 워드 회사로부터 필요한 농기구를 구입해 캘커타로 보냈다. 보스턴 위원회가 선택한 미국 농업 지도사의 지도하에 1904년 6월 사르나트에 농업학교가 설립되었다. 학교는 베나레스의 정통 신지학자의 많은 반대에 직면했고 베나레스의 위원은 미국인이 물러나길 바랐다.

학교의 기술적인 면은 붕괴되었지만 나는 지역 지부가 유지되도록 했고 그것은 여전히 계속되고 있다. 그리고 대학이 곧 설립되리라는 모든 희망이 있었다. 현재 사찰이 있는 고대 이시빠따나(Isipatana)인 사르나트의 초전법륜 성지는 올해 내에 정신적인 순례지의 중심이 될 것이다. 1906년 2월에 나의 부친이 돌아가셨고 나는 포스터 부인에게 편지를 써서 1891년부터 법을 전파하는 것을 도왔던 나의 후원자가 이제는 없다고 하자 포스터 부인은 그녀가 나를 돌볼 것이니 그녀를 수양모로 생각하라는 자비로운 답장을 보냈다. 1906년부터 계속해서 매년 포스터 부인이 내 일을 위해 기부를 하기 시작했다. 받은 돈은 스리랑카의 상설 교육 업무에 사용되었다. 임시적인 일에 쓰인 적은 결코 없었다. 마하보디협회의 현재 비용은 내 돌아가신 부친의 재산에서 받는 돈으로 충당되었다. 그렇게 마하보디협회의 계속성이 보장되고 있다.

1891년 3월 내가 캘커타로 왔을 때 불교는 전혀 알려지지 않았고 캘커타에 불자가 머무를 곳은 없었다. 캘커타에 도착하자 충동적으로 베니아푸쿠르 로드 22번지에 있던 벵골 신지 협회 사무국장인 바부 닐 코물 무케르지에게 도움을 청했다. 그는 나를 친절히 맞이했고 나를 후하게 접대했다. 나는 일주일 동안 손님으로 있었고, 내가 다시 캘커타로 돌아가서 마하보디 일을 시작했을 때 바부 닐 코물 무케르지와 그의 외아들 나렌드라 나트 무케르지는 나를 환대했다. 그날 나는 캘커타에 불교 사찰을 건립하기로 결심했고 1920년 12월 캘커타 칼리지 광장에 다르마라지까 사찰을 창건하며 꿈을 실현했다. 17년 동안 협회는 캘커타에 상설 거주지가 없었다.

최초의 상설 거주지는 메어리 포스터 부인의 기부 덕에 1908년 7월에 확보되었다. 교육부는 마하보디협회가 캘커타에 한 개의 사찰, 베나레스 사르나트에 한 개의 사찰 등 사찰 두 개를 창건한다면 붓다의 성스런 사리 두 과를 기증하겠다고 제안했다. 제안은 받아들여졌고 나는 답장으로 마하보디협회가 캘커타 사찰을 위해 5만 루피를 사용할 것이고 사찰은 칼리지 광장 부지에 건축될 것이라고 썼다.

다르마라지까 사찰을 짓기 위해 일본, 태국, 버마에서 한 푼도 받지 않았다. 나의 고인인 동생 C.A. 헤와위따르네 박사와 그의 친구인 N.D.S 실바가 건설 기금을 위해 4천 루피라는 상당한 기부를 했다. 바로다(Baroda)의 마하라자와 G.D. 비를라가 각각 만 루피와 오천 루피를 기부했고 메어리 포스터 부인이 65,123 루피를 시주해서 다르마라지까 사찰이라는 결과를 얻을 수 있었다. 내가 1891년부터 마음속으로 소중히 간직해온 원이 실현되었다.

1915년 1월에 내 부탁으로 포스터 부인이 사르나트에 마우솔레움을 건축할 17,781루피를 나에게 보내왔다. 인도 정부가 전쟁동안 나를 캘커타에 억류했기 때문에 7년 동안 아무것도 행할 수 없었다. 나는 1922년 사르나트를 방문할 수 있었고 인도 정부가 붓다의 성스런 사리를 사르나트에 안치하겠다고 약속했기 때문에 현재의 물라간다꾸띠 사찰을 창건할 조치를 행했다. 정부는 우리가 물라간다꾸띠 건축에 3만 루피를 사용하면 사리를 기증한다고 했다. 나는 베나레스 임페리얼 은행에 포스터의 돈을 예치했고 병원 치료를 위해 유럽으로 갔다.

내가 유럽에 있는 동안 1927년 10월 물라간다꾸띠 사찰 건설이 시작되었다. 사르나트의 기술학교는 포스터 기술 기금의 도움으로 1901년에 시작되었다. 당시에 3만 루피로 증가된 포스터의 시주로 물라간다꾸띠 사찰의 건설이 시작되었다. 사찰 건축은 완공 시에 110,000루피가 소요될 것이었다. 우리는 하청업자에게 약 18,000 루피를 지불해야 했고 나는 포스터 부인이 이 적자를 메워줄 것이라 기대했지만 그녀는 임종을 맞이하여 극락의 더 고귀한 기쁨으로 물러났다.

런던 불교 포교단은 메어리 포스터 부인과 나 자신의 협력으로 유지되고 있었다. 이제 그녀가 임종했기 때문에 포스터 부인의 재산 유언 집행자는 이미 매월 보내던 661.10루피의 기부금을 중단하였다. 영국 사람들을 깨우치는 위대한 역사적 임무는 위대한 미래를 지닌다. 나는 메어리 포스터 부인의 자매들이 매월 보내주는 시주를 계속할 것이라 믿는다. 글로우체스터 로드 41번가의 런던 불교 포교 하우스가 메어리 포스터 부인을 기리며 영광의 기념비로 서있을 것이다.

40년 동안 나는 부처님의 영역에서 열심히 일해 왔다. 붓다가야에서 나는 불교 순례자들이 사용할 다르마살라(성지의 숙박시설)를 짓는 데 성공했다. 널찍한 객사가 없다면 불자들은 순례 기간 동안 머무를 곳이 없을 것이다. 힌두교의 시바숭배를 하는 마한트는 4억 7천 5백만 불자의 가장 성스러운 사찰의 소유자라고 말할 권리가 없다. 35년의 노력 끝에 가야에 건설한 다르마살라는 희망컨대 불교 활동의 중심이 될 것이다. 초전법륜지인 이시빠따나(Isipatana), 즉 현재의 사르나트는 희망컨대 정신적 중심지가 될 것이다. 캘커타의 다르마라지까 사찰과 마하보디 도서관은 학자들과 순례자를 위한 유용한 중앙 시설이다. 우리는 도서관을 확장할 필요가 있다. 도서관에 더 큰 홀을 건설하기 위해 얼마간의 부지를 구입해야 한다. 이시빠따나에는 사미승과 또한 순례자들의 휴식을 위한 더 많은 숙박시설이 필요하다.

1891년 1월 내가 사르나트를 방문했을 때 신성한 부지는 돼지 사육가들이 차지하고 있었다. 1901년 나는 많은 노력으로 불자들이 사용할 몇 비가(bighas, 인도의 넓이 단위)의 부지를 구입했다. 고고학부는 1904년 발굴을 시작했고 풍부한 결실을 거두었다. 홀로 굴하지 않고 버텼지만 버마, 태국, 다른 나라 불자들에게서 도움은 없었다. 메어리 포스터 부인의 필적할 수 없는 자비로움 덕분에 불자들은 지금 백 피트 탑을 가진 아름답게 우뚝 솟은 사찰을 가질 수 있었다. 내가 홀로 노력하고 있을 때 스리랑카의 어떠한 불자도 나를 돕기 위해 나서지 않았다. 버마, 태국, 일본, 중국, 티베트, 누구도 나와 협력하기 위해 나서지 않았다. 그러나 멀리 호놀룰루에서 메어리 포스터 부인이 인도의 불법을 부흥하고 영국에 새로이 불법을 건설하기 위한 도움을 손길을 주었다. 불교계에 그녀를 대신할 사람은 아무도 없다. 부유한 불자들은 모두 죽고 없다. 자기희생적인 비구는 거의 없다. 인도는 다시금 노란 장삼을 입고 아힘사 비폭력, 자비(慈悲)의 가르침을 설법할 젊은 영웅을 배출할 것이다. 나는 1891년부터 인도를 위해 애써왔고 지금 나는 물라간다 쿠띠 사찰이 서있는 성지에서 죽고 싶은 원을 마음에 담고 있는 병자이다.

여기서 이 말들은 멀리 미국 하와이 호놀룰루에서 온 위대하고 고귀한 후원자 메어리 엘리자베스 포스터의 넓은 마음, 자비로움, 법에의 헌신에 대해 충분히 풍부하게 말해주고 있다.

## 인도와 실론의 지도자들의 주목할 만한 추도문과 기념사

아나가리카 다르마팔라의 서거 후에 그의 유해는 친척들과 독지가들이 스리랑카로 가져갔다. 콜롬보에서 열린 추도회에서 많은 지도자들이 참석해 이 위대한 불법의 지도자에게 추도문을 바쳤다. 이 기념사는 실론 사람들이 그의 유해를 받은 몇 달 후에 열린 최초의 다르마팔라의 날을 경축하는 연장선상에 있다. 기사문들을 보면 축하의 인상을 가질 수 있다. 당시 농업부 장관으로 후에 최초의 스리랑카 수상이 된 D.S. 세나나야케, 옥스퍼드 대학에서 최초의 아시아 학생회생이었고 후에 스리랑카의 세 번째 수상이 된 S.W.R.D 반다라나이케, 또한 뛰어난 지도자였고 후에 독립 투쟁으로 자유의 위한 투쟁가였던 A.E. 구네싱하가 기념사를 썼다. 그들은 독립투쟁을 하며 다르마팔라에게서 영감과 용기를 얻을 수 있었다. (참고 #9)

이 기사는 1933년 10월 3일 실론 데일리 뉴스(Ceylon Daily News)에 실렸다.

다르마팔라의 날과 관련한 회의가 어제 오후 콜롬보 비됴다야 피리베나에서 개최되었다.

농업부 장관 D.S. 세나나야케가 의장이었고 많은 사람들이 참석했다.

**2-9** D.S. 세나나야케

지역협의회(Panchsil)의 처리 후에 세나나야카는 회의를 본격 착수했다. 그는 돈 배론 경(Sir Don Baron)이 선약으로 참석하지 못함을 유감으로 여기며 성공을 바란다는 취지로 자야틸라카(D.B. Jayatilaka)의 메시지를 전하며 시작했다.

2-10 D.B. 자야틸라카

세나나야카가 말하기를 고 다르마팔라는 그의 삶을 종교와 국가의 대의를 위해 바치고 있었고 그의 가장 위대한 노력 중 하나가 실론에 사라진 불교 사원을 회복하려는 것이었다. 그들은 그날 모인 것은 떠나간 애국자에게 은혜를 베풀려는 게 아니고 자신 스스로를 이롭게 하는 것과 마찬가지로 그를 기리기 위해서였다. 다르마팔라를 영구히 기리기 위해 취할 수 있는 조치를 고려하기 위해 얼마 전 개최된 대중 집회에서 선출된 집행위원회가 두 가지 조치 즉 콜롬보에 비구 숙소와 사원 건립을 결정했다. 부지나 세부사항으로 결정된 것은 없지만 대중 다수의 원과 일치하도록 행할 것이다.

### 진실의 수호자

다음 연사 프랜시스 드 조이사(Francis de Zoysa)는 고 다르마팔라보다 종교와 국가를 위해 더 고귀한 봉헌을 한 이는 없다고 말했다. 그는 진실의 편이었으며 진실을 밝히는데 두려움 없는 옹호자였지만 이 진실이 일부 사람들에게는 달갑지 않았다. 그들의 떠나간 지도자를 영원토록 기리는 것은 그들의 의무였다. 그가 그의 위대함과 그들에 의해 기억되고 감사받을 권리에 대한 유형무형의 증거를 이미 충분히 남겨두었지만 그들이 한 민족으로서 그에 대한 존경을 담아 영원히 기릴 위인의 가치에 맞는 무엇인가를 해야 한다. 실론에 고 다르마팔라의 위대함을 알지 못하는 사람이 있다면 그러한 무지를 가진 그 사람의 잘못이다.

**인습타파론자**

다음 연사는 산다라사가라(H.A.P. Sandarasagara)였다. 그는 고 다르마팔라를 대중의 한 사람의 관점에서 보았다고 말했다. 고 다르마팔라의 위대한 공헌 중 하나가 이 국가의 대중의 삶에 대한 것이다. "내가 매우 젊었던 법학도였을 때, 그가 열정적인 강연을 할 때면 그의 말을 경청하곤 했습니다. 그는 인습 타파론자였으나 애국자였고 국가를 너무나도 사랑했습니다. 내가 생각하기에 그는 싱할리를 예속상태에서 끌어올렸고 그로 인해 발전하지 않았다면 싱할리는 민족국가로서는 사라져버렸을 것입니다. 그는 이 나라에서 삶을 유지하기 위해 필요한 유일한 것인 인종에 대한 인식, 민족에 대한 자부심을 민중에서도 가장 미천한 자에게까지 알렸습니다."라고 산다라사가라는 말했다. 고 다르마팔라는 당대 살았던 일부 위대한 비구와 같은 학자는 아니었을지 모른다. 그러나 그의 추진력은 비할 자가 없다. 당시는 유럽식을 노예처럼 흉내 내는 것이 이미 가정생활까지 좀먹고 있고 심지어는 저녁에 영국식으로 차를 마시던 시기였다. 이처럼 삶의 모든 다른 부분들이 유럽 방식을 모방하고 있었다. 부인들은 하이힐을 신고 불편하게 걸었고 거대한 모자를 썼다. 이제 그 모든 것이 변했고 조금만 돌이켜 보면 다르마팔라가 그러한 잘못된 사고를 조롱하며 조국을 위해 한 위대한 국가적 공헌을 깨달을 수 있었다. 그는 이상을 위해 엄청난 희생을 했다. 그는 싱할리의 이름, 고대 문화와 교육을 세 대륙에 알렸다. 모든 강력한 인물과 마찬가지로 그는 위대한 친구도 있었고 역시 위대한 적도 있었다. 실론은 그렇게 위대한 인물을 가졌다는 것을 진정으로 자랑스러워해야 한다. 그는 당시 성장하고 있고 언젠가는 실론 전역을 파도처럼 휩쓸 민주주의의 보석을 진정으로 심어 놓았다. 산다라사가라는 결론을 지으며 의장이 기념하지 못한 해리스찬드라에게도 추모를 보냈다.

### 불교의 대의

**2-11** S.W.R.D. 반다라나이케

다음 연사 반다라나이케는 모든 면에서 볼 때 다르마팔라의 삶을 자랑스러워해야 한다고 했다. 불교가 대의를 위해 열정적으로 일할 사람이 없어 쇠퇴하고 많은 지도자들이 뒤처져 있을 때 고 다르마팔라는 앞으로 나서 건강과 재산을 바쳐 이 나라에 한정해서가 아니라 해외에서도 불교의 횃불을 전할 책임을 열정적으로 수행했다. 적어도 지난 100년 간 고 다르마팔라만큼 불교를 위해 공헌한 사람은 없다. 싱할리 사람들은 한 민족으로서 자기 존중감과 용기를 가지게 해준 이에게 모든 영광을 바쳐야 한다. 연사는 오늘날 사리가 이렇게 유행이 된 것은 다르마팔라가 여성의 의복에 대해 강하게 언급했기 때문이라고 생각한다. 고 다르마팔라와 고 세나나야케만이 조국에 이타적으로 봉헌하며 삶을 살았다고 말할 수 있다. 그는 대중의 원에 따라 고 다르마팔라를 영원히 기리는 것을 강력히 지지한다.

다음 연사 구네싱하는 싱할리 사람들이 영국인의 출현으로 겪고 있던 열등감을 제거해 준 것은 고 다르마팔라라고 했다. 구네싱하는 제안된 목적을 위해 "빅터 하우스(Victor House)"를 사용하는 것에 대해 끓고 있는 논쟁의 관점에서 봤을 때 빅터 하우스를 대신할, 대중의 요구를 만족시키는 다른 부지를 선택해 모든 불자들이 그 목표를 성취하기 위해 협력할 것임은 의심의 여지가 없다고 했다.

**2-12**  A.E. Gunasinghe

다음 연사는 아리야와띠에 페레라(Ariyawathie Perera)였고 회의는 위제예 구네라트네(A.S.F. Wijeyegooneratne)의 제안으로 의장과 연사들에게 감사를 표하며 투표와 함께 끝을 맺었다.

## 실론이 인도에 준 것
### 다르마팔라의 뛰어난 업적에 대한 감사

반다라나이케(S.W.R.D Bhandaranaike)

당시 지방 행정부 장관이었던 반다라나이케는 1937년 콜롬보의 마하보디 대학에서 연례 시상식을 주재하며 아나가리카 다르마팔라에게 빛나는 추모사를 바쳤다. 다음 기사는 실론 데일리 뉴스에 실렸고 여기 다시 게재한다. (Ref #10)

"여성들이 사리를 입는 관습을 가진 것은 위대한 아나가리카 다르마팔라의 엄청난 노력 덕분입니다. 이 나라 국민들은 그의 업적의 가치를 아직 완전히 모른다고 느낍니다." 지방 행정부 장관 반다라나이케가 어제 콜롬보 마하보디 대학 연례 시상식을 주재하는 동안 말했다.

반다라나이케 부인은 상을 수여했다.
반다라나이케는 최근 인도를 방문하는 동안 고 데와미타 다르마팔라의 위대함에 대해 전보다 더욱 확신할 수 있었다고 말했다.

### 실론의 선물
싱할리 문화에서 최고의 것은 모두 인도에서 전래되었다고 싫증이 날 만큼 말해진다. 그는 계속해 말했다. 그러나 그가 인도에 있을 때 인도 마하보디협회의 활동이 그 나라에 위대한 선물을 해 준 것을 확인했다. 그것은 불법이었다. 불법은 원래 인도에서 왔지만 오늘날 인도 불교의 존재는 협회의 업적 덕분이다.

그 업적은 데와미타 다르마팔라의 많은 노력의 결과이다.

실론 사람들이 그 위인을 영원히 기리는 가치 있는 방법은 마하보디 대학을 최고로 이용하는 것이다.

그것이 전부가 아니다. 불교 교육의 초기의 구조가 진화해야 한다는 것은 중요하다.

학교의 경영자 라자 헤와위따르네는 이 대학의 학생이었던 인도의 마하보디협회 사무총장 데와쁘리야 발리싱하가 학교를 위해 25,000루피의 대출을 협상하려고 제안했다는 것을 발표했다. 지불할 이자는 매우 적당했다. 헤와위따르네는 기회를 이용할 수 있기를 희망한다고 표했다.

대학 학장 자야틸라카(J. Jayatilaka)는 그의 글을 발표하며 모든 교직원들이 높은 수준, 품격, 특색을 부여하여 학교를 유지하고 발전시키기 위해 항상 노력해야 하고 그것이 그들의 책임이라는 것을 인식하고 있다고 말했다.

그는 학교의 전 경영자 고 닐 헤와위따르네가 죽고 나서 대학이 열정적인 독지가이자 위대한 친구를 잃었다고 말하며 그에게 추모의 뜻을 기렸다.

행사 끝에 흥미로운 다양한 공연이 열렸고 에디 다야반네(Eddie Dayabanne)는 이 행사목록에 인기 있는 순서를 더했다.

2-13 데와미타 다르마팔라의 사리가 대중에게 공개된 비됴다야 피리베나

**2-14** 인도에서 도착한 아나가리카 다르마팔라의 사리를 맞이하기 위해 콜롬보에 운집한 군중

## 인도 지도자들의 추모사
라다크리슈난의 고 데와미타 다르마팔라의
인도에서의 업적에 관한 글

2-15  S. 라다크리쉬난 박사

"그는 다르마팔라가 인도에서 행한 불교 업적에 대한 열렬한 추종자였다. 그는 다르마팔라를 다소 호전적으로 여겼고 이는 아마도 그의 본성이리라. 그와 그의 인도에서의 불교 대의를 위한 업적은 언제나 살아있을 것이다." (참고 #11)

위대한 학자이자 후에 인도가 독립하자 제2대 대통령이 된 라다크리슈난은 1933년 실론을 방문하는 동안 "붓다의 가르침"을 첫 강의로 하는 일련의 강연을 하였다. 그가 실론 데일리 뉴스 와 한 인터뷰에서 아나가리카 다르마팔라에 관한 그의 생각에 대해 기사를 여기서 언급했다.

•

## 인디라 간디 부인이 다르마팔라의 공헌에 대해 말하다

2-16 인디라 간디

고 인디라 간디 부인은 어려서 아나가리카 다르마팔라를 만나는 특권을 가졌던 운이 좋은 지도자들 중 한명이었다. 그녀의 조부 모티랄(Pt. Motilal)은 마하보디 자유 운동에 대해 우호적이었다. 그녀는 1932년 처음으로 물라간다쿠티 사원을 방문했고 후에 여러 차례 방문했다. 그녀는 또한 일생 동안 아나가리카 다르마팔라와 마하보디협회를 위해 개최된 많은 행사에 참석했다. 그녀가 1967

년 스리랑카를 방문했을 때 그녀는 콜롬보 말리가카다 (Maligakada) 마하보디 본부에서 열린 아나가리카 다르마팔라 탄생 103주년 기념식에 참석했다. 그녀의 소중한 찬사와 관점을 여기에 싣는다. (참고 #12)

"인간의 육체적 배고픔을 만족시키려 노력하는 한편 인간 영혼을 기아로 허덕이지 않게 하라." 인도의 수상 인디라 간디 여사는 9월 17일 실론 말리가카다 마하보디 본부에서 열린 아나가리카 다르마팔라 탄생 103주년을 기념하기 위해 열린 집회에서 강연했다.

실론과 인도 뿐 아니라 세계 각지에서 귀중한 봉헌을 한 마하보디협회 창설자의 탄생 103주년에 참석하는 것은 특권이라고 말했다.

"우리 인도인은 마하보디협회가 한 엄청난 공헌을 알고 있다. 나의 부친은 협회의 업적에 대해 크게 감사히 여긴다. 그는 할 수 있을 때마다 협회를 도왔다." 라고 말했다.

"우리는 붓다의 공통된 문화적 유산과 이치를 공유하고 있다. 우리는 역사의 공통된 장을 가지고 있다. 그것은 특히 불교에 관해 그러하다."

"실론은 붓다의 메시지와 불교의 전통과 그의 가르침의 위대한 이치를 지켜왔다."

**2-17** 1902년 카마쿠라에서 코쿠추카이 설립자 치가쿠 타나카와 함께 한 다르마팔라
가운데 다르마팔라, 그의 왼쪽에 치가쿠 타나카 (코호 타나카의 조부)

## 일본에서의 다르마팔라

아나가리카 다르마팔라가 부흥 운동을 시작했을 때 일본은 불교 부흥의 대의를 활동적으로 지지해 왔다. 그의 일생 내내 그를 능동적으로 지지했고 그의 대의의 동조자였다. 마하보디협회 제2대 사무총장이자 다르마팔라의 신실한 제자 스리 발리싱하가 일본을 방문했을 때 다르마팔라와 친하게 알고 지내던 사람들은 향수에 젖어 그 기념일을 기렸다. 그 행사 관련 기사가 마하보디 저널에 실렸고 여기 기념의 의미로 다시 재간한다. (참고 #13)

4월 29일 도쿄 코쿠추카이 본부에서 인상적인 행사를 거행하며 우리의 위대한 설립자를 기리는 영예를 갖게 되었다는 것을 스리 발리싱하에게 전해 듣고 기쁘기 그지없다. 창설자가 입적한 이 날 며칠 전에 발리싱하는 테루코 후나구치(Teruko Funaguchi)가 연 오찬에서 환대받았고 코쿠추카이 설립자인 고 치가쿠 다나까의 손자 사이치로 다나까(Shaichiro Tanaka)도 초대받았다. 다나까는 발리싱하에게 그의 조부가 고 다르마팔라와 도쿄 그들의 집에서 찍은 한 뭉치의 사진을 보여주며 그의 조부가 고 다르마팔라와 친밀한 관계였다고 했다. 발리싱하는 사망 기일이 얼마 남지 않았으니 그의 사원에서 추도 법회를 개최하는 것이 좋겠다고 제안했다. 다나까는 기꺼이 그 제안에 동의했고 저명 시민들이 참석하는 매우 성공적인 모임을 준비했다. 매우 인상적인 예불이 개최되었고 다나까 자신이 주도적으로 참여했고 이후에 고 다르마팔라의 이름이 쓰인 족자가 고대 의식에 따라 정원의 묘역에 안치되었다.

종교 의식을 마친 후 손님들은 다과에 참석했다. 몇 몇 연사들이 고 다르마팔라와 고 치가쿠 다나까에게 빛나는 추도사를 헌정했다. 연사들 중 기무라 교수(일본), 칼리다스 나그 박사(인도), 위말라완사 스님(실론), 사이치로 다나까(일본), 스리 발리싱하 등이 경의를 표했다. 의식은 일본 전역에 중계되고 텔레비전으로 방영되었다. 사진을 찍은 후 행사가 끝났다. 사이치로 다나까가 인상적인 의식을 준비했을 뿐 아니라 행사의 전체 경비를 부담하는 자비를 베풀어 우리는 감사한다.

**2-18** 마하보디 협회의 설립자 대리석상
캘커타 칼리지 광장 스리 다르마라지카 사원 앞에서 마하보디 협회 설립자인 아나가리카 다르마팔라의 대리석상을 제막한 서벵골 총독 각하 스리 다르마 비라 동상에 화환을 드리우는 인도 실론 고등판무관 스리 페레라 각하, 캘커타 시장 스리 고빈다 데이, 서벵골 정부 수석장관 M.M. 바수와 그 밖의 인물

**2-19** 사르나트 녹야원의 물라간다쿠티 사찰의 아나가리카 다르마팔라 대리석상 앞에 위치한 티벳 최고 정치 지도자이자 정신적 스승인 달라이 라마 성하
또한 사진에 보이는 인도 마하보디 협회 사무총장 스리 데와쁘리야 발리싱하와 상가라타나, 사사나스리, 쿠쇼크 바쿨라

## 다르마팔라 탄생 100주년 기념 위원회

아나가리카 다르마팔라의 서거 30년 후에 100주년 기념식이 세계불자공동체의 주도하에 인도와 스리랑카에서 조직되었다. 기념행사에 적극적 관심을 가진 저명인사는 당시 인도 대통령 라다크리슈난(Radhakrishnan) 박사, 붓다 2500주년 행사를 위해 티베트에서 온 달라이라마(Dalai Lama) 성하 등이 있다. 아나가리카 다르마팔라가 13대 달라이 라마 성하와 판첸라마 성하(H.H. the Panchen Lama), 카르마파 성하(H.H. The Karmapa), 타시라마 성하(H.H. Taxhi Lama) 등 주요 티베트 영적 지도자들과 직접적으로 연을 맺고 연락했다는 것을 여기서 언급할 가치가 있을 것이다. 그들은 모두 아나가리카의 불교계를 연계하려는 임무와 어느 면에서든 적극적으로 관련되어 있다. 14대 달라이 라마는 티베트에서 탈출하기 전에 마하보디협회와 연을 가졌고 그것을 계속 유지하고 용기를 주고 지도하고 있다. 100주년 기념회 회장은 당시 인도의 수상 랄 바하두르 샤스트리(Shri Lal Bahadur Shastri)였고 부회장은 실론의 수상이자 세계 최초의 여성 수상인 시리마보 반다라나이케 여사였다.

## 다르마팔라 탄생 100주년 기념 위원회 회장단

2-20 인도 대통령 S. 라다크리쉬난

2-21 14대 달라이 라마

2-22 인도 수상 스리 랄 바하두르 샤스트리

2-23 시리마보 반다라나이케 부인

후원자 : 인도 대통령 라다크리슈난, 달라이라마 성하 등

회장 : 인도 수상 랄 바하두르 샤스트리

부회장 : 실론 수상 시리마보 반다라나이케

## 다르마팔라 탄생 100주년 기념 위원회 위원 명단

교육부 장관 우마윤 카비르 교수(인도)
법무부 장관 스리 아쇼크 센(인도)
인도마하보디협회 회장인 시킴(Sikkim)의 마하라자 전하(시킴)
니시혼간지 주지 오타니 대사(일본)
다니 니바트 왕자 저하(태국)
일본불교승가회 후지이 스님(일본)
일본 마하보디협회 이사 리리 나카야마 스님(일본)
히가시 혼간지 주지 오타니 대사(일본)
코도 교단 회장 쇼도 오카노 스님(일본)
영국불교협회 회장 크리스마스 험프리(영국)
버마 우뜨윈경(버마)
나린 무나싱헤(실론)
브루톤 박사(영국)
말라라세카라 박사(영국)
스리 아툴리야 고쉬(캘커타)
세쓰 쥬갈 키쇼르 비를라(인도)
봄베이 전 주지사 스리 프라카사(인도)
A.L 로저(미국)
서벵갈 대통령 스리 프라훌라 찬드라센(서벵갈)
캘커타 시장
서벵갈 장관 스리카젠드라 나쓰 다스 굽타(서벵갈)
스리 L.N 비를라(캘커타)
선임법관 상카르 프라사드 밋터(캘커타)

스리 P.K 사카로(캘커타)
삼부낫 바네르지 박사(캘커타)
수니티 꾸마르 차터지 박사(캘커타)
스리 투샤르 칸티고쉬(캘커타)
스리 라다 크리쉬나 카노리아(캘커타) 인도 마하보디협회 부회장
스리 케샤브 찬드라 굽타 인도 마하보디협회 부회장
소프트 박사 인도 마하보디협회 부회장
스리고쉬 인도 마하보디협회 부회장
나리낙사 두트 박사 인도 마하보디협회 부회장
스리 사일라 꾸마르 무케르지 인도 마하보디협회 부회장

회원
시리니와사 장로, 담마난다 장로, 니르말 찬드라 바루아 교수
사사나시리 장로, 아리야완사 장로, 스리자야두라따 초두리
빤야팃사 장로, 다르마게르띠 장로, 스리 샨티랄 메타
난다싸라 장로, 스리 가마니 자야수리야, 스리 마히토쉬 쇼
스리 나왈카르, 바루아 박사

위원회 재무
스리 므리강카 모한 스르

위원회 재무보
판딧 비슈와낫 샤스트리
스리 아미야 칸타 강굴리

사무총장
스리 나레쉬 나쓰 무케르지, 스리 발리싱하

서기
지나라타나 장로, 상가라타나 장로
스리 마줌다르, 스리 죠티쉬 찬드라 고쉬

서기보
스리 릴라 모한 싱 로이
스리 타라샹카르 바네르지
스리 삼부 바란 무케르지
스리 키쇼르 천 로우

**다르마팔라 문화 협회와 국제 객사의 개원식**

아나가리카가 1891년 캘커타에서 그의 임무를 시작한 곳이자 그가 저널을 출간하고, 국제 불교계와 연락하고, 인도에 불교를 되돌리기 위한 운동을 끊임없이 실행한 곳이다. 100주년 기념일 이후에 이곳을 개발하기 시작하여 다르마팔라 문화 협회와 국제 객사를 1978년 11월 6일 개관했다. 당시 스리랑카 대통령 자야와르다네가(J.R. Jayawardhane)이 주요 손님으로 이 행사에 참석했다. 당시 서벵갈 국무총리 지요티 바수(Jyoti Basu)와 정보방송부 장관 붓다데브 밧따차리야(Buddhadev Bhattacharya)가 이 행사에 적극 참여했다.

2-24 대리석 명판을 제막하며 건물 개관을 선언하는 스리랑카 대통령

2-25 공항의 환영행사
캘커타 공항에서 서벵골 총독 각하 스리 T.N. 싱, 수석 장관 스리 요티 바수, 장관 스리 자틴 차크라와르티의 영접을 받는 스리랑카 대통령 J.R. 자야와르다네 각하

## 다르마팔라 문화 협회와 국제 객사의 개원식 행사내용

### 1978년 11월 6일 월요일 오후5시

스리랑카 대통령 마하보디협회 본부 도착
고 아나가리카 다르마팔라 동상 화환식
마하보디협회 스님과 회원들의 환영식
인도 국기, 스리랑카 국기, 불기 게양식과 인도, 스리랑카
    국가 연주
스리랑카 대통령의 신축된 다르마팔라 문화 협회와 국제 객사의
    개막식
다르마라지카 사원의 불당 방문
신자들의 불교의식 집회 장소로의 이동
인도 문화 센터 우데이 샹카르(Uday Shankar) 회원들의
    붓다 예찬과 의식
길상승리게, 오계수지(Jaya Mangala Gatha)
인도 마하보디협회 회장의 환영사
각국 대표의 인사말
서벵갈 총독의 의장 연설
감사 인사
캘커타 마하보디 복지관·고아원의 원생과
    슈클라 도(Smt.Sukla Daw)의 삼귀의 예찬

### 1978년 11월 7일 화요일 오후5시 30분
법회

회장 : 서벵갈주 교육부 장관 삼부 고쉬
의장 : 고리나쓰 샤스트리 박사
주요 손님 : 캘커타 대학 부총장 수실 무케르지 박사의
          길상경 낭송

**불교와 현대 생활 방식**
영어 세미나
논문 발표자 : 담마라타나 스님, 칼리얀 쿠마르 강굴리 박사,
            바루아 박사, 스리 나이르 박사
질의응답 시간

**1978년 11월 8일 수요일 5시**
고별 행사
회장 : 서벵갈주 정보통신부 장관 스리 붓다데브 밧다차리야
의장 : 아난다 샹카르 로이
       참석 스님들의 길상경 낭송
연사 : 지나라타나 장로
       인도 마하보디협회 사무총장 부처님께 헌공
헌시 : 붓다 찬탄

**영어 세션**
랄 교수의 법구경

**벵갈어 세션**
자작시 낭송 : 프레멘드라 미트라, 산다야 바두리 박사, 비쉬와

반디은파디야야, 고팔 보우믹크, 사다나 무케르지, 피로즈 토우드거, 카비타 싱하, 순일 강굴리.

**중국어 세션**
찬불문 독경 : 퉁, 치탕
춤과 노래 그리고 드라마 공연 : 벵골정부의 독 라잔 사카

# III

# 아나가리카 다르마팔라와 그가 교류한 인도 국가 지도자, 주요 협회, 세계적 인사

마하트마 간디

인도 국민회의

힌두위원회

스와라지 바완, 자와할랄 네루와 다르마팔라의 과업과의 협력

인도 총 국민회의의 서한

고 자와할랄 네루와 불교

라빈드라 나트 타고르

스와미 비베카난드

인도의 고고학 조사부, 존 마샬 경과 그들의 다르마팔라 과업과의 관계

영적 조언자, 시리 수망갈라 큰스님

헨리 스틸 올코트 대령

일생의 친구 에드윈 아놀드 경 (Edwin Arnold)

Sambudhagama Chakravarti 아슈토시 무케르지 경

**3-1** 마하트마 간디

# III

# 아나가리카 다르마팔라와 그가 교류한 인도 국가 지도자, 주요 협회, 세계적 인사

**마하트마 간디**

아나가리카 다르마팔라와 마하트마 간디는 동시대를 살았고 각각의 대의를 위해 평화롭게 투쟁했다. 마하트마 간디가 영국으로 부터의 인도의 해방을 위해 싸웠다면 아나가리카는 불교의 대의와 마하보디 사원과 성지의 해방을 위해 투쟁했다.

아나가리카는 마하트마 간디의 아힘사(비폭력) 원칙의 열렬한 추종자였고 그가 모든 불자들의 번영을 위한 캠페인에서도 그 원칙을 따랐다. 여러 번 다르마팔라는 글을 써서 마하트마 간디에 대해 언급했고 그의 운동을 높이 평가했다. 수년에 걸쳐 그들은 편지를 주고받으며 관점을 교환했다.

1925년 5월 캘커타에서 부처님 오신 날 봉축 행사에 아나가리카는 마하트마 간디에게 행사를 주재하도록 초청했고 그 행사는 역사적으로 웅장한 사건이었다. 마하트마는 불교와 힌두교 사이의 밀접한 관계를 추적했고 붓다를 인류의 세계적 스승으로 일컬었다. (참고 #14)

마하트마 간디에게 서 온 편지
예라브다 중앙 교도도
1933년 3월 28일

친애하는 벗에게,
당신의 편지와 저널 한 부를 받았습니다.
수감자로서 불가촉천민에 관한 것을 제외하고는 어떠한 내용도 보낼 수 없습니다. 따라서 당신에게 소용이 있다면 내가 당신께 보낼 수 있는 유일한 내용이 이것뿐입니다. 내가 고타마 붓다의 생애에서 존경하는 많은 것들 중 하나가 그가 불가촉천민을 완전히 폐지했다는 것입니다. 즉 높고 낮음의 차별을 폐지한 것이죠.

충심을 담아
M.K. 간디

편집장
마하보디
성스런 녹야원
사르나트, 베나레스

본. 이 편지는 마하트마 간디가 예자브다 감옥에서 썼고 아나가리카 다르마팔라가 입적하기 한 달 전에 도착했다.

## 1925년 5월 캘커타 부처님 오신 날 봉축 행사에서 마하트마 간디가 한 강연

친구들이여, 이 예불을 드리는 것은 나에게 즐거운 의무입니다. 나는 이 행사에 대한 어떤 것도 말하지 않을 것입니다. 다르마팔라 박사는 이 예불에 정서적인 감동을 더했고 내가 생각하기에 나에게 어울리지 않는 짐을 나에게 지웠습니다. 작년에 나타라잔이 병을 회복하며 누워있는 나를 침상에서 끌어내며 작년 기념행사를 주재해 달라고 청했을 때 나는 주저했습니다. 그러나 나는 그에게 크고 깊은 애정을 가지고 있기에 나타라잔에게 거절할 수 없었습니다. 그 때부터 나는 아마도 매년 인도 어디든 그러한 행사에 참석해달라고 요청받으리라는 것을 알고 있습니다. 그리고 내가 캘커타에 왔을 때도 그러했습니다. 전 세계 위대한 종교의 거의 모든 스승들이 나를 자신의 스승으로 여기는 것이 참으로 이상합니다. 자이나교도들은 나를 자이나교도로 착각합니다. 수십 명의 기독교 친구들은 암시적으로 나에게 비겁함을 돌리고 나에 관해 이렇게 말하는데 망설임이 없습니다. "우리는 네가 기독교인이라는 것을 알고 있지만 너는 인정하기 두려운 거지. 용감하게 나와서 네가 예수를 믿고 그의 구원을 믿는다고 말하는 게 어때?" 많은 이슬람 친구들은 내가 나 자신을 이슬람교도라고 하지 않는데도 사실상 내가 이슬람교도라고 여깁니다. 어떤 이슬람 친구들은 내가 이슬람교에 아주 가까이 가고 있는 중이지만 여전히 약간 못 미친다고 생각합니다.

이 모든 것이 나에게는 매우 기쁩니다. 나는 이것을 그들이 나를 사랑하고 존중하는 표시라고 여깁니다. 그러나 나 자신은 나를 힌두교도 중 가장 보잘것없는 사람 중 한 명으로 여깁니다. 그러나 내가 힌두교를 더 깊이 공부하면 할수록 힌두교가 우주만큼 넓다는 믿음이 더 강해집니다. 힌두교는 그 신앙 안에 세상의 좋은 모든 것을 담고 있습니다. 그래서 나는 이슬람교도와 이슬람을 찬양하고 찬양가를 부를 수 있습니다. 그래서 동시에 다른 종교 지도자들과도 그러합니다. 그리고 여전히 내 안의 무엇인가가 나에게 말합니다. 내가 이 종교들에 보여주는 깊은 존경 때문에 나는 그럼에도 불구하고 그것 때문에 더욱 힌두교도입니다.

### 힌두교와 불교

거의 40년 정확히 38년 전에 내가 청년시절 영국에 갔을 때 손에 넣은 최초의 종교 서적은 〈아시아의 등불(Light of Asia)〉이었다. 나는 이전에 세계 어떤 종교에 관한 어떤 것도 읽은 적이 없었다. 따라서 힌두교에 관해 읽은 것도 없었다. 나는 힌두교에 대해 나의 부모님이 나에게 가르쳐 준 것을 직접적으로가 아니라 간접적으로 알고 있었다. 즉 그들의 예배의식으로 알 수 있었다. 그리고 라마 라하시야(Rama Rahasya)를 공부하라고 나를 바라문에게 보냈고 그것으로 약간 더 알고 있었다. 내가 영국으로 가며 가져간 것은 그것이었다. 그래서 내가 〈아시아의 등불〉을 소유하게 되었을 때 열심히 읽었다.

한 페이지 한 페이지 읽었고 나는 문학에 무관심한 독자였지만 각 페이지가 나에게 주었던 유혹을 떨칠 수 없었다. 나는 에드윈 아놀드 경이 너무나도 아름답게 표현했던 의식의 확대와 가르침에 깊이 존경하며 책을 덮었다. 나는 남아프리카에서 내 변호사 업을 시작하고 그 책을 다시 읽었다. 당시 나는 세계의 다른 위대한 종교들의 실천을 시작했지만 그 책을 다시 읽어도 내 존경심이 줄어들지 않았다. 그 이전에 나는 실질적으로 불교에 대해 전혀 알지 못했다. 나는 예라브다 감옥에서 더 많은 저작을 읽었지만 나는 내가 붓다, 마하비라(자이나교의 교조) 또는 심지어는 예수 그리스도와 관련이 있든 없든 그러한 행사를 주재해 달라고 요청받는 이유는 나의 한정된 이해력이 닿는 한 이 스승들의 가르침을 내 능력 닿는 한 열심히 따르려고 노력하기 때문이라는 것을 알고 있다. 많은 친구들이 내가 삶에서 붓다의 가르침을 나타내고 있다고 생각한다. 나는 그들의 가르침을 받아들이고 이러한 가르침들을 따르기 위해 최선을 다하고 있다는 것을 고백하는 데 거리낌이 없다. 불교 스승들과는 달리 그리고 또한 많은 힌두 학생들과는 달리 −철학자라 말하려 했다− 나는 힌두교와 불교의 본질적 가르침에는 차이를 이끌어 낼 수 없다. 내 의견으로는 붓다는 일생 동안 힌두인으로 살았다. 그는 의심의 여지없이 참혹한 시기의 개혁자였다. 즉 그는 진정 진심으로 개혁자였고 그 자신의 성장과 육신의 고양을 위해 필수인 개혁을 이루기 위해 큰 고통의 원인을 고려하지 않았다. 역사 기록이 맞는다면 당시 맹목적인 바라문은 이기적이기에 그의 개혁을 거절했다. 그러나 일반 대중은 철학을 하며 한가로이 시간을 보내는 철학자가 아니었다. 그들은 행동하는 철학자였다. 그들은 강건한 상식을 가지고 있었고 그래서 바라문 안에 있던 자만, 즉 이기심을 털어내고 붓다 안에서 자신의 신념의 진정한 모범을 알아채는 데 망설임이 없었다. 그리고 내 자신이 또한 그들 가운데 사는 대중의 한 사람이기에 불교가 대중에게 있어서는 실천으로 환원할 수 있는 힌두교에 다름 아니라는 것을 알았다. 따라서 때때로 유식한 사람들은 붓다의 믿을 수 없을 정도로 단순한 가르침에 만족하지 못한다. 그들은 자신의 지성을 만족시키기 위해 힘차게 나아가고 그리고 실망한다. 종교는 확실히 마음의 문제다. 지적 자부심을 가지고 접근하는 사람은 실망할 수밖에 없다.

### 붓다는 무신론자가 아니다

나는 감히 붓다가 무신론자가 아니라고 말하겠다. 신은 어떤 사람도, 자부심을 가지고 들어서는 어떠한 독실한 신자도 만나기를 거절했다. 그는 땅에 코를 비비는 사람을 믿는 것이 아니다. 그는 코에 표시를 보지 않기를 원한다. 여러분들 중 일부는 많은 이슬람교도들이 이마에 대략 1루피 동전크기의 혹은 훨씬 더 큰 상흔을 갖기 위해 이슬람 사원에서 엎드려서 매일 이마를 비비고 있기 때문에 정말로 이마에 표시가 있다는 것을 알지 못할지도 모른다. 신은 표시를 원하지 않는다. 신은 꿰뚫어 보신다. 인간은 코를 베고 상에 문지를 수 있지만 신은 그 인간의 마음이 멍들지 않았고 마음에서 피가 흐르지 않는다면 그를 알아보지 못하고 뾰족한 코를 가지고 있는 그에게서 등을 돌릴 것이다. 그는 그것을 그 자신의 것으로 인식할 것이다. 자부심이 무엇인지 모르는 대중은 겸손하게 그에게 다가가 우리가 자유로이 따를 수 있는 행동하는 뛰어난 철학자가 된다. 내 생각에 그것은 불교의 핵심적인 가르침이다. 나는 한 순간도 불교가 인도에서 추방되었다고 생각하지 않는다. 내가 아는 불교의 모든 본질적 특징은 불교를 믿는다고 명목상으로만 공언한 중국, 실론, 일본에서 보다 아마 인도에서 훨씬 더 많이 실천되고 있다. 나는 감히 우리 인도인이 미얀마 친구들보다 훨씬 더 많이, 훨씬 더 잘 불교를 실천하고 있다고 말한다. 붓다를 추방하는 것은 불가능하다. 당신은 붓다에게서 인도에서 탄생한 것을 빼앗지 못한다. 그의 생애에서 그 스스로 불멸의 이름이 되었다. 그는 오늘날 수백만 인류의 삶 속에 살아있다. 우리가 작은 사원에 가는지, 불상을 숭배하는지, 그의 이름을 부르는지가, 그것이 어떻든, 무슨 상관이겠는가. 나의 힌두교는 나에게 마음이 순수하다면 라마의 이름을 마라(魔羅)가 잘못 발음할 수도 있고, 여전히 나는 유식한 바라문만큼 아니 그보다 훨씬 더 많은 힘으로 말할 수 있다고 가르치고 있다. 그래서 나는 다르마팔라 박사에게 말하고 싶다. 그가 그렇게 많은 사람들의 후원에 의존하는지 또는 호놀룰루의 부인이 거대한 금액을 시주하는지 아닌지 무슨 상관이겠는가. 내 하찮은 생각으로 붓다는 우리에게 수백만의 사람들이 진실을 추구하는 한 사람과 관련지을 필요는 없다고 가르친다.

### 스승들의 위대함

"제각기 스스로 붓다가 전하러 온 자비와 신심의 메시지를 얼마만큼 우리 자신의 삶에서 실현하였는지를 말하게 하라. 우리가 그 메시지를 우리 삶에서 실천한 만큼 우리는 인류의 위대한 세존, 스승에게 경의를 표하기에 적합할 것이다. 이 세상이 지속되는 한 나는 그가 인류의 가장 위대한 스승에 위치할 것이라는 데 조금의 의심도 없다. 붓다가 약 2500년 전에 주었던 생각은 비록 느릴지라도 사라지지는 않을 것이다. 우리는 현재 다른 모든 종교와 마찬가지로 불교도 정말로 쇠락했다고 느낄지 모른다. 나는 낙천적이어서 이 모든 위대한 종교들이 사기, 위선, 허풍, 가짜, 거짓, 불신 그리고 '타락'이라는 이름으로 표현되는 모든 것으로부터 정화되는 우리의 날이 밝아오고 있다고 느낀다." 그것들은 사기로부터 순화될 것이고 보는 법을 배운 이가 진실과 사랑이 결국 동전의 양면이라는 것을 알게 되는 날이 밝아 오는 것을 보게 될 것이다. 그것은 그리고 그것만은 유일한 현재의 동전이고 다른 모든 것은 가짜의 동전이다.

신이 우리가 붓다가 수백 년 전에 인류에게 전하려는 메시지를 깨닫도록, 우리 각자가 우리 자신을 힌두교이라 부르든 아니든 그 메시지를 우리 삶 속에서 실천하려 노력하게 도우실 것이다.

**3-2** 1922년 가야 의회에의 국가 제창

**인도 국민회의**

인도 국민회의는 국가 독립의 선두에 선 가장 효과적인 운동이었다. 의원 중 일부에는 마하트마 간디, 수바시 찬드라 보세, 모티 랄 네루, 칫뜨란자 다스, 라알 라즈팟 라이, 로끄만냐 틸락, 마단 모한 말라이야, 사다르 발라브 바이 파테와 라제드라 프라사드 박사 등과 같은 유명 인사가 있었다.

아나가리카는 인도 지도자들이 마하보디 사원 해방 운동에 관심을 갖도록 모든 노력을 했다. 그는 그 대의에 그들의 동감과 지지를 구했고 1922년 가야에서 열린 인도 국민회의 회원으로 가입도 했으며 일본, 실론, 미얀마와 같은 아시아 불교계의 회원 대표도 하였다. 마하보디 사원 해방 문제에 대한 기록을 아나가리카 다르마팔라가 제출했고 문제가 논의되었다. 국민회의는 그 문제를 조사할 위원회를 임명하였다. 위원회의 위원으로 보드가야의 마한트, 아나가리카 다르마팔라, 스와미 다야난드, 바부브라즈 키쇼르 프라사드, 자야스왈 박사, 라마한사 라모다르 다스와 위원회 위원장과 주최자로 라젠드라 프라사드 박사가 임명되었다.

다음에 언급된 위원회의 글을 보면 다르마팔라가 이 문제에 대해 들인 노력에 대해 알 수 있다. 이 운동은 결국 독립 후 비하르 정부에 의해 붓다가야 마하보디 사원 관리 위원회가 구성되는 결과를 가져왔다.

**3-3**  1922년 가야 의회 판달 게이트의 외관

**3-4** 인도 국민회의가 임명한 마하보디 사찰 위원회의 회장이자 의장인 라젠드라 프라사드 박사

**3-5** 인도 국민회의가 임명한 마하보디 사원 위원회의 회원 스리 브라즈 키쇼르 프라사드

**3-6** 인도 국민회의가 임명한 마하보디 사원 위원회의 회원 K.P. 자야스왈 박사

인도 국민회의 위원회와 비하르 주 힌두 마하사바에 의해 조직된 위원회의 보드가야 사원에 관한 보고서

1922년 12월 16일에 가야에서 열린 비하르 지방 국민회의 위원회 회의에 실론과 미얀마 출신 비구들이 몇 명 참가했고, 인도 국민회의 위원회는 보드가야 사원의 회복을 위해 불자들과 평화적으로 연합해 동의와 능동적인 지지를 보낼 것을 명령하는 결의문을 통과했다.

인도 국민회의 37기 회기는 1922년 크리스마스 주간에 가야에서 열렸다. 버마의 우 오따마 스님(Rev. U. Ottama)과 실론의 스리니와사 스님(Rev. Srinivasa)이 이끄는 많은 불자들이 대표단으로 참석했다. 그러나 국민회의가 의회와 의원들 간의 격한 논쟁을 일으킨 입법 협의회 개시 문제를 토의하느라 바빠서 보드가야 문제는 의회에 의해 상정되어 논의되지 못했지만 처리를 위해 운영 위원회에 이관되었다. 그 문제는 위원회에 의해 심의되어 1923년 1월 21일에 다음과 같은 결의문을 통과했다.

"라젠드라 프라사드 박사가 보드가야 사원의 보호 관리를 불자들에게 넘겨달라는 제안을 조사하여 위원회에 보고할 권한을 가진다. 라젠드라 프라사드 박사는 또한 조사를 수행할 적당한 사람을 지명할 권한을 갖는다."

여기서 언급할 필요가 없는 어떤 이유로 조사가 1923년에 수행될 수 없었다. 불자들은 1923년 12월에 카씨나다(Cacinada)에서

다시금 의회에 사건을 보냈다. 그 문제는 소관 위원회에서 상당히 자세히 논의되었지만 인도 국민회의 위원회는 기각했다. 미얀마, 실론, 네팔의 불자들이 1924년 12월 벨가온(Belgaon) 의회에 참석했고 소관위원회에 그 사건을 진지하게 제출했지만 인도 국민회의는 1924년 12월 28일에 통과한 다음의 효력을 갖는 결의문에 의해 그 문제를 처리하라고 결정했다.

"불자들의 보드가야 사원 회복 관련 문제에 있어 이렇게 결정했다. 라젠드라 프라사드 박사가 1923년 1월 21일자 운영 위원회의 결정에 따라 그 문제를 처리하며 1월 말까지 보고서를 제출한다."

라젠드라 프라사드 박사는 이에 불자 대표단과 캘커타 마하보디 협회와 보드가야의 마한트(붓다가야 지역의 지주)의 말을 들었고, 또한 일반 대중, 특히 힌두교도들의 의견과 제안을 청취했다. 마한트가 보드가야를 떠나있기 때문에 1925년 4월까지 그와 대면하기가 가능하지 않다. 그러는 중에 힌두교 회의가 파트나(Patna)에서 개최되었고 불자 대표 구나싱하(Goonasinha)가 연설하며 그 문제를 논의했지만 참석자가 많지 않은 관계로 또 한 번의 회의를 개최하기로 결정했다. 두 번째 회의 참석자들도 불충분했지만 마하보디 사원에 대한 관리권을 힌두교도와 불자의 공동 위원회로 이관하는 결의문이 추진되었다. 비하르 지방 힌두 위원회가 곧 무자파푸르(Muzaffarpur)에서 회의를 가질 계획이었다는 관점에서 파트나 회의에서는 제안된 결의문이 대중의 의견을 끌어내기 위해 공개되고 지방 힌두 위원회가 이를 고려해야 한다고 결정했다. 위원회는 1925년 4월 5일, 6일에 무자파푸르에서 모임을 가졌고 여러 의견을 대표하는 약 4,000명의 힌두교도들과 불자를 대표하는 아나가리카 다르마팔라가 참석했다. 파트나 회의에서 제안된 결의문이 논의된 후 압도적 다수로 위원회에 의해 약간 수정되어 통과되었고 단지 소수의 사람들만이 반대했다. 결정안이 마침내 채택되었는데 이를 번역하면 다음과 같다.

붓다는 힌두교의 10대 신의 화신 중 한 분이고 불자들이 숭배하는 유일한 신이다. 따라서 보드가야 사원은 두 종교의 추종자들을 위한 성지이다. 따라서 양측 진영이 그 성지를 자신의 소유로 하려는 바람은 너무나도 당연하다. 그런데 오늘날 양측의 사람들은 예배와 기도를 위해 그 곳에 간다. 양측 사람들은 각자가 각자의 관습과 종교적 지시에 따라 자신의 독특한 방식으로 자유로이 경배하고 기도하도록 허락되고 이를 행하는 방식에 있어 어떠한 장애도 없어야 한다고 원한다. 따라서 총회는 인도의 불자들이 사원을 관리하고 그곳에서 경배를 드리기 위한 준비를 할 수 있는 정당한 몫을 받아야 한다는 의견이다. 총회는 힌두교도와 불자 양측의 공통의 권리를 보호하기 위한 조치에 관해 3개월 이내에 지방 힌두 위원회(Provincial Hindu Sabha)에 보고하도록 하기 위해 다음 위원회를 설립한다. 또한 보드가야의 마한트가 위원회가 의무를 알맞고 적당하게 이행할 수 있도록 가능한 모든 도움을 줄 것을 요청한다. 이 결정안은 보드가야의 수도원에 소속된 재산과는 아무런 관련이 없다.

위원회 주최자는 라젠드라 프라사드 박사가 될 것이며 정족수는 3인으로 구성될 것이다.

다음 인물이 위원회를 구성할 것이다.

(1) 보드가야 마한트
(2) 아나가리카 다르마팔라
(3) 스와미 다야난드
(4) 바부 브라즈 키쇼르 프라사드
(5) K.P. 자야스왈
(6) 파라마한사 라모다르 다스
(7) 라젠드라 프라사드 박사

라젠드라 프라사드 박사는 1925년 4월 보드가야의 마한트와 면담하며 힌두 위원회의 결정에 대한 의견을 달라고 요청했다. 그 문제에 대해 상세히 논의한 후에 마한트는 그의 수도원의 유력 회원들 중 일부가 순례중이고 2달 후에 돌아왔을 때 그들과 문제를 상의한 후 확정적으로 답변을 해줄 수 있을 거라고 했다. 그리고 힌두위원회 회의를 7월이나 8월에 개최하자고 제안했다. 그는 조사 중인 그 문제에 대해 해명할 서류를 보내겠다고 약속했다. 그 후에 이행하면서 라젠드라 프라사드 박사에게 많은 수의 힌두교도들이 순례를 위해 보드가야를 방문하는 아스윈(Aswin, 9월과 10월)달과 불교도들의 순례 계절인 11월과 1월 사이에 한 번 더 보드가야를 방문할 것을 제안했다. 그러면 그가 두 종교의 추종자들이 보드가야에서 하는 행위를 직접 볼 수 있을 것이라고 했다. 라젠드라 프라사드 박사는 아스윈달에 보드가야를 방문했고 힌두 순례자들을 보았다. 또한 마한트가 반복해서 요청한 대로 라젠드라 프라사드 박사는 11월과 1월 사이에 불자 순례자들을 만났다. 위원회 회의가 1925년 11월 4일 정해졌지만 라젠드라 프라사드 박사의 병 때문에 열리지 못하고 1925년 12월 5일로 다시 정해졌다. 힌두위원회가 지명한 위원회 위원 중에는 스와미 다야난드와 보드가야의 마한트가 있었다는 것이 통보될 것이다.

  스와미 다야난드는 위원회에 참가하는 것에 동의하고 회의에 참석하겠다고 했지만 불행히도 위원들이 모르는 어떤 이유로 정해진 날에 오지 않았다. 보드가야의 마한트는 11월 4일 회의를 연다는 통지에 대한 응답으로 위원회 위원이 되는 것을 거절하며 그것과 어떠한 관련도 맺지 않겠다고 확실히 편지를 썼다. 아나가리카 다르마팔라는 유럽에 가고 없었기 때문에 불자 대표로 데와쁘리야 발리싱하와 시리와다네가 참석했다. 위원회 위원 중 바부 브라즈키쇼르 프라사드, 파라마한사 라모다르 다스, 라젠드라 프라사드 박사는 11월 5일, 6일에 보드가야와 가야에서 만났고 사원과 주변을 조사한 후 가야의 덕망 있는 사람들의 증언을 기록했다. 마한트는 위원회 앞에서 이 사건의 주장을 펼치도록 요청받았지만 출석하지 않았고 대표를 보내지도 않았다. 위원회 위원들은 그를 수도원에서 개인적으로 만났지만 그는 이미 서류와 문서를 보냈고, 라젠드라 프라사드 박사가 순례자들이 어떻게 하는지 봤고, 자신은 위원회와 관련하여 어떠한 관계도 없었고, 상관하지 않겠다고 말하는 데 만족했다. 힌두위원회의 결정에 대해 주기로 한 응답과 순례에서 돌아온 수도원 회원들과의 상의 후에 주기로 한 대답에 대해 질문을 받자, 그는 이미 말한 것에 덧붙여 어떤 것도 더 말하지 않겠다고 했다. 마한트가 공식적으로 위원회 앞에서 대표자로 나서지 않은 것은 유감이지만 그가 소송을 뒷받침하여 그가 소유하던 서류를 제출하였고 우리가 이 문제에 있어 그의 대리인이라 생각하는 그의 옹호자 바구 라메쉬와르 프라사드(Bagu Rameshwar Prasad)와 학자인 다름두트(Dharmdutt)가 증언을 녹음할 때 참석했다. 바구 라메쉬와르 프라사드는 어떤 책의 몇 구절을 위원회에 알렸고 증인들에게도 몇몇 질문을 하겠다고 제안했다. 보고서가 준비되고 있는 후반 단계에서 현재 마한트를 공식적으로 대표하는 바구 라메쉬와르 프라사드는 위원회에 나타나 어떤 기록된 증거를 제출했고 위원회와 그 문제에 대해 오랫동안 상세히 논의했다. 보고서는 가야 주재 위원회에 참석할 수 없었던 위원회 위원인 자야스왈(K. P. Jayaswal)과 협의한 후에 준비되었다.

관련된 쌍방이 다 수용가능하고 쌍방에 공정한, 마한트와의 우호적인 해결책에 도달하는 것이 가능하리라 기대되었다. 힌두위원회는 그러한 희망으로 작성한 결정안을 통과했다. 그러나 위원회 위원들이 보드가야에 방문했을 때 마한트의 태도로 보아 그러한 관점에서 그 문제에 관해 그와 이야기 하는 것은 무익한 일이었다는 것을 충분하고 분명하게 알 수 있었다. 조사 중이던 그 문제가 국가적으로 매우 중요하고 민감한 문제 중 하나였기에 위에서 언급된 결정안에 의해 권한을 수여받은 라젠드라 프라사드 박사는 자야스왈, 바부 브라즈키쇼르 프라사드, 파라마한사 라모다르 다스를 국민회의 위원회 결정안 하에 조사위원으로 선출하였고 그들의 편에서 이 보고서가 인도 총 국민회의 위원회와 힌두위원회에 제출되었다.

## 힌두위원회

힌두위원회는 다르마팔라의 마하보디 사원을 불자들이 다시 회복하려는 운동에 지지를 보낸 최고의 기관이다.

아나가리카 다르마팔라는 그의 입장에서 성스런 문화를 전파하려는 그들의 정책을 지지했고 이 조직의 간부 임원이었다. 그는 심지어 무자파푸르에서 열린 회의에서 정관을 제안했고 마하보디 사원 문제에 적극적인 지지를 얻었다. 아나가리카 다르마팔라는 랄라 라즈팟 라이(Lala Lajpat Rai)와 기차를 타고 가며 다정히 회담을 했고 여행 내내 그가 받은 온정에 대해 이야기 했다. 무자파푸르에 도착해서 그는 협의회 대표단과 회원들의 따뜻한 환대를 받았다. 다르마팔라가 회의에서 한 연설은 너무나 인상 깊었고 라젠드라 프라사드 박사는 그것을 힌두어로 통역해서 참석한 대중들에게 전달했다.

아나가리카 다르마팔라의 입적 후에 전인도의 힌두위원회는 그가 전 세계에 성스런 문화를 전파한 공로에 감사하는 특별한 결정을 통과했다. 그들의 애도의 모임에서의 발췌문을 여기 출간한다.
(참고 #16)

### 데와미타 다르마팔라의 입적에 대한 힌두위원회의 조의문

아즈메르(Ajmer)에서 열린 힌두위원회의 15번째 연례 회의에서 다음 결의문을 통과한다.

전인도 힌두위원회의 장소에서 인도 마하보디협회의 설립자이자 평생 사무총장이고 힌두위원회의 간부 회원인 데와미타 다르마팔라 스님의 애석한 입적을 기리기로 결정한다.

위원회는 그가 인도와 전 세계에서 43년 간 성스런 문화를 전파하려는 대의를 위해 행한 이타적인 활동에 대해 깊이 사의를 표하기로 결정한다.

**성스런 문화적 형제애**

다음은 아즈메르에서 힌두위원회가 통과한 결의문이다.

결의 15호. 힌두위원회의 본회기는 미얀마, 실론, 중국, 일본, 네팔 등지에서 온 명예로운 손님, 비구들을 가장 따뜻하게 환대하고, 힌두교와 불교의 합동 단체가 고대의 성스런 법으로 현대 물질주의의 시대를 평화의 메시지로 계몽하는 소망을 실현하기를 희망한다.

결의 29호. 힌두위원회의 본회기는 인도와 중국, 일본, 시암, 실론 같은 인도 외의 나라들의 고대의 성스런 문화의 근본적 결속을 인정하고, 힌두 교육 제도 조직자가 일본, 중국, 시암의 언어와 문학을 연구할 수 있는 지위를 제정하기를 요청한다. 그리고 중국, 일본 등 각 정부도 산스크리트를 연구할 유사한 지위를 제정하기를 요청한다.

본 회의체는 더 나아가 회장이 대표단을 구성하고 다른 필요한 조치를 취하도록 권한을 부여한다.

본 위원회는 독일 정부의 산스크리트어와 문화 학습을 증진하는 최근의 조치에 사의를 표한다.

## 스와라지 바완, 자와할랄 네루와 다르마팔라의 과업과의 협력

스와라지 바완은 모티 랄 네루(Pt. Moti Lal Nehru)의 거주지이자 인도 독립 운동이 영감을 얻는 현장이었고 국가 지도자들이 지지를 구하는 곳이었다. 그곳은 또한 자유를 위한 투쟁에 관한 모든 문제에 대해 중요한 결정이 이루어지는 곳이었다.

불교의 메시지를 전파하고 붓다가 신봉자들을 위해 깨우침을 얻은 마하보디 사원에 대한 소유권회복 운동을 하는 동안 아나가리카 다르마팔라는 스와라지 바완에서 모티 랄 네루(초대 수상 자와할랄 네루의 부친)와 가까워졌다. 이 만남에서 모티 랄 네루는 아나가리카 다르마팔라에게 그의 젊은 아들(Jawahar Lal Nehru)을 소개해주고 마하보디 해방 운동에 모든 지지와 동의를 전했다.

후에 아나가리카 다르마팔라는 사르나트에 물라간다쿠티 사원을 건설하고 1931년에 개원식을 했다. 사원 개원식에 스와라지 바완은 당시 인도 총 국민회의의 사무총장이자 후에 독립 후 초대 인도 수상이 된 자와할랄 네루를 파견했고, 행사를 빛내기 위해 국민회의

기를 화려한 백단향 상자에 보내며 행사를 영예롭게 했다.

　마하보디협회와 자와할랄 네루의 관계는 평생 지속되었다. 그는 수많은 행사와 협회의 기념식에 참석했고 인도에서 불교를 발전시키려는 모든 문제에 지지를 보냈다. (참고 #17)

**3-7** 아난드 바완에서 스와라지 운동의 인도 국가 지도자 모틸랄 네루와 그의 아들 자와할랄 네루

**3-8** 1931년 물라간다쿠티 사원 개원식에 인도 국회가 선사한 인도 국기

## 인도 총 국민회의의 서한

인도 총 국민회의
스와라지 바완, 알라하바드

1931년 사무실 재직자

전보: "국민회의"
전화: 350

의장 : 발라브바이 파텔
재무상 : 잠나랄 바자즈

사무총장 : 시예드 마흐무드
　　　　　자이람다스 돌라트람
　　　　　자와할랄 네루

참조. G37/3206
1931년 12월 23일

받는 사람
사무총장
마하보디협회, 베나레스

친애하는 총장님

11월 11일 물라간다쿠티 사원의 개원식에 인도 국민회의를 대신하여 사원을 위한 국기를 보내게 되어 영광입니다. 조각되고 상감 세공된 백단향 나무함 안에 넣어 은 받침대에 은과 법랑으로 된 이 기를 보내게 되어 무한한 기쁨을 느낍니다. 나의 동료 시바 프라사드(Shiva Prasad) 굽타와 쉬리 스리 프라카사(Shri Sri Prakasa)가 깃발을 안에 넣은 이 함을 직접 가져갈 것입니다. 이 깃발이 당신이 대표하는 위대한 대의에 대한 인도 국가의 선의를 계속해서 떠올리게 해줄 것이라 믿습니다.

진심을 담아
사무총장

## 고 자와할랄 네루와 불교

이 글은 1964년 5월 26일 인도의 초대 수상 자와할랄 네루의 서거 후에 당시 인도의 마하보디협회 사무총장이었던 발리싱하에 의해 쓰였다. 이 글은 고인이 불교의 대의를 진흥하기 위해 모든 지지를 모냈던 마하보디협회와 그와의 친밀한 관계를 잘 보여준다.
(참고 #18)

마치 거상(巨像)처럼 인도의 길이와 너비 전체에 걸쳐있었고, 처음에는 인기 있는 의회 지도자였으며, 그 후 수상인 된 인도의 가장 사랑받았던 초대 수상인 고 자와할랄 네루는 더 이상 우리 곁에 없다. 실론의 수상인 시리마보 반다라나이케 여사에게 아침에 일어나 너무나도 사랑하던 네루지(Nehruji, 애칭)가 더 이상 인간계에 없다는 것은 이상한 느낌이다. 그는 인도와 우리자신의 너무나도 많은 일부였고 모든 계층의 사람들에게 상실감이 크다.

세계의 불자들은 인도에 있던 최고의 친구를 잃었다. 동감을 보여줄 뿐 아니라 실제로 인도의 자손들에게 불교가 영광스러운 자리를 찾을 수 있도록 많은 일을 한 친구였다. 그의 붓다의 성품에 대한 사랑과 가르침에 대한 존경은 그의 많은 행동에서 보인다. 그 자신의 말에 따르면 그는 엄격히 말하면 종교인이 아니었지만 그는 어느 다른 종교보다 불교에 훨씬 더 근접해 있었다. 만일 그가 그의 신념을 표할 필요성이 강요되었다면 아마도 다른 어떤 "이념"보다 불교에 더 가까웠다고 선언했을 것이다.

소년이었을 때 네루는 적어도 한번은 고 아나가리카 다르마팔라의 축복을 받았다. 다르마팔라가 붓다가야 사원 일과 관련하여 그의 부친 고 모티랄 네루를 방문했을 때 그는 자신의 젊은 아들을 그에게 소개했다. 고 다르마팔라와 네루 가족과의 관계에 대해서는 더 이상 다른 기록은 없다. 나는 영광스럽게도 1931년부터 네루와 알고 지냈다. 내 존경하는 친구 스리 프라카사(Sri Prakasa)가 그 몇 년 전에 그의 바라나시 집에서 그를 나에게 소개해 주었지만 내가 그를 더 잘 알게 된 것은 물라간다쿠티 사원의 개원식이 있던 1931년이었다. 1931년에 그는 인도 국민회의의 사무총장이었고, 스리 프라카사 자신도 사무총장이었으며, 그는 그 후 아삼, 마드라

스와 봄베이의 총독을 차례로 역임했다. 당시 스리 프라카사는 물라간다쿠티 사원 건축 기금의 총무였다. 그들은 함께 사원 개원식에 참석했고 네루가 모임에서 연설을 하지는 않았지만 인도 국민회의가 사원에 대한 기념물로 당시 국기의 복제품을 보낼 것이라고 발표했다. 약속은 충실히 지켜졌고 얼마 후에 백단향 상자에 담긴 인도 국기의 은제 복제품이 보내졌고 스리 프라카사와 고 시바 프라사드 굽타가 협회에 건넸다. 그것은 현재 사원 도서관에 보관되어 있다. 독립 투쟁이 성공적으로 끝났고 네루가 초대 수상이 되었을 때 그가 국기에 아소카의 불교 법륜(法輪)을 넣으리라고는 상상도 못했다.

후에 네루는 사원의 두 번의 기념행사에 참석했고 이는 사르나트와 같이 외딴 곳에 훨씬 더 좋은 청중들이 함께 한다는 것을 의미했기에 그의 참석을 언제나 기대했다. 나는 지금도 한 번의 기념식에서 네루가 행사가 끝나기 전에 떠나자 대부분의 청중들이 그와 함께 떠났던 것을 기억하고 있다. 내가 그에게 농담으로 청중을 다 데려가 버렸다고 말하니 그가 간단히 대답했다. "미안합니다."

나는 그가 우리 행사와 관련해서 바라나시에 왔던 두 번의 경우를 기억하고 있다. 한번은 타이수 대사(Holiness Tai Hsu)를 환영하고 우리가 그 날 준비했던 "아소카의 날"에 참석하기 위해서 였다. 다른 한 번은 또한 타이 치 타오 박사(Dr Tai chi Tao)를 대신한 다른 중국 지도자를 접대하기 위해서였다. 그 날 인도와 중국 지도자 간에 강렬한 성심과 네루가 그들을 환영할 때 보여준 열정을 생각하면, 정말로 인도가 독립이 되자 네루가 수상이 되었는데 그가 중국으로부터의 정당한 이유 없는 침략에 직면할 수밖에 없던 것이 떠올라 슬프다. 그것은 네루가 보여준 중국에 대한 우호적인 태도에서는 가능하리라고 꿈도 못 꾸었던 것이고 그가 너무나도 충격을 받아 그것에서 결코 회복하지 못한 것도 당연하다.

네루가 참석한 중요한 불교 행사 중 하나는 사리불과 목건련의 사리가 1세기 동안 런던에 있다가 캘커타에 도착했을 때 행한 환영식이었다. 협회가 환영식을 위해 적합한 계획을 세우기 위해 그에게 찾아갔을 때 그는 즉시 연습선(船) 〈티르(Tir)〉를 사리가 도착해 있던 실론으로 보내어 사리들을 정당한 영예와 함께 캘커타로 모셔오라고 지시했다. 그 자신은 캘커타로 와서 라즈 바완(Raj Bhavan)에서 사리들을 환영했다. 그는 또한 환영식에 병행하여 캘커타 마이단(Maidan)에서 열린 거대한 대중 집회를 주재했다. 그것은 기억에 남을 만한 행사였고 환영식의 웅장함은 수상의 지대한 관심으로 가능했다. 후에 그는 사리를 안전하게 보관하여 인도 몇 개의 주와 또한 해외의 다른 나라로 이송할 수 있는 편의를 제공하라고 정부에 지시했다. 사리가 캐쉬미르의 라다크(Ladakh)로 가는 길에 뉴델리에 도착했을 때 그는 존경을 표하기 위해 델리 사원으로 왔고 라다크에서 돌아가는 길에 그는 또 다시 송별을 고하기 위해 그의 딸 인디라 간디와 사원으로 왔다.

사리를 안치하기 위해 협회가 세운 산치의 째띠야기리(Cetiyagiri) 사원 개원식은 그곳에서 이틀을 꼬박 보낸 수상의 축복이 없었더라면 위대한 국제 행사가 되지 못했을 것이다. 기억에 남을 만한 집회였고 미얀마의 수상 우누(U. Nu), 인도의 부통령 라다크리쉬난 박사(Dr Sarvapalli Radhakrishnan)과 많은 국가들의 대표가 참석했다. 네루가 사원 개원식에서 한 연설과 라다크리쉬난 박사의 주재 하에 개원식과 연계하여 열린 불교도 회의에서 행한 연설은 짧지만 듣는 사람들에게 강한 인상을 남기며 그의 생각을 신실하게 표현했다.

네루가 불교 행사에 또 다시 참석한 때는 목갈리풋따따싸(Moggaliputtatissa)와 다른 아라한의 성스런 사리가 런던에서 도착 했을 때였다. 사리는 그의 여동생 위자야락시미(Vijayalakshmi) 여사가 비행기로 가져왔고 델리 공항에서 화려한 의식을 거행하며 수상에게 전달했다.

그가 불자들을 위해 한 가장 중요하고 영원한 업적은 부처님 오신날의 2500주년 기념행사였다. 행사 훨씬 이전에 나는 이와 관련하여 수상과 면담했고 그에게 20개의 행사로 구성된 행사계획을 내놓았다. 나는 행사에 대해 하나하나 설명했고 그는 펜으로 표시를 했다. 내가 고 아나가리카 다르마팔라의 동상을 제안하자 그는 단순히 "정부가 세웁니까?"라고 언급했다. 나는 그가 그 가능성을 확신하지 않는다고 느꼈고 더 이상 압박하지 않았다. 나를 놀라게 한 것은 그가 반응할 때 보여준 온화한 태도였다. 나는 그가 다른 제안에 거의 모두 동의해서 기쁜 마음으로 돌아왔다. 후에 인도 정부는 행사를 기리기 위한 특별 위원회를 구성했고 시킴(Sikkim)의 마하라자 꾸마르(Maharaj Kumar, 현 마하라자 전하)와 유일한 비공직자로는 인도 마하보디협회의 회장이 위원회에 포함되었다. 회장이 회의에 참석하지 못할 경우에 내가 대리하여야 했다. 위원회의 첫 번째 회의 후에 정부가 제안된 거의 모든 안을 받아들였고 정부가 직접 수행하겠다는 말을 회장에게서 전해 듣고 기뻤다. 내 제안에 따르면 행사 중 몇 개는 정부의 도움을 받아 마하보디 협회가 수행하려고 했기에 이러한 결정은 나의 예상을 뛰어넘는 것이었다. 이러한 예상치 못한 결정은 수상이 매우 자주 인도에서 이제까지 태어난 인물 중 가장 위대한 사람이 붓다라고 한 것처럼 그에 맞는 격식을 차린 행사를 치르기를 원하는 수상 덕분임은 말할 필요도 없다.

나는 그가 주재하는 위원회 회의에 두 번 참석했다. 두 번 다 나는 그가 다양한 문제를 처리하는 태도에 매료되었다. 첫 번째 회의에서 나는 기념우표 발행을 제안했고 그는 바로 그 제안을 받아들였고 위원회에 우표가 최근에 발행된 것처럼 너무 작으면 안 되고 커야 한다고 말했다. 두 번째 회의에서 전력공급을 포함한 불교 성지의 개선방안에 대해 논의했는데 그는 즉시 동의했고 관료들에게 비용이 더 많이 들더라도 전선을 지하에 매설하라고 지시했다.

아마도 1000만 루피 이상이 이 불교 성지의 개선에 사용되었을 것이다. 필요한 곳에 객사를 세웠고 길을 넓혔고 공원을 조성했고 수도와 전기를 공급했다. 수세기 동안 대중뿐 아니라 정부에 의해서도 방치되어온 이 유명한 장소들에 마침내 정당한 중요성이 부여되었다. 뉴델리에서는 유명한 산등성이에 공원과 기념비를 세워 큰 행사를 기념했다. 이 모든 것의 마지막을 장식하기 위해 불교도대회(Buddhist Convention)가 뉴델리에서 조직되었고 모든 불교국의 대표단과 동서양의 학자들과 불교 관계자들이 초청되었다.

내가 뉴델리를 방문하는 동안 네루는 거대한 불상을 바위에 조각하는 게 좋겠다며 나에게 적당한 장소를 아느냐고 물었다. 나는 모르겠다며 찾아보고 알려드리겠다고 대답했다. 내가 아는 한 델리 근처에는 적당한 거석이 없었지만 봄베이 근처에는 많이 있었고 붓다가야에도 한 두 개가 있었다. 내가 다음에 그를 만나 이렇게 대답하자 그의 관심이 사그라지는 것 같았다. 그는 상당한 조각을 찾는 게 어렵다고 대답했다.

네루가 실론 정부가 세운 뉴델리 불자 객사의 개원을 선언했을 때, 나는 무심코 그가 오랫동안 사르나트에 오지 않았다고, 사실상 수상이 된 이후로는 한 번도 오지 않았다고 언급했다. 그는 사실이라며 다시 한 번 그 곳을 방문하고 싶다고 대답했다. 그는 약속을 절대 잊지 않았다. 1951년 12월 30일에 그는 그곳을 방문해 물라간다쿠티 사원과 녹야원을 거닐며 한 시간 이상을 보냈다. 그가 성지에 있으며 성스러운 결합으로 영감을 끌어내며 얼마나 행복해했는지 누구나 알 수 있었다.

그가 마하보디협회에 지대한 관심을 가진 것으로 보아 우리가 다르마팔라 탄생 100주년 기념 위원회를 세울 때 그를 고귀한 의장으로 초청한 것은 당연했다. 그는 시간이 충분하지 않기에 그러한 위원회의 의장이 되는 것을 평소에는 꺼려했지만 자비롭게도 수락했다. 우리는 그의 의사 표시에 크게 고취되었고 그를 의장으로 하는 중요한 행사를 고대했다. 그러나 행사일 4개월 전에 잔인한 죽음의 손길이 그를 데려갔다. 협회가 설립자의 죽음 이후로 겪은 가장 큰 슬픈 상실이었다. 불교 운동에 그렇게 사려 깊고 도움이 되는 사람을 찾을 수 없을 것이지만 정말로 돌이킬 수 없는 일이었다.

달라이 라마 성하가 티베트를 떠나기 얼마 전에 네루는 성하의 초청으로 그 나라를 방문할 계획이었다. 그는 문화부 장관을 통해 협회에 편지를 써서 붓다의 사리를 선물로 티베트에 모셔가려고 했다. 그러나 그 순방은 성하가 인도로 피신할 수밖에 없고 중국이 티베트 전역을 직접 통치하게 되어 실현될 수 없었다.

불교의 법륜(法輪)이 인도 국기에 포함되었고 아소카 기념비가 인도 정부의 상징으로 어떻게 채택되었는지는 이전에 언급했다. 인도가 독립을 획득한 이후 그는 즉시 이러한 결정을 내렸고 오랜 수상 재임기간 내내 그가 국가들과 행사들을 치를 때 그 안에 구현된 원칙들을 수행하기 위해 충실히 노력했다. 네루는 전 세계가 근래에 누린 평화를 위한 가장 강력한 힘이었고 그를 현대의 아소카라고 부르는 것은 정당하다. 네루의 정책만큼 위대한 황제의 이상에 더 근접한 통치자의 정책은 없었다. 그가 라쉬트라파티 바완(Rashtrapati Bhavan)의 중앙홀에서 임기를 시작했을 때 그 홀을 아소카 홀이라 이름을 바꾸고 옥좌 뒤에 그곳에 모인 사람들에게 자비로운 영향을 주는 마투라(Mathura) 불상을 세운 것은 일리 있는 것이었다.

네루의 서거와 함께 인도 역사의 한 장, 그의 이름이 모든 페이지에 황금 문자로 새겨진 한 장이 막을 내렸다. 고상한 가정에서 양육되고 영국에서 교육받은 그는 두 반구와 인도의 자유를 위한 제단에 모든 것을 바쳤다. 인도 상류층의 최상의 것을 흡수한 그 제단에서 네루는 최상의 위치를 차지하고 있다. 행운은 그의 편이었고 그는 노동의 달콤한 열매를 만끽하며 살았다. 정부 최고 위치까지 올랐지만 그는 품성을 잃지 않았고 권력으로 인해 중독되는 유혹에 굴복한 다른 많은 사람들처럼 안하무인의 성향을 결코 갖지 않았다. 그는 거대한 권력을 이기적인 목적을 위해 사용하지도 않았다. 마지막까지 네루는 우리가 알고 있던 독립투쟁 동안의 그와 똑같이 이타적이고, 친절하고, 이해심 있고, 인간적인 개인이었다. 유일한 예외는 그가 정부 통치권을 손에 쥐었을 때 그는 훨씬 더 현명하고 성숙했으며 그의 안목은 전 세계를 감쌀 만큼 점점 더 넓어졌다는 것이다. 그가 이 혼란한 세계에 평화를 가져오는 데 크게 기여했다는 것은 의심의 여지가 없다. 아소카의 이름이 수세기가 지난 후에도 기려지는 것과 마찬가지로 그의 축복받은 이름은 인도와 전 세계의 위대한 은인이란 이름으로 영원할 것이다.

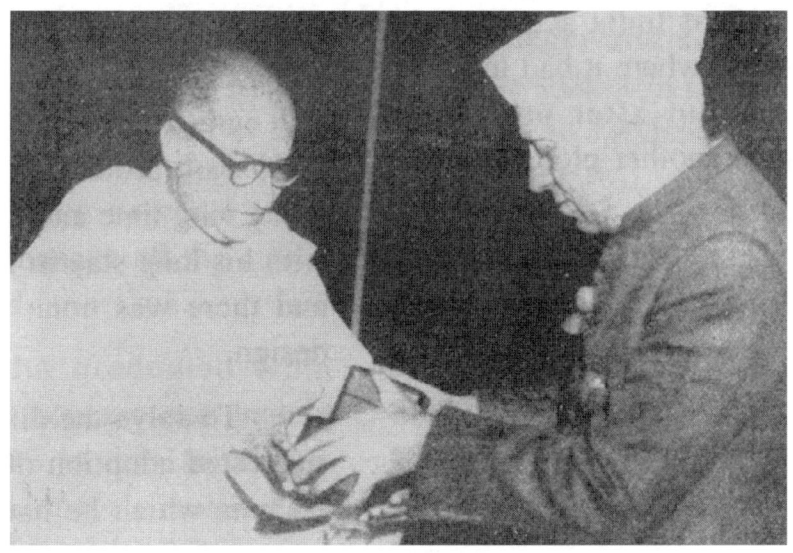

**3-9** 뉴델리 공항에서 스리 자와하랄랄 네루가 스리 데와쁘리야 발리싱하에게 모갈리푸타 티사 아르트의 사리를 전달하는 모습

**3-10** 라빈드라 나트 타고르 박사

## 라빈드라 나트 타고르

아나가리카 다르마팔라는 라빈드라 나트 타고르를 크게 추앙했다. 이 위대한 시인은 여러 번 불교와 그의 철학에 대한 시와 글을 썼다. 구루 라빈드라 나트 타고르와 아나가리카 과업간의 관계는 우정어린 것이고 또한 서로에게 영감과 격려의 원천이었다.

물라간다꾸띠 사찰 개원식에서 라빈드라 나트 타고르는 행사를 기리기 위한 선물로 부처님에게 바치는—다른 곳에서 발표하지 않은—시를 보내왔다. 여기 1931년 11월 11일 개원식에 도착한 시와 글을 싣는다.

## 석가모니 부처님

(사르나트의 라빈드라 나트 타고르, 개원식에 씀)

다시 한 번 이 나라에 성스런 이름을 주소서.
모든 먼 땅에도
당신의 탄생의 땅을 성스럽게 만든 그 이름을!

보리수 아래서 당신의 위대한 깨우침을
이루게 하소서.

무지의 장막을 치우고
그리고 몽매한 밤의 끝에
당신의 추억을 인도에서 싱그럽게 꽃피게 하소서!
둔한 마음에 생명을 주소서

당신의 끝없는 빛과 생명을!

대기가 당신의 영감으로 활기차게 하소서!

닫힌 문을 열게 하소서.
울려 퍼지는 고동 나팔은
당신이 바라트의 문에 도착하였음을 선포합니다.

수많은 목소리로 부르는
헤아릴 수 없는 사랑의 노래는 당신의 부르심을
알립니다.

### 부처님 오신 날(Vaisakha Purnima) 찬탄

모든 죄의 암흑을 치우고
당신에게 승리를

세계에 영원한 생명의
단비를 내리고

번영의, 성스러움의, 사랑의
평화의 샘을 가꾸는 당신.

새로 떠오른 지혜의 태양이 빛나며

절망의 어둠과 모든 악몽이 사라지게 하소서

대낮은 망상으로 어둡고
여행자는 두렵습니다.

길은 갈림길로 복잡하고
그는 의심으로 곤혹스럽습니다.

자비로이 그를 함정의 위험에서 구하소서.
그를 고난의 덫에서 자유로 이끄소서.

번영의, 성스러움의, 사랑의
평화의 샘을 가꾸는 당신.


**부처님, 평화로운 자**

세상은 폭력과 잔인한 대립으로 미쳤습니다.
매일매일 분노로

길은 비극적으로 뒤틀렸고
복잡한 탐욕으로 뒤얽혔습니다.

모든 생명체는 고뇌에 차서
당신의 새로운 출현을 기다리고 있습니다.

오, 세상에 존귀한 분[世尊]이시여!

우리를 구하소서,
위대한 영혼이여!
당신의 불멸의 메시지를 주소서.

당신의 자비로 꿀이 흐르는
사랑의 연꽃을 피우게 도우소서.

당신은 평화요, 자유요, 영원한 순수입니다.
모든 불순함의 지구를 깨끗이 하소서
자비로운 분이시여!

당신 영웅적인 시여자(施與者)여, 우리에게
힘든 희생 속에 교훈을 주소서.

당신 최고의 비구여! 우리로부터
오만스러운 자아의 자선(alms)을 가져가소서

세계 각지에서
모든 슬픔을 잊게 하소서.

환각의 결속을 낱낱이 끊으소서.

지혜의 태양이 영광을 드높이며 빛나게 하소서.

눈먼 자가 볼 수 있게 하시고 유한한 세상에 새 삶을 주소서.

당신은 평화요, 자유요, 영원한 순수입니다.
모든 불순함의 지구를 깨끗이 하소서,
자비로운 분이시여!


고통의 불길 속에 파괴된 지구의 심장이
크게 흐느낍니다.

물질적 욕망의 독으로
불행하고, 짓눌리고, 병들었습니다.

이 나라 저 나라가 무례한 오만으로
불순한 핏자국을 자랑합니다.

당신의 자비로운 손에
세계 부흥의 나팔 소리를 가져오소서.

신성한 음악과 당신의 미와 조화의 리듬을.

당신은 평화요, 자유요, 영원한 순수입니다.
모든 불순함의 지구를 깨끗이 하소서,
자비로운 분이시여!

## 인도와 해외에서의 불교 부흥과 물라간다쿠티 사찰 개원식에 보낸 라빈드라 나트 타고르 박사의 메시지

오래 전 아시아 대륙에 광채를 비춘 인도의 영적 계몽이 부처님이 제자들에게 최고의 성취를 담은 사랑의 메세지를 선언한 베나레스 녹야원 성지에서 기념비를 세운다. 모든 민족 해방의 마지막 희망을 표현하는 이 기념물은 인도에서 먼지에 덮여 묻히고 잊혔지만 인도의 가장 위대한 아들의 목소리는 침묵의 수세기동안 마음속에서 새로운 각성이 그의 부름에 귀 기울이기를 여전히 기다렸다. 오늘날 모든 국가들이 물리적으로 가까워졌지만 세계의 인종 간에 나타난 도덕적 불화는 모든 인류에 치명적인 위험이 되었다. 군사적 만행의 위협적인 암흑에서, 조직적인 탐욕의 커다란 입 앞에서 사르나트 녹야원의 고대 사찰이 다시 열려 동서양의 순례자들이 축하하는 이 상황을 기뻐하자.

하나의 살인적인 인종이 다른 인종에 가하는 상처와 무례를 영원히 기리기 위한 개선문이 수없이 지어지고 있다. 그러나 이번만은 인류를 위해 너무나 중요한 사랑을 나누기 위해, 거리와 역사적 전통으로 나뉜 인종들 간에 영혼의 우애를 확립하기 위해, 우리가 결속된 존경을 바치는 자비로운 분이 이 세상에 남긴 지혜의 보물을 보여주기 위해, 고대 국가들이 인도에 모이게 한 이 위대하고 자비로운 과거의 기념물을 회복하자.

### 일본으로부터의 소리

당신의 아름다운 목소리는 나에게 위대한 진실을 떠올립니다. 당신의 목소리가 평화, 사랑과 깨달음의 새로운 새벽을 알리소서. 과거 당신에게 왔던 이들은 영혼의 걸인인 비구였고 나는 그들의 후손입니다. 나는 평화와 인류의 대의를 위해 사랑과 동정을 구합니다. 나는 뮤즈를 통해서 그리고 나의 협회를 통해서 붓다가 설법한 우주적 사랑 자애(Maitri)의 대의를 섬기려 노력합니다.

나는 당신이 비구(Bhikshu)로서 우리나라에 와서 내가 하는 일을 돕기를 청합니다. 그것은 협력을 통한 창조의 일이어야 합니다. 이것은 나의 최초의 호소입니다. 일본이 인도로 와서 내 모국의 마음에 일본의 자리를 받아들이게 하소서.

인도는 과거에 그랬던 것처럼 그 사랑을 당신에게 보냅니다. 지나가는 순례자나 공식 손님으로 뿐 아니라 이 시대에 가장 드물고 필요한 상호협력의 고귀한 영혼을 가져오는 친구이자 동료로 오세요.

국가들의 만남이 지금까지는 단지 탐욕과 질투만을 만들어낸 것을 우리가 알게 되니 얼마나 부끄럽던지. 그것이 바로 우리 시인들이 큰 책임감을 느끼는 이유입니다. 우주적 사랑 자애(Maitri)를 설법한 붓다의 이름으로 모든 박애주의자의 도움을 청합니다. 그렇게 우리에게 오십시오. 지금 인도가 가난하고 유린되었다고 인도를 경멸하지 마십시오. 인도는 여전히 오래된 영적 지혜와 광명을 소중히 합니다. 그것을 찾아서 자신의 것이라 우기려하지 마십시오.

인도의 마음을 찾으러 오십시오. 그곳에서 당신은 당신의 장소를 발견할 것입니다. 그것이 물질적인 부보다 덜 소중할까요? 삶의 다른 활동들을 계속하십시오. 그러나 인생의 가장 고귀한 욕구는 잠자고 있는 사랑을 깨우고 인간과 인간 사이의 영적 관계를 맺는 것임을 기억합시다. 그것이 진정한 구원, 유일한 구원 입니다. 나는 이러한 목적으로 소박한 Visvabharati(우주의 소리)협회를 설립했습니다. 당신 모두가 이 협회를 통해 창조적인 마음의 흐름을 보내도록 초대합니다.

당신이 예술, 문학, 철학에서 얻은 깨달음을 알려주십시오. 아시아의 다른 나라들이 서로 직접 알아가고 서로의 창조적 삶으로 들어갈 수 있게 합시다. 그러면 우리 모두를 위한 영혼의 결합과 광명의 시대가 따라올 것입니다. 현재 당신의 마음이 당신 국내의 일로 가득 찼고 나의 말이 즉각적으로 대답을 얻지 못할 수도 있습니다. 그러나 나는 언젠가는 당신들이 내 메시지에 반응하고 나의 말이 흙속에 숨겨진 씨앗처럼 싹틀 것이라는 희망으로 가득 차서 인도로 돌아갈 것입니다.


**불교의 영혼**

오늘날 대부분의 인간은 착각 속에 있다. 그들은 어떠한 자신에 대한 인식도 얻지 못했다. 아름다운 지구가 일출 전에 암흑 속에 감추어져 있듯이 자신의 이익의 안개로 잃어버린 인간의 존엄도 또한 그러하다. 자신은 진실에 의해 알 수 있다. 태양은 세상이 모습을 드러내며 나타나도록 만든다. 위인은 태양과 함께 이 진실을 드러내는 힘을 나눈다. 여래가 그의 위대한 문구를 설법했을 때 나라 전체가 과거에 그러했던 것처럼 빛의 물결 속에 드러났다. 그리고 세상이 인도를 알게 되었다. 그리고 인도의 메시지가 전달되었다. 붓다의 메시지인 이 메시지는 모든 장애를 물리치고 사람의 발길이 닿지 않는 사막으로 갔고 그 너머 산으로 가서 성상과 탑으로 구현되었다. 그는 인간이 진실을 알도록 가르쳤지만 쉽게 접근할 수 있는 진실은 아니다. 그래서 신자들은 스승에 대한 존경심의 표현으로 닿을 수 없는 높은 산에 불상을 조각하고 단단한 바위에 사원과 수도원을 만들며 고통과 고난의 세상에 나섰다.

중앙아시아 발굴로 드러난 사리는 사람들을 놀라게 했다. 붓다가 이 세상에 와서 인류에게 그의 메시지를 전했다는 사실을 영속시킨 방법은 아잔타의 프레스코와 인간의 기술과 솜씨로 이루어낸 다른 많은 불가사의 뒤의 동기처럼 보였다. 이 모든 것보다 더 영웅적인 업적은 붓다의 가르침으로 알려지게 된 아소카의 암각 비문이었다. 아소카는 개인적 용맹의 자부심과 왕좌의 영광을 던져버렸다. 세상에 그만큼 위대한 군주가 있었던가? 그러나 누가 그를 훨씬 더 최고의 영광으로 고양시켰는가?

붓다는 가장 보잘것없는 생명체의 슬픔도 끝내기 위해 속세와 인연을 끊었다. 그의 인류에 대한 지식은 가장 포괄적이고 따라서 그가 우리에게 준 위대한 진실이다. 성공적인 결과를 맺은 그의 고행은 무미건조한 연대기의 한 장을 형성하는 것에 그치는 것이 아니다. 그의 가르침은 인도의 토양에서 사라졌다. 우리의 소중한 보물은 사라졌다. 사랑, 연민, 자선의 위대한 선물은 더 이상 우리의 소유가 아니다. 현재 그것들은 사원 경내에 한정되어 있고 그것을 넘어서는 현실은 없다. 우리 인간들은 타인에 대한 존경을 잃었고 믿음 없이 지낸다. 우리가 어떻게 번영하고 어떻게 좋은 결과를 가져오겠는가?

## 타고르에 대한 회상

이 글은 스승 라빈드라 나트 타고르의 서거 때 데와쁘리야 발리싱하가 썼다. 작가는 산티니케탄에서 아나가리카 다르마팔라가 유학 보낸 최초의 실론 학생이었다.

이 글은 2세대에 걸쳐 마하보디협회와 관계를 지속했던 위대한 시인과 그와의 관계에 대해 말하고 있다. (참고 #20)

나는 1917년에 인도에 왔고 그 이후로 시인 라빈드라 나트 타고르와 그의 글에 대해 듣곤 했다. 나의 스승 고 아나가리카 다르마팔라는 그가 갈 때마다 나를 데려갔던 무케르지(Sri Naresh Nath Mookerjee)의 집에서 그의 친구들과 그에 대해 이야기 하곤 했다. 나는 당시 너무 어려서 그들이 말하는 것에 대해 어떠한 지적 평가도 할 수 없었지만 어떤 사람들이 어떻게 그 시인을 칭찬하고 다른 사람들은 어떻게 그를 비난했는지 기억한다. 다르마팔라는 시를 많이 좋아하는 것처럼 보이지 않았지만 그 시인의 교육적 실험에 대해 그 시인을 매우 존경했다. 그는 산티니케탄이 그에게 아이들이 복잡한 도시를 떠나 가정적인 분위기에서 교육 받던 고대의 학교(Gurukulas)를 떠올리게 한다며 산티니케탄를 좋아했다. 따라서 그가 나를 조기 교육하기 위해 산티니케탄으로 보내기로 결정하였을 때 나는 내가 너무나도 많이 들어온 위대한 시인을 만나게 되어서 기뻤다.

나는 산티니케탄에 오래 머물지 않았다. 일 년 후에 다르마팔라가 나를 필요로 했기 때문에 나는 캘커타로 돌아가야 했다. 그러나 내가 거기에 있던 그 해 동안에 나는 시인이 작업하고, 놀고, 쉬는 것을 볼 좋은 기회를 가졌다. 내가 산티니케탄에 도착한 다음 날 나는 처음으로 그를 보았다. 그는 등 뒤에 팔짱을 끼고 유명한 살 대로(Sal avenue)를 걷고 있었다. 턱수염이 하얗게 흘러내리고 기모노 같은 옷을 입은 그는 매우 인상적으로 보였다. 내 동료 학생은 나에게 그가 "스승님(Gurudeb)"이라고 말했고 우리 모두는 그에게 가서 그의 발 뒤를 따랐다. 어렸지만 나는 그의 좋은 체격의 아름다운 모습을 여전히 알 수 있었다. 내가 산티니케탄에서 그에 대해 가졌던 가장 생생한 인상은 어느 날 그가 우리에게 영어수업을 하던 때였다. 나는 그가 수업을 하는 것이 관례는 아니었다고 생각하지만 어찌하여 그날 그가 우리 반에 우연히 왔다. 영어 수업이 진행 중이어서 그는 책을 가져가서 읽고 우리에게 질문하기 시작했다. 그의 낭랑한 목소리가 나를 매혹시켰다. 그가 떠난 후 나는 우리 선생님 산토쉬 마줌데르(Sri Santosh Majumdar)가 시인이 선생님이 우리를 가르쳐 온 것과 다르게 단어를 발음했다고 우리에게 말했던 것을 기억한다.

캘커타로 돌아온 후 나는 가끔 조라상코(Jorasanko)를 방문해서 시인에게 존경을 표하곤 했다. 나는 그가 직접 참가했던 닥 가르(Dak Ghar)의 상연을 기억한다. 나는 그의 조용하고 거의 침묵하는 역할에 매료되어 그 장면이 내 기억 속에 여전히 생생하다.

내가 마하보디협회의 사무총장으로 선출된 후 나는 스승님이 캘커타에서의 석가 탄신일 행사를 주재해 주길 고대했다. 그래서 나는 1935년 그를 행사에 초청했다. 그는 기꺼이 초청을 수락했고 그의 마음 깊은 곳에서 그는 붓다의 경배자였다는 것을 고백하는 놀라운 연설을 했다. 나는 아주 사소한 사건의 경우도 생생히 기억한다. 다르마팔라가 차에서 내릴 때마다 그는 나의 손을 잡고 몸을 지지하곤 했다. 당시 내 손을 내미는 것은 나에게 거의 버릇이 되었고 몇 년 더 나이를 먹은 시인이 차에서 내릴 때 나는 무심결에 기대라고 내 손을 내밀었다. 놀랍게도 그는 내 손을 밀치고 계단을 활기차게 걸어 올라갔다. 나는 그의 강한 마음에 놀라지 않을 수 없었다. 그는 나이에도 불구하고 누군가의 육체적 도움을 받는 것은 싫다고 느낀 게 틀림없다.

얼마 후에 실론에 심각한 말라리아 전염병이 돌았고 사람들이 고통 받는 비참한 이야기들 듣고 나는 구제 기금을 설립했다. 나는 스승님과 다른 위대한 인도인에게 도움을 구하는 편지를 썼다. 스승님의 자비로운 본성으로 그는 정신적 지지뿐 아니라 산티니케탄(Shantiniketan)에서 돈을 모금해 실론에 보내주었지만 반면에 다른 한명은 실론은 충분한 자원이 있다며 아무 도움도 주지 않았다.

내가 그를 만난 또 다른 경우는 실론으로 여행 중일 때였다. 그는 내 옆의 객실에 있었다. 나는 그에게 존경을 표할 기회를 가졌고 다음 날 아침 그와 동행중이던 마하라노비스(P.C. Mahalanobis) 교수는 나를 불러 스승님이 나와 같이 간식을 먹기 원한다고 전했다. 그래서 나는 그의 객실로 갔고 거기서 시간을 보냈다. 그는 아침에 매우 일찍 일어났다고 말했고 해가 떠오를 때 창밖을 보며 풍경의 아름다움을 생생히 말했다. 그가 시적인 언어로 하는 말에 매력을 느끼지 않을 사람은 없을 것이다. 그와 한 대화의 대부분은 아침의 아름다움에 관한 것이었다.

많은 사람들이 스승님이 유복한 가문 출신이어서 호화스러운 생활을 했다고 말한다. 부유한 사람들은 부와 호화스러움에 빠져 지내지만 시인은 결코 그렇지 않았다. 그가 단순하지만 매우 예술적이고 기품 있는 생활을 했다. 그가 희곡, 소설, 수필 등을 제외하고 3,000편의 시를 썼다는 것을 계산해 보면 그가 너무나도 열심히 작업했다는 것을 알 수 있다. 나는 그의 조라상코 자택에 어느 여름 날 방문했던 것을 기억한다. 메시지를 듣기 위해서였다. 아마도 오후 2시였고 시간이 애매해서 돌아갈까 말까 생각 중이었다. 그러나 다시 생각해 보니 내가 그의 동향을 알지 못하기 때문에 기회를 갖자고 결심했다. 그는 산티니케탄으로 가버릴 수 도 있고 그러면 나는 그를 아주 못 볼 수도 있었다. 약간 망설이며 나는 시인을 만나고 싶다는 생각을 전했다. 심부름꾼이 시인이 나를 보고 싶어 한다고 전하는 말을 듣고 나는 기뻤다. 그는 아마 2층에 있었고 나는 나를 스승님의 방으로 안내하는 심부름꾼의 뒤를 따랐다. 놀랍게도 그는 글을 쓰는 데 집중해 있었다. 그는 인도 전통복식인 둣티

(dhuti)와 펀자비(panjabi)를 입고 있었고 펀자비의 소매는 접혀있었고 손에서 땀이 뚝뚝 떨어지고 있었다. 내가 이 위대한 시인에게 가졌던 가장 큰 놀라움이었다. 유복한 가정에 태어나 오후2시 끔찍한 더위 속에서 열심히 일하던 시인이었다. 반면에 사람들은 그가 침대 속에 있을 것이라고 예상했을 것이다. 그 때 이후로 나는 그를 비난하는 사람들에게 할 준비된 대답이 있다. 많은 밤에 불을 밝히지 않았다면 그는 그렇게 거대하고 훌륭한 문학작품을 만들어 내지 못했을 것이다.

내가 그를 마지막으로 만난 것은 제2차 세계 대전 전이었다. 나의 존경하는 친구 칼리다스 나그(Kalidas Nag) 박사가 나에게 스승님이 쇠약해졌다고 말했고 나는 그와 동행해 산티니케탄으로 가서 존경을 표했다. 내 안의 무엇인가가 내가 가야한다고 재촉했다. 그래서 그와 동행하여 산티니케탄의 시인을 방문하고 인사를 드렸다. 그는 나의 인사를 눈을 반쯤 감은 채 들었지만 기뻐하는 것처럼 보였다. 나는 그 때 갈 수 있어서 기뻤다. 왜냐하면 곧 2차 세계 대전이 시작되었고 나는 나그 박사와 함께 랄바자르 감옥에 수감되었다. 풀려난 후 나는 실론으로 떠났고 그 대참사가 끝날 때까지 인도로 돌아오는 게 허락되지 않았다. 바로 그 시기에 벵갈의 음악, 시, 춤의 빛이 꺼졌다. 그의 나라 수백만 명의 마음과 마찬가지로 내 마음에서도 그의 죽음은 말할 수 없는 상실감을 남겼다. 그는 비교할 수 없는 시를 썼는데 불교를 주제로 하는 시는 최고의 시에 속한다. 내가 그것을 읽을 때마다 나는 너무나도 우쭐해지고 이상하게 긴장되어서 기분이 우울할 때마다 나는 그의 시를 읽는다. 그의 불교 시, 불교 희곡과 수필을 보면 그가 이 나라의 불교 부흥에 한 공헌은 결코 미약하지 않다. 따라서 불자들은 인도가 배출한 이 교육자이자 철학자이자 수필가이며 인도주의자인 이 가장 위대한 시인에 감사할 이유가 충분하다.

**3-11** 비챤드 간디, 헤와위따르네 다르마팔라, 스와미 비베카난다와 G. 보네트 마우리(추정)

## 스와미 비베카난드

스와미 비베카난다와 아나가리카 다르마팔라는 1893년 시카고 '세계 종교대회'에서 처음 만났다. 그 때부터 그들은 죽을 때까지 가까운 관계를 유지했다.

스와미 비베카난다는 성스런 문화의 부흥을 대표하고 아나가리카 다르마팔라는 불교의 남부 사원과 고대 유산의 부흥을 대표한다. 둘 다 시카고 '세계 종교대회'에 참가한 것은 별개로 그들은 또한 인도 땅에서 자신의 철학과 윤리의 이상을 위해 살고 일했다.

스와미 비베카난다가 붓다의 가르침과 불법에 깊은 이해를 갖고 있다는 사실은 잘 알려져 있다. 그의 연설과 글에서 그는 불교 철학을 설명하며 이 위대한 철학을 타당하게 해주는 예기와 성숙함을 드러낸다. (참고 #21)

### 1893년 9월 26일 스와미 비베카난드가 세계 종교대회에서 한 강연
### 불교, 힌두교의 실현

힌두교는 의례와 영적 부문 두 부분으로 나뉜다. 영적 부문은 특히 수도승이 공부한다.

그 안에 카스트 제도는 없다. 최상위 카스트 계급의 사람도 최하위 카스트 계급의 사람도 인도에서 수도승이 될 수 있다. 그리고 두 카스트는 평등해진다. 종교에 카스트는 없다. 카스트는 단지 사회 제도일 뿐이다. 석가모니(Shakya Muni) 자신도 수도승이었고 그가 숨겨진 베다(브라만교 성전)에서 진실을 이끌어내 그것을 통해 전 세계에 보도한 것은 그의 넓은 아량 때문이었다. 그는 포교를 실천한 지구상 최초의 존재였다. 아니, 그는 개종의 생각을 지닌 최초의 인물이었다.

스승의 위대한 영광은 모든 사람에 대한, 특히 천대받고 가난한 사람들에 대한 그의 훌륭한 연민에 있다. 그의 제자들 중 일부는 바라문이었다. 붓다가 가르침을 줄 때 산스크리트어는 더 이상 인도에서 쓰이지 않는 언어였다. 당시 유식자들의 책에서만 존재했다. 붓다의 바라문 제자 중 일부는 그의 가르침을 산스크리트어로 번역하기를 원했지만 그는 확실히 그들에게 말했다. '나는 가난한 사람들, 대중을 위해 존재한다. 내가 대중의 언어로 말하게 하라' 그래서 오늘날까지 많은 양의 그의 가르침은 인도의 당시 일상어로 되어 있다.

철학의 지위가 무엇이든 간에, 형이상학의 지위가 무엇이든 간에, 세상에 죽음과 같은 것이 있는 한, 인간의 마음에 약함이 있는 한, 약한 인간 마음에서 울음이 있는 한, 신에 대한 믿음이 있을 것이다.

철학적인 면에서 위대한 스승의 제자들은 베다의 영원불멸의 바위에 자신을 내던졌고 그것들을 부수지 못했다. 다른 면에서 그들은 모든 인간이, 남성이든 여성이든 너무나 사랑하며 매달리는 그 영원불멸의 신을 국가로부터 없애지 못했다. 결과적으로 불교는 인도에서 자연스러운 죽음을 맞아야 했다.

그러나 동시에 바라문은 무언가를 잃었다. 개혁적인 열정을, 모든 이에 대한 훌륭한 연민과 자비를, 불교가 대중에게 가져온 멋진 이상세계를, 인도 사회를 너무나도 훌륭하게 만들어 당시 인도에 관해 쓴 한 그리스 역사가가 힌두인은 거짓을 말하는 사람도 없고, 정숙하지 않은 사람도 없다고 말하게 한 이상세계를.

힌두교는 불교 없이 살 수 없다. 불교도 힌두교 없이 살 수 없다. 분리된 양자는 우리에게 다음과 같은 것을 보여준다. 불교도는 바라문의 두뇌와 철학 없이 설 수 없다는 것이고, 바라문은 불교도의 마음 없이 설 수 없다는 것을. 불교도와 바라문의 분리는 인도 쇠락의 원인이다. 그것이 인도 인구 중 3억 명이 거지인 이유이다. 그것이 인도가 지난 1000년 동안 정복자의 노예였던 이유이다. 바라문의 훌륭한 지성을 위대한 스승의 마음, 고귀한 영혼, 훌륭한 인도주의적 힘과 결합하자. (참고 #22)

### 진정한 불교

스와미 비베카난다는 윤리 협회(Ethical Association)의 회장 제인스 박사(Dr Janes)에 의해 추천되었고 그의 후원 아래 이 강연을 했다. 그 강연 중 일부에서 이렇게 말했다. 힌두교는 불교에 대해 독특한 입장을 취하고 있다. 그리스도가 유대인에 대항했던 것처럼 붓다는 인도에 널리 퍼져있던 종교에 대항했다. 그리스도가 그의 국민들에게 거부되었던 것처럼 붓다는 사람 모습의 신으로 여겨졌다. 그는 사원의 바로 그 문에서 승려 조직을 비난했다. 그러나 오늘날 그들은 그를 숭배한다.

붓다는 실제의 카스트에 대항하여 싸우지 않았다. 그것은 특정한 자연적 경향을 가진 사람들의 집합일 뿐이고 그것은 항상 가치있다. 그러나 붓다는 유전되는 특권을 가진 타락한 카스트에 대항하여 싸웠고 바라문에게 말했다. "진정한 바라문은 탐욕스럽지 않고, 죄를 범하지 않고, 화내지 않는다. 당신들은 그러한가? 그렇지 않다면 진정한 진짜 인간을 흉내 내지 말라. 카스트는 상태이다. 강철의 계급이 아니다. 그리고 신을 알고 신을 사랑하는 모든 이가 진정한 바라문이다." 그리고 희생에 대해 그가 말했다. "베다가 희생이 우리를 순수하게 만든다고 어디에서 말하는가? 그들은 아마도 천사를 기쁘게 할지도 모르지만 우리를 더 나은 상태로 만들지 않는다. 따라서 이 돈을 사랑하는 신을 버리고 완벽하기 위해 노력하라"

붓다의 가르침의 모든 것은 베단타(Vedanta) 사상으로부터 설립되었다. 그는 그 책속에 숨겨진, 산속 수도원에 숨겨진 진실을 끌어내기를 원했던 수도승 중 한명이었다. 나는 세상이 지금도 그것을 위한 준비가 되어있다고 믿지 않는다. 그것은 여전히 개인적 신에 대해 가르치는 더 낮은 종교를 원한다. 이 때문에 초기의 불교는 티베트와 타타르(Tartars)가 반영한 수정을 받아들이기 전까지 대중의 마음을 잡을 수 없었다. 초기의 불교는 전혀 염세적이지 않았다. 그것은 카스트 및 승려제도와 싸우려는 시도에 불과했다. 그것은 미련한 동물들의 우승자로서 우뚝 선 세계 최초의 일이었고 인간 사이에 서서 카스트를 부순 최초였다.

　스와미 비베카난드는 그의 강연을 붓다의 생애의 몇 장의 그림을 보여주며 끝을 맺었다. '타인의 선을 위한 것을 제외하고는 어떠한 생각도 하지 않고, 어떠한 행위도 하지 않은, 가장 하찮은 벌레를 위해서 뿐만 아니라 가장 고귀한 천사를 위해 그의 목숨을 포기할 준비가 되어있는, 모든 인간과 모든 동물을 받아들이는, 모든 것을 끌어안는, 가장 위대한 지성과 마음을 가진 위대한 인물 붓다.' 그는 처음에 붓다가 왕에게 바쳐질 희생물인 양떼를 구하기 위해 제단에 자신을 어떻게 던지고 그의 목적을 이루었는지를 보여주었다. 다음에 그는 그 위대한 예언자가 고통 받고 있는 인류의 울음 때문에 그의 아내와 아이를 어떻게 떠났는지를 보여주었다. 그리고 마지막으로 그의 가르침이 인도에서 보편적으로 받아들여진 후 그가 경멸받던 대장장이의 초청을 받아 그가 대접하는 돼지고기를 먹고 그로 인해 어떻게 사망했는지 보여주었다. (참고 #23)

**3-12** 존 휴버트 마샬 경
인도 고고학부 사무총장 (1902-1925)

## 인도의 고고학 조사부, 존 마샬 경과 그들의 다르마팔라 과업과의 관계

불교계는 영국-인도 고고학 조사부의 설립과 붓다의 생애에 관련된 고대 유적지 발굴에 대해 알렉산더 컨닝험(Alexander Cunningham)과 같은 강인한 사람들에게 항상 빚을 지고 있을 것이다. 그들의 노력 덕분에 불교가 다시 한 번 그 고국, 인도에서 새로운 발판을 마련했다.

1922년 캘커타 다르마라지카 사원과 1931년 물라간다쿠티 사원에서 안전한 보관과 존경을 표하기 위해 마하보디협회에 두 개의 사리함을 준 것은 또한 고고학부 고고학자들의 정중함 덕분이다. 사실 이러한 제안 때문에 아나가리카 다르마팔라는 이 두 사원을 건설하게 되었다.

이 글은 마하보디협회가 물라간다쿠티 사원을 건설할 동안에 발생했던 복잡한 일들을 해결하는 데 커다란 도움을 주었던 당시 고고학국의 국장이었던 존 마샬 경과 후에 그 뒤를 이은 다야 람 사니(Daya Ram Sahni)와 같은 고고학자와의 밀접한 관계를 보여준다.

### 사르나트, 물라간다쿠티 사원의 건설

이 당시 아나가리카 다르마팔라가 사르나트에 물라간다쿠티 사원을 건설하기 위해 적당한 부지를 확보하는 데 쏟았던 수년간의 오랜 노력이 몇몇 어려움에 처하게 되었다. 결과적으로 인도 고고학국의 국장이었던 존 마샬 경이 분쟁을 해결하고 그를 위한 부지를 할당하는 데 도움의 손길을 뻗쳤다.

사원 건축을 희망하며 정부가 협회에 할양한 땅과 협회가 구입한 땅은 정부 관료의 태도로 쓸 수가 없었다. 상황이 더욱 악화되었을 때 협회는 사원 건설을 '포기하려는 생각' 이외에 다른 선택의 여지가 없었다.

1925년 당국이 다양한 이유를 대며 사원 건설을 막는 강력한 결정을 하였을 때 마하보디협회는 다음과 같이 발표했다. "한 동안 진행되었던 물라간다쿠티 사원의 갑작스러운 중단을 발표하게 되어 심히 유감입니다."(마하보디저널, 1925년 6월)

같은 발표문에서 협회는 다음과 같이 고고학국의 국장에게 호소했다.

"사르나트의 1인치를 모두 성지라 여기고 그곳을 성지 중에 가장 성스러운 곳 중 하나라 여기는 불자에게 있어 이러한 반대는 전혀 납득이 되지 않는다. 불자에게 그 곳이 중요한 것은 고고학적 탐사 때문이 아니라 붓다에 의해 신성시된 곳이기에 정당하다. 해마다 지구상의 여러 곳에서 수백 명의 순례자들이 그곳에 모인다. 그들은 발굴물을 보려는 게 아니고 그 곳에서 여정을 하며 신성시한 붓다 영혼을 보기 위해 온다. 우리는 추호도 고고학국이 수행하는 발굴의 중요성을 어떤 식으로든 축소한다든지 방해하려는 의도는 없다. 우리가 원하는 것은 성지에 가까운 우리 소유의 땅에 가치 있는 사원을 가지고 1916년 인도정부가 협회에 약속한 붓다의 사리를 안치하려는 것이다. 우리는 그러한 사원이 어떻게 발굴을 방해하고 보기 흉한 건물이 되는지 이해할 수가 없다. 내 생각에는 오히려 사원이 그 지역의 황폐한 형상에 생명을 불어넣고 대중의 고고학부의 사업에 대해 관심과 공감을 끌어낼 수 있을 것이다."

"따라서 우리는 종교문제에 관여하지 않겠다고 1회 이상 약속했던 영국정부가 더 큰 공감과 도움을 보내기를 기대한다. 우리는 존 마샬 경이 이 고고학국의 수장으로서 불자의 과거의 영광이 담긴 곳을 발굴하면서 불교 역사와 지식의 대의에 봉사를 준 고귀한 마음을 가진 신사라는 것을 알고 있다. 마하보디협회의 이곳의 과거 영광을 부흥하려는 이 새로운 시도에 있어 우리는 그가 도움의 손길을 주고 어떠한 방식으로든 신자들의 희망을 좌절시키지 않기를 진심으로 희망한다. 1천년 이상의 부재 후에 그들은 존 마샬 경이 너무나 열정적으로 보호하기를 희망하는 그 기념물들의 건설자를 안내할 사랑과 봉사의 정신을 되살리기 위해 돌아오고 있다. 그렇게 함으로써 불교의 대의를 돕는 것은 다가올 미래 세대의 감사를 받을 뿐 아니라 인도의 불교 부흥의 역사에 가장 위대한 후원자중 한명이 되는 것이다. 우리는 열렬히 우리의 노력을 지켜보고 싶은 수백만의 불자를 대신해 그에게 불교의 관점에서 그 문제를 보고 공정하게 처리하기를 호소한다."

물라간다쿠티 사원 건설 중단 소식은 인도와 스리랑카(당시 실론)의 불교 지도자들 사이에 산불처럼 퍼졌다.

## 구원자

사원 건설을 총감독하던 데와쁘리야 발리싱하에게서 그 소식을 듣자 곧바로 아나가리카의 남동생 C.A. 헤와위따르네 박사는 스리랑카에서 인도로 달려가 위기를 해결할 해결책을 찾았다. 그러는 동안 데와쁘리야 발리싱하는 고고학국의 국장이었던 존 마샬 경과 회담을 준비했다. 헤와위따르네 박사는 탁실라에서 만난 마샬경에게 강한 탄원을 했다.

다음은 마하보디 저널 1925년 12월 호에 관련 회담에 관해 실린 기사이다.

"우리는 헤와위따르네 박사가 탁실라(Taxila)에서 마샬(Marshall)경을 만나 사르나트 사원 건설 문제를 논의했다는 것을 언급하게 되어 기쁘다. 예상했던 것처럼 우리는 존(John)경이 우리 대표의 말에 매우 공감하며 경청했고 우리의 어려움을 도울 것을 친절히 약속했다고 이해한다. 그런데 그 문제가 여전히 고려중이기에 우리는 회의에서 일어난 일을 언급하여 그 사건에 손해를 끼치고 싶지 않다. 하지만 우리는 우호적인 해결이 기대된다고 말할 수 있겠다. 그러는 동안 우리는 미얀마와 실론의 우리 불자 형제들에게 존(John)경으로부터 공식의견을 받을 때까지 인내심을 갖고 기다리고 그 문제에 있어 어떠한 추가 조치를 취해서 그의 일을 난처하게 하지 말아 달라고 호소했다. 우리는 존 마샬 경이 우리의 대의에 대해 보여준 큰 공감에 대해 전체 불자를 대신하여 이 기회에 감사히 여긴다. 탁실라에 가서 문제를 해결하려 노력한

C.A. 헤와위따르네 박사에게도 또한 감사드린다."

그 후 존 마샬 경의 주도로 헤와위따르네 박사, 데와쁘리야 발리싱하는 고고학부와 합동으로 협상을 진행했다.

정부 대표단 고고학국 부국장인 라이 바하두르 다야람 사니(Rai Bahadur Daya Ram Sahni)와 헤와위따르네 박사, 데와쁘리야 발리싱하 사이에 협상이 사르나트에서 열렸다. 베나레스의 판무관과 징세관도 회담 일부에 참석했다. 회담 결과로 다음 협의에 도달했다.

(1) 제안된 사원은 다메크 탑 기반에서 약 600피트 충분히 동쪽의 거리에 있는, 마하보디협회에 속하는 활꼴 모양의 지역의 동쪽에 제기된 부지에 건설될 것이다.

(2) 신축 사원의 중앙선은 다메크 탑의 중앙선과 가능한 중심에 있게 한다.

(3) 신축 사원 주변 지역은 고고학부가 자신의 비용으로 공원 형태로 조성할 것이고, 특히 불자에게 신성한 보리수, 낙케사르 나무, 반얀 나무, 사라수 등의 나무를 심을 것이고 전체 공원의 설계와 배치는 전적으로 인도 고고학부의 사무총장의 결정에 따른다.

(4) 신축 사원의 실질 부지는 인도 정부가 마하보디협회에 무상

으로 이관한다.

(5) 사원의 주 출입구는 남쪽에 놓이지만 신축 사원에서 다메크 탑으로 이르는 적당한 통로는 서쪽에도 조성된다.

(6) 인도정부가 인가한 총 10,000루피는 마하보디협회에 지불된다.

(7) 건설에 사용되는 재료의 판매로 실현되는 어떠한 합리적인 비용도 고고학국에 이관되어야 한다.

우리는 이 동의안이 전체 불자 대중의 동의를 얻을 것이라는 데 의심의 여지가 없다. 우리는 이 기회를 빌려 인도 정부와 고고학국에 그들이 불자에게 보여준 공감에 대해 사의를 표한다. 불자들의 감정을 존중해 정부는 가장 정치가적인 태도로 행동했고 협상이 타결된 공은 존 마샬 경, 람사니 박사(Rai Bahadur Daya Ram Sahni), 블랙스톤 박사(J.F. Blakston)와 헤와위따르네 박사에게 돌린다.

존 마샬 경은 마하보디협회와 그의 대표단간의 성공적인 협상소식을 듣고 바로 전보로 헤와위따르네 박사에게 다음 메시지를 보냈다. "나는 사르나트 불교 사원의 신축 부지에 관한 당신과 발리싱하와 고고학국 부국장 간에 이루어진 협상안을 승인합니다."

**3-13** 히카두웨 스리 수망갈라 나야카 큰스님

## 영적 조언자, 시리 수망갈라 큰스님

히카두웨 수망갈라 나야카 큰스님은 스리랑카 콜롬보 비됴다야 피리베나 말리가칸다(Maligakanda)의 고승이었다. 이 영예롭고 매우 존경받는 수도승은 아나가리카 다르마팔라의 어린 시절부터의 영적 스승이었고 그에게 불법에 인생을 바치도록 하는 본질을 불러일으켰다. 또 다른 특징적인 사실은 마하보디 과업이 1891년 비됴다야 피리베나에서 처음 설립되었다는 것이다. 나야카 큰스님은 마하보디협회의 최초의 스리랑카 평생 회장이었다. 그의 입적 후에 아나가리카 다르마팔라가 편집인이던 마하보디 저널은 1911년 5월호에 걸맞은 기사를 출간했고 여기 재간한다. (참고 #25)

실론의 태양이 졌다. 그의 무결한 인품과 초인적인 학습으로 아시아 수백만 명의 불자들로부터 세계적 존경을 받았던 위대하고 빛나는 불자 히카두웨 수망갈라 대장로가 수천 명의 학자, 학생과 전 불교계를 뒤에 남기고 4월 30일 세계적으로 유명한 콜롬보 동양대학에서 86세의 나이로 세상을 떠났다.

사망하는 날까지 고 수망갈라 대장로는 좋은 건강상태였으며 그의 타고난 성격인 활기찬 정신을 한 순간도 잃지 않았다. 유럽과 미국의 동양학자들은 그를 가장 존경하는 인물로 여긴다. 전 세계의 동양학 학자들에게 이 위대한 재능 있고 자기희생적인 학자를 대신할 사람은 아무도 없다. 거의 60년 동안 그는 불교계 전역에 지식을 전파하는 데 종사했다.

1873년에 콜롬보의 주요 불자들은 그들이 설립한 동양 대학의 총장직을 수락하도록 요청했고 그 이후로 그는 헌신적인 총장이었다. 그가 이름을 지은 비됴다야 대학은 세계에서 동양학 연구에 있어 최고의 위치를 차지한다. 불교계의 모든 분야의 학생들은 팔리어, 산스크리트어, Elu, 점성 수학, 인도 천문학 등을 배우기 위해 그곳에 갔고 고승은 특히 그들에게 친절했다.

불자 왕들은 그에게 귀중한 선물을 보냈고 고인인 시암의 왕이 실론을 방문했을 때 폐하는 이 위대한 학자에게 경건한 존경을 표했다. 붓다 시대의 노란 장삼은 영적 우수성의 표현이었고 지혜와 신성함의 상징에 왕관을 쓴 머리를 굽히는 것은 고대 인도의 관습이었고 그 관습은 그 때부터 전해 내려왔다. 불교에 따라 노란 장삼을 입은 사람은 인간과 신보다 위였고 비구는 2500년 전에 붓다가 세운 가장 신성한 교단의 구성원이었다.

고인이 된 빛나는 성자이자 학자인 수도승은 고위직에 요구되는 모든 덕을 갖추고 있었다. 그는 남실론의 고위 가문에서 태어났고, 7살 때 유명하고 성스러운 수도승 Walane 밑에서 초보자로 시작했다. 그는 소년시절부터 비범한 학습력의 조짐을 보였다. 그는 2220년 전에 위대한 황제 아소카가 실론에 세운 불교 사원의 위대한 수도승들이 가진 미덕의 후계자였다. 만일 어떤 이가 미덕의 성스럽고 자기희생적이고 유용한 삶을 살았다고 한다면 그는 바로 학계에서 돌이킬 수 없는 큰 손실인 이 고귀한 인물이었다. 그는 21세에 서계를 받을 때부터 비범한 활동의 화신이었다. 그의 매일의 종교적 임무는 새벽 4시에 시작되었고 자정까지 활동적으로 일했다.

그는 불법과 경전, 법(Dhamma)과 율(Vinaya)의 대가였고 불교 교단이 그에게 수여한 칭호는 "삼장법사의 최고 대가"이었다. 그는 런던의 국립 아시아 학회(Royal Asiatic Society)의 명예 회원이었고 여러 대륙 학자 학회(Continental Learned Society)는 그를 명예회원으로 선출했다. 그는 전 세계에 아담스 픽(Adam's Peak) 사원으로 알려진 성스런 사원의 수장인 고 에드워드 7세 왕이 1875년에 웨일즈의 왕자로서 실론을 방문했을 때 선사품을 받았다. 활기차고, 격정으로 가득 차고, 그에게 영적 조언과 학문적 배움을 얻기 위해 오는 모든 이를 기꺼이 도운 그는 놀라운 가르침으로 인해 왕과 농부 모두에게 사랑받고 존경받았다.

실론의 태양이 졌다. 죽음은 인간에게 차별대우하지 않는다. 왕과 농부, 고위층과 하위층, 부자와 빈자, 현자와 바보, 선인과 악인, 젊은이와 노인 모두 죽음의 길을 간다. 우리가 남기는 유일한 것은 선이며 우리가 개별화된 존재의 성품에 대해 말할 때 우리는 선에 대해 이야기한다. 고인이 된 고승의 기억은 결코 사라지지 않을 것이다. 그는 이상적인 인간이 가지는 모든 높은 미덕의 화신이었기 때문이다.

콜롬보 불교 대학의 총장이고 삼장(三藏)의 최고 대가인 고 위대한 고승 프라다나 나야카 수망갈라 대장로는 마하보디협회의 일생의 회장이었다. (참고 #26)

**3-14** H.S. 올코트 대령

**3-15** H.P. 블라바츠키 부인

## 헨리 스틸 올코트 대령

헨리 스틸 올코트 대령은 불교 대의의 진정한 친구이자 동지였다. 콜롬보의 불교 신지학회의 창립자이며 불교기의 창조자인 그는 불교가 당연했던 나라에서 그 기반을 잃고 있는 것을 보고 슬픔을 느꼈던 강인한 사람이었다. 아나가리카 다르마팔라가 인도에 처음으로 발을 딛고 그런 다음 불교 성지로 순례를 갔던 것은 그가 아디아르에서 신지학 회의를 개최했기 때문이다. 마하보디협회 설립 후에 올코트 대령은 초대 고문이자 임원이 되었다. 불법의 위대한 석학이 서거하자 당시 마하보디 저널의 편집자였던 아나가리카 다르마팔라는 1907년 2-3월호에 그의 후원자이자 훌륭한 불법의 운동가였던 그에게 추도문으로 알맞은 이야기를 썼다. 정당하게 받을 가치가 있는 공덕을 기리며 이 이야기를 제시한다. (참고 #27)

마하보디 저널의 편집자 아나가리카 다르마팔라는 헨리 스틸 올코트 대령의 사망을 기록하며 1907년 2월호에 다음과 같이 썼다. "우리는 애도하며 2월 17일 아디아르에서의 올코트 대령의 죽음을 기록하려 한다. 죽음은 우리에게서 사상의 진보에 그리고 동양 종교의 전파에 족적을 남긴 위대한 인물을 데려갔다. 후손들은 우리가 그를 개인적으로 알았던 것보다, 그의 약점과 강점을 알았던 것보다 더 나은 평가를 할 것이다...."

우리는 그의 관점만을 평가한다. 그 자신을 개인적으로 평하지 않는다. 그에 관해 우리는 가장 다정한 사랑만을 가졌다. 고인에 대해 선의만을 가지고 있다.

올코트 대령은 아나가리카 다르마팔라가 전 세계 특히 아시아에서 불교 부흥 운동의 선봉에 서도록 지도한 위대한 인물이다.

인류에게 영감을 주는 석학으로서 그는 그의 삶을 불교와 아시아 사람들, 특히 인도와 실론 사람들에게 헌신했다.

올코트 대령은 실크해트와 연미복이 신분의 상징이었던 시기에 실론에 도착했고 50년간의 식민지 형태의 포교 교육의 악영향을 볼 수 있었다.

"…새롭고 위대한 책임이 다가왔다. 중대한 문제들이 이 방문의 결과에 달려있다…" 올코트 대령은 섬에 처음으로 도착하기 전날 저녁인 1880년 5월 15일에 일기에 썼다.

너무나도 예언적인 말이었다. 올코트는 실론에서 발견한 불교 부흥의 염원에 사로잡혔고 곧 자신이 선두에 섰기 때문이다. 실론에서의 체류는 짧았지만 그가 불교 운동에 미친 영향은 심오했고 원대한 결과를 이끌었다. 군인, 행정가, 학자, 교육자, 법률가로서의 그의 경험 덕에 불교 운동을 지도하고 이끌며 맡았던 책임에 대해 그는 뛰어나게 적합했다. 정치적 목적에 맞춰진 조직화된 기독교에 대한 반발에 부응하기 위해 매우 노력하던 실론의 불자들은 올코트에게서 가공할 옹호자를 발견했다.

신지학회

최초의 부족을 채우기 위해 올코트는 콜롬보에서 불자 신지학회를 시작했다. 실제로는 불자 교육학회라 불려야만 했지만 협회가 재정적 지원을 얻기 위해 인도 신지학회에 제휴해야 했기 때문에 '신지학'이라는 단어가 사용되었다.

두 번째 욕구를 충족하기 위해 올코트는 강력한 국가관을 가진 학교들을 설립하기 위한 국가 교육 기금(National Educational Fund)의 설립을 시작했다. 이 학교들의 책임을 맡기 위해 올코트는 이미 신지 운동에 함께하고 있던 여러 친구들에게 도움을 요청했다. 리드비터가 아난다 대학의 초대 학장이 되었고, 우드워드(Woodward)가 고올의 마힌다 칼리지를 맡았고, 보우스 댈리, 프라츠 쿤츠, 무어, Mrs. 매리 히긴스와 불첸 자야틸라카, 파베르 같은 실론인이 그 뒤를 이었다. 1888년 한 학교가 그 해 84루피의 보조금을 받았고 불자가 운영하는 학교의 수는 1898년 99개까지 증가했고 27,430.68루피의 보조금을 받았다. 올코트의 교육 사업이 너무나 효과적이어서 1902년에는 동서양에서 글을 쓰던 에카나야카 목사는 기독교적 대화의 흐름이 실제로 불자 교육 운동에 의해 저지되었다는 것을 알게 되었다.

헨리 스틸 올코트 대령은 미국 뉴저지 주 오렌지카운티에서 1832년 8월 2일에 태어났다. 뉴욕시티 대학(City college of New York)과 콜롬비아 대학(Columbia University)에서 뛰어난 학업을 마친 후 과학적 농업에 대해 관심을 가지게 되었다. 그는 농업

정기간행물을 편집했고 1858년에 농업 편집자로 뉴욕 트리뷴(New York Tribune)과 관계를 맺었다. 1861년 남북전쟁이 발발하자 그는 신문사 일을 그만두고 전선으로 가서 결국 대령의 계급에 이른다.

그는 1878년 블라바츠키 부인과 함께 다양한 종교를 연구하기 위해 인도로 떠났고 1880년 5월 17일에 실론에 도착했다. 올코트 대령은 힌두교 이슬람교 등 모든 아시아 종교에 대해 깊이 공감했다. 그가 아시아인과 연락하게 되자 그들은 그의 의형제가 되었다. 그는 힌두교, 이슬람교, 조로아스터교에 대해 강연했고 봄베이 조로아스터 교도(Parsis)의 도움을 받아 고고학 탐사를 위한 장비를 갖춰 페르시아(이란)에 가서 조로아스터교 유물을 찾고 특히 잃어버린 성전을 찾기를 원했다.

그가 인도에 왔을 때 인도의 숭고한 문명은 쇠락의 상태였다. 그는 인도 대중에게 인도 장인이 만드는 아름다운 물건을 보여주기 위해 인도 제조업자 스와데쉬 박람회를 1879년 봄베이에서 인도 최초로 조직했다.

이는 인도 대중을 자유로 이끈 마하트마 간디 훨씬 이전이었다.

올코트 대령의 업적은 후에 인도가 위대한 지도자를 배출하고 영국인과 우정을 유지하며 자유를 평화적으로 성취하도록 자극한 인도 국민회의 구성에 자극을 주었다. 사실 올코트 대령의 영향력은 엘리트 계층과 대중 모두에게 컸으므로 신지 학회 회장직의 그의 후계자인 아일랜드 여성 Annie Besant 박사는 인도 국민회의가 시작할 때 초대 회장이 되었다.

올코트 대령은 실론의 아나가리카 다르마팔라와 함께 인도와 실론의 불교 부흥 운동의 개척자였다. 그들은 실론의 교육 운동의 발전에 있어서도 함께 일했다.

이 점에서 올코트 대령은 지역 불자들을 규합할 상징이 필요하다고 느꼈다. 이 욕구를 충족하기 위해 그는 붓다의 머리 주변에서 빛나는 광배로 불자들을 위한 깃발을 디자인했다.

올코트 대령은 아나가리카 다르마팔라가 마하보디협회를 설립하는 데 밀접히 협력했다. 그는 마하보디협회의 초대 명예 사무총장이었다.

아나가리카 다르마팔라가 비불교도에게서 붓다가야를 구하도록 지도하고 도운 이는 바로 올코트 대령이었다. 그는 다르마팔라가 10년 동안 싸운 붓다가야 법적 소송에서 큰 공헌을 했다.

블라바츠키 부인과 올코트 대령은 이러한 상황에 처해 있을 때 실론에 도착해 자신의 종교에 무관심하던, 영어를 하는 싱할리 불자들에게 자극을 주었다. 이 두 사람이 짧은 기간에 이룬 선은 다른 어떤 힘보다 싱할리 사람들의 내재된 활기에 기인한다. 올코트 대령은 한번은 국가보조금을 받는 불교 학교를 방문했는데 불자 소년들이 그들을 개종할 의도로 기독교 출판협회가 편찬한 기독교 서적을 읽고 있는 것을 발견하고 놀란다. 그는 불자 부모들에게 이 상황에 관심을 갖게 하고 비구들의 마음에 불교 교육 포교를 시작할 필요성을 심어주었다. 올코트 대령이 그 운동을 주도하도록 요청되었고 지도력 있는 비구는 그 계획을 열광적으로 지지했다. 저명한 비구의 협력으로 올코트 대령은 남부실론에서 캠페인을 시작했고 신지학회는 특별한 힌두 포교를 하지 않았다. 그 운동을 지지하는 "Mahatmas"는 그들 자신을 "고타마 붓다의 헌신적인 추종자"라고 선언했다.

**3-16** 에드윈 아놀드 경

## 일생의 친구 에드윈 아놀드 경 (Edwin Arnold)

1879년 출간된 시 "아시아의 빛"의 저자 에드윈 아놀드 경은 세계 불자들의 감정을 흥분시켰고 많은 이들을 행동하게끔 자극했다. 불법의 대의를 시작하게끔 자극을 받은 한 명이 바로 아나가리카 다르마팔라였다. 다르마팔라는 인도로 와서 불자들의 고대 성지를 복구하는 대의를 진지하게 착수했다. 그는 아나가리카 다르마팔라의 평생 친구였고 마하보디협회의 런던 지부의 평생 대표였다. (참고 #28)

에드윈 아놀드 경은 불교의 위대한 친구였다. 상상을 자극할 수 있는 시의 재능으로 유럽과 미국의 서양인에게 동양인에 대한 더 많은 지식을 가져오고 따라서 서로의 번영과 행복에 기여할 수밖에 없는 상호 관심과 동감을 일으킬 수 있는 것은 그의 특권이었다.

에드윈 경은 동양에서 서양으로 진실의 빛을 가져갔고 서양에 불교를 해석해 준 사람으로 여겨졌다.
그의 아름다운 시 "아시아의 빛"은 붓다의 가르침을 널리 알렸고 19세기 후반에 서양에서 수용되도록 만들었다.

1885년 에드윈 아놀드 경은 그가 편집자로 근무하던 런던 주재의 정기간행물 "텔레그래프"지에 몇 편의 글을 출간해서 붓다가야 사원과 그 주변 환경의 개탄스러운 상황을 알려 불교도의 관심을 모았다. 그는 또한 당시 영국 행정부 하에 있던 인도 총독에게 편지를 써서 다음과 같은 말을 했다. "이 곳(붓다가야)의 아시아와 인류의 역사에 있어서의 거대한 중요성을 깨닫는 사람에게는 그 신성한 나무 주변을 거닐고 수백 개의 깨진 조각상의 파편이 정글에 흩어져 있는 것을 보는 것이 매우 고통스럽습니다. 어떤 것은 붓다의 전설적인 사건이 정교하게 조각되어 있고 어떤 것은 초기와 그 이후의 문자가 또렷하고 정확하게 양각되어 있습니다."

아나가리카 다르마팔라는 이 글을 읽고 깊이 감동받았다. 기본적으로 이 글로 인해 아나가리카는 1891년 붓다가야로 순례를 갔다. 이 신성한 곳의 형편없는 상황을 보았을 때 그는 절대적으로 헌신하여 이 성스런 사원의 복구와 불교 탄생지에서의 불교의 부흥을 위한 위대한 과업을 시작하기로 결정했다.

**아시아의 빛**

에드윈 아놀드는 1879년 "아시아의 빛"을 발표했다. 그 책은 177쪽으로 되어있고 저자의 머리말과 런던 동양 아프리카 학교(London School of Oriental and African Studies)의 이사인 데니슨 로스(E. Denison Ross)의 소개말이 있다. 5,300여 시행과 41,000여 개의 어휘로 이루어져있다. 그 시는 8권으로 나뉘어 있다.

아나가리카 다르마팔라는 그 책을 읽고 말했다. "아시아의 빛은 영어를 쓰는 국가에서 특히 미국에서 제5의 복음서가 되었다."

그 책의 첫 판은 즉각적으로 성공을 거두었다. 그 해에 제2판을 출간했다. 첫판을 내놓은 지 5년 후에 아놀드는 책을 개정했고

1885년 이후 모든 공인된 개정판에서 신판이 나왔다. 그해까지 출판업자 트러브너(Trubner)는 30판 이상을 발행했다. 영국과 미국 양국에서 그 책의 추정 판매량은 10년 이내에 백만 부가 넘는다.

아놀드의 인도에 대한, 인도의 문화와 종교에 대한 깊은 관심이 시에 잘 보인다. 이 장편의 서사시는 붓다의 탄생, 어린 시절 경험, 금욕, 가르침의 이야기를 아름답게 묘사하고 있다. 이 책의 아름다운 문체와 비유적 표현들은 시의 매력을 더하고 있다.

전체적으로 "아시아의 빛"은 석가모니 붓다의 인생 이야기와 인류의 교육을 위한 가르침을 흥미롭고 매력적인 문체로 묘사한 드물게 우수한 서사시이다. 그것은 위대한 시적 가치를 가지고 있고 이 시대의 서사시 중에서 높은 위치를 차지하고 있다.

그 책은 작가의 흥미로운 서문을 포함하고 있다. "다음 시에서 나는 가상의 붓다의 신봉자를 매개로 하여 고귀한 영웅이자 개혁가이며 왕자이자 불교의 창설자의 삶과 성격을 묘사하고 그 철학을 보여주려고 노력했다."

말할 필요가 있다면, 이 시의 붓다는 약 기원전 620년에 네팔의 국경에서 태어났고 약 기원전 543년에 쿠시나가라에서 입적했다. 따라서 연도의 관점에서 보면 대부분의 다른 종교들은 이 유서 깊은 종교와 비교해보면 젊은 측에 속한다. 이 종교는 그 안에 우주적 희망의 영원성, 무한한 사랑의 불멸성, 최후의 선에 대한 믿음의 불멸의 요소, 인간의 자유에 대해 이제까지 가장 자신 있는 언급을 포함하고 있다. 기록과 불교의식의 가치를 떨어뜨리는 허무맹랑한 이야기들은 성직자들이 그들의 책임으로 행하는 위대한 사상에 가하는 피할 수 없는 타락에 기인한다. 고타마의 원래 교리의 힘과 숭고함은 그 영향력으로 평가되어야지 해설자에 의해 평가되어서는 안 된다. 불교적 형제애, 즉 승가를 기반으로 떠오른, 악의는 없지만 게으르고 형식을 중시하는 교단에 의해 평가되어서도 안 된다.

## 시에 관한 Denison Ross의 언급

시의 소개문에서 데니슨 로스경은 언급했다. 낯선 배경, 이상한 이름, 산스크리트 용어를 가지고 있는 '아시아의 빛'이 즉각적인 성공을 거두었다면 이는 이야기가 잘 짜여 있고 시가 논란의 여지가 없이 뛰어나다는 것을 증명해준다. 붓다의 도덕적 가르침은 서양에 익숙한 것이지만 인도의 배경과 형상은 많은 사람들에게 새롭다. 반면에 고타마의 실제 삶은 그의 존재가 수천의 독자들에게 거의 뜻밖의 사실에 대한 발견으로 다가오는 완벽한 미덕의 존재를 보여준다. 작품은 빠른 시일 내에 유럽의 모든 주요한 언어로 번역되었고 영국에서 60판 이상 미국에서 80판 이상 출판되었다.

영어 24판에서 영어외의 다른 언어로 최초의 판이 나왔다. 1887년에 라이프찌히에서 출판된 것은 독일 대중의 열광적인 환영을 받았다. 콘라드 베르닉크는 두 번째 번역을 알브레흐트 샤퍼가 〈Kas Kleind im Lotos〉라는 제목의 독일 판으로 1923년 출간했다. 시는 또한 네덜란드어(1895), 프랑스어(1899), 체코어(1906), 이탈리아어(1909), 그리고 후에 스웨덴어와 에스페란토어로 번역되었다.

### 영화

아시아의 빛은 인도에서 영화화되었고 자이푸르의 마하라자가 의상, 코끼리, 낙타, 말을 제공했다. 그것은 미국 보스턴에서 1929년 상영되었다.

여섯 명의 용감한 작가들이 아시아의 빛을 극화하려는 어려운 임무를 시도했다. 이 중 첫 번째가 유태인 태생의 영국 작곡가 이시도어 라라(Isidore de Lara)이였다. 아놀드 자신이 다정한 관심을 표했다. 극은 'La Luce dell Asia'라는 제목의 칸타타 형식으로 만들어졌으며 매우 호의적인 반응을 이끌어냈다. 비평에서 버나드 쇼(Bernard Shaw)는 그 오페라가 "뛰어나게 우수한 성악 멜로디가 풍부하다"고 말했다.

미국에서 시가 유일하게 극화된 것은 조지아나 와이튼이라는 여성에 의해서인데 1918년 캘리포니아에서 처음 상연되었다. 연극은 35일간 저녁에 상연되었다.

종합해서 그 시는 오페라, 연극, 두 편의 칸타타, 영화로 만들어졌다. 이들은 6개 이상의 유럽 언어로 번역되며 시의 인기를 한층 더 가중시켰다.

### 그의 집중력

아놀드가 아시아의 빛의 대부분을 짓는 동안 앉았던 의자는 런던 불교 협회(London Buddhist Society)에 보관되어있다. 그는 언어학자였고 19개 국어를 알았다.

### 왕실의 수상

시암(현재의 태국)의 왕은 아놀드가 불교에 행한 봉헌을 높이 사 1879년에 그에게 백상훈장(Order of the White Elephant)을 수여했다. 이 수상과 더불어 왕실 편지에서 아놀드의 불교에의 해석이 엄격히 말해 정통은 아니라고 언급했지만 세계의 가장 널리 쓰이는 언어로 아시아의 빛을 쓴 것에 대해 폐하의 감사를 표했다.

### Newdigate 상

켄트의 그레이브샌드에서 1832년 7월 10일에 태어난 에드윈 아놀드는 서섹스 팜필드의 로버트 콜스 아놀드와 사라 피지 아놀드의 둘째 아들이었다.

12살이었을 때 어린 아놀드는 숫자에 있어 발달이 늦었지만 시와 고전의 기술에 있어서는 모든 사람을 놀라게 했다. 벡슬리 히쓰의 사립학교에서 그는 로체스터 그램과 스쿨로 보내졌고 그는 빠르게 선두로 나갔고 너무나도 빠르게 우등을 하며 그는 '모든 것을 흡수하는 아놀드' 라는 별명을 얻게 되었다.

그의 부친은 그를 런던 대학(London University)으로 보냈다. 그는 옥스퍼드 대학에 장학금을 받고 가서 시인 셸리(Shelly)와 방을 같이 썼다.

아놀드의 최초의 시 "Belshazzar의 축제"는 1852년 Newdigate 상을 수상했다.

그의 최초의 완전한 시집 "서사시와 서정시(Poems Narrative and Lyrical)"가 1853년 출간되었다. 그는 최초로 막스 뮐러 교수에 이어 웨스트민스터 사원에서 연설을 한 두 번째 재가신도였다.

학위를 딴 후에 그는 버밍햄의 에드워드 4세 학교(King Edward VI School)의 교장이 되었다.

**인도에서**

아놀드는 25세의 나이에 푸나의 데칸대학의 학장으로 임명되었다. 그는 1857년 11월 그의 아내 캐서린과 아이 레스터와 함께 인도에 도착했다.

이 임명은 그의 지적, 문학적 성장에 매우 중요했다. 그가 동양의 종교에 대한 존경과 서양의 과학에 대한 관심이 섞이도록 촉진할 수 있었고 이는 후에 그의 글쓰기의 특징이 되었다.

그는 1861년 영국으로 돌아왔고 "The Daily Telegraph"지에

특집 기자로 임명되었다. 후에 그는 편집장이 되었고 신문사에 모두 40년 동안 근무했다.

### 글쓰기

동시에 그는 다양한 주제에 관해 글을 쓰기 시작했다. 결과적으로 그는 다량의 책을 출판했다. 산스크리트어의 번역물, 그리스 시인에 관한 수필, 인도 교육에 관한 보고서, 인도 총독의 달하우지 통치에 관한 2권의 역사서, 동양의 문제가 영국 정부의 큰 관심이었던 1877년에 지은 터키어 문법, Pearls from Islam's Rosary 에서의 이슬람교로의 산책, 페르시아 Sa'adi의 Bostan에서의 에피소드에 기초한 정교한 시, Japanica라는 일본에서의 스케치 등이다.

'아시아의 빛'은 1879년에 출간되었고 당연히 즉시 인기를 얻었다. 1884년과 1885년에 절정의 인기를 얻었고 전 세계 불자들은 아놀드를 그들 종교의 옹호자로 여겨 열광했다. 인도, 실론, 미얀마, 시암에서 동양을 방문하라는 초청이 쏟아지기 시작했다. 데칸 대학 교장으로 1857년부터 인도에 4년간 머무르는 동안 성지를 방문하지 못했기 때문에 오랜 기간 동안 그는 붓다가야와 불교 성지를 보고 싶어 했다.

붓다가 깨달음을 얻은 후 최초로 설법한 초전법륜(Dhammacakka-ppavattana)을 이시빠따나 의 녹야원에서 하였기 때문에 아놀드는 베나레스에 특별한 관심을 가지고 있었다. 아소카 시대의 사원과 기념물 유적에 둘러싸여 사르나트의 탑 옆에 앉아서 아놀드는 애상에 젖어 말했다. "여기보다 더 신성한 땅은 어디에서도 찾을 수 없다."

그러나 보살이 깨달음을 얻으려 노력할 때 그에게 수행처였던 고대 보리수나 깨달음의 원래 나무의 곁가지를 가지고 있는 붓다가야는 불교의 가장 신성한 사원이다. 아놀드는 진정으로 존경하는 마음으로 그 성지에 갔다. 13세기까지 불교의 독점적 관리 하에 있었지만 아놀드가 방문했을 때는 현대 힌두교 사이바이트(시바숭배) 승려인 마한트의 소유였다.

### 실론(스리랑카)

아놀드는 인도에서 실론으로 건너가며 보리수 잎을 가져갔다. 당시 불교의 거점인 파나두라(Panadura)를 처음 방문했다. 그곳 역사적인 랑코트(Rankoth) 사원에서 그 박식한 학자 웰리가마 시리 수망갈라 대장로 스님 및 천 명의 노란 장삼을 입은 세계 형제들과 더불어 수천 명의 남녀노소가 그를 열렬한 환영했다. 파나두라의 저명한 시민들이 그를 환영하며 정찬과 가든파티를 마련했다.

아놀드는 두 시간 동안 마하나야카 스님, 시리 수망갈라 대장로를 면담했다. 이 면담 중에 아놀드는 붓다가야의 충격적인 상태를 설명했고 마한트와 인도정부의 호의를 받아 우호적으로 조정하여 사원을 회복할 것을 제안했다. 그는 또한 사원을 불교국가들의 대표위원회의 수중에 넣는 요청이 이루어질 것을 촉구했다.

### 생각이 뿌리를 내리고 전파되다

"나는 손을 흔드는 패엽경 가운데 햇빛이 비추는 사원 경내에 던져진 그 생각처럼 그렇게 멀리 그리고 빨리 뿌리를 내리고 전파되는 생각은 없었다고 생각한다." 아놀드가 말했다. "자라는 게 눈에 보이는 열대 나무처럼 그 제안은 빠르게 전 세계적인 열망이 되었다. 처음 실론에서 다음 다른 불교국에서." 수도승과 재가신도들은 다 같이 아놀드에게 적합한 정부 당국에 제안을 제시할 것을 간청했다. 그는 즉시 그들의 요청에 동의했고 실론 총독, 마드라스 총독, 인도 주 장관과 부왕에게 직접 그 문제를 제기했다.

아놀드는 파나두라에서 콜롬보로 돌아와 동양학의 주도적 입지를 차지하던 비됴다야 피리베나에서 저명 수도승과 많은 수의 재가신도들이 참가한 열광적인 환영을 받았다. 환영사가 아놀드에게 수여되었고 "불법에 달빛의 광채를 드리운" 그에게 사의를 표했다. 유명인사 중에는 불교를 수용한 초기 미국인들 중 한 명인 H.S. 올코트 대령이 참석했다.

### 발우와 노란 장삼

아놀드는 실론에서 싱할리의 마지막 4명의 왕이 지배했던 실론의 고원 수도인 캔디(Kandy)에서 마지막으로 머물렀다. 그곳의 지도적인 불자들과 불치사(佛齒寺)의 불교 고위 성직자들이 커다란 존경을 표하며 그를 맞았다. 그는 그들에게 붓다가야에서 가져온 보리수 잎을 선사했고 그들은 "열망과 정열적인 감정"으로 그것을 받았다. 잎은 황금함에 놓였고 그 주의 예불의 중심이 되었다. 보답으로 수도승들은 그에게 발우와 노란 장삼을 선사했다.

청정한 삶을 선택한 다르마팔라와 아나가리카는 붓다가야를 방문해 거기에서 불교 탄생지에서 불교를 부흥하고 불교 성지를 정당한 소유자에게 되돌리려는 위대한 포교 운동에 대한 생각을 갖게 되었다. 그 대의에 대한 아놀드의 선전에 많이 영향 받아 그 생각은 즉시 퍼져나갔는데 아놀드는 영국 대표 중 한명으로 활발한 활동을 계속했다.

### 고양된 일본의 관심

그가 1889년에 일본에 처음으로 방문하는 동안 아놀드는 일본 불자들의 집회에서 강연했고 인도의 불교 성지에 대한 관심을 고양시켰다.

### 1895년에 심화된 문제

1895년에 마한트는 일본인이 다르마팔라에게 선사한 700년이 된 오래된 불상을 붓다가야 사원에 설치하는 데 동의했지만 마지막 순간에 그 허가를 거부했다. 다르마팔라는 지역 치안판사에게 문제를 제기했고 판사는 불자에 우호적으로 결정을 내렸다. 그러나 캘커타 고등법원은 그 판결을 뒤집었다.

아놀드는 힌두교에 대한 그의 선의의 증거로 마한트에게 힌두어로 우호적인 편지를 써서 기타(Gita)의 번역본과 동봉해 보냈다. 그러나 그에 대해 아무 일도 일어나지 않았다. 다르마팔라는 근처의 불자 객사에 불상을 안치했다. 다르마팔라가 사원 근처 마을에 부동산의 법적권리를 확보하려고 노력하던 1895년에 문제가 또 발생했다. 마한트는 놀라서 정부에 다르마팔라가 객사에서 불상을 치우도록 명령하도록 설득했다. 다르마팔라와 마한트 간의 분쟁은 10년 이상을 끌었고 1900년에 다르마팔라는 아놀드에게 추가적 도움을 호소했다.

아놀드는 지식과 연구에 대한 공헌으로 왕실과 지식층으로부터 높은 존경을 받았다. 그에게 기꺼이 접견을 허했던 빅토리아 여왕은 1877년에 그에게 K.C.SJ.를 수여했다. 페르시아 국왕은 그에게 사자와 태양의 작위를 주었다. 터키의 황제는 그에게 Medijideiech와 Asmanila의 서계를 수여했다. 일본의 Mikado는 그에게 높은 영예로 존경을 표했고 그가 그 나라를 방문했을 때 그를 너무나도 잘 대접했다.

**그의 용기는 결코 실패하지 않는다.**

그의 아들 레스터는 말했다. "끝내 그는 시력을 잃었지만 그는 결코 용기를 잃지 않았다. 그는 1904년 3월 런던에서 마지막을 맞이할 때까지 구술로 훌륭히 그리고 명석하게 글을 썼다. 그는 일주일 간 침상에 있었고 점차적으로 기력을 잃었다. 그가 해방되는 날 아침에 그의 곁에 있던 사람들에게 조용히 말했다. '내 생각에 나는 곧 죽을 것 같소!' 그리고 정오에 매우 자비롭고 천부적인 영혼은 외부세계의 빛으로 갔다. 그는 종종 화장에 대한 원을 표해왔다. 나는 장례 장작더미에 불을 붙이고 그를 알았던 모든 이에게 사랑을 받던 이가 한 줌 재가 되는 것을 지켜봐야 했다. 존재하는 모든 형태의 인생의 존엄함과 희망에 대한 그의 믿음과 마찬가지로 그의 용기와 근면함은 지칠 줄 몰랐다."

에드윈 경은 마하보디협회와 그 설립자 아나가리카 다르마팔라의 친밀한 협력자이자 후원자였다.

앞서 말한 것처럼 에드윈 아놀드 경이 붓다가야 사원의 개탄할 상황에 대해 쓴 글이 훌륭한 싱할리 헤와위따르네 다르마팔라의 마음에 불을 지폈다.

아나가리카 다르마팔라가 붓다가야 사원의 소유권을 불자에게 돌리기 위한 활발한 캠페인을 시작했을 때 에드윈 경은 그에게 가능한 모든 지지를 보냈다.

다음은 그가 아나가리카에게 붓다가야 문제에 대해 쓴 편지의 한 단락이다.

"나는 인도 정부와 모든 깨어있는 힌두 신사들에게 그들의 인도 전 철학 역사에 있어 가장고귀한 장소의 비참한 방치를 막기 위해 공개편지를 써서 이제까지 계속 호소해 왔다. 나는 사원과 정부의 소유인 주변지역이 불자들의 관리 하에 놓이는 것을 보겠다는 희망을 소중히 간직하고 있다. 그러나 그 사원과 사리가 합당한 존중으로 보존되든 아니든 고집불통 바라문교와 시간은 그 곳의 타고난 거룩함을 파괴하지 못할 것이고 기억할 만한 풍경을 품고 있는 매력을 감소시키지 못할 것이다. 인도 어느 곳이 붓다가야의 작은 보리수나무가 있는 이곳과 불멸의 관계에서 비교될 수 있을 것인가…"

그는 또한 죽을 때까지 영국 마하보디협회의 대표였다.

에드윈 경은 그의 유해가 옥스퍼드 대학 예배당에서 마지막으로 잠들기를 진정으로 바랬다. 이 원은 대학의 학장과 동료들의 친절함으로 이루어졌고 널리 표현된 원에 대해 응답으로 그의 이름과 그의 동양 문학에 대한 위대한 공헌을 이어 고 에드윈 아놀드의 영구 기념관을 설립하려는 계획이 세워졌다. 이에 "에드윈 아놀드 기념관"이 K.C.B.의 Brassey경을 관장으로 하여 설립되었다.

아나가리카 다르마팔라는 에드윈 경의 사망소식을 듣고 "에드윈 아놀드 기념관" 설립 위원회를 세우고 다음 글을 자신이 편집장이던 마하보디 저널에 실었다.

**에드윈 아놀드 경의 학식**

"아시아의 불자들은 여래의 가르침의 번역에 있어 그가 행한 공헌에 고 에드윈 아놀드 경을 기리며 감사할 것이다. 그는 '아시아의 빛'을 통해 유럽, 미국, 아시아의 수백만의 사람들에게 싯다르타 왕자의 고귀하고 훌륭한 삶을 자각시켰다. 아시아인에게 빛을 준 불교는 에드윈 경의 해석으로 더 확대되었고 '아시아의 빛'은 영어권 사람들 특히 미국에서 제5의 복음서가 되었다."

"미국을 여행하는 동안에 나는 기쁘게도 '아시아의 빛'의 다양한 개정판이 다양한 출판사에 의해 출간되어 대중적인 가격으로 팔리는 것을 보았다. 시카고의 쿠퍼, 시겔의 큰 직물점은 한 부에 15센트에 아름다운 휴대판을 내놓았다. 한 부에 10센트에 팔리는 훨씬 더 저렴한 판도 있었다. 서양에 동양의 사고가 전파되며 책의 인기가 증가되고 있다."

"에드윈 아놀드 경은 작가의 따뜻한 친구였다. 그가 붓다가야로 순례를 하도록 영향을 미친것은 에드윈 아놀드 경의 'India Revisited'였다. 1891년부터 그가 죽을 때까지 에드윈 경은 마하보디협회 사업에 큰 관심을 보였다. 그가 죽기 불과 며칠 전에 작가는 런던 볼튼 가든스 31번가에 있는 그의 집에서 그를 만나는 기쁨을 가졌다. 그는 인도의 방치된 아이들의 복지를 위해 시작된 교육 운동에 기쁜 관심을 표했다. 그의 낙관주의는 그의 지속가능한 힘이었다. 그는 의기소침함이 그를 덮치도록 절대 허락하지 않았다. 희망과 활기참이 그의 종교였다. 그리고 그는 선행을 하는 것을 좋아했다. '아시아의 빛'을 쓴 이후로 그는 절대 자신이 모기조차에게도 조그마한 상처도 주지 않으려고 했다. 붓다의 자비심이 그를 차지했고 그는 인생에 있어 그 자비심을 표했다. 그가 이제 이 땅을 떠났으니 우리는 그가 '모든 보시 가운데 법보시가 최고(Dhamma Danam Sabba Danam Jinati)'라는 가장 고귀한 봉헌을 한 사람으로 그를 여길 수 있다. 정법의 선물이 다른 모든 선물을 이겼다. 에드윈 경에 대한 기억은 결코 사라지지 않을 것이다. 그는 수백만 명의 마음속에 살고 있고 25세기가 되면 그의 '아시아의 빛'이 백배 증가되는 것을 목격할 것이다."

"아시아의 불자들은 수행할 임무가 있다. 그들은 그를 기념하며 감사를 표해야 한다. 그에 대해 존경을 표하며 불자들은 동양에서 서양으로 진실의 빛을 전한 사람에 대한 깊은 감사와 애정 어린 존경을 표할 것이다."

"일본 불자들은 에드윈 경에게 감사의 빚을 졌다. 그의 시적인 글을 통해 그는 일본의 생각을 서양인들에게 전했다. 그는 일본을 매우 사랑했고 그 사랑은 결국 그의 기쁜 감미로움이었던 결혼으로 이어졌다. 그의 아내 오타마 아놀드 여사는 헌신적으로 그의 곁에 있었고 그는 그녀에게서 충실한 친구를 발견했다."

"아시아의 불자들은 에드윈 경이 교육받았던 Old College에서 불교 동양 문학 연구를 위한 강의를 설립하여 그에 대한 애정 깊은 감사를 계속해야 한다."

"우리는 실론, 일본, 시암, 미얀마, 인도, 중국의 불자들이 그 강좌를 개설하기 위해 충분한 기금을 모금하도록 강력히 애쓸 것을 진심으로 희망한다."

3-17 아슈토시 무케르지 경

## Sambudhagama Chakravarti 아슈토시 무케르지 경

아슈토시 무케르지 경은 1916년 마하보디협회의 회장으로 선출된 최초의 인도인이었다. 그는 아나가리카 다르마팔라의 과업을 통해 불교의 부흥을 촉진하기 위해 기꺼이 그의 건강, 부, 명성을 바쳤다. 그가 죽었을 때 아나가리카 다르마팔라는 마하보디 저널에 다음 추도문을 발행했다. (참고 #29)

벵갈의 지성의 창공에서 1등성 별이 졌다. 캘커타 전체는 월요일 아침에 벵갈의 사자이며, 영웅적인 전사이자, 두려움 없는 비평가이고, 가장 선도적인 교육자인 Sir 아슈토시 무케르지가 1924년 5월 25일 일요일 오후에 파트나에서 급작스럽게 사망했다는 충격적 소식을 접하고 슬픔에 몸부림쳤다.

그는 1916년에 마하보디협회의 평생 회장으로 선출되었고 그는 그 직을 가장 명예롭게, 모두가 만족스럽게 유지했다. 정부청사에서 벵갈 총독으로부터 직접 붓다의 사리를 받을 사람으로 Sir 아슈토시로 결정되었을 때 그는 어느 누구도 총독 앞에 맨발로 갈 수 없다는 사실을 상기시켰다. 바라문으로서 그는 바라문의 옷을 입고 맨발로 받지 않는다면 그것은 성스러운 사리에 대한 무례를 범하는 것이라고 말했고 공식 복장을 입고 가는 것도 거절했다. 나는 그 결과 청부청사에서 사리 수여식을 할 때 고대 의식이 준수되도록 로널드셰이 경의 개인 보좌관에게 편지를 썼다. 정부청사 건설 이후로 처음으로 의례 규칙이 완화되었고 불자들은 거대한 행렬을 이루며 맨발로 청부청사에 들어갔다. 우리는 벵갈의 가장 뛰어난 인물을 마하보디협회의 회장으로 가지고 있는 것을 명예로 여겼다.

그는 마음에서는 거의 불자였고 그는 공공연히 붓다에 대한 그의 사랑을 고백했다. 그는 항상 불교의 대의를 도울 준비가 되어있었다. 캘커타 대학에 팔리어가 도입된 것은 그의 개인적인 노력 덕분이었다. 아슈토시 무케르지가 이 지상을 떠났으니 우리는 벵갈 전역에서 그의 빈자리를 채울 사람이 없음을 알기에 그를 잃은 것을 더욱 느껴한다. 마하보디협회가 그를 베나레스의 이시빠따나에 계획 중인 불교 대학의 부총장직에 선출했을 때 아슈토시 경은 아나가리카 다르마팔라가 관리부장이 되는 조건으로 그 직을 수락하겠다고 말했다. 그는 나에게 너무나도 친절했다.

그가 붓다의 불법을 부흥하도록 벵갈에서 다시 태어나게 하소서! 우리는 무케르지 부인과 아이들에게 진심어린 애도를 표합니다. 죽음의 한가운데 우리는 살아있다.

'Sabbe sankara anicca, appadidam bhikkhave manussanam ayu, Kattabbam Kusalam caritabbam brahmacariya, natthijatassa amaranam.'

In Memorium

"그는 확실히 벵갈의 자손 중 가장 위대한 인물이었다. 그런데 왜 벵갈인가? 지력에서, 마음의 넓이에서, 삶의 시야에서 인도 전역에서 그만한 다른 이를 찾는 것은 불가능하다. 이 위대한 인도인의 유일한 목적이자 목표는 인도가 자신을 드러내며 위대함을 보이는 것이었고 그의 마음의 중심에서는 인도가 모든 원천 즉 독일, 프랑스, 영국, 싱할리, 중국, 일본, 티베트에서 불교 연구와 조사를 통해 불교문화의 부흥을 이루어 인도 자신을 드러낼 수 있을 것이라고 확신했다. 이러한 목표를 이루기 위해 그가 사랑하는 모교 캘커타 대학의 문을 통해 어떤 일을 하지 않았겠는가? 그는 어머니 인도의 진정한 애국적인 자손이었고 그에게 가장 소중한 그 대의를 위한 진실한 Karamvir이자 지치지 않는 일꾼이었다. 그의 친구들과 적들은 그의 마음이 항상 본능적으로 인도의 부흥이라는 목표를 추구했다는 것을 인정해야만 한다. 그는 진정한 불교적 중요성 안에서 자신이 바라문이라는 것을 자랑스러워했고 우리는 그를 그렇게 존경했다. 실론의 불자들은 그에게 'Sambuddhagama Chakravarti'라는 칭호를 수여했다."

그가 중대한 직업상 업무로 파트나에 멀리 가있었던 것을 안다. 우리는 그가 고등법원에서 분쟁의 임무를 마쳤기 때문에 곧 우리 곁으로 돌아올 것이라 기대하고 있었다. 그는 5월 23일 금요일 아침 산책 후에 파트나에서 갑자기 병이 났고 가능한 최고의 의학적 도움을 받았음에도 불구하고 5월 26일 일요일 저녁 6시에 사망했다. 케오라타나 칼리가트에서 화장하기 위해 특별 기차 편으로 그의 유해가 캘커타로 이송되었다. 캘커타 사람들 전체가 거리로 모여들어 위대한 고인에게 예의를 표했다. 그는 1864년 6월에 태어났고 물론 아직 그가 죽을 때가 아니었다. 슬픔에 찬 군중의 행렬이 해리슨 로에서 칼리지 가로 돌아 들어가자 그 전사가 죽어서 고향으로 돌아온 것을 본 모든 이들의 눈이 촉촉이 젖었다. 관이 그의 적 못지않은 정부의 맹공격에 대항하며 그의 사랑하는 모교의 명예와 위엄을 세우기 위해 성공적으로 투쟁한 단독의 전사적 싸움을 한 그 자신의 경기장이었던 칼리지 광장의 상원 안으로 옮겨졌다. 법정, 학교, 대학, 시장, 가게가 그날 모두 문을 닫았다. 그가 죽었다는 슬픈 소식이 퍼진 벵갈의 모든 가정은 그의 굳건한 인생의 동반자인 미망인과 그 아이들에게 진심어린 슬픔과 동정에 사로잡혔다.

우리의 슬픔은 너무나도 강렬해서 그의 짧은 전기를 내기로 했다. 그는 우리와 너무나도 가까웠고 우리에게 너무나도 소중해서 우리는 그렇게 강력한 탑이 더 이상 없다는 것을 실감할 수 없었다. 그의 서거로 비어있는 직위를 채울 다른 회장을 선출하는 것은 우리에게 너무나도 어려울 것이다. 우리의 서원은 고인이 보살과 같이 이곳에 곧 다시 환생해 그가 모든 사람들보다 인도의 진정한 부흥으로 가는 길을 보았던 이곳 인도의 불교 부흥의 대의를 위해 그의 업적을 완성하는 것이다. 그리고 우리는 그의 모교가 이 위대한 아들을 위해 불교 연구와 문화 강좌들을 열의를 다해 수행하기를 진심으로 희망한다.

# IV
# 아나가리카 다르마팔라의 불교와 불교 성지에 대한 역사적 기록과 관점

성스러운 대의(大義)를 위한 38년간의 봉헌(奉獻)

우리의 20년간의 업적

마하보디협회의 사업

고대인도 불교 성지로의 순례

붓다가야 : 가장 신성한 불교 사원

신성한 이시빠따나 (Isipatana), 베나레스의 사르나트

**4-1** 부다가야의 마하보디 사원

**4-2** 사르나트 녹야원의 다메크 탑

# IV
# 아나가리카 다르마팔라의 불교와 불교 성지에 대한 역사적 기록과 관점

 포교자, 부흥가, 풍부한 열정을 가진 사람으로서 아나가리카 다르마팔라는 불교 대의를 위해 일하며 평생을 보냈다. 그가 다양한 시점에 쓴 일련의 글들은 그의 임무, 20년 이상의 기간 동안의 업무, 그 업무에 대한 그의 개인적 관점, 마하보디협회를 통한 업적, 고대 불교 성지로의 순례, 그 비참한 상태를 보고 느낀 그의 개인적 감정들을 잘 보여준다.

 그는 붓다가야, 가장 신성한 불교 사원이라는 제목의 글을 썼다. 이 글은 사원의 역사와 아나가리카가 사원을 불자에게 회복하려는 투쟁에서 겪은 일을 약술하고 있다. 이 개괄적인 글은 처음 석가모니 붓다의 성스러운 가르침의 2절에서 등장했고 1917년에 처음으로 출판되었다.

 이 연속 출간물 '성스러운 이시빠따나(Isipatana), 사르나쓰, 베나레스'의 마지막 부분은 아나가리카 다르마팔라가 붓다가 "법륜"

을 굴린 성지의 역사에 관해 쓴 감동적인 글로 이루어져있다. 아나가리카는 붓다가 "법륜"을 굴리고, 첫 번째 우안거를 보내고, 60명의 수도승들과 승가를 만든 곳에 적합한 명예를 기리기 위해 물라간다쿠티 사원을 건축할 장소로 사르나트를 선택했다.

이번 장은 마하보디 저널의 다양한 발행본과 책의 마지막에 자세히 언급한 참고문헌의 다양한 출처에서를 편집했다. (참고 #27)

## 성스러운 대의(大義)를 위한 38년간의 봉헌(奉獻)

38년간 성스러운 대의를 받들어 행하기 위해 마하보디 잡지(The Mahabodhi Journal)를 창간하고 그 잡지를 통해 불자(佛子)인 형제자매들에게 이 메시지를 보내게 되어 나는 진정으로 기쁘다. 내가 1891년 5월 17일에 윗요다야 대학의 학장인 저명한 마하나야까 수망갈라 스님을 회장으로 마하보디협회(Mahabodhi Society, 大覺會)를 설립했을 때 이 조그만 씨가 큰 나무로 자랄 것이라고는 예상을 하지 못했다.

2519년 전 웨사카(고대 인도력의 두 번째 달)의 보름에 싯다르타 왕자가 최고의 깨달음을 얻은 성스러운 보리수의 아래의 금강보좌(金剛寶座, Vajrasana) 앞에 무릎을 꿇은 1891년 1월 22일에 붓다가야의 성지를 구하겠다는 영감이 나에게 떠올랐다. 잊을 수 없는 그날 오후에 나는 나의 생을 거룩한 부처님에게 맡기고 이날까지 지속적인 힘으로 그 성스러운 대의를 받들어 행해왔다.

이 작은 마하보디 잡지가 나와 문명화된 세계 사이의 대화의 매체가 되었다. 잡지의 창간호 한 부가 시카고 세계 박람회와 관련하여 열린 종교대회 의장인 고 존 헨리 버로우즈 박사의 손에 들어갔고 그로부터 나는 고문단에 참여해 달라고 요청하는 친절한 편지를 받게 되었다. 그리고 1893년 6월에 그는 나에게 종교대회에 참석해 달라는 초청도 받게 되었다. 집행 위원회의 비용으로 나는 그 회의에 가서 참석할 수 있었다. 위원회는 나의 방문에 너무나도 기뻐하며 호놀룰루를 거쳐 콜롬보로 돌아가는 편의를 제공해 주었다.

10월 18일에 증기선 오셔닉(Oceanic)은 호놀룰루 항구에 정박했고 그곳에서 한 일행의 부인들과 신사들이 나에게 인사하기 위해 배에 올랐다. 나는 그들의 이름을 묻지 않았지만 일행 중에 나를 잊지 않은 한 부인이 있었고 그는 마하보디협회의 미래의 후원자 메어리 엘리자베스 포스터 부인이었다. 그녀는 내가 이루기 위해 내 삶을 바친 과업을 수행할 수 있도록 조력하겠다는 어떤 종류의 영적 자극을 받았다. 그리고 이 고귀한 부인은 1902년 9월부터 내가 의지할 수 있는 버팀목(Kalpa Rukkha)이 되어주었다. 내가 집을 떠나 청정한 삶을 시작한 1885년 10월부터 부친은 나의 최고의 후원자였다. 하지만 1906년 1월에 나의 사랑하는 부친이 세상을 떴을 때 나는 그녀에게 아버지를 잃은 이별에 대해 편지를 썼다. 포스터 부인은 답장에서 그녀는 내가 실현하려고 하는 성스러운 일을 도와 줄 것이며 나아가 나의 양부모가 되겠다고 했다.

1895년 2월, 당시 붓다가야의 마하보디 대탑을 점거한 힌두교 마한트 측 사람들이 대탑에 머물고 있는 스님들을 괴롭히며 거룩한 불상을 불단에서 강제로 철거하였다. 이에 마하보디협회의 고문단은 그 마한트 측 사람들에게 법적인 제제 조치가 취해지도록 했다.

그리고 그 결과 유명한 붓다가야 소송이 시작되었다.

그 결과 17년간 스님들이 머물렀던 붓다가야의 버마(미얀마)객사는 1910년 2월 내주어야 했다. 그리고 힌두 쉬바 신 숭배자인 마한트는 그것을 차지하였다. 그렇지만 우리는 다행히 불교 성지 순례자들이 이용할 수 있는 숙박소(마하보디 다르마살라)를 세울 수 있었고 1904년부터 사용해오고 있다. 마하보디협회가 그것을 건축하지 않았더라면 오늘날 성지에 불자들이 머무를 곳이 없었을 것이다.

힌두 쉬바 신 숭배자인 마한트는 이 위대한 사원의 소유권을 가질 뻔 했지만 1891년 스님들이 시기적절하게 와서 그 성지는 외부인의 수중에 남지 않을 수 있게 되었다. 그것은 부처님이 성스럽게 여긴 4개의 사원 중 하나이다. 기독교인이 예루살렘의 성스런 성체 안치소의 소유권을 가지고 있고, 쉬바 신 숭배자인 힌두교도가 베나레스를 소유하고, 힌두 비쉬뉴 신의 숭배자가 가야의 비쉬누파드를 가지고 있는 것처럼 불교 스님이 대탑의 관리인이 되고 아시아 불자들이 성지의 소유를 주장하는 것은 공정하고 공평하다. 모든 나라의 불교인은 현재 완전히 방치되고 있는 이 성스러운 사원에 책임을 다하는데 함께해야 할 것이다.

베나레스의 사르나트에서 우리는 훌륭한 불교 절을 짓고 있다. 지금까지 83,000루피가 소요되었고 대탑의 완성은 20,000루피가 더 필요할 것이다. 대탑을 완성하기 위해 이 금액이 모금되어야 한다. 대탑이 없다면 그림 같은 사원의 압도적인 위엄이 사라질 것이다. 우리는 왕(Rajas), 토후국의 왕(Maharajas), 부유한 힌두 지도자들에게 성스런 사원을 완성하기 위한 이 금액을 기부할 것을 호소한다. 저명한 포스터 부인은 건축 기금으로 30,000루피를 시주하였고 봄베이의 히랄랄 암리탈랄(Hiralal Amritalal)은 5,000루피의 기부금을 보내왔다. 부유한 힌두 신사들이 히랄랄의 모범을 따르길 바란다. 우리는 바로다(Baroda), 마이소르(Mysore), 카슈미르의 토후국 왕들이 그들의 이름을 영원히 기리기 위해 자비롭게 기부하기를 희망한다.

1926년 7월 메어리 포스터 부인의 도움으로 나는 런던 불교 포교를 시작했고 우리 둘의 협력은 지속적으로 계속되고 있다. 그녀는 매달 61파운드 10센트를 보내고 나는 매월 65파운드를 기부한다. 3인의 정통한 비구가 런던 N.W. 레전드 파크, 글로체스터가 41번지에 있는 포교원에 상주하고 있다. 포교를 계속하기 위해 우리는 매월 120파운드가 필요하다. 그곳에 불교 사원을 짓기 위해 10,000파운드가 필요하다. 우리의 의무는 영국 사람들에게 불법(佛法)을 주는 것이다. 나는 불법의 힘으로 그들이 그들의 야망을 채우기 위해서 다른 나라들을 식민지배하려는 현명하지 못한 우둔함을 깨달을 수 있을 것이라 확신하기 때문이다. 부처님의 자비로운 가르침이 영국 제국주의자들의 잔인한 본성을 교화할 것이다. 이슬람교도들은 런던의 번화가에 많은 비용을 들여 큰 모스크를 짓고 있다. 이처럼 아시아 불자들도 유럽과 미국 사람들에게 법을 전할 때가 왔다.

불교는 과학적으로 문명화된 이들을 위한 것이다. 현대 과학의 발견은 숭고한 법을 이해하는데 도움이 된다. 종교적 화석인 중세의 신학은 과학 이전의 유럽의 반(半)문명화된 의식을 만족시키고 야만적인 시대의 유럽 부족을 이교화했을 것이다. 오늘날 문명화된 유럽의 인종은 인간의식의 위대함을 보여주는 과학적 심리학이 필요하다. 부처님의 숭고한 교리는 초월적인 지혜에 기초한 완벽한 과학이다. 이 법은 자유로이 유럽 인종에게 주어져야 한다.

나는 설법하기 위해 세속적 야망을 포기하고 열심히 일해 왔다. 그들의 자비로운 기부에 대해 메어리 포스터 부인과 고인이 된 나의 부친에게 감사를 드리는 것은 당연하다. 포스터 부인의 기부는 수십만 루피에 달한다. 그녀는 '정의로운 왕국의 여왕'이라 불렸고 그녀의 기부는 마하보디협회 런던 집회에서 비할 데 없는 자비로움의 사랑이라는 G.R.S. 미드(Mead)의 찬사를 받았다.

마하보디협회는 유럽 국가에 멋진 미래를 가지고 있고 지난 39년간 깨달음의 불꽃을 타오르게 한 유일한 국제 불교 협회이다. 앞으로 11년 후에 협회는 50주년을 맞을 것이고 또 27년 후에 5,000년의 첫 절반이 끝날 것이다. 그리고 유럽과 미국에 불교 활동의 영광스러운 시기가 도래할 것이다.

## 우리의 20년간의 업적

1891년 1월 나는 붓다가야의 성스런 사원을 방문했다. 같은 해 5월에 나는 동양학 비됴다야 대학의 학장인 박식한 위대한 스님 스리 수망갈라 대장로의 저명한 회장직 하에서 마하보디협회를 설립했다. 같은 해 7월, 서력 1200년경에 인도에서 불교가 사라진 이후 처음으로 4명의 실론 비구를 붓다가야로 파견했다. 마하보디 저널의 본사가 1892년 10월에 캘커타에서 설립되었고 마하보디 저널은 같은 해 5월에 창립되었다. 이 월간지의 창간은 협회 사무에 가장 큰 도움이 되어왔다. 그로 인해 우리의 일이 유럽과 불교계에 알려졌다. 불교에 동정적이던 학자들은 협회의 목적에 관심을 갖기 시작했다. 그로 인해 시카고 종교대회의 운영 위원회와 연락을 취하게 되었고 그들의 초청과 비용으로 나는 남방 불교 사원의 대표로 시카고에 가서 1893년 9월에 열린 종교대회에서 불법을 강연했다. 종교대회 회기가 끝나고 종교대회 위원회의 비용으로 나는 인도로 돌아가기 위해 호놀룰루를 거쳐 일본으로 향했다. 10월에 나는 포스터 부인은 만났고 그녀는 10년 후에 내가 시작한 과업의 주요한 후원자가 되었다.

11월에 나는 일본에 도착했고 도쿄 시바의 사원에서 고 아사히 산 스님에게 붓다가야 사원의 장래 보존을 주제로 이야기를 꺼냈다. 기쁘게도 친절한 마음의 고승은 큰 법회를 열어 역사적인 불상을 수여했다. 불상을 붓다가야로 모시고 가라며 나에게 위탁했고 내가 붓다가야에서 책임 있는 당국에 불상을 양도하는 것을 맡았을 때는 이 불상이 한편으로는 불자와 정부와 붓다가야의 사이바이트(시바숭배) 수도원의 힌두 사이바이트(시바숭배) 마한트 간의 미래의 분규의 원인이 되리라고는 예상치 못했다. 아마도 마하보디의 독자들은 불상이 붓다가야로 온 때부터 성스러운 사원에서 마지막으로 제거되기까지의 불상의 역사를 다소 알고 싶을 것이다. 1894년 5월 불상은 가야로 이동되었고 불자에게 성스러운 그달 보름날에 당시 가야의 징세관과 함께 위대한 사원의 위층 제단에 안치하도록 준비되었다. 그러나 마지막 순간에 힌두 사이바이트(시바숭배) 마한트는 불상을 안치하는 것에 강력하게 반대했다. 가야에서 불상을 치우는 것 이외에는 방법이 없었기에 특별 임대한 한 집에 안치했다. 1895년 2월에 그 불상을 붓다가야로 가져가서 2층 제단에 놓았지만 마한트의 하인들과 몇 명의 그의 추종자들과 제자들이 성소 안으로 달려들어 강제로 불상을 제거했다. 가야의 징세관은 슬픈 사건에 대해 이야기를 듣고 붓다가야로 와서 불상을 햇빛과 비로부터 보호하라고 명령했다. 결과적으로 가야 법정에서 그 유명한 범죄 소송이 제기되고 불자의 부분적 승소로 이어졌다.

붓다가야에 고 미얀마왕의 명령으로 세워진 "버마 절"로 알려진 불자 순례자들을 위한 건물이 있다. 미얀마의 고 민돈 왕은 신앙심 깊은 군주였고 그의 열정은 선행을 행하는 것이었다. 미얀마에서 그의 이름은 사람들의 존경의 받았고 그의 기억은 불자들의 큰 존경을 받으며 기려졌다. 이 왕은 붓다가야의 사원을 인도인에게 회복시키려는 생각을 가지고 있었다. 그는 현 마한트의 선조에게 60,000루피의 가치에 달하는 귀중한 보석과 금을 선사했다. 그는 위대한 사원의 후원자로 여겨졌고 불교계의 부흥을 위한 어떠한 생각을 실천하고 있다고 여겨졌다. 그는 당시 마한트의 허가를 얻어 그의 비용으로 성지순례 숙박소와 작은 수도원을 세우게 되었지만 그가 목표를 달성하기도 전에 사망했다. 그의 아들 티보가 미얀마의 왕좌에 즉위했고 붓다가야 사업은 잊혀졌다. 그러나 1877년에 왕 티보는 대신들을 소환해서 붓다가야 문제를 논의해 왕에게 보고하게 했다. 성지순례 숙박소가 지어졌지만 그곳에 영구적으로 머물 충분한 학식과 신심을 가진 수도승이 없었다. 왕이 미얀마 권좌에서 폐위된 후에 성지순례 숙박소는 쇠퇴하게 되었다. 1890년에 벵갈 정부는 성지순례 숙박소가 쇠락 중인 것을 발견했고 공공사업부(Public Works Department)에 수리하도록 지시했다. 1891년에 나는 일본 수도승 코젠 구나라트나와 함께 붓다가야에 갔고 미얀마 성지순례 숙박소는 공공사업부의 감독에 의해 우리 처분에 맡겨졌다. 당시 그것은 미얀마 불자의 재산으로 여겨졌고 마한트는 어떠한 반대도 제기하지 않았다.

1895년 2월 마한트에 의해 범죄적 행동이 발생했을 때 일본 불상은 징세관의 지시로 경찰의 감독 하에 미얀마 성지순례 숙박소에 안치되었다. 10월에 불상은 그곳에 머물던 불교 비구의 관리가 되었다.

1896년 4월에 사이바이트(시바숭배) 마한트는 정부에 미얀마 성지순례 숙박소에서 일본 불상을 치우도록 탄원했다. 벵갈 정부는 나에게 붓다가야의 경내에서 30일 이내에 불상을 제거하라고 "명령"했다. 만일 그에 따라 명령이 이행되지 않으면 불상은 강제로 제거되어 캘커타 인도 박물관에 안치할 예정이었다.

미얀마 불자는 정부 명령에 대항하여 조치를 취하도록 요구받았고 미얀마 성지순례 숙박소가 비구의 이용을 위해 세워졌다는 것과 그 불상은 비구의 관리 하에 있고 그들이 관리하고 있는 것을 공공 박물관으로 치우는 것은 성스러움에 대한 모독으로 여겨질 것이라는 증거를 가져왔다. 벵갈 정부는 불자들의 기도를 자비롭게 경청했고 성지순례 숙박소에 관하여 불자들의 독점적 사용을 허락했다. 불상은 이 결정으로 안전해졌고 당시 우리는 그렇게 생각했다.

범죄적 소송으로 양측은 강렬히 싸웠고 붓다가야의 위대한 사원에 대해 들어본 적이 없던 인도와 영국과 불교국 사람들은 위대한 사원의 존재를 알게 되었다. 실론의 불자들은 1894년 사원에 인접한 부지를 구매하기 위한 38,000루피를 모금했다. 마하보디 부지로 알려진 그 땅은 티카리 라즈의 상속인 소유였고 부지 가격으로 요구된 금액은 100,000루피였다. 이 금액은 미얀마, 실론, 일본, 시암의 불자들이 합동으로 모금했다. 미얀마는 13,000루피를 모았고 그만 두었다. 협상이 진행되고 있을 때인 1895년 2월 모독 행위가 발생했고 결과적으로 법정 소송이 제기되었다. 당시 마하보디협회의 이사이자 고문은 고 올코트 대령이었다. 그는 능력 있는 변호사와 상의한 후 콜롬보 불자들에게 마한트에 대한 법적 소송을 취하도록 충고했다. 실론 불자들은 이 소송으로 23,000루피를 썼다.

일본 불상은 성스러운 보리수의 경내에 있었고 비구는 방해받지 않고 성지순례 숙박소에 머물고 있었다. 우리는 적대적인 숙소에 대한 더 이상의 염려는 없었다. 우리는 다시금 티카리 라즈의 상속인에게서 마하보디 부지를 구입하기를 희망해서 시암 불자들로 하여금 필요한 100,000루피를 모금하도록 강구했다. 운이 좋게도 고인인 걸출한 왕으로 기억되는 출라롱콘 대왕 폐하가 왕자와 백성들이 나머지를 채우는 조건으로 50,000루피를 기꺼이 내놓았다. 24시간 내에 필요한 100,000루피가 준비되었다. 그러나 시암에도 적이 있었고 우리는 캘커타에 적이 있었다. 시암의 외무부는 벵갈의 서기장에게 전보를 쳐서 붓다가야의 땅이 판매될 것인지 물었고 서기장은 "아니요"라고 답장했다. 이것은 문제를 제기했고 마하보디 부지는 불자들의 손을 떠났다. 사이바이트(시바숭배) 마한트는 그것의 20년 임대계약을 맺었다. 시암 외무부 장관이 대신에 "현장에 있던 사람"을 믿었더라면 마하보디 부지는 불자들의 소유가 되었을 것이다. 그러나 불자들의 외교술은 실패했다.

이번은 두 번째 실패였다. 첫 번째 실패는 고 미얀마 민돈 밍 왕이 보리수에 60,000루피의 가치 있는 귀중한 선물을 보냈고 미얀마 성지순례 숙박소를 세우기 위한 땅을 얻기를 기대하며 선물을 보낸 것이다. 그러나 당시 마한트와 협상하러 온 미얀마 대신들은 그에게서 필요한 서류를 획득하지 못했다. 이것이 첫 번째 실패였고 그것은 1906년 마한트가 불자들을 성지순례 숙박소에서 내쫓기 위해 제기한 민사소송에 비참하게 영향을 미쳤다.

성지순례 숙박소에 묵던 순례자들은 요리를 할 시설 등의 결핍으로 10년 내내 큰 불편함을 겪어야 했다. 미얀마 성지순례 숙박소에는 부엌이 없고 우물도 화장실도 없지만 거주하는 비구는 머물러야만 했다. 벵갈 정부는 부패되어 이러한 필요를 우리가 비용을 대면 제공했다. 그러나 변함없는 대답은 우리의 요구가 받아들여질 수 없다는 것이었다. 만달레이의 미얀마 불자들은 성지순례 숙박소를 증축할 13,000루피를 제공하며 정부에 탄원했지만 정부는 그 금액을 받아들이기를 거절하고 미얀마인의 기도에 응답하기를 거부했다.

1900년에 나는 벵갈 정부에 불교 순례자들이 붓다가야를 방문하며 성스러운 사원에 체류하는 동안에 겪어야 하는 불편함을 지적하는 탄원서를 다시 보냈다. 다른 나라에서 인도를 방문하는 순례자들을 대신하여 위생과학이 요구하는 편의시설을 제공할 것을 진지하게 호소했다. 성지순례 숙박소를 짓기 위해 필요한 자금을 기꺼이 기부하겠다고 호소했다. 1901년 10월에 우리는 가야 징세관 올드햄(C.E.Oldham)에게서 우리가 성지순례 숙박소를 건축할 돈을 그에게 제공할 것을 요구하는 우호적인 답을 받았다. 1891년 10월에 불자 대표단은 붓다가야에 모여 성지에 수도원을 건설하기로 결정했다. 10년간의 노력 끝에 우리는 성지에 불자들이 독점적으로 이용할 수 있는 건물을 건축할 수단을 기부할 기회를 얻었다.

건축 기금으로 만달레이의 미얀마 불자는 13,000루피를 기부했고 실론 불자들은 2,000루피를 기부했다. 마하보디협회 지역 이사회는 현재의 널찍한 성지순례 숙박소를 세웠다.

1896년에 나는 오픈 코트(Open Court)의 설립자 고 헤겔러(Mr. Hegeler)와 시카고의 폴 카루스 박사(Dr. Paul Carus)의 초청으로 다시 미국을 방문했다. 여행비용은 헤겔러와 나의 애도하는 부친이 기부했다. 1897년 10월에 나는 실론으로 돌아왔다.

1898년 1월에 Rajagiriya Vernacular 학교를 건립했고 오늘날 이 학교는 거의 300명의 학생으로 번영하는 상황이다. 학교는 호놀룰루의 포스터 부인에게서 받은 기부금과 또한 나의 애도하는 부친의 재산 기탁금 덕분에 진척되었다. 6,000루피 이상이 그 토지와 학교 방갈로를 세우는 데 쓰였다.

1897년과 1900년에 마하보디협회는 인도의 두 번의 기근 동안에 굶주린 수천 명의 사람들에게 식량을 주었다.

1901년에 나의 모친에게서 받은 돈의 도움으로 2500년 전에 붓다가 불법을 처음으로 설법하던 불자들의 성지 이시빠따나(Isipatana)에 3비거의 땅을 구입했다. 아라칸과 랭군의 불자들의 도움과 호놀룰루의 포스터 부인의 기부금으로 이곳에 성지순례 숙박소를 지었다. 성지순례 숙박소는 무료학교로 이용되고 포스터 기금으로 유지된다. 마하보디협회는 또한 성지순례 숙박소를 지을 목적으로 가야 기차역 근처에 부지를 구입했다. 호주의 싱할리 불교 거주자들이 돈을 기부했다. 소년 소녀에게 무료로 교육을 하는 초등학교를 창립하는 것이 협회의 의도였다.

거의 14년의 기간 동안 마하보디협회는 한 달에 45루피의 임대료를 내는 건물에서 사업을 수행했다. 우리는 임대료가 올라가면 그 집을 떠나야만 했다. 그것은 위기였고 나는 영국인도 제국의 대도시에 영구 거주지를 협회에 제공할 토지를 구입할 불자들의 도움을 확보할 수 없어서 거의 절망의 상태였다. 시암, 미얀마, 실론, 아라칸, 일본의 불자들에게 도움을 간청했고 우리가 그들에게서 받은 변함없는 답은 우리가 인도에서 불교활동을 하기 위해 어떠한 도움을 줄 능력이 안 된다는 것이었다.

신에게의 기도는 불자들에게 가능하지 않지만 그는 소위 말하는 진실어(Sacca Kiriya)로 진실에의 호소를 할 수 있다. "만일 내가 하고 있는 일이 선이라면 도움을 나에게 주소서, 그 일이 선이라면 도움은 확실히 올 것이다." 그리고 우리가 집주인에게서 위협을 받은 지 4일 후에 도움이 왔다. 아시아 불자로 부터가 아니라 태평양 한 가운데의 작은 섬 호놀룰루의 포스터 부인에게서. 불교가 출발한 지 2500년 후에 그 탄생지에서 불교의 부흥을 위한 나의 소중한 원을 이루기 위한 나의 기도가 응답을 받았다. 1908년 7월 베니아푸쿠 46번가에 우리의 현재 본부가 11,000루피에 구입되었다. 포스터 부인의 이름이 인도의 불교 부흥의 주요한 후원자로 불교 역사에 남을 것이다. 고대 인도의 초기 비구와 불자 왕들을 움직이게 한 포교 정신은 보기에 거의 사라졌고 타인의 선을 위한 이타주의와 자기희생의 가장 고귀한 영혼을 자극한 여래와 모든 위대한 선물 중에서 가장 위대한 선물로 불법의 선물을 강조하고 자극한 종교는 오늘날 이기주의자의 은신처가 되었다.

그러나 자비의 계몽되고 이타적인 영혼 덕분에 나는 마하보디 저널을 인쇄하기 위한 출판사를 설립하기 위해 나의 존경하는 친구 포스터 부인에게서 자발적인 응답이 오는 것을 발견했다. 그녀의 3,000루피의 기부 덕에 나는 마하보디 출판을 시작하고 또한 싱할리 대중을 계몽하기 위한 "싱할라 바웃다야"라고 불리는 싱할리 주간 신문을 시작할 수 있었다. 이 주간지는 현재 싱할리 언어로 출판된 최초의 신문으로 인정되고 있다. 불자 출판은 완전히 시설을 갖추었고 그를 위해 나의 부친으로부터 약 10,000루피를 받았다.

내가 시작한 또 다른 박애주의 계획은 실론의 히니두마 마을에 사는 가난한 농부 불교도를 돕는 것이었다. 그 마을은 문명과 떨어진 낭만적인 계곡에 있었다. 로마 가톨릭교회의 예수회 신부들이 그곳에 가서 마을 사람들이 단순하고, 무지하고, 매우 가난하다는 것을 알고 그들 전부를 예수회 교도로 쉽게 개종할 수 있는 방법을 도입했다. 내가 이 가난하고 문맹인 싱할리인들을 개종하기 위해 예수회 신부들이 채택한 혐오스러운 방법에 대해 듣고 나는 마을에 학교를 열어 그들을 그들의 이전 종교를 되돌리기 위해 내가 할 수 있는 한 모든 지원을 하기로 결심했다. 내 부친의 재산 신탁자에게서 받은 돈으로 나는 작은 오두막이 있는 부지를 구입해 학교를 열었다. 이를 위해 나는 나의 충실한 학생 브라흐마짜리 하리스찬드라(Brahamachari Harischandra)와 나의 형제들의 도움을 크게 받았다. 아직 이와 일치해서 해야 할 일들이 있다. 그리고 나는 사악한 예수회 신부들에게서 가난한 농부들을 구하기 위해 도움이 다가오기를 희망한다. 우리는 이러한 교황의 사절단이 프랑스, 이탈리아, 스페인과 포르투갈에 이룩한 것을 알고 있다. 자유의 친구들 우리는 예수회 신부들에게서 가난한 싱할리 친구들을 구할 당신의 도움을 원한다.

마하보디 저널은 이제 19주년이 되었다. 그것은 매년 약 600루피의 적자로 출간된다. 그것은 아시아의 다른 나라들의 불교의 다른 종파들을 통합하려는 목적으로 아시아에서 출판되는 유일한 영어 불교 저널이다. 어떠한 위대한 업적도 신실하고 독실한 일꾼들의 협력이 없이는 성취될 수 없을 것이다.

불교는 오늘날 어떤 다른 종교보다 더 이러한 결핍으로 고통 받고 있다. 불교의 포교 정신은 소멸했다. 대부분의 비구는 나태하고 그들은 고대 모범의 영웅적인 면과 이타주의 정신을 잃었다. 불교 나라에서 비구는 무기력해져서 장례식에 가고 일주일에 한번 불교의 윤리적 면에 대해 강연을 하면 의무를 다했다고 생각한다. 그는 서양의 과학 분야에서 일어나고 있는 놀라운 변화에 무지하다. 불교국의 재가신도들은 물질적인 것에 있어 지독히도 무지한 상태이다. 영어로 교육받은 평불자들은 유럽 연합의 강력한 영향을 받았다. 그는 붓다의 시대를 초월한 교리를 모르고 그의 위대한 종교의 이익에 무관심하다. 유럽 교육을 받지 않은 정통 재가신도들은 서양에서 눈에 띠는 놀라운 발전에 무지하다.

불교의 미래는 희망으로 가득 차 있다. 서양의 과학적인 사람들은 그들의 성취로 무의식적으로 붓다의 위대한 종교를 돕고 있다. 만일 우리의 비구들이 자신을 더 위대한 활동으로 자극한다면 그리고 인도 뿐 아니라 서양에 여래의 신성한 진실을 전파하기 위해 노력한다면 풍족한 수확이 있을 것이라고 생각한다.

평불자들은 불법의 심리학적 중요성을 알아야 하고 비구는 서양 과학과 현대 철학을 배우도록 유도되어야 한다. 이 위기에 합동의 노력이 필요하다.

1892년 5월에 나는 내가 처분할 수 있었던 25루피라는 적은 돈으로 마하보디 저널을 창간했다. 그 작은 시작에서 나는 위에 언급한 모든 것을 성취할 수 있었다.

우리 협회가 인도에서 맡은 다음 사업은 팔리 불법을 수백만 인도인의 바로 그 문간으로 가져가는 것이었다. 수백만의 인도인은 붓다를 제9의 권화(權化, 化現)로 숭배한다. 그러나 그들은 붓다가 붓다의 땅, 축복받은 성스러운 땅의 사람들의 선을 위해 그 땅에 퍼뜨린 숭고한 진리에 대해서는 아무것도 모른다. 진실의 왕국 설립 2500주년의 위대하고 유일한 축제가 올해 있다. 그리고 우리는 영광의 행사를 기념하여 현재 인도 문자인 데바나가리 문자로 팔리어 불경인 맛지마 니까야(Majjhima Nikaya)을 출간하기로 결정했다. 바라문 학자들은 팔리어로 알려진 부드럽고 감미로운 언어인 자신의 데바나가리 문자로 처음으로 독경할 것이다. 우리는 여래의 위안이 되는 교리가 그 탄생국에서 다시 한 번 널리 퍼지기를, 불법의 빛이 다시 한 번 그 땅을 비추기를, 수백만의 인도인들을 인류의 더욱 고귀한 존엄에 대한 비참한 무지에서 구하기를 진심으로 바란다. 데바나가리 팔리 불경의 출간은 매우 비용이 많이 드는 임무이다. 우리는 그것이 성공하도록 인도와 불교를 사랑하는 모든 이들의 지지를 간청한다. 데바나가리 문자로 출판되는 삼장(三藏)은 인도의 폭풍우 치는 바다에서 안전의 상징인 등대로서 앞장설 것이다.

  1891년 이후 우리 사업의 성공은 주로 내가 인도, 실론, 미얀마의 몇 몇 친구들에게서 받은 친절한 도움 덕분이었다. 19년 동안 캘커타 홀리 하우스의 무케르지가는 나에게 사랑하는 호의를 베풀었다. 나는 고인인 바부 닐 코물 무케르지(Babu Neel Comul Mookerjee)와 그의 자손을 기리며 감사와 고마움으로 항상 기억할 것이다. 그의 손자 그리고 증손자는 오늘날 내가 처음 바부 닐 코물 무케르지와 알게 되었을 때 받은 친절한 대접과 비슷한 친절을 나에게 보인다.

  마웅 온 가인(Maung Ohn Ghine), 랑군의 고 아웅 포 민(Maung Hpo Mhyin)은 대의에 거대한 도움이 되어왔다. 우리의 현재의 진보는 포스터 부인 덕이다. 내가 고인인 나의 사랑하는 부친의 재정적 도움을 받지 못했더라면 대의를 위해 자유로이 내 봉헌을 바치지 못했을 것이다. 나를 도왔던 한 사람과 모든 사람들에게 나는 내가 얻은 카르마의 내 몫을 준다.

(마하보디 저널 1911년 1월 19일 판)

## 마하보디협회의 사업

베버 교수의 의견에 따르면 불교가 인도에서 사라진 것은 불교가 당시의 타락한 사람들에게는 너무 고귀한 우수한 도덕성 때문이다. 사람들이 불경하게 되는 데는 오랜 시간이 걸리지 않는다. 현대 일본의 예를 들어 40년 전의 사람들과 비교해 보라. 이전 세대는 산업화된 일본의 타락한 물질주의를 알지 못했다. 학자의 관점에 따르면 현대 일본인들은 예전 학교의 일본인들이 주목한 고대의 심미적 도덕성을 잊었다. 상업주의가 도덕성과 종교를 대신하고 있다. 인도는 약 9백 년 전에 도덕성을 잃기 시작했다. 사치스러운 문명 가운데 성스런 사람들은 번창했고 그들의 바로 그 번영 때문에 그들은 성스런 구세주가 심어준 높은 도덕성을 잊었다.

불교는 잊혔고 불순한 형식주의가 파고들었고 사람들은 타락했다. 아리아니즘(Aryanism)은 무기가 충돌하는 중에 쇠락했다. 이교도의 희생과 야만인 무리들의 연속적인 인도 침략으로 더욱 고귀한 도덕성에 치명적인 타격이 가해졌다.

현대 인도인들은 샹카라 시대를 넘어서지 못한다. 그들에게 고대 역사는 금기다. 라마야나(Ramayana)와 마하바라타(Mahabharata)의 이야기는 과거일이다. 벵갈의 사람들은 15세기 서기에 종교를 재설립한 누디아의 예언자에 대해 말한다. 차이타니야의 시대 넘어 인도의 역사는 공백기이다. 회교도의 광신과 우상파괴는 인도의 역사적 토대를 파괴하는 데 많은 역할을 했다. 인도의 고대 문학, 고대 미적 문명은 거대한 부를 강탈하러 온 침입자 무리에 의해 완전히 제거되었다. 천년 후에 인도는 새로운 시대의 문지방에 있지만 인도가 부족한 한 가지는 위대한 영적 지도자이다.

마하보디협회는 비불교국에 불법을 전파하는 포교를 시작한 현대 불교 역사에 있어 최초의 불교 조직이다. 인도는 한 때 성스러운 땅의 종교 중에 가장 선도적인 위치였지만 여래의 성스로운 교리를 완전히 잊었다. 26년 동안 마하보디협회는 아나가리카 다르마팔라의 몇 몇 친구들 덕분에 많은 장애에도 불구하고 계속해서 존속해 왔다. 그는 1891년 5월 협회를 설립했고 콜롬보 실론의 저명한 고승 고 수망갈라 대장로가 회장직을 맡았다.

1892년에 아나가리카 다르마팔라는 마하보디협회의 저널을 창간했고 지금까지 여전히 지속되고 있다. 현재는 콜롬보의 마하보디 출판에서 인쇄되고 있다. 불교국에 영어를 이해하는 불자가 적어서 저널의 구독자 수가 비용을 충당할 만큼 충분하지 않다. 저널은 불교국의 왕자들과 귀족들 뿐 아니라 전 세계 학식 있는 협회에 무료로 발송된다. 20년 동안 불교국의 부유한 불자 고위층이 마하보디협회의 목적을 확장하는 데 자비롭게 응하지 않았다는 것을 언급하게 되어 유감이다. 일본과 시암은 협회의 고귀한 목적을 증진하는 데 일말의 도움도 주지 않았다. 미얀마는 협회의 운영을 시작하는 데 자비롭게 시주하였지만 이후에는 16년 간 도움을 주지 않았다. 미얀마, 인도, 실론의 마하보디 저널의 수백 명의 구독자들은 구독료를 지불하지 않았고 이에 저널의 적자는 수천 루피에 달한다.

협회는 미얀마, 아라칸, 실론의 불자들의 도움으로 붓다가야와 베나레스의 사르나트에 두 채의 성지순례 숙박소를 세울 수 있었다.

아나가리카 다르마팔라의 모친 스리마시 말리카 헤와위따르네는 베나레스의 사르나트에 3에이커의 땅을 구입하도록 600루피의 최초의 시주를 보냈다.

비그나의 고 Raja는 2,000루피를 기부했고 이 금액은 사르나트에 10비거의 땅을 구입하는 데 쓰였다. 협회는 또한 가야에 부지를 구입했고 붓다가야를 방문하는 순례자들이 이용할 수 있는 성지순례 숙박소를 그곳에 세울 방법이 없어서 땅이 놀고 있다. 거의 15년 간 독지 불자들에게서 성지순례 숙박소를 지을 기부금을 받기 위해 노력했지만 이러한 목적을 위해 기부하려는 불자를 한 명도 찾을 수 없었다는 것을 말하게 되어 유감이다.

인도와 근접한 미얀마와 아라칸의 불자들은 도움을 구하는 편지를 받았을 때 그들은 인도에 관심이 없다고 답했다. 중국, 일본, 시암 등 독립 불교국들은 도움을 요청 받았을 때 자선은 고국에서 시작된다고 답했다. 거의 20년 간 협회는 실론 사람들에게서 거의 도움을 받지 못했다.

가장 유구하고 선도적인 포교 종교인 불교는 그 정신이 여전히 부진하게나마 남아있지만 그 탄생지에서 살아있는 힘으로서 존재하지 않는다. 마지막 포교는 9백 년 전에 벵갈에서 스리자나 디팡가라 아팃사 사람들에게로 티베트의 불교를 개혁하기 위해 행해졌다. 자바의 불교는 아랍 회교도들에 의해 약 5백 년 전에 파괴되었다. 중부 투르키스탄의 고고학자들의 연구에 따르면 불교는 천 년 전에 그 먼 땅에서 살아있는 종교였다.

고고학의 증거에 따르면 불교 사원이 11세기 벵갈의 왕 마히팔라(Mahipala)의 통치 기간에 벵갈과 마가다(Magadha) 지역에서 마지막으로 지어졌다. 13세기 초에 날란다(Nalanda)대학을 박티아르 킬지(Bakhtyar Khilji)가 파괴했다.

현재 건축 중인 벵갈의 최초의 사원은 캘커타의 칼리지 광장에 세워질 것이다. 이 부지는 태평양 하와이 호놀룰루의 인정 많은 부인인 포스터 부인이 기부한 22,000루피의 비용으로 구입되었다. 이 부인은 사원 건축을 위해 35,000루피를 더 기부했다. 아나가리카 다르마팔라는 1893년 10월 18일 호놀룰루에서 이 부인을 만났다. 부인은 그에게서 직접 붓다의 교리를 들었고 안정을 찾았다. 감사의 마음으로 그녀는 1904년부터 아나가리카가 인도에서 불교를 부흥하려는 데 도움을 주고 있다.

불교가 그 나라의 종교였던 그리고 왕이 사람들과 더불어 불교도였던 고대에는 왕이 붓다를 기려 사원을 짓는 것은 흔한 일이었다.

위대한 아소카 황제는 제국 전역에 84000채의 사원을 세웠고 그가 건설을 명령한 사원의 일부는 지금도 인도 각지에서 발견된다. 회교도의 지배 하에서 다른 나라의 불자들이 인도에 가는 것이 불가능했다. 붓다의 새로운 사원을 창건하는 것도 시도되지 않았다. 7백년에 걸친 오랜 기간이 지나고 불자들이 인도에 들어가고 영국 정부의 관대한 보호 하에서 한때 잊혀진 종교를 부흥할 수 있는 기회가 왔다. 캘커타에 최초의 사원을 건축하기 위해 불자와 힌두교도 모두에게 호소할 필요가 있다. 캘커타에 불사리를 안치할 사원을 건축하는 것에 대해 인도 정부에게서 받은 편지와 동봉하여 인쇄 안내물을 유일한 불교 왕인 시암의 왕에게 보냈다. 인도의 불자들의 특이한 지위를 알리며 황제에게 몇 가지 호소를 하였다. 시암 정부에서 직접적인 응답은 받지 못했고 우리는 캘커타에 최초의 사원을 건설하는 데 시암 사람들이 도움을 주지 않겠다는 것을 들었다. 인도가 불교국이었을 때 인도의 왕들과 붓다의 비구는 몽골 민족이 불법의 선물을 받도록 도왔고 인도의 문화가 무료로 주어졌다. 이제 인도가 도움이 필요하니 인도 불자들이 먼 불교국들에게서 받은 응답이 그리 낙관적이지 않다. 시암의 왕은 불자이고 "신념의 수호자"라고 일컬어진다. 우리는 인도 정부가 마하보디협회에 자비롭게도 기꺼이 수여한 붓다의 사리를 안치할 가치 있는 사원을 인도에 건설하는데 태국 국왕과 인도의 왕들이 도움을 줄 것이라고 진심으로 믿는다.

### 전쟁 대출

아나가리카 다르마팔라는 포스터 부인 기금의 신탁자로서 전쟁 채권에 18,000루피를 투자했고 바로다의 마하라자 전하의 데완이 50,000루피의 전쟁 채권을 사도록 요청했다. 데완은 편지를 써서 Maharajahs Saheb가 그렇게 하기로 동의했다고 말했다. 아나가리카는 또한 사원 기금의 9,000루피를 전쟁 채권에 추가 투자했다. 지난 해 마하보디 협회를 대신하여 그는 1,000루피를 카마이클(Carmichael) 전쟁 기금에 기부했다.

### 사원 계획

고고학부의 사무총장인 존 마샬 경은 사원 계획안을 친절히 준비했다. 설계는 아잔타 사원 건축에 기초했고 정교하게 행해졌다. 사원이 세워지면 캘커타의 명소가 될 것이다. 우리는 존 마샬 경에게 자비롭게 행한 친절한 봉헌에 대해 감사해야 한다. 설계에 따르면 건물을 완성하기 위해 적어도 10만 루피가 필요할 것이다. 따라서 우리는 붓다를 사랑하는 사람들이 기꺼이 사원 기금에 자유로이 기부할 것을 희망한다.

하와이의 굉장히 먼 나라에서 한 부인이 인류의 구세주를 기념하며 사원을 건축하는 데 기쁘게 기부하는 동안 일본, 중국, 시암, 미얀마, 실론의 불자들은 마하보디협회가 제기한 호소에 응답하지 않았다는 것은 놀라운 일이다. 변함없는 대답은 그들이 인도에 관심이 없다는 것이다. 자비로운 포스터 부인이 이미 35,000루피를 시주하였고 아나가리카 다르마팔라가 10,000루피를 기부하였다.

　인도 정부는 붓다의 바티프롤루(Bhattiprolu) 사리를 베나레스의 사르나트에 안치하도록 마하보디협회에 수여하는 데 동의했다. 그리고 정부는 가치 있는 사원이 그곳에 지어지기를 기대한다. 포스터 부인은 사르나트 사원을 건축하는 데 18,000루피를 자비로이 기부했다. 이 금액은 인도 정부가 붓다 사리를 협회에 수여하기로 결정하기 수년 전에 기부되었다.

　붓다가 2500년 전에 열반 교리에 대한 첫설법을 한 신성한 곳이었던 사르나트에 인도 정부가 60,000루피의 비용으로 세운 불교조각박물관(Museum of Buddhist Sculptures)이 있다. 수 년 이내에 마하보디협회가 그 곳을 불교 문학 연구의 중심으로 만들 수 있기를 기대한다. 힌두 대학이 지어질 때 불교와 힌두교가 베나레스에서 손을 잡고 세계 구원을 위해 일하기를 희망하자.

　"증오로 증오를 멈출 수 없다. 사랑으로 증오를 멈출 수 있다." 붓다는 가르쳤다. 붓다는 우리에게 해야 할 것을 가르쳤다.
　"사랑으로 증오를 정복하라
　정의로 악을 정복하라
　진실로 거짓을 정복하라
　자비로 탐욕을 정복하라"

　파괴가 아니라 사랑으로 개혁은 이루어질 수 있다. 파괴로 낭비되는 시간은 자기희생의 이타적인 일에 쓰일 수 있다. 노란 장삼을 입은 오래 전 비구는 그들이 배운 것을 대가없이 주었고, 마을 사람들과 아이들에게 예술과 과학을 가르쳤고, 각 마을은 문학 활동의 중심이었다. 붓다의 비구가 정착하는 곳에 마을 사원, 숙박시설, 마을 학교, 마을 놀이터, 마을 수조, 마을 공원, 마을 법정이 존재하게 되었다. 자기 관리는 붓다의 기본적인 교리이다.

"Atta dipa viharatha atta sarana ananna sarana, 너 자신을 등불로 삼고 법을 등불로 삼아라."

붓다의 지혜는 삼장(三藏)에서 알 수 있고 고대 성스런 윤리, 철학, 심리학, 인도 역사를 포함하고 있다. 이 배움의 창고는 고대인도 사람들의 유산이었지만 오늘날 이 귀중한 유산은 인도에 없다. 1000년 동안 실론은 성스러운 보물을 보존해 왔고 이 보물을 다시 인도로 보낼 때가 왔다. 팔리어는 캘커타 대학의 연주 과목이 되었고 마하보디협회는 16년 전에 최초의 팔리어 문법을 출간하고 팔리어 수업을 시작한 최초였다. 비드야부사나(Satish Chandra Vidyabhusana)의 이름은 인도 팔리어 연구의 개척자로 마하보디협회의 노력과 언제나 관련이 될 것이다. 수백만의 젊은 인도인이 팔리어를 배울 때 인도 부흥의 영광스러운 새벽이 올 것이다. 신은 존재하지만 붓다는 죄를 범하는 죽을 운명의 인간에게 지혜를 주었다.

마하보디협회는 어머니 인도의 부유한 자손들이 데바나가리 언어로 빠알리(Pali) 삼장(三藏)을 인쇄하려는 노력을 하기를 진심으로 희망한다. 본생경(Jataka) 이야기는 고대인도 역사를 공부하는 학생에게 영원한 관심의 대상이다. 그것이 힌두어와 벵갈어와 다른 인도 현지어로 번역될 때 마을 사람들은 그 안에서 미적 즐거움의 정원을 발견할 수 있을 것이다. 수백만의 인도의 무지한 사람들을 위하여 우리는 본생경을 번역할 조직적인 노력이 이루어지길 희망한다. 영국 사람들은 영어로 500개의 본생경 이야기를 가지고 있다. 지치지 않는 학자들과 리스 데이빗 교수는 로마 문자로 팔리어 경전의 많은 부분을 출판했다. 그들은 많은 수의 경전을 영어로 번역했다. 불교로 개종한 스코틀랜드 인 실라차라(Silachara)스님은 랑군에서 경전을 영어로 번역하며 정력적으로 일하고 있다. 유럽 전역의 학자들은 붓다의 경전을 편집하거나 번역하는 일에 종사한다. 찬드로 보세(Sri charu Chandra Bose)는 "법구경"를 벵갈어로 번역했다. 벵갈 불자 협회(Bengal Buddhist Association)는 크리파 스님과 스와미 푼냐단다의 지도하에 치타공의 불자들의 복지를 위해 힘차게 활동한다.

불자만이 스승의 가르침을 외국에 전파하는 데 소극적인 것은 침울한 사실이다. 전체 불교 국에 거의 백만의 비구가 있지만 이들은 세상에 도움이 되지 않는다. 인간의 행복의 양을 증가하려고 열심히 노력하지 않는 이는 삶을 헛되이 사는 것이다. 감미로운 열반의 환희보다 도덕적 활동의 삶이 더욱 위대하다. 붓다는 35세부터 80세까지 하루 22시간 일했다. 6년 동안 그는 지식을 얻기 위해 숲에서 최고의 투쟁을 했다. 고대 선인(仙人 : Rishis)은 시간을 년 단위로 세었지만 붓다는 시간 단위로 세었다. 붓다의 배분 하에서 한 시간은 일 년과 동일하고 교화활동은 그가 매일 16,200일 동안 설법한 것이었다. 그는 매일 22 시간 신과 인간의 세계에 선을 행하는 데 썼다. 45년 동안 그의 축복받은 삶은 세계의 복지를 위해 일하며 256,400시간을 썼다. 그의 노동의 결과는 여전히 가시적이고 영광적인 모범을 따르기 위해 자기희생의 봉헌을 하는 젊은이들이 있다면 다가오는 수세기 동안 눈에 보일 것이다.

1891년 7월 이후로 26년 간 아나가리카는 군주와 부유한 불자들의 후원 없이 혼자서 여래의 잊혀진 교리를 되돌리기 위해 모든 노력을 다했다. 그는 시기가 되면 인도의 최고의 자손들이 붓다의 사랑의 기치를 지지하고 수백만의 인도인에게 그의 지혜와 사랑의 복음을 설법하리라는 희망으로 가득 차서 인내심 있게 애써왔다. 수백만 사람들이 필요한 것은 깨달음이다. 수백만의 상황을 개선하기 위해 인도의 스승들에게 필요한 필수적 자질은 사랑, 연민, 이타심이다.

만일 모든 인도가 마하보디협회에 20만 루피를 기부한다면 불교 탄생국에서의 연민과 지혜의 종교를 부흥하려는 완전한 계획이 효력을 발휘할 수 있을 것이다. 인도는 많은 신을 가지고 있고 인도가 필요한 것은 지혜이다. 붓다의 반대자들은 붓다가 신의 존재를 설법하지 않았다고 말한다. 그러나 바라문은 그가 신의 환생이라고 말한다. 그러면 신이 다른 신을 어떻게 설법할 수 있는가? 라마(Rama)와 크리슈나(Krishna)와 같은 비쉬뉴(Vishnu)의 다른 화신들은 무신론자라로 비난받지 않는다. 어떻게 붓다가 무신론자로 비난받고 그럼에도 불구하고 신의 화신이라고 인정받을 수 있는가?

붓다는 인간 행복의 양을 성취하고, 순화하고, 증가시키기 위해 왔다. 그는 그가 "중도(中道)"라고 부르는 그곳으로 가는 길을 가르쳤다. 그의 변치 않는 인과법과 업보의 법칙에 기초한 과학적 교리에서 어디서, 왜, 어디에 대한 숙고가 차지할 자리가 없다. 그는 영원한 분리된 영혼을 단정하는 신앙을 거부했으며 허무주의적 관점을 가르치는 사상체계를 비난했다. 붓다가 말하기를 미래를 두려워하지 않는 자와 즐거움을 즐기는 자는 그의 가르침을 받지 않을 수 있다. 그러나 진지한 사고를 하고 진실을 추구하는 데 성실한 자는 확실히 가르침을 들을 것이다. 여래의 가르침은 단순하고 하나의 게송으로 표현된다.

모든 악을 피하라 (생각, 말, 행동 속의)
끊임없이 선을 행하라 (생각, 말, 행동 속의)
마음이 빛나게 하라 (삼매를 통해)
그러한 것이 붓다의 가르침이다.

석가모니 부처님의 성스러운 법 〈법구경〉, 2절, 1917

## 고대인도 불교 성지로의 순례

거의 1000년 전에 회교도의 인도 침략은 불교에 파괴적이었다. 회교도들은 나라를 정복하는 데 만족하지 않고 신상의 동떨어진 모습을 가진 모든 것을 증오했다. 고대 아라비아인은 알라를 주신으로 하며 일 년의 매일을 위한 성상을 가지고 있었다. 모하메드는 이 모든 것을 파괴하려는 노력에 있어 성공을 거두었다. 알라는 신중에 으뜸이었고 사람들이 숭배할 가치가 있는 유일신으로 여겨졌다. 우상숭배는 폐지되었지만 수세기동안 남아서 아라비아인의 존경을 받는 검은 돌(Black Stone)은 숭배가 허용된다. 인간이 받아들이는 이론을 수행하는 데 있어 일관성이 없는 것은 인간의 심리적 약점이다. 예를 들어 모든 것의 운명이 미리 결정되어있고 피할 수 없는 것을 바꾸려고 노력하는 것은 소용없다고 믿는 운명론자들도 다가오는 재난을 피하기 위해 하늘에 청할 것이다. 운명론자, 이신론자, 물질적 허무주의자들은 일관성을 유지하려면 완전히 수동적이어야 한다. 그리고 다가오는 악을 제거하기 위해 행동으로 기도로 노력하지 말아야 한다.

우상숭배 하는 아랍인은 일 년의 하루하루를 위한 우상을 가지고 있지만 검은 돌(Black Stone)과 더욱 지속적인 관계가 있다. 매일 그들은 그 돌을 숭배하고 그것에 입 맞추지만 그들이 숭배하는 신들은 각각 하루씩 나누었다. 그래서 오늘 숭배되는 신은 다음해 다음 기념일이 올 때까지 1년 동안 잊혀진다. 신을 포기하는 것은 쉽지만 성스러운 돌은 그렇지 않다. 그 돌은 건전한 진실 속에서 아라비아의 모하메드 이전 종교에 속한다.

모하메드 이전의 종교 지도자들은 천국에 가기위해 전쟁터에서 죽어가는 교리를 설법했다. 바가바드기타는 전쟁노래로 의도되었고 아르주나가 그의 적 모두를 죽이라는 종교적 허가를 받지 않았다면 마하바라타 전쟁은 일어나지 않았을 것이다. 예수 그리스도는 그의 제자들에게 옷을 팔아 칼을 사라고 가르쳤다. 그 자신은 혁명가로 암시되었고 그가 살았던 삶은 불행하게도 당대 사람들의 오해를 받았다. 현재 사람들은 19세기의 너무나도 이상화된 삶을 평가하기에 적합한 심판은 아니다. 우리는 당대에 살았던 사람들처럼 자료를 그들의 공적에 따라 받아들이지 않고 역사적 사실을 감상주의로 대체한다.

가장 이상적인 절대적인 자기희생, 사랑, 친절, 자비 등은 한 명, 붓다를 제외하고는 어떠한 역사적 인물에게서 발견할 수 없다. 붓다 이전 그리고 이후에 종교적 선전들은 있다. 그들 삶에 대한 공평한 평가는 그들이 절대적 연민, 금욕, 활동, 완벽한 자유, 무한한 인내, 포용에서 부족하다는 것을 보여줄 것이다. 오늘날 세계의 존재하는 종교는 브라만 다신교, 베단타 범신론, 유교, 도교, 자이나교, 유대교, 신도, 기독교, 조로아스터교, 힌두교가 있다. 소수의 인도 종교가 모하메드 정복 이후에 조직되었고 그 영향력은 특정 민족과 영역에 국한된다.

북부 인도는 Nanak, Kabir, 벵갈 Gourange-Chaitanya, 남부인도 샹카라, Ramanuja, Madhava를 만들어냈다. 19세기 현대인도 종파는 Brahmo Samaj, Arya Samaj, Prarthana Samaj와 Deva Samaj가 있다. 오늘날 인도에서 숭배되는 신들은 Vishnu, Siva Kartik, Ganesh가 있고 여신은 Parvati, Lakshmi, Saraswati, Durga, Kali, Bhadra Kali가 있으며 화신은 Rama, Krishna, Balarama가 있다. 이 화신들은 각 배우자 즉 Sita, Radha와 연관되어 있다. 원숭이 신 Hanuman과 황소의 신 Siva가 또한 숭배된다. Kapila, Yajnavalkya, Gautama, Vyasa, Agastya, Rishis가 또한 존경받는다. Bharadmaja, Vasista, Koundanya, Sandilya, Gautama, Atreyya, Kasypa

에서 혈통을 추적한 브라만이 발견된다. 발가벗은, 단지 1피트 너비의 Langotis를 입은, koupina를 입은, kambale를 입은, 황토색 옷을 입은, 사슴 가죽과 호랑이 가죽을 입은 고행자들은 인도의 전역에서 만날 수 있다.

말, 눕는 것, 하루 이상 한 장소에서 사는 것, 딱딱한 음식을 먹는 것, 음식을 구걸하는 것을 절제하기로 맹세한 고행자들이 있다. 먹이가 다가올 때까지 움직이지 않고 기다리는 보아뱀처럼 고요히 기다리는 고행자도 있다. 이러한 고행자들은 공공연히 음식을 요구하지 않는다. 그들은 누군가가 음식을 가져다 줄때까지 한 마디도 없이 기다린다. 때로는 이삼일 동안 음식이 오지 않고 그들은 극심한 배고픔 속에서도 한 마디로 하지 않는다. 강렬한 태양광선 아래의 뜨거운 모래 위에 눕는 고행자도 있다. 어떤 고행자는 자신을 나무에 매달고 박쥐처럼 산다. 한 발의 고행자도 있고 손을 든 고행자도 있다. 길에 버려진 음식만 먹는 개-고행자도 있고 죽은 인간의 살을 먹고 와인을 마시는 두개골-고행자도 있다. 'Hari, Om', 'Ram Ram', 'Maahadeva', 'Bum-bum', 'Narayan', 'Radha-Krishna', 'Sita-Ram', 'Radha-rani', 'Durga', 'Kali-ma', 'Ganga-ma'를 반복하는 신자도 있다. 헝클어진 머리, 소똥 재, 마리화나, bhang, charu, sidhi 는 금욕하고 Paramahansa가 되는 고행자인 Vairagi의 필수조건이다.

찬물을 마시지 않고 땅에서 나오는 어떤 것도 먹지 않는 자이나교의 니간타(Nirgrantha)가 있다. 불과 공기에 사는 영혼의 파괴를 피하기 위해 마하비라 나타푸타(Mahavira Nathaputta)의 추종자들은 밤에 타는 불을 피하고 영혼이 그들 몸으로 들어가는 것을 막기 위해 입과 코를 막는다. 땅거미가 진 후에는 집에서 불을 피우지 않는 교리를 엄격히 따르는 주택 소유자도 있다. 아마도 독자는 이 사람들이 밤에 음식을 삼가는지 물어볼지도 모른다. 그들은 삼가지는 않지만 모든 남성, 여성, 아이들은 어스름 전에 음식을 섭취한다. 여기까지는 좋다. 유일한 불일치는 그들이 마지막 완성까지 이 원칙들을 지키지 않는다는 것이다.

인도 사회의 현대 상태는 정치, 사회, 윤리 분야에 천년 이상의 혼란의 결과이다. 인도 사회는 18세기 이후 쇠퇴하기 시작했다. 사람들을 움직였던 더 고귀한 도덕성은 쾌락적 윤리의 체제로 퇴보했다. 중국 구법승 현장은 기원후 629년에 인도를 방문해 사람들의 사회학적 상황과 종교적 상황을 연구하며 거의 16년 동안 반도 전역을 여행했다. 여행의 기록은 서양의 불교 기록의 제목으로 2권으로 체현되었다. 책이 아직 외국인의 노예가 되기 전의 사람들에 대해 설명하기 때문에 인도 역사 학생들에게 그 책은 계산할 수 없는 가치를 가졌다.

현장 당시 인도에는 셈어계의 종교가 존재하지 않았다. 기독교도 이슬람교도 아시아에서 파괴적인 이력을 시작하지 않았다. 세상을 위해 기쁘게도 이 두 종교는 후에 세상에 나왔다. 지난 천 년간 이 두 종교의 추종자들이 셈어계 신의 이름으로 저지르지 않은 잔인함이 있겠는가? 오랜 문명의 파괴, 이집트, 중앙아메리카, 중앙아시아, 인도, 실론, 자바의 귀중한 기록과 역사적 도서관의 방화는 그들이 종교적 행위를 하는 자극을 받아 잔혹한 파괴에 참여한 인간의 야만적인 성향 때문이다. 파괴에서 기쁨을 느끼는 것은 야만인뿐이다. 인간은 낮은 발달 단계의 성향에서 잔인함을 지닌다. 진정한 인간의 더 고귀한 성품을 이끌어내는 윤리적 발달은 정의가 만연한 상황에서 가능하다. 코르테르와 피사로는 고대의 유서 깊은 사리를 파괴했고 지상에서 스페인인보다 더 온화한 성격을 가진 민족을 제거했다. 로마 가톨릭 기독교도 또한 알렉산드리아를 근거지로 하는 이집트인의 종교를 파괴한 책임이 있다.

아시아에서 종교 탄생지에서 멸종을 겪은 종교로는 기독교, 조로아스터교, 불교가 있다. 기독교는 팔레스타인에서 조로아스터교는 페르시아에서, 불교는 중앙아시아, 간다라, 인도에서 뿌리 뽑혔다. 브라만교가 받은 충격은 죽을 정도는 아니지만 너무나 강력해서 마비가 왔다. 아름다운 것의 모든 보고인 예술품, 역사적 서적, 사원이 모두 재로 사그라졌다. 이 깨달음의 시대에 사는 우리는 단지 오늘날 미얀마와 일본의 사회적 상황과 이슬람의 영향을 받고 있는 아라비아와 서아시아의 유목부족을 비교해야 한다. 그러면 차이가 곧 밝혀질 것이다. 오늘날의 미얀마는 종교의 산물이고 일본도 그러하다. 회교도에 의해 파괴된 나라에 사는 민족들은 간다라, 스웨트, 치트랄에서 최근 발굴된 유적의 문명을 이루었다. 중국 구법승 법현과 현장은 기독교 시대의 5, 7세기에 이 나라들을 방문했다. 이 나라들의 종교가 파괴되지 않았더라면 우리는 오늘날 미얀마, 일본, 시암에서 볼 수 있듯이 스웨트, 치트랄, 아프가니스탄, 카쉬가르, 캐시미어, 펀잡에 그 국민들에게 영원히 영향을 주는 불교를 유지했을 것이다.

인도에서 불교가 샹카라에 의해 파괴된 것은 잘 알려진 과거이다. 코모린 곶에서 히말라야까지 이러한 과거가 반복되었다. 역사적으로 우리는 불교가 현장이 7세기에 방문했을 당시 살아있는 종교였다는 것을 안다. 11세기까지 통치했던 뱅갈의 Pala 왕들은 모두 여래의 추종자였다. "Dasa Vatara Charita(10가지의 화현)"와 "Avadana Kalpalata"를 쓴 캐시미르 시인인 크셰멘드라는 불자였다. "Malati Madhava"로 알려진 시가 지어질 당시는 불교가 살아있는 종교였다. 종파 문하생들과 샹카라 사이에 분파적인 논쟁이 있었을지 모르지만 시대를 역사적으로 고찰하지 않고 그가 회교도 우상파괴주의자들이 불상과 신상을 파괴하는 데 일조했다고 주장하는 것은 그러한 과거를 약화시킨다. 캘커타와 마투라의 박물관에 잇는 비쉬누, 시바, 다른 신들의 상을 보면 두 종교의 밀접한 관계를 명백히 암시해 준다. 마투라의 박물관에는 조각상이 하나 있는데 그 윗부분은 불교풍이고 아랫부분은 사이바이트(시바숭배)풍이다. 붓다가 연꽃에 앉아있고 양쪽의 천신은 화환을 가지고 있다. 그리고 시바와 파르와티, 가네쉬, 카르틱으로 구성된 가족이 있다. 최근 편잡 정부가 발행한 스테인 박사의 상세한 고고학 보고서에 의하면 부네르, 스웨트, 유스푸자이의 고대 불교 성지를 방문한 저자는 무엇보다도 다음과 같이 쓰고 있다.

"이 암각화와 그 후 Padshah 인근 Bhai에서 연구한 암각화의 순수한 힌두 특징은 특별한 관심을 받을 지점이다. 중국 순례자의 이야기 기록에 의한 독점적 참고에 따르면 불교가 힌두 종교 체계의 모든 대중적인 특징과 밀접히 연관되어있는 인도외의 다른 곳에서처럼 고대 Udyana에서 지배적인 신념이었다고 추정되는 추가적 증거이다. 이러한 결론은 현재 입수 가능한 다른 증거로 완벽히 증명된다." 스타인의 고고학 보고서(Stein's Archaeological Report) 14쪽

남인도와 서인도에서 마가다(Magadha), 벵갈, 오릿사, 칼링가의 갠지스와 잠무(Jumma)유역의 나라들에서 바미안, 발크, 카쉬가르, 코탄, 치트랄, 칸다하르, 캐시미어, 펀잡에서 뿌리를 내린 위대한 종교는 어떻게 되었는지에 관한 문제의 해결은 믿을 만한 역사적 증거가 있을 때까지는 가능하지 않다. 인도가 불교 통치를 받을 때 가졌던 문학은 어디에 있는가? 우리는 동아시아에서 온 법현, 현장, 의정과 다른 비구들이 불교 서적을 수집하기 위해 인도를 방문했던 것을 알고 있다. 그들은 중국으로 모든 불교 경전을 가져가는 데 성공했다. 기원 후 7세기까지 인도의 문학은 헌신적인 비구의 노력 덕분에 중국의 사원 도서관에서 찾을 수 있다. 중국의 사원에서 이러한 고대 필사본을 찾을 수 있는 것은 학자를 위해서만 가능한 거대한 일이다. 오늘날 인도에 가치 있는 기록을 찾기 위해 티베트나 중국의 핵심을 파악할 능력이 있는 학자가 없다는 것이 유감이다.

중국 구법승 현장은 팔리 경전의 고대 Kanya Kubja인 Kanouj의 유명한 왕인 바르다나(Siladitya Harsha Vardhana)의 왕궁을 방문했다 이 왕은 기원 후 610년에서 650년까지 통치했다.

현장에 따르면 이 위대한 왕은 60,000마리의 전투 코끼리와 100,000명의 기병을 가지고 있었다. 30년 후에 그의 군대는 휴식

을 취했고 그는 모든 곳을 평화롭게 통치했다. 그런 후 그는 극기의 법칙을 최대한 실천했고 자고 먹는 것을 잊을 정도로 종교의 가치의 나무를 심기위해 노력했다. 그는 5개의 인도국 전역에 죽음의 고통에서 용서를 구하지 않고 어떠한 살아있는 생명체나 살을 음식으로 살육하는 것을 금지했다. 그는 갠지스 강둑에 수천 개의 탑을 세웠고 각각의 탑은 약 100피트의 높이였다. 그는 인도 전역의 도시와 마을의 모든 교통로에 공덕장(Punnasalas)을 세우고 음식과 음료를 제공했다. 그곳에 의학약품과 의사를 상주시키고 주위의 여행자와 가난한 이들에게 아낌없이 주었다. 붓다의 성스러운 흔적이 있던 모든 곳에서 그는 가람을 세웠다. 5년에 한번씩 Moksha라 불리는 거대한 집회를 열었다. 구호품으로 주기에 적합하지 않은 병사들의 무기만 남기고 모든 보물을 비워 자비롭게 나누어 주었다. 여행을 계속하며 그는 모든 종류의 종교를 가진 부하들에게 상질의 고기를 제공했다. 불자승들은 아마도 천명쯤 되었는데 브라만이 5백이었다. "현장의 서역기(Hiouen Thsang's Records of the Western World" 1권 214쪽

이 모든 것으로 보아 불교가 7세기에 번창했다는 것이 분명하다. 만일 샹카라 (行)가 성공했더라면 불교를 파괴하며 팔라 왕 이후로 그의 노력이 계속되었을 것이고 이는 11세기까지 기록이 전해졌을 것이다. 추측을 과감히 말하는 것은 다소 위험하지만 모든 역사적 자료를 고려해 보면 불교의 연구가 방치되었다고 생각하는 것이 가능하다. Buddhist Text Society's journal에서 출간된 '디팡카라 아팃싸'의 그의 삶에서 Sarat Chandra Das는 9세기에 마가다(Magadha)에서 불교에 대한 이야기를 해준다. 아팃싸는 티베트

포교를 시작하기 전에 그가 떠난 후 2가지 이유로 불교가 쇠퇴할 것이라는 예언을 했다. 즉 비구의 불교 경전 연구가 쇠퇴하고 먼 곳에서 투룩카스의 침입이 다가오는 어렴풋한 징조가 그것이다. 아틋싸는 980년에 벵갈의 비크람포르에서 구르의 왕족에서 태어났다. 그의 아버지는 왕족이었고 그의 어머니는 브라만이었다. (J.B. Text Society 1권 1부 7쪽 주석 참고) Naya Pala는 당시 벵갈을 통치하고 있었다. 아틋싸 당대에 비크라마 사원에는 8,000명의 비구가 있었다. 그가 티베트로 떠난 것은 인도 불교의 쇠락의 징조였다. 그가 없자 많은 수도원이 비게 된다. 희미하게 다가오는 징후들은 인도에게 닥칠 악을 예시했다. 수많은 투룩카스가 인도를 침략하고 있었다. - B.T.S 저널 24쪽. 이 위대한 벵갈의 스님은 1053년 73세에 티베트 라싸 근처 네텐에서 입적했다.

아틋싸가 남긴 기록을 믿는다면 11세기에 벵갈에는 불교가 있었음이 분명한다. 서인도, 캐시미어, 간다하르의 불교는 Atisa 시대에 파괴되었음이 분명하다. 벵갈에는 12세기 후반에도 불자가 있었다. 최후의 타격은 1,200년에 박티아르 킬지(Bhaktiar Khiliji)가 오단타푸리(Odantapuri) 사원을 파괴하며 2,000명의 비구를 죽인 사건이다.

붓다의 교리는 그것을 돌볼 관리인이 있는 동안만 지속된다. 잘 돌봐야하는 보석과도 같다. 비구가 그 계율을 잘 그리고 진정으로 지키는 한 불교는 살아있을 것이다. 불교가 회교도의 침입으로 파괴되지 않았다면 우리가 일본, 시암, 미얀마에서 보는 것처럼 바미안, 아프가니스탄, 간다하르, 현재의 유스프자이, 치트랄, 캐시미르에는 행복한 민족들이 거주하고 있는 장엄한 광경을 볼 수 있을 것이다.

인도에서 불교가 완전히 파괴되며 비구가 대학살되고 성스런 경전이 불태워지고 사원이 파괴되었다. 공격에서 살아남은 재가신도들은 브라만의 추종자가 되거나 회교도를 받아들였다. 이 성스러운 Aryavarta에서 거의 15세기동안 존재했던 위대하고 성스런 종교의 빛이 꺼졌고 어둠이 그 자리를 채웠다. 거의 불교는 북인도에서 900년 동안, 벵갈과 비하르에서는 거의 700년 동안 잊혀졌다.

이 오랜 기간 후 처음으로 마하보디협회가 고대 aryavarta의 잃어버린 교리를 되찾으려는 시도를 하고 있다. 1892년부터 협회는 시암, 일본, 미얀마, 실론의 불자들이 그들의 성스런 국가에 관심을 갖도록 모든 노력을 다 해오고 있다. 지금까지는 그 노력에 있어 성공적이지 못하다. 인도에 교리를 전파하려는 원은 아직 이 사람들에게 닿지 않았다. 시암의 왕과 민족은 불자이지만 그들에게는 비불교도에게 불법의 축복을 전하려는 사랑과 원이 없다. 오늘날 불교국에서 자기희생적인 비구를 발견할 수 없다. 고대 인도에서 비구는 위대한 경건함의 존재였다. 그들은 외국에 불법을 전하기 위해 히말라야와 바다를 가로지르면 위대한 희생을 하며 삶을 영광스럽게 했다. 시암, 미얀마, 티베트, 일본, 실론은 인도에 감사를 표해야할 의무가 있다. 시암의 왕은 인도에서의 포교를 도울 위치에 있다. 황제의 아들 중 한 명을 삭발하는 의식에서 한 연회의 비용만으로도 인도의 포교의 기반을 세우기에 충분하다. 성스러운 불법의 영향을 미칠 수 있는 사람으로 서인도에는 천 오백만 명의

Panchamas가 있고 인도 전역에는 일억 4천만의 카스트 하층계급이 있다.

다음 수치는 1891년 인도 인구조사 보고서에서 발췌되었다.

| | |
|---|---:|
| 군인 카스트 | 29,393,870 |
| 지주 | 47,927,361 |
| 사원 하인 | 320,530 |
| Kayasthas | 2,239,810 |
| 목축 카스트 | 11,569,319 |
| 농업력 | 8,407,996 |
| 브라만 | 14,821,732 |
| 상인 | 12,148,597 |
| 금세공업자 | 1,661,088 |
| 이발사 | 3,729,934 |
| 대장장이 | 2,625,103 |
| 목수 | 30,442,201 |
| 직공 | 9,369,902 |
| 세탁업자 | 2,8240451 |
| 양치기 | 5,112,175 |
| 기름장이 | 4,672,907 |
| 도공 | 3,497,309 |
| 선화가 | 1,5310430 |
| 쓰레기 청소부 | 6,363 |
| 어부 | 8,261,878 |
| 야자술 제조업자 | 4,785,210 |

| | |
|---|---|
| 도축업자 | 605,890 |
| 무두 기술자 | 14,003,110 |
| 마을 경비 | 12,808,300 |
| Mehters(거리청소부) | 3,984,303 |
| 부랑자 | 400,969 |
| 수행자, 즉 | |
| Gossain | 321,612 |
| Bairagie | 275,604 |
| Vaishnava | 469,052 |
| 사두 | 376,130 |
| Baba | 66,115 |
| Fakir | 8300431 |
| 인도 거주 유럽인구 | 166,428 |
| 유라시아인 | 81,044 |
| Parsis(배화교도) | 89,618 |
| 인도 기독교인 | 1,807,092 |

총 286,205,456명의 인구 중에 문맹이 아닌 자로 칭할 수 있는 인구는 12,071,249명이다. 이 중 541,628명이 여성이다. 군인 카스트, 지주, Kayasthas, 상인, 브라만이 고위 카스트 힌두의 범주에 속할 것이다. 그 수와 인도 회교도인의 수를 빼면 1억 4천만 명의 소위 하층 카스트인이 있다. 인도에서 광범위한 무지를 생각해 보자. 2억 8천 6백만 인구 중에 단지 1천 2백만 명이 읽고 쓸 수 있다. 2억 7천 4백만은 초등 과학의 제1 원칙도 모른다.

현재 불자들을 위한 거대한 책임 있는 과업이 있다. 영국인과 미국인들은 사람들을 자신의 종교로 개종하려고 매년 수백만을 소비하고 있다. 백년의 활동이 인도에 단지 1,807,092명의 원주민 기독교인을 생산해냈다. 이들은 거의 하층민 출신이다. 기독교는 인도 사람들의 종교가 될 수 없다. 하층민만 개종하는 데도 현재의 개종속도로는 140세기가 걸릴 것이다. 이슬람 정복자들은 미개척지를 두고 이슬람 교리를 받아들기를 거부한 수백만의 인도 사람들을 죽였다. 회교도 침략기에 코란을 받아들인 것은 단지 최하층민 뿐이었다.

카스트의 영향밖에 있는 수백만 명의 인도인에게 축복을 가져올 유일한 종교는 불법이다. 베다(Vedas)는 하층민과 수드라(Sudra)를 위한 것이 아니다. 단지 두 번 태어난 사람만이 그것을 공부할 수 있다. 따라서 그것에는 보편성은 없다. 붓다는 카스트를 거부하고 카스트가 없는 상태를 환영했다. 그는 자신을 절대적으로 희생했고 무지한 대중에 교리를 가르쳤다. 상위계층은 자신의 베다(Vedas)를 가지고 있다. 2억8천6백만의 사람들 중에서 1천4백만의 브라만, 2천9백만의 군인 카스트, 4천7백만의 일반 지주, 1천2백만의 상인과 2백만의 Dayasths가 인도 사회에서 중요성을 지닌다. 베다 종교는 수드라와 하층 계급을 인식하지 않는다. 인도에는 이렇게 무시되는 1억4천1백만의 사람들이 있고 그들은 무지, 미신, 운명론의 희생자이다. 그들을 더 높은 수준으로 끌어올리기가 우리 일본, 미얀마, 시암, 실론 불자 형제들의 목표가 되어야 한다.

인도는 당연히 붓다에게 속한다. 4 아승지(阿僧祇 : asankhya)와 100,000겁 동안에 카필라성의 왕자는 세상을 구하는 위대한 일을 하기 위한 준비를 하기 위해 수십억 번 인도에 태어나야 했다. 카필라성의 왕자는 그의 왕궁, 그의 교양있는 젊은 부인과 그의 외아들을 성년이 절정기에 포기했다. 그가 위대한 출가를 한 것은 그의 나이 29세 때였다. 예언자는 자신의 나라에서는 존중받지 못한다는 속담은 종종 반복된다. 그것은 중요하지 않은 어리석은 속담이다. 그는 자신의 나라에서 존경받지 못한 예언자가 아니었다.

붓다의 위대함은 모두들 인정했다. 그는 생애 모든 인도인의 신이었다. 숫따니빠따(Sutta-Nipata)의 Pabbajja Sutta에서 보살인 고행자 왕자는 빔비사라왕에게 강연하며 말했다.

"왕이여, 히말라야 자락에 , 사카족, 태양의 후손이 산다. 내가 여기 태생이다." 모든 왕족 중 가장 자랑스러운 왕족은 사카족이다. 인도에서 통치한 왕들의 태양 혈통의 가계도에서 사카 왕이 언급되었다. 모든 왕들은 그 앞에서 절했고 그의 아버지, 고모, 사촌, 친척들은 그의 제자가 되었다. 모두들 그를 스승이자 구세주로 여겼다. 그가 아버지의 요청으로 카필라성으로 갔을 때 14,000명의 비구가 그를 호위했다. 신성한 부하로 된 영광스러운 군대였다. 그가 카필라성의 대림(Mahavana) 정원에 있을 때, 만 개의 세상에 사는 신적인 존재가 그의 감미로운 목소리를 들으러 왔다. 어떤 천신은 노래한다.

붓다의 위안을 구하는 자
고통의 왕국으로 가지 않을 것이다
인간의 몸을 벗어 던질 때

천상의 왕국으로 가리라

(마하보디 저널 1889년 6월-7월호에서)

(마하보디 저널 40권 1932년 4월-5월호)

## 붓다가야 : 가장 신성한 불교 사원

베나레스와 사이바이트(시바숭배)에 대한 관계, 가야의 Vishnupad와 사이바이트, Vaisnavites에 대한 관계, 메카와 회교도인에 대한 관계, 예루살렘과 기독교인, 유대인에 갖는 관계는 붓다가야와 세계의 불자들에 대한 관계와 같다. 붓다가 아래와 같이 되었던 2506년 전에 붓다는 Vaisakh의 달 보름날에 그늘을 제공한 보리수에 보였던 감사를 통해 성지를 신성시했다.

세계의 구세주
붓다, 싯다르타 왕자는 지상에 맞춰져
지상, 천상, 지옥에서 유례없는
모든 영예의, 가장 현명한, 최고의, 가장 동정심 많은
열반과 불법의 스승
아시아의 빛

붓다가 말하기를 탄생지, 성도지, 초전법륜지, 열반지, 즉 카필라성, 성도지의 금강보좌, 베나레스, 쿠시나라라는 신성한 네 곳을 순례하고 죽음을 맞이한 비구, 비구니, 우바새, 우바이는 천상계에서 태어난다.

(대반열반경과 Anguttara Nikaya를 보라)

80세대 동안 불교계 전체의 수백만 불자의 존경을 받아 불자에게 너무나도 성스러운 성지가 된 그곳은 1202년 벵갈 침입자, 회교도 장군 박티아르 킬지에 의해 파괴된 후에 쇠퇴했다.

위대한 아소카는 오늘날 산치의 산문에서 발견되는 기념상으로 그가 성스러운 사원을 방문한 것을 기념했다. 그 곳에 행차하여 보리수 경내에서 코끼리 등에서 내리는 위대한 황제는 아름답게 묘사됐다. 불교 상징이 담긴 왕족의 깃발, 왕의 깃발, 음악가들이 정성들여 조각되었고 2천년 후에 우리는 2200년 전에 황실의 후원아래서 불교 행렬이 어떠했는지 이해할 수 있다.

빈센트 스미스는 그의 〈인도의 초기 역사(Early History of India)〉에서 말한다. "회교도 침입자들이 많은 곳에서 저지른 광포한 대학살은 정통 회교 박해보다 더욱 효과가 있었다. 몇 지방에서 불교의 소멸과 관련이 있다(354쪽, 368쪽, 404쪽)."

7세기에 상카라에 의한 불교 탄압은 역사적 근거가 없다. 10세기에 끝난 위대한 Pala 왕조 하에서 불교는 북인도와 벵갈 전역의 국가적 종교였다. Kashmir의 역사는 10세기에 그 나라에 불교 사원이 있었음을 보여준다. Sravasti에서 발견된 비문은 서기인 12세기 초에 사위국 제타숲(Jetavana)의 성지가 불교 수도승의 관리였음을 보여준다. 사르나트와 붓다가야의 비문을 보면 Mahipala 왕의 지시로 성지에 거대하고 광범위한 수리와 새로운 장식이 있었음을 알 수 있다. 거의 1천년동안 Siva와 Vishnu의 종교와 나란히 존재했던 종교는 사원에 Siva와 Vishnu의 추종자들이 숭배하는 신의 상이 수세대 동안 조각되어있었다. 인도 왕들 중 최고 위대한 왕 시절의 종교는 국가적 종교가 되어 크샤트리야 왕자가 후원자였고 태양의 왕조 익슈바쿠(Ikhsvaku)의 왕족 혈통 출신인 붓다와의 관계를 주장했다. 그것이 인도 사람들의 삶의 부분이 된 후 이는 자신의 지방에서 추방된 케랄라(Kerala)지역의 드라비다(Dravidian) 바라문의 명령에 따라 파괴되어야 했다. 문화, 도덕 법칙의 비길 바 없는 법도를 주고 사람들을 조화로운 조화를 이루게 해준 수 세기 동안 한 국가의 운명을 형성한 종교가 단지 브라만 종교를 만족시키기 위해 파괴되었다는 것을 받아들일 역사가는 없을 것이다. 브라만 중 최고는 붓다의 제자 중 으뜸이었다. 붓다는 이티웃타카(Itivuttaka) 경의 그의 위대한 말씀에서 브라만이 음식, 장삼, 주거지 등을 주며 그의 종교의 비구에게 주었던 위대한 도움을 강조했다. 논쟁의 작가들은 브라만과 붓다의 종교 사이에 존재했던 유사점을 알지 못했고 위대한 종교가 마지막으로 사라지는 이유를 보여주는 증거를 찾지 못하는 것은 샹카라(行)를 믿는 것이라고 했다.

이상하게도 파드마푸라나(Padmapurana)에 나체와 푸른 의복을 입은 바로 붓다들의 교리인 베단따로 알려진 교리를 가르치기 위해 그가 환생한 것을 시바가 말을 한 것으로 쓴 푸라닉 작가의 구절이 있다.

현재 불교 경전에는 나체를 강력히 비난하고 어떠한 비구도 율(律)에 따라 나체의 고행자에게 이야기하는 것이 허락되지 않는다.

어떠한 비구도 푸른 의복을 입도록 허락되지 않는다. 그 구절은 나행파(裸行派 : digambara)로 알려진 자이나 종파와 푸른 의복(Nila pata vastra)를 입는 이단 종파를 언급하는 것이다.

불교는 아라비아의 침입자가 파괴하였다. 그들은 인도로 오기 전에 간다라, 투르판(Turfan), 투르키스탄(Turkestan)의 사원들을 파괴했으며 그들 눈에 보이는 수천 개의 불상을 폭력적으로 전진하는 중에 산산이 부쉈다. 그들은 But라는 이름, 즉 붓다라는 이름을 들었고 불자들의 성지에 들어서자 그들이 가는 곳 어디에나 사원에 불상을 발견했다. 불상은 증오하여 파괴하였고 불상과 더불어 Vishnu, Siva, Ganesh와 다른 푸라나(Puranic) 만신전의 신들을 조각내었다.

보리수는 모든 불교국의 중심 사원이었다. 실론의 왕 스리 메가완나(Sri Meghavarna)는 서기 4세기에 성지를 방문한 모든 이들이 존경했던 위대한 가람을 건설하도록 했다. 현장은 7세기에 그것을 보고 그의 여행기에 묘사했다.

"Vinaya pushpa mala"라고 불리는 티베트의 작품에서 Turuskas가 마가다(Magadha)지역을 침입했을 때 비구가 붓다의 신성한 상을 붓다가야 사원에서 옮겨 숲에 숨겼다고 적혀있다. 1202년에 그 야만인들은 마가다(Magadha)와 미틸라(Mithila)의 사원과 대학을 파괴하기 시작했다. 거의 만 명의 학생이 있던 날란다대학과 노란 장삼의 수천의 비구가 있던 사원을 모두 파괴했고 수도승들은 학살되었다. 미틸라 대학은 티베트의 역사에서 티베트의 수도승들이 불교를 배우기 위해 온 곳으로 언급된다. Taxila, Benares, Kanouj, Sravasti, Ujjeni, Sanchi, Ajanta, Kushinara, Mathura와 Kasmir에는 수천 명의 비구가 있었다. 문학, 예술품과 거의 2천년 동안 축적된 부가 파괴되었고 각각 제거되었다. 훈족 침입자 미히리쿨라는 탁실라를 파괴했지만 엄밀한 의미의 인도에는 오지 않았다.

붓다는 Vaishnavas(힌두교의 사제들)에게 비쉬누 신의 제9의 화신으로 숭배되었다. 다음의 푸라나문학 작품에서 붓다가 브라만 숭배의 어떠한 부분이었는지 보여주는 인용구를 볼 수 있다.

----------

붓다가야는 회교도 침입자에 의해 파괴된 후 수세기동안 방치되었고 18세기에 그 곳은 사이바이트(시바숭배) 마한트의 관리를 받게 되었다. 1833년 3월에 미얀마 사절단이 사원을 복구하기 위해 붓다가야에 왔다. 그 후 미얀마의 Mindon왕 시대에 왕의 특사가 붓다가야에 와서 사원을 수리하기 시작했다. 1877년에 인도 정부는 미얀마 왕에 동의하여 완전한 복구 작업을 시작했고 1880년에 그 일을 마쳤다. 1880년에 티보 왕은 미얀마 수도승을 파견해 왕의 명령으로 세운 미얀마 객사에 머물게 했다.

1885년 10월에 왕이 영국에 의해 퇴위했을 때 미얀마 수도승과 특사는 붓다가야를 떠나 미얀마로 갔다.
1885년에서 1890년까지 사원과 객사는 방치되었고 1890년 4월에 가야의 징수원 Grierson, 현재의 George가 정부에 사원에 대해 편지를 써서 관리원을 임명해 사원과 객사를 돌보도록 만들었다.

1891년 1월에 아나가리카 다르마팔라는 순례로 붓다가야에 와서 그곳이 방치된 것을 보고 성지를 회복하고 불교 수도승들이 상시적으로 주재하도록 조치를 취했다. 그는 미얀마 왕의 사업을 계속하기를 희망했다. 그는 성지에 머물며 실론, 미얀마, 시암, 일본, 중국, 아라칸, 치타공의 불자들과 연락을 시작했다. 1891년 5월에 마하보디협회가 설립되었고 회장직으로 저명한 고승 수망갈라 대장로가 추대되었다.

1892년 5월 아나가리카는 마하보디 저널을 창간했고 이제 25주년이 되었다. 1892년 10월에 캘커타 협회 본부가 Akyab의 불자들의 도움으로 설립되었다. 그들은 붓다가야 기금에 5,000루피를 기부했고 그 중에 2,500루피는 인도 사업에 쓰였고 잔액은 여전히 아라칸 불자들의 수중에 있다. 인도의 사업을 위해 신탁자들로부터 이 금액을 충당하려고 노력했지만 결과는 없었다. 1893년 6월에 아나가리카는 1893년 9월에 열리는 시카고 종교대회에 참석하기 위해 출발했다. 1893년 8월에 아나가리카는 런던으로 가서 실론의 불자들을 대표해서 에드윈 아놀드를 만났다. 그 둘은 인도를 위해 국무장관 얼 킴벌리를 만나러 갔고 그는 붓다가야 복구 문제를 조사하겠다고 약속했다.

1892년 6월에 불자 집회가 다질링에서 열렸고 아나가리카 다르마팔라는 티베트의 불자들에게 메시지를 전하고 라싸의 달라이 라마에게 보내기 위해 고대 상아 사리탑에 담긴 불사리를 선사했다.

사리는 전달되지 않았다.

1893년 9월 17일에 아나가리카는 실론 불자의 대표로 종교대회에서 강연을 했다. 1893년 10월 18일에 Oceanic에 승선하여 호놀룰루에서 포스터 부인과 그 친구들이 아나가리카를 만났다. 11월에 그는 도쿄에 도착하여 불자들의 초청을 받았다. 텐도쿠지 사원 불자들의 동의로 고승 아사히는 붓다가야 사원 위층 불단에 상이 없다는 것을 듣고 그곳에 안치할 그 유명한 불상을 선사했다. 1893년 9월 마하보디 저널에 실린 글을 읽고 고승은 불상을 선사하게 되었다. 그 글은 위에 언급된 Vinaya pushpamala의 한 장을 번역한 것이었다. 불상은 실론에서 다시 캘커타로 이동되었고 1894년 4월에 붓다가야로 보내어졌다.

1894년 1월에 아나가리카 다르마팔라는 Revd. Timothy Richard와 Franke 박사와 함께 상하이 근처의 불교 사원을 방문했고 수도승에게 불사리를 선사하며 붓다가야 사원의 복구를 위해 협력을 요청했다.

1894년 2월에 아나가리카 다르마팔라는 시암의 방콕을 방문했고 당시 고 출라롱콘 왕이 병중이어서 왕자들의 환대를 받았다. 아나가리카는 왕실 도서관에서 왕자와 민중들 앞에서 강연을 했고 수상인 데와봉사 바로프라카(Devavongsa Baroprakar) 왕자는 친서 편지를 보내 협회 비용으로 매달 150루피를 기부할 것을 약속했다. 이 금액은 기부되지 않았고 시암 방문은 실패로 끝났다. 자선은 고국에서 시작된다는 응답이 변함없이 왔고 25년 동안 시암 정부는 아무것도 기부하지 않았다. 솜못 암마라반두(Sommot Amarabandhu) 왕자는 협회의 친구였고 이따금 그 착한 왕자는 적은 금액을 기부했다. 저널은 24년 동안 영어를 할 수 있는 많은 왕자에게 무료로 발송되었다. 1896년에 마하보디 부지를 구입하기 위해 10만 루피를 모금하려는 운동이 시작되었지만 붓다가야 사업에 대한 공감이 부족해서 그 운동은 실패했다. 시암 불자들은 자선의 윤리를 배워야만 한다. 자선이 집에서 시작하는 것은 사실이지만 거기서 끝나서는 안 된다. 붓다는 무지한 자들에 대한 공감을 보여주었다. 현재의 시암 불자들의 조상들은 그 민족에 동정심을 가진 성스런 불자들에 의해 불교로 개종했다. 만일 불자들이 그 사업을 돕지 않는다면 확실히 우리는 비불자들이 불법의 전파를 돕는 것을 기대할 수 없다. 만일 불자들이 붓다에 대한 믿음이 있다면 그들은 붓다에 대해 생각하고 그러면 그가 왕국을 버리고 세계의 구원을 위해 일하게 만든 위대한 연민의 정신을 알게 될 것이다. 만일 불자가 불법을 안다면 다른 사람들을 불자로 만들기 위해 최선의 노력을 할 것이다. 그들은 고귀하고 성스런 종교의 경건한 아름다움을 알지 못한다. 외국 선교사들이 공격하면 그들은 해야 할 대답이 없다. 그들은 어리석게도 침묵한다. 아시아 불자들은 이기심의 경로를 포기하고 연민의 길을 따르고 활동을 보여주어야 한다. 행동이 없는 곳에 죽음이 있다. 'Pamado maccuno padam.'

1894년 4월에 일본 불상이 붓다가야의 사원에 안치되기로 되어 있었지만 마한트는 완고하게 거부했고 불상은 안치될 수 없었.

1894년 9월에 아나가리카 다르마팔라는 실론으로 가서 붓다가야의 마하보디 마을을 구입하기 위해 실론 불자들에게서 35,000

루피를 모금했다. 10만 루피가 필요했지만 그 금액은 모금되지 않았다. 미얀마 불자들이 13,000루피를 모금했다.

1895년 2월에 일본 불상이 사원에서 치워져서 예불당에 안치되었지만 사이바이트(시바숭배) 마한트의 하인들이 와서 불상을 치우고 그것을 야외에 놓았다. 징수관은 아나가리카에게 사이바이트(시바숭배) 수도승에 대해 법적 절차를 시작하도록 충고했고 붓다가야 사원 소송으로 알려진 법적 소송이 가야의 법정에 섰다. 고등법원 판사들은 불자 경배의 법에 따라 사원의 모든 곳이 신성하지만 예불이 행해지지 않는 곳에 불상을 놓으라고 선언했다. 불자들은 소송에 졌고 불상은 미얀마 객사로 옮겨졌다. 사이바이트(시바숭배) 마한트는 거기서 더 나아가 미얀마 객사가 그의 재산이고 일본 불상을 그곳에 보관해서는 안 된다고 주장했다. 파트나의 Commissioner가 가야의 징수원에게 그 불상을 객사에서 치우도록 지시했다. 징수관인 Savage는 즉시 불상을 치우도록 하고 만일 24시간 내에 치우지 않으면 벵갈 정부가 그것을 인도 박물관으로 가져가서 유기물로 보관하겠다고 마하보디협회 사무총장에게 최후통첩을 보냈다. 이에 사무총장은 랑군의 미얀마 불자들이 미얀마 왕이 그 객사를 건축했고 불자들은 상을 안치할 권리가 있으니 미얀마 정부를 대표하도록 전했다. 구성된 대표단은 신빙성이 있었고 벵갈 정부는 일본 불상을 객사에 남겨두도록 허락하는 명령을 통과했다. 당시 벵갈의 중위 총독은 알렉산더 맥켄지였다. 실론의 불자들은 붓다가야 소송에 붓다가야 기금의 25,000루피를 사용했다.

1896년에 아나가리카는 인도를 떠나 미국으로 긴 여행길에 올라 불교에 대한 강연을 하며 수 천 마일을 이동했다. 1897년에 그는 유럽을 방문해 파리의 동양학학자대회에 참석해서 강연을 했다. 또한 Guimet 박물관에서 불교 축제를 열었고 많은 파리귀족들이 참석했다. 그는 이탈리아를 여행하고 1897년 10월 실론으로 돌아왔다. 그가 없는 동안 영국인도협회(British Indian Association)는 벵갈 정부로 하여금 일본 불상을 미얀마 객사에서 치우도록 촉구했다. 정부는 그 요구가 받아들여질 수 없다고 응답했다. 1898년에 아나가리카는 북인도로 긴 순회를 하며 다양한 마을에서 강의를 했고 카불계곡의 불교 유적을 방문했다. 1902년에 그는 일본과 미국을 방문했고 미국에서 1년을 보내며 불교에 대해 강연을 했다. 그는 포스터 부인에게 베나레스에 기술학교를 열도록 편지를 썼고 그 선한 부인은 8,000루피의 기부를 했다.

1901년에 사무총장은 가야의 징세관 C.E.A. Oldham에게 그 문제를 설명하며 붓다가야를 방문하는 순례자들이 부엌, 목욕탕, 변소도 없는, 말로 할 수 없는 불편함을 겪고 있고 불교국의 개들도 붓다가야의 순례자들보다는 더 나은, 더 친절한 대접을 받고 있다고 말했다. 이 선량한 징세관은 영향을 받아 가야 지방 이사회가 사이바이트(시바숭배)마한트에게서 부지를 획득해 불자와 힌두교인 양측 공동으로 붓다가야에 객사를 짓도록 했다. 이 소식을 마하보디협회의 법률 자문위원 Babu Nanda Kishore Lall이 사무총장에게 전했고 그는 협회가 불자 전용의 객사를 지을 기금을 제공하도록 제안했다. 이에 사무총장은 징세관에게 편지를 썼고 그는 이 제안을 수락했다. 1901년 10월에 선한 벵갈의 중위 총독은 붓다가야를 방문해 보리수 아래서 마하보디협회의 연설을 들었다. 그는 불자들의 요청을 들어주기로 약속했다. 성지순례 숙박소를 짓기 위한 돈은 어디서 오는가? 미얀마 불자들은 1893년에 13,000루피를 모금했고 이 돈은 여전히 Mandalay의 은행에 있었다. 사무총장은 Mandalay에 가서 Mandalay 마하보디협회 회장에게서 돈을 받아 벵갈 정부에 보냈다. 10년 내내 사무총장은 이 일을 이루기 위해 고군분투했고 인내와 열정이 승리해서 객사가 1903년에 완성되었다. 징세관 Oldham, 선한 총독 John Woodburn, Babu Nanda Kishore Lall, Mandalay 마하보디협회는 모든 국가의 불자들의 감사를 받아야 한다. 그 계획은 아나가리카 다르마팔라가 설계했고 15,000루피의 금액이 건설에 사용되었다. 2,000루피는 실론 마하보디협회가 기증했다.

아나가리카는 몇몇 국가를 방문해 다양한 곳에서 강연하고 1904년 4월에 인도로 돌아왔다. 1904년 11월에 그는 부친이 위독하다는 소식과 그가 없는 동안 붓다가야의 적들이 성스런 사원에 불자들의 이익을 없애려고 작업한다는 소식을 듣고 실론으로 돌아왔다. 오까무라라는 이름의 일본인이 1903년 인도를 방문해 신 힌두 학파에 속하는 집단의 많은 벵갈인들과 관계를 맺고 사이바이트(시바 숭배)마한트와 협상을 개시했다. 그는 일본 불교는 힌두교와 비슷하고 그들은 실론 불자들과는 관계가 없다고 말하며 붓다가야에 일본 사원을 지을 수 있게 마한트가 일본인에게 부지를 제공하도록 촉구했다. 동시에 다른 대표단이 마하보디협회에 반대하는 작업 중이었다. 1901년에 마하보디협회의 지위를 빼앗을 목적으로 불자사원 복구협회(Buddhist Shrines Restoration Society)라는 이름으로 다른 협회가 캘커타에 형성되었다. 그것은 벵갈 정부의 후원을 받았기 때문에 많은 영향력 있는 불자들이 가입했다. 그 협회는 마하보디협회가 1891년부터 이루어 온 업적을 잊고 불자의 이익에 반하는 어떤 상황을 제시하며 마한트와 협상을 했다. 사무총장은 실론에 있었고 불자사원 복구협회는 눈에 띄는 활기를 가지고 활동 했다. 오코너 대위가 사무총장이었고 Sikkim의 고 Maharaja가 회장이었다. 마하보디협회는 랑군의 어떤 사람들로 이루어진 사악한 대표단 때문에 미얀마 친구들의 공감을 잃었고 모든 상황이 암흑이 되었다. 1906년에 Patna의 판무관이 당시 실론에 있던 사무총장에게 편지를 써서 붓다가야의 불자들의 활동을 비난하는 감정을 표했다. 1906년 6월에 Patna의 판무관인 레빈지가 방문해서 사이바이트(시바숭배)마한트에게 불자들에 대항하는 민사소송을 제기하여 그들을 미얀마 객사에서 몰아내도록 권했다. 마한트는 정부의 격려를 받고 마하보디협회에 대항하는 민사소송을 시작했다. 아나가리카 다르마팔라와 상주 스님 수망갈라에 대한 소환장이 1906년 9월 발행되었다.

그 성스러운 사원의 역사를 알지 못하는 근시안의 불자들은 사이바이트(시바숭배) 마한트의 편을 들었고 일본인들이 붓다가야에서 정치 중앙시설을 만들기 위해 사이바이트(시바숭배)마한트와 동맹을 형성하러 왔다. 영국 지배하의 실론 불자들은 1910년에 성스런 사원에서 추방되었다.

사이바이트 (시바숭배) 마한트는 18세기에 Taradih에서 그 부지를 소유하게 되었지만 폐허였던 성스러운 사원은 Tikari Raj의 인도인 지주가 영국에 토지세를 바치고 있었고 그 부지는 마하보디로 알려져 있었다. 천칠백 년 동안 그 성스러운 사원은 불자의 소유였다. 싯다르타 왕자는 2506년 전에 금강보좌에서 붓다가 되었다. 1202년에 Bakhtiyar Khilji는 그 성스러운 사원을 파괴했다. 약 이백년 전에 사이바이트(시바숭배)마한트는 마을을 차지했고 그 사원을 방치하여 폐허가 되었다. 1833년 3월에 미얀마 대사관이 Burney 대위와 동행하여 붓다가야를 방문했다. 미얀마 대사관이 오기 40년 전에 마한트는 사원 부지가 아닌 Taradih의 땅에 baradari를 세웠다. 1833년 이후로 미얀마 불자들은 붓다가야를 방문해 왔다. 영국의 통치를 받던 실론, 미얀마의 불자들은 황제의 정부에 요청해 그 성스러운 사원과 보리수를 불자 수도승의 관리 하에 놓아야 한다. 1700년간의 협력은 잊힐 수 없다. 사이바이트(시바숭배)마한트는 사원에 종교적 관심이 없다. 마한트의 하인들이 현재 그곳에서 행하는 숭배는 캘커타의 고등 법원에 의해 "거짓 숭배"로 판결되었다. 지주의 권리는 재고되어야 하고 불자들은 마한트에게 최대한 후하게 보상해서 그 성스러운 사원이 불자들의 관리를 받도록 해야 한다. 일본 불자들은 현재 일본인들이 영국인들과 연합했기에 그 문제에 개입할 수 있다.

메카는 회교도의 소유고, 팔레스타인에서 영국의 승리로 예루살렘은 기독교의 지배권 하에 있게 되었다. 예루살렘에 시온을 재건하려는 운동이 이미 있다. Berares는 사이바이트(시바숭배)수도승 아래에 있고 가야 Vishnupad는 Vishnu 수도승들이 가지고 있다. Sree Krishna의 탄생지 Brindavan은 또한 Vishnava 수도승들의 소유이고 붓다의 깨달음의 장소만이 비불자들의 소유에 있다. 유대인이 예루살렘에 보여준 것처럼, 회교도가 메카에 보여준 것처럼 불자들은 똑같은 감정으로 천칠백 년의 성스러운 관계로 그 성스러운 사원을 향한 감정을 느끼지 않겠는가. 자바와 치타공의 회교도들은 매일 5번 기도하며 메카를 기린다.

금강보좌의 성지는 영원에서 영원으로 불자들에게 성스럽다. 바로 붓다가야에서 과거, 현재, 미래의 보살이 깨달음을 얻는다. 비불자에게 지구는 불완전한 곳이지만 환생의 교리를 믿는 불자에게 지구는 아라한과를 얻을 때까지의 집이고 인도는 다가올 모든 시간 동안 성지이다.

거의 20년 동안 불자들은 마하보디협회의 호소에 응답하지 않았다. 현대 세대는 붓다가야를 잊었다. 실론과 미얀마의 과거 불자 세대들은 후하게 기부했다. 만일 일본, 중국, 시암, 미얀마, 실론의 불자들이 기독교인이 그들 종교를 사랑하고 회교도인들이 이슬람교를 사랑하는 것처럼 불교를 사랑한다면, 붓다의 성스러운 교리를 전파할 도움이 올 것이라는 모든 희망을 가질 수 있다. 만일 불자들이 여래의 성스러운 가르침을 진실로 이해한다면 그 탄생지에 성스러운 종교를 부흥하려는 운동에 지지를 보내는 데 주저함이 없을 것이다. 인도에는 연민의 종교가 필요한 사람이 거의 2억 명이 있다. 성스런 사람들은 본능적으로 동물의 제물에 반감을 가진다. 기독교와 이슬람은 정신적으로 사람들에게 낯설다. 브라만교는 단지 고위 카스트를 위한 것이다. 수백만의 인도인을 도울 수 있는 유일한 종교는 태양족이라 일컫는 익슈바쿠(Ikshvaku)의 성스런 왕자, 붓다의 연민의 종교이다. (석가모니 고타마 붓다의 성스런 법, 2장, 1917)

## 신성한 이시빠따나 (Isipatana), 베나레스의 사르나트

우리의 붓다가 2500년 전에 인도에 등장했을 때 당시 기독교는 태어나지도 않았고, 유대교는 느부갓네살이 예루살렘을 파괴하며 잊혔고, 유대인의 신 여호와는 활동 무대에서 사라졌다. 모하메드는 불멸(佛滅) 1200년 후에 아라비아에서 나타났다. 인도에 Advaita, Visishtadvaita, Dvaita로 알려진 현대 학파는 불교시대에는 알려지지 않았다. 도마는 기독교를 설교하기 위해 남인도로 왔지만 그가 설교는 싹을 틔우지 않았다. 포르투갈 무법자와 해적들은 인도의 서연안으로 와서 끔찍한 만행을 저지르고 강제로 남서 연안과 실론의 사람들 일부를 가톨릭 기독교로 개종했다. 고귀하고 성스런 지혜 종교를 최후로 파괴한 거대한 재앙은 우상파괴주의자 가즈니의 마흐무드가 오면서 발생했다. 그는 북서인도에서 수백만 명의 사람을 죽였고 그가 황폐화한 영토에 있던 사원에 보관되어 있던 수세기동안 축척되어 온 보물을 가져갔다. 그 때부터 계속해서 투르케스탄, 아라비아에서 연속적으로 폭력단이 인도로 들어와서 위대하고 성스런 두 종파를 뿌리째 뽑았다. Ghazni의 Mahmud가 오면서 시작된 성스런 종교의 멸종은 계속해서 수세기동안 계속되었다. Turkestan, Bactria, Gandhar, 아프가니스탄, 북부 펀잡(Panjab)은 모두 불교국이었고 사원과 붓다의 조각상들이 모두 자랑할 문명도 문화도 없던 야만인들에 의해 파괴되었다.

불교 시대에 인도는 승려의 횡포 아래서 받기 쉬운 미신이 없었다. 당시 불가촉천민의 타락도 없었고 태어나는 모든 개인은 붓다가 전파한 최상의 진실을 소유하고자 하는 열망하는 자유가 있었다. 아힘사 (비폭력)는 붓다가 성스런 유산으로 전파한 최초의 원칙이었다. 그의 고귀한 가르침의 마지막 완성은 지혜에서 탄생한 자유였다. 회교도들은 정치적 이유로 성스런 문명을 파괴했고 강제로 수백만의 그 토양의 자손들을 메카의 종교로 개종했다. 개종을 거부하는 것은 죽음이나 노예가 되는 것을 의미했다. 고귀하고 성스런 종교의 멸종을 도운 수십만의 아라비아 군대는 수백만 명을 이슬람 종교로 개종하는 데 성공했고 불자의 성지는 고결함을 빼앗기고 모독되었다. 붓다가야는 Delhi badshat에 의해 사이바이트 (시바숭배)탁발승에게 양도되기 전까지 회교도 수중에 있었다. Rajgir, Nalanda와 다른 장소가 오늘날까지도 회교도 지주의 소유이다. 붓다가 2500년 전에 최초의 설법을 한 베나레스의 신성한 이시빠따나(Isipatana)는 회교도 침입자 무함마드 고리(Muhammad Ghori)에 의해 완전히 파괴되었다. 그 장소의 조직적인 강탈이 수백년간 계속되었다.

붓다 종교의 외적인 부분은 회교도 광신자에 의해 파괴되었고 종교의 문학적인 면은 브라만 의식의 신학자들에 의해 파괴되었다. 그들은 또한 붓다를 무신론자로 그리고 베다(Vedas)의 비난자로 잘못 전하면서 연민의 스승의 가르침을 왜곡했다. 회교도는 그들이 멸종시킨 종교의 과거 역사를 잊었고 브라만 신학자들은 붓다를 브라만 종교의 적으로 묘사했다. 외국의 파괴자들과 승려인 신학자들이 인도에 행한 사회적 해악은 수백만의 사람들의 무지의 상태로 이끌었다. 불가촉천민, 처녀 과부의 제도, 카스트 억압, 주정꾼 연회, 의례적 미신들로 인해 그들은 무지의 상태가 되었고 말할 수 없는 빈곤의 상태가 되었다. 천년 동안 석가모니 붓다의 연민의 민주적인 가르침은 적대적인 폭력에 의해 파괴되어 멸종했다. 인도 대중은 무상정등정각자(無上正等正覺者)의 진보적인 가르침의 전파로만 구제될 수 있다. 붓다는 모든 계층을 똑같이 대하는 위대한 의사로 등장했다. 그는 보편적 연민의 화신이었다. 그는 인간 사이에 차별을 두지 않았고 세계 역사 최초로 여성이 설법자와 포교자가 되었다. 예술, 산업, 농업, 상업은 최고에 달했다. 더 위대한 인도가 존재하게 되었고 붓다가야, 이시빠따나(Isipatana), 상캇사(Sankassa), 쿠시나라(Kusinara), 왕사성(Rajgir), 날란다(Nalanda)가 배움의 중심이 되었다. 천년동안 인도는 계속해서 쇠퇴했고 전적으로 자비로운 붓다의 민주적 가르침을 전파할 시간이 무르익었다. 예루살렘과 메카는 인도에 있지 않다. 이슬람과 기독교로 개종한 인도인은 인도를 벗어나 그 성지로 가야 한다. 붓다가야, 이시빠따나(Isipatana), 쿠시나라 등은 인도에 있다. 외국 불자들은 불교 사원에서 예술을 하기 위해 인도로 와야 한다.

1891년 5월에 설립된 마하보디협회는 잊혀진 불법을 부흥하기 위해 인도에서 조용히 일해 왔다. 이상하게도 불자들은 인도를 잊었고 인도인들은 그들 조상에게 처음으로 설법한 붓다의 가르침을 잊었다.

붓다의 힘찬 교리를 되돌리고 성스러운 이시빠따나(Isipatana)에 불교 대학을 설립하는 것은 마하보디협회의 진심어린 원이다. 인도의 3억 아이들 중에서 깨달음을 얻은 소수의 아들과 딸들은 성스런 불법의 금욕을 위해 일하러 나설 수 없었는가? 마하보디협회는 캘커타의 칼리지 광장 4A번지에 아름다운 사원을 세웠다. 그리고 베나레스의 성스러운 이시빠따나(Isipatana)에 새로이 건설된 물라간다쿠티 사원은 역사적으로 중요한 기념물로서 고대 성지에 서있다. 인도에 불법이 부흥하도록 마하보디협회를 도운 두 인물은 호놀룰루의 고 메어리 엘리자베스 포스터 부인과 콜롬보의 고 무달리야르 헤와위따르네이다.

고귀한 신념의 형제들이여 오라. 불자의 성지에 Devatideva(신 중의 신) 석가모니 붓다의 불법을 부흥하기 위해 마하보디협회와 협력하라.

(마하보디 저널 39권, 1931년 10월)

# V
# 아나가리카 다르마팔라의 비전과 과업

다르마팔라의 과업
다르마팔라와 인도와 실론에서의 문화부흥
아나가리카 다르마팔라의 실론에서의 활동
다르마팔라의 신 불교와 젊은 아시아

5-1 실론을 순례 중인 아나가리카 다르마팔라
"소고기를 먹지 말라"는 차량의 글귀

# V

# 아나가리카 다르마팔라의 비전과 과업

　오랜 기간에 걸쳐 많은 작가들이 아나가리카 다르마팔라의 삶과 업적에 영향을 받아왔다. 이 장에서는 다른 작가들의 4편의 글을 실었다. 이들 중에서 아나가리카 다르마팔라의 탄생 100주년 기념 행사에 스리랑카 정부가 출간한 책 "정의로의 복귀"를 편집한 Anand W.P.B. Guruge의 글도 있다. 이 책의 서문에서 Guruge는 이 위대한 인물의 과업에 대해 뛰어난 논평을 했다. 이 글을 편찬할 때 Anand W.P.B. Guruge는 스리랑카 정부에 공직으로 있었고 후에 UNESCO에서 스리랑카의 영구 대표가 되었다. 행정 분야에 종사하는 것과 별개로 그는 잘 알려진 학자였고 역사와 아나가리카 다르마팔라의 삶과 업적에 대한 더 큰 이해를 작품으로 남겼다. 수니티 쿠마르 차터지의 글은 다르마팔라와 인도의 스리랑카와의 우호적인 관계에 관한 가장 잘 알려진 글의 하나이다. 세 번째 글은 D.B. 다나팔라가 같이 엮은 짧은 단평의 컬렉션이다. 그는 기자로서 다르마팔라가 인도에서 뿐 아니라 그의 고국 스리랑카에서도 불자 충직자로서 여겨지는 인상을 사람들에게 주었다. 이 기자는 그의 글로 유명하다. 실론이 영국의 통치를 받고 있는 동안 그는 강한 어조의 글로 그들을 비난했고 독자들의 마음과 도덕심에 강한 충격을 남겼다. 비노이 키마르 사르카르 교수가 쓴 마지막에 실린 글은 다르마팔라의 사망 3주기를 기리기 위해 캘커타에서 열린 집회에서 행한 연설이다.

## 다르마팔라의 과업
아난다 W.P. 구루게 씀

5-2 아난드 W.P.B. 구루게

아나가리카 다르마팔라는 종교를 위해 일하겠다는 원을 가지고 행복하고 만족스러운 가정생활의 안락함을 포함하여 그가 가질 수 있는 모든 부와 지위를 포기했다. 이것은 그가 부모를 떠나며 그들에게 말한 내용 그대로이다. 그가 부친에게서 원한 모든 것은 한 달에 5루피의 얼마 되지 않는 용돈이었다. 그가 올코트 대령과 블라바츠키 부인뿐 아니라 존경하는 구나난다와 존경하는 수망갈라에게서 받은 영감과 훈련은 그를 종교 포교자로 만들어 주도록 의도되었다. 신지학자로서 그의 관심은 어떤 특정 종교라기보다는 일반적으로 종교적 삶의 방식에 있었다.

그러나 그의 경력 초기에 일련의 사건들로 인해 그는 고국이 지닌 문제를 너무나도 생생히 보게 되고 곧 그의 행동의 방향을 바꿔 홀로 불교 연구와 포교 활동에서 사회봉사와 정치적 운동까지 활동 범위를 넓히게 된다.

그를 외지의 마을사람들에게 데려간, 그에게 그들과 그들의 어려움을 이해할 기회를 준 길고도 험준한 순례는 의심의 여지없이 실론의 모든 국가적 문제의 근본 원인이 독립의 부재라는 확신을 그에게 심어주었다. 그는 한 번은 말했다. "그것이 얼마나 인정이 많든지 간에 외국의 규칙은 마비시키는 무언가가 있다." 그는 1505년 이후로 "실론은 포르투갈, 네덜란드, 영국섬 같은 무법의 해적들의 행복한 사냥터였다."다며 비평했다. 그는 서구 제국주의의 악을 관찰했다. "유럽 인종들이 배를 타로 항해하는 것은 재물을 위해서였다." 그는 1915년에 썼다. "포르투갈, 스페인, 네덜란드, 베니스, 프랑스는 인도양과 황해에서 우위를 획득하기 위한 상호 전쟁을 수행하는 대결구도의 라이벌이었다. 그들은 문화에 대해 말할 것이 없다. 교항과 왕이 지지하는 이 초기의 항해자들이 자신의 땅에서 자신의 방식으로 평화롭게 살던 국가들에게 행하지 않은 악이 있었는가. 1세기동안 아시아의 고대 인종에 보인 유럽문화는 아시아인들이 지키도록 배운 것과 정반대였다. 자제와 금주 대신에 그들은 정반대의 것을 배웠다. 동물에의 연민과 친절 대신에 서양인들은 아시아인에게 즐거움과 식량을 위해 도살하는 것을 알려주었다."

아나가리카는 어떠한 나라도 정치적으로 독립하지 않는다면 위대한 나라가 될 수 없다고 확신했다. "한 국가가 정치적으로 다른 나라에 의존할 때 더 약한 국가는 그 특징을 잃는다. 통치 받는 민족은 영웅을 만들어낼 수 없다." "노예상태로는 어떠한 사회적 경제적 발전을 이룰 수 없다……. 만일 자신의 필요를 충족시킬 수 있는 한 국가가 우수한 인종이 세워놓은 장애물에 의해 장애를 겪게 되면 어떠한 진보도 가능하지 않다." 그는 이러한 관점을 인도를 언급하며 설명했다. 그는 감정을 가지고 물었다. "인도, 신의 땅, 브라만의 땅, 붓다의 땅, 아소카, 실라디티야, 위크라마디티야와 같은 위대하고 정의로운 군주의 땅, 성스런 문화의 땅, 오늘날 인도는 송장이 아니고 무엇이겠는가? 문맹이고 미련한 짐승처럼 사는, 높은 이상도 없고, 도덕적 열등감의 상태에서 사는, 희망도 없고, 운명주의의 희생양이고, 두려움으로 가득하고, 비정상적일 정도로 미신을 믿고, 동정의 한 마디도 받지 못하는 수백만의 굶주리는 사람들. 이것이 윤리적 이상에 세운 동정심 있는 문명을 준 그 인도이다."

실론이 독립해야 한다는 것은 아나가리카의 목표였다. "밝게 빛나고 아름다운 섬, 실론이 야만적인 제국주의 영국의 지배하에 있다." 그는 1902년에 애도했다. "고대 역사적인 민족인 부드럽고, 온화하고, 친절한 아이들이 이교도의 위스키를 마시고, 소고기를 먹는 대식가의 제단에서 희생된다. 얼마나 오래, 오! 얼마나 오래 실론에서 공정함이 지속될 것인가." 그는 실론의 젊은이들이 자유를 위해 운동하도록 촉구했다. "우리 앞에 영국의 실론을 위한 보호 하에 자기 통치와 지방 자치의 목표를 갖고 우리는 조직적으로 행동해야 한다." 그는 말했다. "우리는 끊임없는 열정으로 합법적으로 운동해야 한다." 1916년에 그는 실론이 40년 이내에 뉴질랜드와 비슷한 지위를 얻기를 희망했다. 그의 이상은 영국연방이었다. 1915년에 1차 세계대전의 대파괴가 유럽에서 맹위를 떨치고 있을 때 그는 반복해서 촉구했다. "다수의 번영과 다수의 행복을 위해 활동하는 협력적인 영연방은 문명화된 인간이 필요한 종류의 제도이다."

실론이 자유국이 되어야 한다는 단순한 슬로건은 1세기 동안 잠들어 있던 국민들을 깨우기에 적합하지 않았다. 독립 운동은 여러 갈림길이 있어야 했다. 아나가리카는 영국 제국주의 뒤에 있는 많은 힘을 분석하여 즉시 완화할 수 있는 힘들을 고립화할 수 있었다. 영국은 그를 "어중이떠중이의 지도자"라고 했지만 그는 단순한 오합지졸 각성자가 아니었다. 그의 운동은 계산되고 잘 계획되었다. 그는 건설자를 싫어한다는 이유만으로 대저택을 파괴하기를 원하지 않았다. 그는 오히려 그것을 물려받아 소유자로서 그가 생각하기에 적합한 방식으로 장식하려 했다. 아나가리카의 영국에 대한 태도는 때때로 변했다. 1892년에 그는 영국 지배가 실론이 겪은 "외국 지배 중 최고"라고 느꼈다. 1909년에 그는 영국을 "모든 유럽 민족 중에 가장 계몽되고, 가장 박애적이며, 가장 문명화되었다"고 말했다. 그러나 1926년에 그는 이러한 결론에 이르렀다. "영국은 거만하고 매우 이기적인 민족이다." 그는 영국 제국의 힘과 규모를 알고 있었다. 그는 "영국이 우리의 고귀한 종교를 위협하는 모든 노력을 기울이는" 것에 대해 그들의 잘못을 알고 있었다. 그는 덧붙였다. "영국이 우리에게 아편, 마리화나, 위스키와 다른 알코올 독을 주고 있고, 우리 민족의 생명력을 해치는 데 도움이 되는 모든 종류의 혐오스러운 악을 도입하고 있다."

그러나 그는 동시에 영국이 아시아를 위해 한 것을 인식하고 있었다. 그는 말했다. "영국은 아시아에 모든 것을 주었다. 예술, 과학, 기독교. 우리는 그들이 가지고 있지 않은 불법을 가지고 있다. 우리의 의무는 그들에게 법보시(法布施)를 하는 것이다."

그는 영국을 물리치기 위해서는 활발한 운동이 필수적이라는 것을 알고 있었다. 그러나 그것은 철저히 계획되어 교육, 과학, 기술과 같이 서구 문명이 실론에 가져다 준 이익은 유지하고 그가 "서구의 혐오"라 부르는 것만 제거해야 한다.

아나가리카의 방법은 그가 이기려는 단체에 따라 달랐다. 지식인층에는 지적인 논쟁을 했다. 예를 들어 그는 말하곤 했다. "영국인은 길을 닦고, 철도를 확장하고, 그들의 물질적 문명의 축복을 이 땅에 대체로 도입했다. 그리고 이러한 현대 시대의 시작과 함께 싱할리는 진정한 자아를 잃고 잡종이 되었다. 고대 고귀한 싱할리인에게 혐오의 대상이었던 관행이 오늘날 묵인되고 있다."

그는 소작인에게 닥친 모든 악이 영국 탓이라고 했다. "영국의 1백년간의 지배 후에 하나의 통합된 민족으로서 싱할리인은 쇠락하고 있다. 범죄는 매년 증가하고 있고, 사람들의 무지는 끔찍하고, 지방 산업 없이 농민 자산은 결핍 직전이고, 소는 먹이가 없어 죽어가고 있다. 이는 목초지와 마을 숲이 무자비하게 강탈되어 군주의 재산이 되고 고무와 차를 재배하기 위해 유럽인들에게 팔렸기 때문이다. 정부는 전체 국민의 통일된 목소리와는 반대로, 마을에 천개씩 술집을 열어 가난한 마을사람들이 술을 마시게 강요하고 있다. 서력 1801년에 실론에서 불경한 이익을 위하여 술집을 처음으로 연 것은 영국 정부였다. 그 때부터 정부는 어리석은 무관심으로 계속해서 술을 문맹의 마을 사람들에게 주었고 지금은 감옥이 범죄자들로 가득 차 있다.

그는 계속해서 물었다. "지난 몇 년 동안 유럽 민족 중에 가장 계몽적이고, 가장 박애적이며, 가장 문명화된 민족이 실론의 싱할리와 관계를 맺어왔다. 오늘날 그들이 심은 나무의 열매로 우리는 무엇을 보고 있는가?" 그리고 아나가리카는 변함없이 대답했다. "고주망태, 가난, 범죄의 증가, 광기의 증가."

그는 영국의 경제 정책을 혹평했다. "우리는 민중들이 지불한, 지불하고 있는, 영원히 지불할 도로와 철도를 가지고 있다. 우리는 젊은이들을 위한 학교가 있는가. 우리가 필요한 옷과 필수품을 만드는 공장이 있는가. 우리의 조선소, 병기창, 가스 공장, 전기 작업장, 농업 대학, 과학 연구소 등은 어디에 있는가? 영국 식민지배자들은 약 900,000에이커의 차와 고무 농장이 있고 그들이 버는 돈은 영국으로 가져간다. 싱할리의 주식, 쌀은 인도에서 수입된다. 또한 커리 재료, 핀, 바늘, 잉크, 문구용품, 유리제품, 질그릇, 철물, 의복, 신발, 모자, 기계류, 날붙이, 옷감, 우산, 굽은 나무 가구 등은 모두 해외에서 수입된다."

그는 고통 받는 대중에게 관심을 가졌다. "호화로운 대저택에 사는 우리는 가난한 마을 사람들의 끔찍한 고통을 알 수 없다." 그는 말했다.

또 한 번은 그는 말했다. "실론에서 사람들은 파랑기(parangi ; 포르투갈 사람을 평가하는 싱할라어), 열병, 십이지장충증, 말라리아로 매년 수십만이 죽어간다. 마을 학교에 다니는 학교 아이들은 영양 부족이고, 헐벗고 있다. 콜롬보의 도시에 있는 수천의 가난한 아이들은 어떠한 종류의 통제로 받지 않고 부랑인처럼 살고 있다."

이 모든 것에 대한 잘못은 그가 너무나도 싫어했던 영국 행정가들의 손에 있다고 그는 주장했다. 그들을 "백인 브라만"이라고 부르며 아나가리카는 그들의 "참을 수 없는 거만함"과 연민의 부족에 대해 비난했다. 돈을 버는 데 몰두한 영국 행정가들이 "고국 섬의 도덕적 의식보다 뒤쳐졌다"고 그는 덧붙여 말했다.

다른 사람들에게 그는 다른 논쟁을 했다. 그는 국가의 자유를 위한 운동이 무의식적으로 국가 자부심의 부산물이라고 확신했다. 그는 싱할리인들이 역사를 읽고 문화에 자부심을 가지도록 촉구했다. "내가 생각하기에 역사 공부는 애국심을 키우는 데 가장 중요하다."

그는 계속해서 그들에게 상기시켰다. "싱할리인들은 고귀한 전통, 고귀한 문학, 고귀한 종교를 가진 민족이다." "진화의 역사는 싱할리 사람들처럼 오랜 시간 동안 시간의 파괴를 견디고도 그 특성을 유지해온 다른 민족을 오늘날 보여줄 수 없다." "세계의 어떠한 나라도 우리보다 더 빛나는 역사를 가진 나라가 없다." 그가 보존하기를 갈망했던 것은 국가의 이 특성이다. 그는 젊은 싱할리 남녀가 서구의 생활 방식을 받아들이는 것을 보고 놀랐다. 지역 싱할리 출판사에서 그가 쓴 글에서 그는 그들을 비웃었다. 그의 연설에서 그는 그들을 무자비하게 비판했다. 그의 목표는 그들에게 유럽 식민지배자들이나 행정가들을 흉내 내어 그들이 사는 사치스럽고 목표 없는 삶은 부끄러워할 것이라는 확신시키는 것이었다. 그는 옷에서 시작했다. 그가 말했다. "포르투갈인에게 박해당하고 네덜란드인에게 강탈당하며 싱할리인들은 인간을 인간으로 만들어주는 생명력을 잃었다. 실론에서 낯선 이의 눈을 마주치며 인사하는 싱할리인들이 입는 20가지의 다른 형태의 옷을 보라. 이런, 그가 싱할리인과 Goanese를 구별하는 것은 절대적으로 불가능하다. 왜냐하면 옷에 있어서는 그는 단지 유라시아인에 지나지 않기 때문이다."

싱할리 글에서 그는 풍자에 빗대어 조소했다. 그는 싱할리 여성들이 유럽 패션을 모방하여 쓰는 새로운 모자를 야채 장사가 머리에 이는 바구니에 비유했다. "Lanka Watti 모자"는 "실론 국가 (Ceylon Nation)"에서 만화의 소재였다.

그는 여성에게는 인도의 사리와 남성에게는 천과 헐거운 셔츠를 옹호했다. 그 어떤 분야에서도 실론의 여성들에게 자연적인 우아함을 지키는 여성복을 주는 분야보다 아나가리카가 더 빠른 결과를 가진 적은 없었다. 싱할리 여성들 사이의 유럽 패션은 거의 하룻밤 사이에 사라졌다.

그가 비난하기로 국가 열등감의 다른 징후는 외국 이름의 사용이었다. 아나가리카는 "이름에 뭐가 있겠는가?"라는 주장은 국가 부활을 위한 운동에 있어 여지가 없다는 것을 그의 생애의 초창기에 깨달았다. 그는 싱할리인이 성스런 이름을 가져야 한다고 촉구했다. "그의 국가도 민족도 사랑하지 않는 현재의 영국풍의 싱할리인을 보면 애국자의 피가 분노로 끓는다. Vijaya(옛 스리랑카의 창건자)의 후손이 페레라스, 실바스, 알메다스, 디아세스, 리베라스, 돈스, 도나스, 사람스, 루베로스, 보테조스, 로드리고스 등과 같은 이름을 가지고 있는 것을 상상해 보라. 유럽 사람들은 그러한 이름의 소유자가 싱할리인이라고 믿을 수 없을 것이다."

그는 의미 없이 노예적으로 외국 풍습과 관습을 받아들이는 영국풍의 싱할리인들을 조소했다. 그는 집회에서 그들을 조롱했고 그들을 개인적으로 만날 때마다 그들이 그의 가장 가까운 친척이든 친구이든 그의 마음 속 말 한마디를 하는 것을 잊지 않았다.

바로 여기서 아나가리카 다르마팔라는 선교사들과 말다툼했다. 기독교 교리에 특출하게 높은 수준으로 알고 있는, 기독교에 정통한 학생으로 아나가리카는 그리스도의 윤리적 교리의 진실한 경배자였다. 그는 종종 그의 글에서 산상 설교의 고결한 가르침에 대해 그가 이해한 것을 언급했다. 물론 그는 신과 창조에 대한 개념을 거부하고 반복적으로 그의 관점을 지지하는 주장을 했다. 그는 기독교 교회의 과학과 진보에 대한 태도를 똑같이 비판했다. 그는 기독교가 유럽에서 실패했다고 느꼈고 다음과 같이 주장했다. "기독교는 유럽에서 완전한 실패작이다. 중세동안 교황의 우세는 사람들을 무지 속에 넣었다. 거의 18세기 동안 유럽에는 어둠이 만연했다. 현대 과학의 탄생과 함께 신학은 타격을 받았고 물질주의 이론은 기반을 마련했다. 과학적 사고의 발전과 함께 새로운 법과 치명적인 무기의 발견자와 발명가가 등장했다. 여호와와 예수의 모순적인 가르침은 물리과학과 더불어 학교와 대학에서 가르쳐졌다. 신학과 과학 사이에 조화와 타협은 있을 수 없다. 신학은 현대 과학에 반한다. 신학은 특별한 창조를 가르친다. 과학은 진화를 가르친다. 과학은 인간이 하등유형에서 점차적으로 진화하였다고 가르친다. 신학은 여호와가 흙먼지로 인간을 만들었다고 가르친다. 현대 과학이 없다면 유럽은 19세기 동안 그랬던 것처럼 오늘날 정체되어 있을 것이다. 과학은 청결, 공중위생, 전기의 법칙을 발견하는 데 도움이 되었다. 유럽은 윤리에 있어서는 발전을 이루지 않았다."

그는 또한 기독교가 아시아에서 다른 이유로 실패할 수밖에 없다고 확신했다. 기독교가 유럽과 아시아에서 한 역할의 효과에 관한 의심에도 불구하고 아나가리카는 기독교인을 불교로 개종하거나 실론에서 기독교 교회를 파괴하려는 시도는 하지 않았다. 그의 기독교에 대한 태도는 전체 종교 문제에 대해 그가 생각하는 방식을 보여주는 중요한 지표이다. 그는 말했다. "기독교는 그들을 주인의 식탁에서 떨어지는 부스러기를 받으려는 고아로 여기는 개종자들에 의해 지배적인 힘을 가지는 종교로 여겨진다. 백인의 감독 없이 원주민 스스로 운영하고 개종자들 본인의 기부금으로 운영되는 원주민 교회는 그들을 더욱 독립적이고 개별적으로 만드는 데 도움이 될 것이다. 그러면 자기희생적 과업의 영감이 올 것이다. 그러나 그렇게 되지 않는 한 기독교는 그 토양에 이국적인 외국인이 될 것이다." 간단히 말해 아나가리카의 걱정은 선교자들의 해석에 따라 기독교가 제국주의적 통치자를 지지하고 국가의 독립에 위협이 되는 것이다. 그는 기독교 종교나 교회에 반대하는 것이 아니다. 그는 단지 교회에 대한 통제력으로 민족적인 것이 되기를, 즉 실론의 원주민들이 운영하는 민족의 교회가 되기를 원했다.

기독교에 대한 이러한 태도는 아나가리카가 항상 종교적 관용에 대한 고귀한 관점을 지녀왔기에 놀랍지 않다. 그는 한 번은 이렇게 말했다. "종교는 마음의 문제이다. 다른 사람의 마음으로 가는 것은 인간의 능력을 넘어선다. 그의 내적인 신념을 위해 인간을 억압하는 것은 사악하다." 그는 그 안에 머지않아 기독교와 유대교, 회교도, 브라만교와 불교가 종교적 믿음의 강렬함으로 인해 어떠한 인종, 민족, 신념에 대해 편협과 무지를 일으키는 편견과 증오의 감정으로부터 벗어나고 기쁘게 이해하며 협력하는 인간의 형제애에 대한 희망과 유토피아 시대를 위한 고귀한 희망을 키워왔다.

아나가리카가 아주 싫어 한 것은 외국 선교사였다. 식민지배자와 관료와 함께 선교사는 사람들에게서 그들의 종교적 그리고 문화적 유산을 떼어놓는 운동의 제일선으로 여겨졌다. 아나가리카가 비난을 하며 심하게 매도할 때에는 이들 세력이 결합하는 경우였다. 그는 말했다. "싱할리 사람들은 그들이 계획적인 선교단의 침입에 대항하여 싸울 무기가 없다는 단순한 이유로 조용히 굴복했다. 선교사들은 소년들과 무지한 인간들을 19세기 동안 세상에 선보다 해를 더 끼친 종교로 개종하려고 할 때 공직의 동포들의 후원을 받았고 공무와 관계를 표출하며 신뢰를 역이용하는데 있어서 결코 양심의 가책을 받지 않았다."

그가 선교단의 목표는 불자를 기독교인 또는 무관심한 불자로 만드는 것이라고 말했다. 선교 교육의 산물은 그를 매우 걱정시켰다. 다음은 그가 1892년에 그에 관해 말해야 했던 것이다. "선교 문명의 산물인 소위 교육받은 싱할리인은 무용한 개체이며 싱할리 민족의 부흥을 위해서는 아무 것도 하지 않는다. 지역 신문을 읽는 것을 넘어서는 그 날의 중요한 문제에 대해서는 무지하며 중요한 문제에 관한 의견을 내는 데는 적합하지 않다. 만일 그가 영국에 간다면 아버지가 물려준 돈을 흥청망청 쓰고 19세기의 서구 호색가의 개념을 가지고 집으로 돌아온다. 대학 교육을 받은 싱할리인 중에 동포를 위해 실질적인 선을 행한 이가 거의 없다. 이타주의에 관한 모든 개념은 그에게 무디고 그의 가장 큰 환희는 여왕 궁정 파티나 총독 접견에 참석하는 데 있다. 사회 정치 개혁가는 소위 교육받은 싱할리인들에게서 찾을 수 없고 이러한 상황이 계속되는 한 우리는 대중의 발전을 기대할 수 없다. 지배하는 영국인들은 싱할리 대중 사이에 교육받은 대중 의견이 없다는 것을 알고 있다. 따라서 그는 사람들을 경멸하며 대한다."

개종자들이 당하는 주권박탈, 그들이 서양 이름, 옷, 관습을 수용하는 방식, 그들이 식민지 세력에 대해 가지는 태도로 인해 아나가리카는 외국 선교단은 "유럽 상인과 위스키 판매상의 선발 대원"이고 "기독교 정부의 정치적 대행인과 자본주의와 무역업자들의 상업적 대행인"이라는 결론에 이르렀다.

그는 선교단의 활동이 사람들이 원하는 것이 아니라 사람들이 일반적으로 관심을 갖지 않는 종교 교리로 접근하기 때문에 아시아에서 성공할 수 없다고 결론지었다. 그는 유럽인들과 미국인들이 기독교의 전파를 위해 쓴 수백만 루피가 헛되다고 느꼈다. 그는 서구가 이 돈을 동양에 과학지식과 기술을 전하는 데 쓰고, 수백만 아시아인들을 기근, 전염병, 무지에서 구하는 데 쓰고, 가난과 결핍으로 괴로워하는 아시아 대중의 삶의 질을 높이는 데 쓰기를 원했다. 이미 과학 발전에서 의문시 되고 있는 기독교 교리와 성경 전설을 가르치는 것보다 이러한 종류의 국제적 협력이 우수하다고 그는 반복적으로 촉구했다. 기독교가 "성스런 민족의 온화한 영혼에는 절대로 맞지 않는 체계"라는 관점을 가진 아나가리카 다르마팔라는 영국이 지적인 종교 정책을 채택하도록 촉구했다. 그가 1908년에 영국 정부에 한 호소는 그가 나타내는 이상의 훌륭한 요약이었다. "그러나 여래가 세운 고양하는 지도를 따름으로써 싱할리인이 더 이상 그 고대 종교를 잃지 않도록 보호하는 것은 현재 철저한 통치로 그 나라를 지배하는 영국 정부의 권력 안에 있다. 불자들이 그들의 구세주의, 인정적인 가르침에 기초하여 고대 관습에 따라 지방 자치 정부를 형성하도록 허하라. 자연적으로 싱할리 불자들은 '예절바르고, 아이들에게 친절하고, 배움을 좋아한다'. 선을 행하기를 열망하는 고귀한 불교 민족이 아편, 아락주와 다른 취하게 하는 마약을 불자에게 판매하는 것을 막도록 허하라. 인구가 많은 도시와 마을에 산업기술학교를 세우도록 허하라. 고대의 가미니, 부다다싸, 파라크라마 바투, 그리고 다른 통치자들 같은 훌륭한 왕이 채택한 방식이 되풀이되도록 허하라. 대사(大史)가 안내자가 되도록 허하고, 섬의 각 지방의 학식 있고, 장로인 큰스님이 싱할리 불자들의 실질적이고 도덕적인 부흥을 촉진하기 위해 채택해야 할 최선의 수단에 관하여 정부에 충고하기위해 요청받도록 허하라. 영국인과 불자 모두 실론에서 나란히 번영하는 것은 아나가리카 다르마팔라의 진심어린 원이고 기도이다."

그가 대중들에게 한 호소는 현명한 만큼 감동적이었다. "영국에서 영국의 영향을 받으며 교육을 받은 우리의 지도자들은 싱할리인의 부흥에 무관심하다. 우리는 부유한 지주들, 흑연 판매상, 고무와 코코넛 농장주는 완전히 소수이지만 만일 그들이 떠오르는 세대를 고양하기 위해 결합하고 조화롭게 일한다면 중요한 일을 할 수 있다. 종교는 결코 우리의 애국적 활동을 막아서는 안 된다. 종교는 중국인 기독교인의 아들, 손일선(손문)이 중국 사람들의 발전을 위해 일하는 것을 막지 않았다.

그가 국가의 독립 운동과 종교적 자유만큼 중요한 것은 그 섬에서 농장주, 상업가, 노동자로서 점차적으로 자리 잡는 외국인에 대한 태도였다. 일찍 1906년에 그는 식민지 총독에게 보낸 편지에서 영국의 〈이방인 방지법령〉과 유사한 입법이 급히 필요하다고 촉구했다. 그는 촉구했다. "외국인들은 국가의 부를 가져가고 있다. 토양의 자손들은 어디로 가야 하는가? 이곳에 오는 이주자들은 갈 다른 곳들이 있다. 싱할리인은 갈 곳이 없다. 외국인들이 즐기는 동안에 고통 받는 사람들은 토양의 자손들뿐이다. 너무도 강력한 영국은 Alien Prevention Act가 있어 빈민들이 영국의 해변으로 오는 것을 막는다. 무지하고 무기력한 싱할리 마을사람들은 조상의 땅을 약탈하는 외국 사기꾼의 희생자가 되고 있다."

그는 1915년에 식민지 총독에게 쓴 비망록에서 다시 한 번 말했다. "실론의 싱할리인들은 돈만 벌고 영원히 섬을 떠나는 외국인에게서 보호되어야 한다."

1922년에 그는 인도-실론 문제의 시작을 알고 경고 통지를 전했지만 불행히도 마음에 새겨지지 않았다. 그는 지역 출판에서 그가 "국가의 적"이라고 불렀던 외국인들에 반대하는 활동적인 운동을 수행했다. 그는 싱할리 불교도에 싱할리인들이 외국인들의 착취를 받는 방식에 대한 시를 썼다. 이는 외국 상업가, 대부업자, 토지 수탈자들의 손아귀에 있는 무력한 싱할리인들을 보여주는 만화와 함께 출판되었다.

실론의 문제는 그 토양의 자손들만이 해결할 수 있다는 것은 아나가리카의 확고한 신념이었다. "우리는 두뇌를 가진 교육받은 사람들이 사람들을 이끌고 술을 주며 우리 대중을 망치러 여기에 오는 서양 약탈자들로부터 대중의 이익을 보호하기를 요구한다."고 그는 말했다. 또 그는 말했다. "실론에서 우리가 필요한 것은 열정을 지니고 정체된 삶을 살고 있는 실론의 잠자는 대중을 깨우기 위해 나아가는 인간의 몸이다." 그는 이러한 지도자들이 훈련받기를 원했다. 그는 실론의 젊은이들에게 정치, 철학, 역사, 산업경제를 공부하고 국가의 쇠락의 근본 원인을 해결하기를 촉구했다.

그는 그러한 지도자들을 양산해 내는 교육 정책에 자연적으로 관심이 있었다. "우리는 싱할리 부모에게서 태어난 모든 아이들이 인문 교육을 받는 것을 보아야 한다." 그는 촉구했다. 그는 다음과 같이 묘사하며 마을 학교의 상황에 충격 받았다. "섬의 고장의 학교들은 싱할리 어린이들의 두뇌를 도려내는 많은 '블랙홀'이 있다. 그들이 학교를 떠날 때 단지 만 명 중 한 명만이 도덕적 붕괴에서 살아남기 위한 생명력을 가진다."

그는 정부가 교육 분야에서 보여준 무관심에 대해 혹평했다. 그는 4백만의 실론 아이들의 고등 교육을 위한 비용이 총독에게 지불되는 월급보다 적다고 논쟁했다. 1912년에 연간 일인당 교육비가 정부학교에 5.44루피와 보조 학교에 3.52루피였다. 그는 고등교육 시설에 가장 불만족했다. 그는 실론의 젊은이에게 말했다. "우리의 지역 학교 기관에서 받는 교육은 우리를 인간으로 만들지 않고 낮은 월급의 사환으로 만든다. 실론에서는 불가능한 고등 교육을 받기 위해서는 당신들은 마드라스, 캘커타, 베나레스, 봄베이, 라호르, 알리가르, 랑군으로 이주해야 한다. 인도 대학의 어느 하나에 시험을 통과한 사람은 고등 법원 판사로 고용되어 매월 4,000루피의 봉급을 받는다. 교육비용은 실론에서 지불해야 하는 비용보다 3배가 낮다. 우리가 실론에서 얻는 것은 굳건한 기반이 없는 조악한 교육이다. 만일 당신이 인간이 되고 싶다면 더 빨리 지역 교육을 포기하고 인도로 갈수록 더 좋다." 그는 계속해서 개탄스러운 교육 환경에 사람들의 관심을 이끌었다. 1912년에 그는 말했다. "실론에서 학교는 매우 열악하다. 3,494,317명에 달하는 전체 인구를 위한 교육비용은 1,442,464루피이다. 이를 비례하여 나누면 놀랍게도 일인당 매월 0.5아나가 된다. 대학도, 기술대학도, 기술학교도, 직물 학교도, 예술 학교도 없다. 가난한 소년들은 정부학교에 부과되는 학교 납부금이 한 달에 15루피의 터무니없는 금액을 지불할 능력이 안 된다. 기독교 선교단은 몇몇 고등학교를 세웠지만 이 종파 학교에 입학하려면 불자 학생들이 붓다에 대한 그들의 믿음을 버리고 성스런 관습을 비웃고 가문이 좋은 유라시안으로 나와야 한다는 것을 의미한다. 이는 너무도 개탄할 만하다."

해결책으로 그는 벵갈의 젊은이들이 실론에 학교를 개교하도록 촉구했다. 그는 또한 실론에 "진정한 불자의 민족"을 배출하는 필요한 단계로 여학생 교육의 필요성을 인식했다. 미국과 일본은 그가 염두에 둔 모델이었다. 아나가리카 이전에 또는 이후에 어느 누구도 그러한 큰 목소리로 끈기 있게 과학과 기술의 교육을 지지한 사람은 없었다. 실론의 미래가 기술교육에 달려있다는 그의 신념으로 그는 부친으로 하여금 젊은이들을 일본에서 공예와 기술을 교육시키기 위한 장학금 제도를 시작하도록 고무했다.

아나가리카 다르마팔라는 경제적 발전의 중대한 필요성을 전적으로 의식하고 있었다. 실론의 젊은이들에게 강연하며 말했다. "우리는 부의 생산, 분배, 교환을 규정하는 제일의 원칙을 모른다. 우리는 소비한다. 그러나 우리는 새로운 부를 생산하지 않는다. 우리는 사치품에 조상의 부를 낭비하고 산업으로 부를 증가시킬 새로운 분야를 찾지 못한다. 거의 70세대 동안 싱할리는 밭에 관개하기 위한 물을 저장하는 저수지 건설 과학에 있어 전문가였다. 그러나 우리는 외국인들이 우리의 일을 하도록 한다." 그는 청년들에게 더 촉구한다. "우리는 우리 힘으로 서고 외국인에게 의존하지 않는 법을 배워야 한다. 우리는 우리의 산업을 부흥해야 하고 우리에게 제조업을 공급하는 먼 오스트리아와 벨기에에 식량을 공급하기 전에 우선 우리 민중에게 일자리를 주어야 한다. 우리는 우리의 소가 밭에서 굶어 죽도록 내버려둔다. 우리는 우리가 사용하는 우유와 버터를 제공하는 먼 스위스와 덴마크의 소를 먹이고 있다. 우리에게 쌀, 커리 재료, 몰디브 생선을 파는 아시아 무역업자를 주시하라. 안다만 섬사람처럼 우리가 살고 있는 이 전 세계로부터 이 땅을 고립시켜라. 그리고 우리는 다른 새로운 땅과 목초지를 방문할 정도로 기업심이 왕성하지 않다. 즐거움을 위해 영국에 가고 우리 대중의 발전을 위해 아무것도 하지 않는 사람들은 게으름뱅이다. 우리는 우리 대중의 부를 증가시키기 위해 협력하고 조화롭게 일해야 한다. 우리는 우리 번영의 관리자이다. 우리는 싱할리의 다음 세대들의 이익을 보호하기 위해 미래에 마음을 써야 한다."

다시 이 분야에서 그는 단순한 이론가만은 아니었다. 그는 그가 설교한 것을 실천했고 기관을 설립했고 가내 공업의 성장과 발전을 위해 선구자가 되었다.

국가의 정치, 종교, 사회, 교육, 경제 문제를 전국가적으로 인식하게 한 것은 아나가리카 다르마팔라의 가장 뛰어난 업적이다. 그가 아대륙에 불교를 재설립하고 붓다가야와 이시빠따나(Isipatana)와 같은 성지를 불자에게 회복하기 위해 인도에서 수행했던 용감하고 강인한 투쟁보다 이것이 우리에게 더 중요하다.

유럽과 미국에서의 열정적인 포교 활동이 아나가리카가 실론을 위해 얻었던 영광보다 훨씬 더 위대하다. 불교 부흥을 통한 국가 독립, 교육 발전, 외국인과 국가의 경제적 발전에 관한 정책의 형성을 위한 그의 투쟁의 역사적 중요성이 그가 전 세계 다양한 나라에서 실론을 위해 얻은 온정과 우정보다 훨씬 더 크다. 의식적으로 또는 무의식적으로 현대 실론을 사는 우리는 당대의 중요한 일부 문제에 관한 그의 관점에 의해 이끌려 왔다. 이는 그가 이 나라 국민에게 가졌던 거대한 영향력을 보여준다.

5-3  닐 코말 무케르지

5-4  안마타 나트 무케르지 경

5-5  나렌드라 나트 센

## 다르마팔라와 인도와 실론에서의 문화부흥

수니티 쿠마르 차터지 씀
석사(캘커타), 문학박사(런던), F.A.S.
캘커타 대학, 비교 언어학 명예 교수
서벵갈 입법 위원회 의장

인도와 실론에 영국의 정착과 함께 인도와 실론 사람들의 문화적 삶에 진정한 르네상스가 시작되었다. 문화적 각성을 일으키는 데는 두 가지 똑같이 중요한 것이 있었다. 하나는 영어와 영국 문학의 습득을 통한 유럽정신의 영향이었다. 두 번째 것은 인도인과 실론인들의 그들의 파거에 대한 재발견이었다. 영국 상인들은 무역만을 목적으로 하여 인도에 왔다. 충실한 로마 가톨릭교도이고 이교도를 기독교로 개종하고 무역에서 물질적 이익을 얻으려는 포르투갈 사람들과는 다르게 영국인들은 그들 종교를 포교하려는 즉각적인 생각은 없었다. 따라서 그들과의 접촉은 비종교적인 통로를 통해 더 자유롭고 더 용이했다. 이러한 접촉은 바로 그 시작부터 완전히 자극되었다. 영국 정신의 영향은(그리고 그를 통한 유럽정신의 영향은) 1757년 영국이 Plassey 전투를 승리한 후에 완전한 입지를 획득할 수 있었고 그 다음 1765년 모굴 황제 Shah Alam에게서 벵갈 지배권을 허가받은 벵갈지역에서 처음으로 분명해졌다. 벵갈 사회의 지성인 지도자들은 영어의 중요성과 막 실제로 사용되고 있던 상업 문명의 다양한 성취들에 있어 영국과 유럽의 우수성에 대한 영향을 곧 깨달았다. 많은 점에서 전쟁, 항해, 과학, 조직 등의 예와 같은 이러한 문제에 있어 유럽인의 우수성은 너무나도 분명해서 무시할 수 없었고 인도 사회의 더욱 지적인 구성원들을 생각하지 않을 수 없었다. 따라서 영국의 존재는 인도인 마음에 일종의 시금석이었고 새로운 종류의 지적인 해방을 위해 성숙되었다. 이와 함께 영국이 인도 장인정신의 산물을 포함한 인도의 물질적, 경제적 자원을 독점적으로 이용할 수 있게 자리를 잡은 후에 영국과 유럽 정신의 호기심은 인도 문명의 지적이고 정신적인 면에 끌렸다. 영국이 그곳에 정착한 후에 영국과 유럽 문화는 그들의 민족적 정신적 지주에서 인도 민족과 또한 실론 민족을 막 쓸어내려는 것처럼 보였다. 그러나 자신의 과거 문명의 가치를 깨달으며 계속적인 안정이 그들에게 왔다. 전통적인 학식이 거기에 있었고 인도와 실론에서 모두 꽤 번영하는 상태였다. 인도와 실론에는 학자들이 계속해서 산스크리트어와 팔리어 교재를 연구하고 해설했고 끊임없이 이들 언어로 축적된 대중 문학을 증가시키고 있었다. 그러나 유럽인이 그 영속적인 특징을 연구하기 위해 산스크리트어와 팔리어를 연구하기 시작했을 때, 또한 실론의 문화이기도 한 인도 고대 문화에 대한 접근에 있어 새로운 태도가 도입되었다. 벵갈에서 영국이 합법적으로 정착한지 20년 이내인 1784년에 아시아 학회(asiatic Society)가 윌리엄 존스에 의해 캘커타에 설립되었다. 윌리엄 존스 경과 그의 동료들의 펜에서 나온 산스크리트어 작품의 번역과 고대 문화, 문학에 대한 글과 산스크리트어 연구의 유럽 도입을 통해, 적합한 역사적 관점에서 산스크리트어와 인도문명의 입지가 점차적으로 정착되었다. 그리고 이것은 또한 인도인의 마음에도 즉각적인 영향을 끼쳤다. 그래서 또한 실론에서도 지난 세기 30년대부터 유럽의 학자들은 팔리 교재를 연구하고 출간하기 시작했다. 실론 불자들은 민족적 유산의 중요성을 느끼게 되었다. 이렇게 고대 그리스의 현대 유럽에게 거기서 인류 전체에게 준 불멸의 유산인 유럽 민족의 모험과 인간으로서 인간에 대한 커다란 관심 모두 덕분에 인도와 실론은 어떤 점에서 자신을 발견했다. 그리고 특히 영국과 유럽과의 직접적 접촉이 피할 수 없게 되었을 때, 국가 지도자들은 민족의 문화 (산스크리트어와 팔리어 문학에 기술되어 남아있기 때문에)의 기반과 현대 상황이 일으키는 발전에 대한 충동 사이에 조화를 가져올 사고를 찾았다. 실론은 현대 세상에서 자신의 위치를 찾는 데 더 오랜 시간이 걸렸다. 그러나 민족의 삶이 새로운 전환점을 맞은 결정적 시기에 인도에서 "현대 인도의 아버지"라는 별명이자신의 민족에게 행한 위대한 봉헌과 완벽하게 어울리는 위대한 Ram Mohan Roy와 함께 벵갈에서 시작된 운동은 수십 년이 지나며 계속해서 힘을 얻었다. 이 운동은 인도 상황에 적합한 모든 서양의 과학 발전을 유보하지 않고 받아들이며, 우리의 삶에 인도와 서양의 사고 세계에서 영구적이고 보편적인 요소를 조화시켰다. 이러한 그들에게 이용가능한 문화세계에 대한 태도와 함께 벵갈과 인도의 나머지 지역은 매우 뛰어난 문화적 회복을 목격했다. 그 안에서 특히 지난 세기 중반부터 새로운 인도 문학의 발전과 금세기 초부터 인도 예술의 발전이 있었다. 정치적 열망은 또한 인도에서의 이러한 새로운 다른 측면을 형성했다. 그리고 자유를 위한 운동이 지난 세기 4분기부터 시작되었고 궁극적으로 국제적 상황에 의해 행해진 도움과 금세기 상반기가 끝나기 전에 인도인 스스로의 실력행사로 궁극적으로 성공적이었다. 인도의 문화적 삶과 자유 운동에서 인도를 위대하게 만들도록 도운 인도 현대인들의 긴 명예 전사자 명단에서 우리는 수십 명의 유명한 이름이 있다. 그들 중 일부는 자유의 길을 통해 나라를 구하려 했고 다른 이들은 전쟁을 통해 구하려 했다. 실론 뿐 아니라 인도에서 부흥을 위해 조용히 일한 사람들 중에 위대한 실론인 개혁가, 애국자, 종교 지도자인 고 아나가리카 다르마팔라가 있다.

다르마팔라의 이름은 인도에서 그 정당한 가치만큼 잘 알려져 있지 않다. 그는 일반적으로 마하보디협회의 설립자로 기려지고 인도에서 새로운 팔리어 연구와 불자의 초창자 중 하나로 기려진다. 그러나 그는 단순히 문화, 종교 협회의 창립자를 넘어 의심의 나위 없이 훨씬 더 위대하다. 그는 그의 삶에서 실론의 종교적 문화적 부흥을 체현했다. 몇 세대 동안 실론은 매우 불행한 위치에 있었다. 그 독립은 실론인들을 물질적으로 이용하는 것 뿐 아니라 그들에게 로마 가톨릭 종교를 강제하여 문화적으로 정복하려는 목적을 가진 포르투갈인들에 의해 파괴되었다. 그들의 뒤를 이어 네덜란드인이 왔고 포르투갈과 네덜란드 지배 하에서 실론은 민족적 결실을 상당한 정도로 잃었다. 포르투갈의 영향을 통해 물론 로마 가톨릭교에 대한 표면적인 헌신이 있었다. 이는 또한 그들이 계속해서 불자일 때조차 포르투갈 이름의 실론인들에 의해 수용되며 -때로는 강제적으로 수용되며- 명확해졌다. 영국의 외부에 대한 자유방임 정책, 외국 선교단으로부터의 분열적인 반민족적 포교에 대한 전술적이고 효과적인 후원은 실론의 상위층 사이에 민족적 자기 존중의 회복에 도움이 되지 않았다. 지난 세기 30년대, 40년대, 50년대에 영국 문화의 강한 와인에 취해 인도 유산을 포기한 소위 "젊은 벵갈인"이라 불리는 벵갈의 일부 층에게 발생한 것처럼, 실론에서도 실론 특히 해안 지역에서 상위층의 많은 대표 층에서 영국인의 예절과 삶의 방식을 모방하며 매우 모욕적인 형태의 영국화가 분명했던 것이 사실이다. 단지 비구와 캔디(Kandy)와 다른 곳의 많은 옛 가문들이 민족의 문화와 특징에 진실 되게 남아 있으려고 노력했다. 실론은 기로에 서있었다. 북실론의 타밀(Tamil)과 싱할리 불자들 사이에 두 상호 배타적인 세력들은 지각없는 영국화와 똑같이 무분별한 이전 방식의 정통의 행동을 취하고 있었다. 바로 지난 세기 말 이 중대한 시기에 일종의 민족의식의 각성이 실론에서 일어났다. 그리고 이것으로 인해 실론이 영국을 불완전하게 모방하고 비극적으로 따라하는 것으로부터 구해주었다. 아나가리카 다르마팔라는 이러한 새로운 부흥의 전달자였다. 동시대인인 Harish Chandra처럼 다른 애국적인 싱할리인이 있었지만, 민족 종교를 완강히 고수하는 민족 문화의 모든 유풍을 정리할 필요성을 깨닫고 인종적 유산과 민족적 정신자산에서 접선에서 벗어난 싱할리 지식인을 되살린 최초의 인물은 아나가리카 다르마팔라였다.

우리는 다르마팔라의 특성과 직업의 이러한 측면은 인도에서 익숙하지만 인도가 민족의 예절 속에 그 자기 존중감을 되찾는데 돕기 위해 그가 한 것에 대해 개념을 가지고 있다. 그에게는 인도와 실론에 차이가 없다. 그는 내적 기질에서 인도와 실론을 하나로 여겼던 것처럼 보인다. 우리가 실론의 정치적 역사 뿐 아니라 인종적, 문화적 역사와 실론의 지리적 위치를 고려하면 그 둘은 하나이다. 현재 실론은 다른 자치 정부 하에 있을지 모르지만 모두들 실론이 인도의 문화 세계의 일부라는 것을 인정한다. 그것은 더 위대한 인도의 일부뿐 아니라 인도 그 자체이다. 아소카의 아들 마힌다(Mahinda)와 그 여동생 상가미타는 기원전 3세기에 위대한 황제 아소카에 의해 직접 그들을 실론으로 보내어져 실론에 불교를 설립하는데 도움이 되었다. 그들은 실론에 기원전 첫 1000년 중반 동안 서인도에서 그곳으로 간 아리아계 언어를 처음으로 가져온 Vijaya 인물을 제외하고 어떤 면에서는 실론에 인도의 가장 위대한 두 선물이 되었다. 인도에서 다르마팔라의 이타적이고 광범위한 활동을 주목하며 우리는 그가 이번에는 실론이 인도에 보답으로 준 선물이라고 말할 수 있다. 그는 그 누구보다도 인도에서 참된 불교 부흥을 가져올 수 있었고 그 섬을 고국에 더 가까이 가져올 수 있었기 때문이다. 일반 힌두인이 불교와 브라만교의 구별에 익숙하지 않을 때부터 힌두 대중은 일반적으로 그를 대환영해왔다. 불교가 브라만 우월성을 배타적 주장에 대항하는 필요한 항의의 운동이었음을 인정하며, 철학적 브라만교와 불교 철학 학교의 학생들은 두 종교 간의 이데올로기 사이의 천부적인 갈등을 보지 못한다. 베단타(Vedanta) 철학의 첫 번째 주창자인 위대한 샹카라차리아는 그의 철학적 개념에서 불교 이데올로기 일부에 너무나 가깝다고 여겨져서 많은 사람들은 그를 "변장한 불자"라 불러왔다. 그러나 이러한 것들을 생각하는 보통 힌두인들은 "불교는 힌두교의 수출된 형태"라는 브라만과 불교의 위대한 영국 주창자에 동의하는 경향이 있다. 그들은 다르마팔라가 인도에 와서 인도 사람들에게 당시 인도 본토에 널리 따라지고, 인류의 절반 이상에 퍼져있고, 아힘사(비폭력)나 무해(無害)의 자비(慈悲)의 주장 또는 연민과 마이트리(慈)와 같은 능동적인 선행으로 여전히 힌두의 생활 방식에 강한 기운으로 살아있는 그들 종교의 한 형태에 관심을 갖도록 노력할 때, 인도에서의 힌두교인 대부분 중에서 이러한 친밀감으로 그들은 다르마팔라에 그들의 동질감을 넓힐 수 있었다. 과거 불교의 영광과 함께 보통 힌두인은 또한 과거 세기의 조상들의 성취에 느낄 수 있게 되었다. 그들은 그 모든 것에서 반영된 일종의 영광을 얻었지만 동시에 그들은 겸허하게 그들의 정치적 감독을 받는 것에서 뿐 아니라 그들의 영혼에서의 현재 결함을 알고 있었다.

나는 다르마팔라의 업적을 추적할 특권이 없다. 그는 인생의 위대한 목적의 하나가 인도에 고대 불교 성지와 문화 중심지의 부흥이었다. 그리고 이러한 목표로 그는 최초로 붓다가 위대한 지식을 얻은 성지를 후세에 전하며 붓다가야 사원을 세계 불자들에게 회복하려는 노력을 시작했다. 우리들 대부분은 어떻게 붓다가야 대수도원장인 사이바이트(시바숭배) 마한트에게 소유권을 빼앗긴 그 사원이 불자 위원회에 당장 회복될 수 없었는지, 어떻게 정통 힌두교를 대표하는 마한트(그 사원의 지배권을 놓고 싶지 않았다)와 불자 세계가 모두 자신의 관습에 따라 사원에서 예불을 할 특권이 허락된 소송과 궁극적인 타협에 이르게 된 꼴사나운 사건들이 있었는지에 관한 이야기를 알고 있다. 마한트의 일행은 힌두교의 그리고 붓다의 중세의 개념을 가지고 있었기 때문에, 또 인도에서 공식 불교가 쇠퇴와 인도 외의 불교계에 친밀한 접촉의 부재로 인해 중세에 실질적으로 포기한 사원의 소유권을 이미 가지고 있었기 때문에 마한트는 사원을 소유 넘겨주는 데 거절하는 한 부류를 대표했다. 그러나 이성과 정신을 통해 세계를 통합하려는 수단으로 붓다에 의해 해석된 대로 고대 인도의 철학 연구를 위해 활발한 중심과 다시 한 번 불교를 번영의 중심을 만들기 위한 그의 신실한 원의 국제적 중요성을 깨닫고 아나가리카를 진심으로 지지하는 다른 일행도 가야 도시 자체에 있었다. 가야를 그의 집으로 만든 벵갈의 의사인 고 Harida Chatterji가 그의 가족과 함께 아나가리카의 든든한 지원자가 된 것을 현 작가는 기쁘게 회상하며 자랑스럽게 여긴다. 현 작가는 결혼을 통해 이 교양 있고 대중의식을 가진 개업의의 가족과 관련을 맺은 것을 명예롭게 여긴다. 그리고 그는 가족 구성원에게서 그들과 아나가리카 사이에 존재했던 위대한 우정에 관해 들었고 어떻게 그들이 서로를 돕고 또한 어떻게 아나가리카가 가야를 방문하는 동안 Chatterji 박사의 집을 그의 집으로 여겼는지를 들었다. 그가 죽고 오랜 후에 Chatterji 박사의 아들들에게서 나는 다르마팔라의 방문과 체류에 대해 들을 기회가 있었고 Chatterji 박사와 실론의 위대한 지도자 간의 개인적 친밀함에 대한 약간의 이야기를 들을 기회가 있었다.

멀리서 여러 번 그를 보고, 대중 집회에서 그가 말하는 것을 듣고, 한두 번 캘커타의 그의 집에서 그를 만난 것을 제외하고 현 작가는 다르마팔라를 친밀히 알게 될 특권이 없었다. 그는 또한 마하보디 저널에서 가끔 등장했던 것처럼 인도에서의 그의 투쟁의 옛 시절 동안의 그의 일기의 글을 읽는 즐거움을 가졌다. 그 일기는 그 남자를 생생히 묘사했고 반세기 이상 전에 캘커타와 그 밖의 곳에서 활동의 들여다 볼 수 있게 한다. 나는 한 때 마하보디협회가 그 소유 건물을 갖기 전에 -아마도 캘커타의 Bow Bazar지역의 카팔리톨라(Kapalitola)의 불교도 사원에 있었다- 그곳에 마하보디협회와 사원의 공동 후원으로 부처님 오신 날 축제가 열리고 있었고 나는 다르마팔라의 이야기를 듣고 법구경의 팔리어 시 일부를 그가 독송하는 것을 들었던 기억이 있다. 차루 찬드라 보세(Charu Chandra Bose)가 나를 그곳에 데려갔고 그는 불교의 위대한 고전인 법구경을 산스크리트과 벵갈어 번역으로, 원래 팔리어를 벵갈어 문자로 편찬하여 벵갈의 독자에게 소개한 것으로 유명했다. (우연히도 라빈드라 나트 타고르가 이 편집본에 깊은 인상을 받아 여전히 널리 읽히는 비평 감상문을 남겼다.) 당시 나는 학교를 다니지 않았지만 법구경을 읽고 많은 운문을 암송할 수 있었다. 이러한 관심으로 나는 Bose 와 연락하게 되었고 그 집회에서 다르마팔라를 불상 앞에서 만났다. 나는 여전히 마음 속 눈으로 아나가리카의 존경할 만한 인물을 본다. 중간 체격으로 단정히 면도한 얼굴과 다소 긴 머리와 내가 기억하는 한 실론 패션으로 흰 셔츠와 도티(dhoti, 허리에 두르는 인도 등지의 전통의상)를 입었다. 당시에는 그는 아직 비구의 노란 장삼을 걸치지 않았고 당시 불교 수도 형제였던 승가에 참여하지 않았기 때문이다. 혹자는 또한 "영적인"이라는 단어를 사용할지 모르는 진지한 갈색 피부의 그의 얼굴 외향이 마음에 들었다. 그리고 그가 이 운문을 낭송할 때의 섬세한 목소리 어조는 나에게 큰 호소력을 지닌 꽤 고귀한 성품을 가졌다. 나는 특히 그가 알맞은 어조로 독송하던 이 운문을 기억한다.

태양은 낮에 빛나고 달은 밤을 밝게 한다:
전사는 투구를 입고 있을 때 빛나고 브라만은 명상할 때 빛난다;
그러나 붓다는 자신의 영광으로 밤낮으로 항상 빛난다.
(Diva tapati adicco, rattith abhati candima;
Sannaddho khattiyo tapati, jhayi tapati brahmano;
Atha sabbam ahorattam Buddho tapati tejasa.)

그는 낭송하던 방식은 여전히 나의 귓가를 맴도는 것 같다. 나는 특히 그가 Brahmana단어를 발음하던 방식이 인상 깊었다. 그는 아마도 전통 발음에 따라 그것을 Bra-h-ma-na로 말했다. "h"앞에 "m"을 잘못 넣어 Brahmana을 말하는 우리 북인도 전통과 달리 "m" 앞의 "h" 명확히 발음했다. 이는 내가 대학 초기에 언어학과 음성학을 전공하려는 생각을 아직 하지 않았던 당시조차 나에게 인상 깊었던 산스크리트 올바른 발음의 일부였다.

다른 경우에 나는 여러 대중 집회에서 그가 연설하는 것을 들었다. 그는 인도인이 불교의 공감적 연구를 시작할 필요가 있다고 주장했다. 나는 한번은 그가 이러한 집회 중 한 곳에서 캘커타 대학에서 팔리어 연구를 부흥하는 큰 책임을 맡고 있는 산스크리트 대학의 학장인 고 MM Satish Chandra Vidyabhushana와 신실한 대화를 하는 것을 발견했다. 또 다른 한 번은 그가 캘커타 집에서 병환에 있을 때 -내가 기억하는 한 웰링턴 광장 근처 크리크가에 있었다- 나는 그의 가야 친구인 haridas Dhatterji의 아들과 함께 방문했다. 그는 나를 매우 친절히 맞았고 인도와 실론에 모두 공통의 관심사에 대해 이야기 했다. 당시 나는 우리 벵갈인이 인도의 다른 어떤 지방보다 실론인들과 가까운 친밀감을 가지고 있다고 느꼈다. 북인도의 아리아 언어의 식민주의자의 지도자 Vijaya Sinha가 벵갈에서 실론으로 갔다는 것은 벵갈 사람들 사이의 일반적인 믿음이다. 이는 역사가와 언어학 학생으로서 나는 믿지 않는 관점이지만 아소카 시대부터 계속해서 실론인들과 인도인들 사이에는 -특히 불교를 통해 벵갈에서 또한 강해지고 있던- 훨씬 깊은 이해가 있어왔다. 우리는 15세기까지도 벵갈의 한 위대한 브라만 학자는 상좌부 불교를 공식적으로 받아들였고 실론으로 가서 저명한 불교 학자이자 시인이 된 위대한 Ramachandra Kavibharati를 떠올려야 한다.

　아나가리카 다르마팔라는 -그의 별칭이 보여주는 대로- '영구적인 집이 없는 사람' 이었다. 그는 또한 진정한 '법의 수호자이자 구원자' 였다. 그는 고향으로 실론과 인도를 둘 다 가졌으며 -아니, 그 이상으로 선법(善法)인 정법(正法)에 대한 존경이 있는 곳은 어디든지 그에게는 실론이든 인도든, 미얀마든 중국이든, 일본이든 미국이든 유럽이든 세계 모든 곳이 집이었다. 그의 위대한 업적은 물론 마하보디협회의 설립이었고 모든 그 위대한 활동의 다양한 측면이었다. 인도와 실론의 종교적 부활과 문화적 부흥의 수단으로 이 기관의 중요성을 측정할 수 없을 정도이다. 협회가 실론과 인도, 아시아와 크게는 인류에 행했고 여전히 행하고 있는 다양한 봉헌에 대한 감사하여 우리는 이 60주년 기념식을 거행하고 있다. 협회의 활동에 대한 다양한 입장의 성명과 협회가 많은 분야에서 이룬 성공에 대한 찬사는 인도와 불교에 있어 위대한 가치에의 공식 선언으로 충분할 것이다. 그 업적 중에서 네팔에서의 불교의 부흥과 팔리어 연구의 도입도 결코 적지 않다. 네팔에서 이 모든 세기 동안 진정한 대승불교 전통의 진정한 계승자인 네와르 사람(Newari)들은 마하보디협회의 수도승과 협회의 과업에 끌린 신실한 마음을 가진 Newari 불자들의 노력으로 다시 한 번 민족적 신앙의 진지한 연구를 강화하고 있다. 협회의 세계 다양한 곳의 불교협의회에의 참석, 특히 몇 주 전에 도쿄에서 열린 협의회에의 참석, 초기 불교의 성자의 신성한 사리를 매개로 불교 연대의 부흥과 관련한 활동, 그리고 정통 힌두협회 지도자들(그 중 고 아슈토시 무케르지 자신의 협회와 같은 이름을 언급할 수 있다)의 공감과 지지를 얻을 수 있었던 것은 마하보디협회가 근대 지적 부흥 뿐 아니라 인도의 영적 부흥을 위한 세력이었다는 중대한 증거이다. 그리고 우리는 협회의 형성을 마음에 풀고 이를 이룬 위대한 인간을 기억하며 기리지 않을 수 없다.

이 글은 마하보디 저널에 실렸다. (60주년 기념판)

## 아나가리카 다르마팔라의 실론에서의 활동
D.B. 다나팔라 씀

**5-6**   D.B. 다나팔라

내가 7살쯤이었을 때 나는 쿰발웰레, 고을 교외의 커리재료상에서 판매원으로 있었다. 가게의 판매원 반장은 문화에 어떤 자부심이 있었다. 하루 일과가 끝나고 마지막 출입구 판자가 홈에 채워져 빗장이 걸리고 자물쇠가 채워지면 그는 병램프에 의지해 우리에게 싱할리 신문에서 재미있는 부분을 읽어주었다.

이 출판물의 기사에서는 어떤 아나가리카 다르마팔라의 이름이 계속해서 등장했다.

판매원 반장은 또한 더 고차원적인 영적 삶에 대한 욕구가 있었고 포살일인 보름날 밤마다 우리를 사원으로 데려가 미묘한 도덕적 강압을 즐겼다. 종종 밤샘으로 이어졌던 긴 "설법(bana)"을 했기 때문에 나는 사원을 방문하는 것을 그리 꺼리지 않았다.

어느 날 아침 둥둥 북소리와 함께 아나가리카 다르마팔라가 갈레 시장 광장에서 그날 밤 설법을 할 것이라고 발표가 되었을 때 판매원 반장이 느낀 흥분을 상상해 보라. 우리 모두는 동화가 되어 "설법(bana)"를 들을 경건한 열정으로 불탔다.

＊　　　　＊　　　　＊

나는 갈레 중앙 시장까지 오래 터덜터덜 걸었던 세부상황을 다 기억하지는 못한다. 자정에는 횃불의 도움으로 돌아오는 길이 오래 걸리지 않았다.

그러나 내가 기억하는 것은 풍만한 여성과 그의 사롱을 끌어올린 "두루가(chandiya) 여신 신상" 사이에 낀 좁은 공간에 들어선 군중의 가장자리에 서서 내가 들었던 거의 모든 말이다.

내가 이제까지 들은 또는 앞으로 들을 가장 낯선 종류의 "설법(bana)"이었다. 그는 비구처럼 옷을 입지 않았다. 그는 수도승이 그러는 것처럼 양반다리를 하고 앉지 않았다. 그는 수도승들처럼 경전을 인용하지 않았다.

대신에, 그가 만든 이상한 복장을 하고 정직한 사람의 확고한 결심처럼 꼿꼿이 서서 그는 제국주의와 백인의 의무에 관한 엄청난 맹공격을 너무나도 소리 높여 했고 내 귀는 경청으로 거의 멍멍해졌다.

나는 그가 한 거의 모든 말을 기억한다. 내가 좋은 기억력을 가지고 있어서가 아니라 흥미가 기억의 비밀이기 때문이다. 거의 30

년의 시간이 지나고도 기억하는 것을 보면 내가 분명 흥미 있어 했다.

그가 말한 바로는 큰 기계와 좋은 옷이 문명화된 인간을 만들지 않는다. 영국은 무력한 사람들을 이용하는 문명화되지 않은 야만인이었다. 영국인이 미개인인 반면 싱할리인은 문명인이다. 영국을 모방하는 자는 좋은 다이아몬드를 싸구려 색유리구슬과 교환한 아프리카 미개인과 같다. 당신의 문화, 당신의 언어에 자부심을 가져라. 정복자들 앞에 당당히 서라. 굴복하여 등을 굽히지 말라. 자기 존중감을 가져라. 세계에 평화를 가지고 싶다면 당신 자신이 되고 야만인의 싸구려 모방품이 되지 마라.

이후 바로 아이인 나는 아버지에게 나에게 의미가 없는 내 포르투갈 성과 영국식 기독교 이름을 버리겠다고 간청했다. 그리고 싱할리 이름과 싱할리 명명 체계를 채택했다.

아나가리카 다르마팔라는 당시 실론에서 알랑거리고, 굽실거리고, 설설 기는 많은 동시대 사람들 사이에서 머리를 높이 들고 걷는 유일한 상류층 사람이었다.

그는 싱할리인에게 자기 존중감을 주었고 그들이 당당히 걷도록 만들었다. 그의 목소리는 후에 정치적 자유를 향한 민중의 외침으로 발전한 최초의 속삭임이었다.

그는 싱할리인이 영국인과 우월하지 않다면, 동등하다고 느끼지 않는다면 영원히 붕괴된 채로 만족해야 한다고 느꼈다. 그의 두려움 없는 문화적 해방에의 개혁 운동에 의해 그는 용기 없는 사람들에게 정치적 해방을 위해 손을 뻗칠 용기를 주었다.

그는 사람들이 정치적 경제적 종속을 당연히 받아들이는 마음 상태에 있는 한 종교적 부흥은 불가능하다고 느꼈다.

다른 실론의 세계적 인물인 아난다 쿠마라스와미가 세계 지도위에 놓기 위해 인도 예술에 한 것을 아나가리카 다르마팔라는 싱할리인의 영혼에 했다.

올코트 대령의 영향을 크게 받은 다르마팔라는 존경받는 만큼 두려움의 대상인 실론의 개혁 운동가가 되었다.

\* \* \*

이따금 낮은 눈썹이 되게 하는 넓은 이마, 많은 힘을 보여주는 생각에 잠긴 눈썹, 장애는 참지 않지만 어린 아이에게는 친절한 말을 하는 굳게 다문 입술, 에너지가 넘치지만 동시에 평화와 고요의 감정이 넘치는 인격. 이는 장군의 생각을 가진 이상가인, 삼베 천을 입은 이 귀족의 특징이다.

장군은 그 마음속에 일생의 과업으로 불교의 탄생지 인도에 불교를 재건립하려는 부흥 운동을 계획했다. 격발되었을 때 분출하는 사람을 부르는 화산인 그는 게다가 그의 열망과 열정을 유용한 현실적 운동으로 옮기기 위해서 거대한 규모로 계획할 수 있는 행동가였다.

그의 목소리가 영원히 잠잠해질 때까지 결코 멈추지 않았던 포교와 개혁 운동을 통해 실론은 인도와 세계 전역에 알려졌다.

그는 싱할리의 전 세대에게 옛 세계 식민주의를 받아들이지 말라고 자극했다. 이는 문화적, 정치적 해방으로 이어졌을 뿐 아니라 그의 목적이었던 종교적 부흥으로 이어졌다.

그는 Piyadasa Sirisena, W.A. de 실바, P. de S. Kularatne, Gunapala Malalasekera 같은 사람들을 위해 선도한 선구자이자 개척자였다.

이는 아마도 실론을 위해 그가 한 가장 위대한 업적이다.
실론에 있을 때 그가 손대지 않은 것은 아무 것도 없다.

불교 학교를 설립했고, 싱할리 출판을 시작했고, 아유르 베다적인(Aryuvedic) 진료소를 시작했다. 이 모두는 쇠락한 민족의 부흥을 목표로 했다. 그는 – 후에 치료하기 위해 올지 모르는 사람들을 위해 – 쇠락을 막았다.

20년 정도 후에 나는 그를 다시 그리고 마지막으로 보았다. 나는 그를 군중의 가장자리에서가 아니라 직접 대면해서 만났다.

나는 당시 기자가 되었다. 그는 데와미타 다르마팔라라는 이름으로 비구가 되어있었다.

나는 새로 지어진 물라간다쿠티 사원에서 인도에 불교를 다시 찾을 그의 비전에 대해 말하며 내 앞에서 있는 명랑하고, 친절하고, 평온한 수도승이 갈레에서 내가 귀 기울였던 동일한 분출하고 있는 화산이라는 것을 믿을 수가 없었다.

추진력 있고 완고한 귀족인 자와할랄 네루가 점차 그를 세계적으로 중요한 정치가로 만들고 있을 때, 그 사나운 개척자는 자신을 무한한 인내와 매력을 지닌 존경할 만한 인물로 길들였다.

인도에서의 그의 활동이 없었으면 인도는 아마도 아소카 바퀴를 그 표장으로 채용하지 않았을 것이고 불상이 정치적 해방의 절정에 그 광경을 지배하지도 않았을 것이다.

실론에서의 그의 활동이 없었으면 우리는 아마도 아직도 영국 제국의 식민지일 것이다. 우리의 문화는 미개한 겉치레이고, 우리의 언어는 단어의 고전적 의미에 따라 현지어이고, 우리의 종교는 비밀스러운 의식이 되었을 것이다.

그는 우리의 눈에 새로운 시각을, 우리 귀에 새로운 청각을, 우리의 손끝에 새로운 촉각을, 우리의 심장에 새로운 감각을 주었다.

우리 실론인은 데와미타 다르마팔라 스님을 잊을지 모른다. 그러나 옛 시절의 아나가리카 다르마팔라를 누가 잊겠는가?

# 다르마팔라의 신 불교와 젊은 아시아

비노이 키마르 사르카르 교수 씀

데와미타 다르마팔라의 영혼에 경의를 표하며 일어나 비노이 키마르 사르카르 교수는 다음과 같이 나누어서 말했다.

다르마팔라는 실론에서 태어나 두 반구를 이동하며 인도에서 일했다. 그는 세계적 인물이었다. 그의 인생은 실론과 인도 사람들에게만 의미가 있는 것이 아니라 피와 살이 있는 모든 남녀를 위한 메시지를 가지고 있게 되었다. 나에게는 다르마팔라의 사고와 활동에 관한 가장 적합한 설명의 하나가 매우 정교하게 설명되는 팔리어이기는 하지만 거의 번역이 불가능한 정견(Sammaditthi : 옳은, 맞는, 광범위한, 완전한 관점, 관찰, 시점, 이해)처럼 보인다. 이는 석가모니 붓다의 가르침의 바로 그 기초를 이룬다.

다르마팔라는 그가 진실을 발견했을 때 그가 세상의 현실에 대한 올바른 관찰과 적합한 이해를 했다는 확고한 증거를 주었다. 첫 번째 진실은 실론이 오늘날 더 위대한 인도의 일부라는 것이고 두 번째 진실은 인도, 실론, 미얀마가 불교 아시아의 나머지와 통합되어 연합되어있다는 것이다. 올바른 관찰의 옛 불교도의 전통은 다르마팔라에 의해 현대 상황과 당시의 실질적 문제에 적용되었다. 이에 그는 불교를 부활시키는 데 성공했고 새로운 불교의 실질적인 설계자가 되는 데 성공했다. 이 새로운 불교는 옛 팔리어, 산스크리트어, 티베트어, 중국어, 미얀마어와 다른 경전이나 고고학적 유물에서 발견되는 것이 아니다. 일상생활과 실질적 현실의 도구로서의 불교이다.

 올바른 관찰인 바른 견해의 또 다른 증거는 일본, 한국, 만주와 중국을 여행하는 동안 다르마팔라에 의해 제공되었다. 인도, 실론, 미얀마가 일본 혹은 일본불교의 정신을 필요로 한다는 것을 즉시 알아본 것이 나의 경험인 것처럼, 그러한 환경에서 설법은 그의 사회적 철학의 일부분이 되었다. 실론 상좌부 불자들을 위해 불교가 멸종하려하거나 주로 상좌부 불교 형태로 널리 퍼진 종교로 일본 대승불자를 초청하는 것은 거대한 심리적 또는 영적 혁명이다. 우연히 중국의 것과 마찬가지로 신, 여신, 성자, 봉헌의 선물 등으로 갖추어진 일본의 대승 불교가 모든 의도와 목적에서 푸라나스타일의, 밀교의, 새 힌두교, 즉 힌두 벵갈의, 힌두 시선 (Shanghai)을 통해 중국 종교(Chinese Religion)에서 분석된 것처럼 힌두 인도의 다른 종교의 그것과 동일하다고 강조하는 것은 가치가 있다. 다르마팔라는 아마도 일본 불교와 현대 힌두교의 동일성 측면에 관심을 갖지 않았을 것이다. 그러나 그의 바른 견해는 심오해서 만일 불교가 세상 어느 곳에 살아있다면 그것은 일본이라고 믿게 하였다. 그는 인도, 미얀마, 실론을 위해 살아있는 종교, 고대와 중세에 그 탄생국에서 획득한 숭배, 즉 "내세"의 진정한 이해와 결합된 현재와 여기서 삶에 헌신하는 체계, 미래와 과거에 대한 무관심 뿐 아니라 appamada(에너지설)의 추구를 원했다. 다르마팔라의 그의 시대의 일본에서 고대인도 불교의 이러한 특징을 발견하여 그는 젊은 아시아의 표상으로 기능하게 되었다.

 다르마팔라 자신의 영감으로 실론의 진취적인 사람들에 의해 설립된 캘커타의 마하보디협회가 중국, 일본, 미얀마, 티베트, 실론, 벵갈과 다른 인도의 사람들을 일 년에 여러 번 한 지붕 아래로 모으는 역할을 하며 오늘날 이 젊은 아시아 운동의 일부가 실현되는 것처럼 보인다. 그리고 그 국제 불교 대학의 설립이 베나레스의 사르나트에 있으며, 이 대학은 다시 전 아시아의 그리고 아마도 유럽과 미국 불자의 협력적 문화 창조의 중심으로 성장하고 있다.

다르마팔라의 실론, 인도, 아시아 나머지 지역, 전 세계의 지적인 삶, 사회적 철학에의 공헌에 경의를 표하며 우리는 그가 영웅적 행동의 최초이자 최전방이었다는 사실에 무관심할 수 없다. 이런 점에서 그의 위대한 동시대 사람 비베카난다처럼 그는 아마도 16세기 일본의 정력적인 종교가인 일연(Nichiren)에 비교될 수 있다. 정말 다르마팔라와 비베카난다는 둘 다 우리 시대 동안 오랜 전통을 추구했다. 가장 오래된 Vedic 책인 Aitareya Brahmana는 힌두의 이상으로 지속적인 전통에 대해 감명적으로 말한다.

다르마팔라와 비베카난다 같은 사람들의 고국과 해외에서의 활동 덕에 젊은 아시아는 오늘날 자기 인식적이어서 유럽과 미국이 바른 견해의 일부를 얻도록 이끌고, 결국 새로운 시대가 등장했다는 것을 느끼도록 이끈다. 한 인종이 다른 인종을 지배하는 것은 과거의 일이지만 다양한 인종, 의식, 신앙, 문화가 평등, 자유, 상호 존중의 재단에서 만나는 시대이다. 그러면 다르마팔라는 비베카난다처럼 국제 평화와 세계 형제애의 선구자의 한명으로 평가되어야 한다.

# VI
# 세계 종교 대회와 다르마팔라의 유럽에서의 과업

시카고 종교 대회

시카고 세계 종교 대회의 불교 대표단의 Diary leaves

아나가리카 다르마팔라에 관한 외국에서의 매체보도

영국에서의 불교

붓다 탄신일에 세계 평화를 위한 동양의 연합

서양인들에 대한 우리의 의무

**6-1** 1893년 시카고 세계 종교 대회에 참석한 아나가리카 다르마팔라

**6-2** 1893년 시카고 세계 종교 대회에 불교 대표로 참석한 아나가리카 다르마팔라

**6-3** 1893년 시카고 세계 종교 대회에 불교 대표로 참석한 아나가리카 다르마팔라

**6-4** 1893년 시카고 세계 종교 대회

# VI
# 세계 종교 대회와 다르마팔라의 유럽에서의 과업

### 시카고 종교 대회

이 연설은 아나가리카 다르마팔라가 세계 종교 대회에서 한 것이며 공식 세계 종교 대회의 역사 1권에서 발췌되어 마하보디 저널 40권, 1932년 4월-5월에 출간되었다. (참고 #29)

나는 여러분께 4억 7천 5백만 불자의 선한 소망을 가져옵니다. 아시아에서 수세기 동안 널리 퍼졌던, 아시아를 온화하게 만들었던, 오늘날 24세기 동안 존재하며 그 나라들의 널리 퍼진 종교인 그 체제의 종교적 설립자의 평화와 축복을 가져옵니다. 나는 이 종교대회에 참석하기 위해 모든 위대한 활동을 희생했습니다. 나는 다른 불교국들을 통합하는 일을 남겨두었습니다. 이는 현대 불교 역사에서 가장 중요한 일입니다. 내가 종교 대회의 프로그램을 읽었을 때, 나는 그것이 단지 인도 불자들이 24세기 전에 이룬 위대한 성취의 반향의 되풀이라는 것을 알았습니다.

당시 위대한 황제 아소카는 파트나 도시에 천 명의 학자들의 회의를 개최했고 이는 7개월 동안 계속되었습니다. 회의의 활동은 요약되어 바위에 새겨져 인도 반도 전역에 퍼졌고 그런 다음 전 세계적으로 알려졌습니다. 그 프로그램을 완성한 후에 위대한 황제는 여기 연단에서 볼 수 있는 이 복장을 입은 온화한 스승들인 붓다의 친절한 제자들을 몽골과 중국의 초원으로 그리고 떠오르는 태양의 제국인 멀리 떨어진 섬들로 파견했습니다. 그리고 21세기 전에 열린 그 종교대회의 영향은 오늘날 아시아에서 어디에서나 온화함을 볼 수 있는 살아있는 힘입니다.

어떠한 불교국으로든 가십시오. 그리고 당신이 거기서 찾을 수 있는 그러한 건강한 연민과 인내를 어디서 발견할 수 있겠습니까? 일본으로 가서 당신이 보는 것은 인내와 온화함의 가장 고귀한 교훈입니다. 어떠한 불교국으로든 가십시오. 그러면 아소카 황제가 소집한 종교대회에서 채택한 프로그램을 수행하고 있는 것을 볼 것입니다.

내가 오늘 여기에 온 이유는 무엇인가요? 이 새로운 도시에서 이 자유의 땅에서 그 프로그램이 또한 수행될 수 있는 바로 그 장소를 발견하기 때문입니다. 1년 동안 나는 이 종교대회가 성공작이 될지 생각했습니다. 그리고 나는 버로우즈 박사에게 편지를 써 이것은 현대 역사의 가장 자랑스러운 행사이고 19세기의 최고의 업적이 될 것이라고 했습니다. 그렇습니다, 친구여. 만일 당신이 진지하다면, 만일 당신이 이기적이지 않다면, 만일 당신이 이타적이라면, 이 프로그램은 실천될 수 있고 20세기는 유화하고 겸손한 예수의 가르침이 성취되는 것을 볼 것입니다.

 나는 이 위대한 도시에서, 모든 도시 중 가장 젊은 도시에서, 이 프로그램이 실현되기를 희망합니다. 그리고 버로우즈의 이름이 미국의 아소카로 빛나기를 희망합니다. 또한 장엄한 회합에서 배운 관용의 고귀한 교훈이 세계 평화의 새벽이 되는 결과를 낳아 20세기동안 더 지속되기를 희망합니다.

## 시카고 세계 종교 대회의 불교 대표단의 Diary leaves

 1892년 5월에 올코트 대령은 마드라스에 있었고 작가는 마하보디협회 측에서 일하며 캘커타에 있었다. 그는 마드라스 메일(Madras Mail)에서 세계 종교 대회 계획에 대한 기사를 읽고 나에게 편지를 써서, 캘커타의 미국 총영사에게서 종교대회에 관한 추가질의를 하여, 그래서 만일 가능하다면 불교 남방종교 대표가 지금도 파견될 수 있는지를 제안했다. 미국 총영사는 그가 나에게 준 종교대회 위원회 인쇄 안내장 한 부에 수록된 것 이상의 정보를 줄 수 없었다. 마하보디협회의 저널은 막 창간된 상태였다. 창간호는 마하보디협회의 창설을 세계에 알렸고 이 한 부가 총영사에게 발송되었다. 그는 그것을 종교대회 위원회 의장에게 전달했다. 그러는 중에 나는 시카고 종교대회 위원회 대리원인 마드라스의 밀러 박사에게 편지를 써서 추가 정보를 요청했다. 그는 내 편지에 정중히 답장했을 뿐 아니라 종교대회 위원회의 의장에게 내 편지를 보이고 내가 그의 이름을 언급하기를 더 바랬다. 그의 원에 따라 나는 존

헨리 버로우즈 박사에게 편지를 썼다. 내 편지가 도착하기 전에 미국 총영사가 보낸 마하보디 저널로 그는 우리 협회에 대한 모든 정보를 얻었다. 나는 Advisory Council 회원으로 임명되었고 버로우즈 박사는 나에게 진심어린 편지를 썼다. 이로 인해 추가의 환영 서신의 기반을 마련했고, 그가 나에게 남방 불교의 대표로 종교 대회에 참석하라고 보낸 초청장을 수락하는 결과를 낳았다.

나는 실론의 Rev. H. 수망갈라에게 편지를 써서 그에게 불자 대표 회의를 개최하여 학식 있는 동양 학자이자 실론의 역사서, "대사(大史 : Mahavansa)"의 번역가인 L.C. Wijesinghe나 실론 입법부의 Panabokke 중 한 명을 대표단으로 선출할 것을 제안했다. 회의가 소집되었지만 이 두 명의 신사는 입법 임무 때문에 그 명예를 수락할 수 없었다. 그 고승은 나를 남방 불교의 대표단으로 후보에 올렸다.

내 절친한 친구들과 신뢰하는 조언자들 일부는 이 위대한 역사적 종교대회에서 이루어질 것 같은 좋은 결과를 기대하지 않으며 그 생각을 비웃었다. 종교대회가 단지 기독교 찬양을 위한 수단이라고 생각했다. 나는 종교대회에 참석하려는 생각을 포기하지 않겠다는 욕구를 가졌지만, 내 조언자들의 주장에 굴복해야만 했고 그곳에 가는 모든 희망을 포기했다. 이상한 우연의 일치로 내 미국 불자 형제들인 캘리포니아 산타크루즈의 불자의 빛(Rjddhist Ray)의 편집장 Philangi Dasa와 뉴욕 브로드웨이의 Chas I. Strauss가 나에게 편지를 써서 미국으로 와서 불교를 설법하라고 했고 그들이 내 비용을 지불하겠다고 했다. 진정으로 고귀한 욕구가 그들로 하여금 불교 포교단을 부르러 보내도록 했다. 미국에서 정법(正法)으로의 새로운 개종자들이 불교의 특권층보다 더욱 능동적이라는 사실에 아시아 불자 형제들은 얼굴을 붉히도록 만들어야 한다.

내가 시카고 종교 대회에 참석한 것은 내가 사랑하고 존경하는 친구 덕분이다. 나의 친애하는 동료 랑군 마하보디협회의 사무총장인 믈라웅 하민(Mlaung Ha Mhyin)으로 그는 나에게 스승이자 안내자였고 나는 그의 현명한 동행을 항상 즐겼다. 그는 나와 동행하려 했으나 이상한 필연에 의해 갈 수 없었고 나는 혼자 가야만 했다. 모든 우호를 담고 있는 버로우즈 박사의 초청장이 도착했을 때 나는 정중히 수락했다. 내가 그 먼 미국을 방문해야 했던 한 동기는 온화한 붓다의 법을 전파하고 마하보디협회가 시작한 위대한 생각을 알리는 것이었다. 중국, 일본, 시암을 방문하여 그 나라들의 영향력 있는 불자들 앞에서 마하보디협회의 최고로 중요한 목적을 알리는 목적이었다. 다양한 불교국의 위안, 인도의 불교 성지의 회복, 탄생국에서 법(法)의 부흥, 베나레스나 붓다가야의 젊은이들을 위한 국제포교훈련 대학의 설립. 이 모든 것들은 협회가 성취하기를 희망하는 목표였다. 그러한 성취는 거대한 업적을 의미했다. 그러나 위대한 이상은 환경이 우호적일 때만 가능하다. 실론 불자는 가난하고, 미얀마 불자는 부유하지 않고, 아라칸 불자도 그러했다. 시암은 불교 주권자가 통치하는 유일한 국가지만 단지 아소카의 정신으로 고취된 불자 주권은 집중적으로 포교 종교를 불교로서 도울 수 있다.

7세기 동안의 휴면 상태 후에 불교는 세계적 관심을 받고 있다.

전 세계적으로 두뇌 집단들이 그것을 연구 주제로 착수하고 있다. 지난 10년 동안 불교국에 일목요연한 활동이 있었다. 중국과 일본 여행자들은 옛 사원을 복구하고 새 사원을 건설하는 데 불자에 의해 보이는 각성의 정신을 입증하고 있다. 인도에서 힌두의 교양 있는 계층은 불교적 사고에 깊은 동감을 보여준다. 서구 동양학자들과 철학적 작가들은 지난 13년 간 불교에 대해 충만한 빛을 비추고 있다. 에드윈 아놀드 경은 천사 같은 목소리로 불교의 진실을 노래했고 "아시아의 빛"은 붓다의 영광스러운 삶을 인정하는 기독교도의 동감의 마음을 그리고 있다. 신지학회는 인도, 미국, 영국에서 불교의 근본 교리를 도입하며 개척자적 활동을 하고 있다.

현대 불교 역사에서 마하보디협회보다 조직 결성 이후 2년이라는 짧은 기간 동안 더 위대한 결과를 이루어낸 협회는 없었다. 그 진보적인 경로에서 최초의 기념할 만한 행사는 1891년 10월 31일에 시카고의 세계 종교 대회의 예비 협의회와 거의 동시에 붓다가야에서 국제 협의회를 개최한 일이다. 다양한 불교국에서 온 대표단은 현장에서 싯다르타 왕자가 수행하며 그 그늘 아래서 최상의 지혜를 얻은 성스러운 보리수를 마주하며 경건한 회합에 머물렀고 불교 활동의 장래 프로그램에 대해 논의했다.

수백만의 불자에게 중요한 주제는 그들이 붓다가야의 중앙 사원을 획득하는 것이다. 내가 종교 대회에 참석해 달라는 버로우즈 박사의 초대를 공식적으로 수락했을 때, 나는 사원 문제와 관련하여 가장 중요한 다가올 행사들을 예상하지 못했다. 우리의 대의에 깊은 관심을 가지고 있던 한 친구가 관련 정당에 10만 루피가 지불되면 사원을 우리 소유로 할 것이라고 은밀히 알려주었다. 우리에게 그 돈을 모금하도록 허락 된 시간은 단지 3개월이었다. 3월 31일에 나는 이 정보를 들었고 6월 말에 나는 시카고를 향해 떠나야 했다. 위대한 일을 위한 10만 루피가 기독교 나라에서 몇 시간 만에 모금 될 수 있었고 이는 불자의 자비로운 성품을 알 수 있는 중요한 사건이었다. 나는 모금 사업에 시간을 지체하지 않기 위해 일본, 시암, 아라칸, 미얀마, 실론의 내 친구들에게 편지를 썼다. 그 돈은 우리에게 허락된 시간 전에 준비되어야만 했다. 2년 반 동안의 쉼 없는 활동이 이상한 우연에 의해 그 위기 상황에 절정에 이르렀다. 만일 10만 루피가 준비되면 나는 쉽게 나의 과업을 맡을 수 있었고 돈을 모으는 불확실성이 나에게 깊은 걱정의 원천이었다. 나는 생각했다. "불자들이 성지를, 붓다가 영겁의 시간동안 태어나고 또 태어나서 인류를 위하여 자신을 희생하며 지혜를 얻은 축복받은 땅을 구하지 않을 것인가?" 시간이 다가오고 있었지만 어떠한 불교국에서도 희망의 응답이 없었다. 선한 승려와 신앙심 있는 민족의 나라, 미얀마는 내가 호소하러 갈 수 있는 가장 가까운 곳이었다. 5월 13일에 나는 캘커타를 떠나 랑군으로 갔고 16일에 도착했다. 내가 랑군에 머무르는 동안 모든 영향력 있는 불자들을 소집해서 그들에게 사안의 상황을 설명했다. 5월 1일에 열린 회의에서 그들은 돈을 모으기로 결정했고 나에게 그들이 그 대외에 충성할 것이라는 확신을 주었다. 이는 좋은 소식이었지만 여전히 나는 만족하지 못했다. 이 형제들을 떠나 나의 존경하는 동료 마웅 흘라(Maung Hla)의 요청으로 Mandalay로 가서 미얀마에 불교 사원의 대승정과 협의했다. 이 존경하는 대승정은 이 사업에 대한 그의 따뜻한 동감을 표했고 그 사업에 대한 긴급한 조치를 취할 것을 약속했다. 나는 미얀마의 전 수상인 킨 운 멩기(Kin Woon Mengee)에 도움을 청했다. 그는 미얀마 정부에서 퇴임한 이후 사람들에 대한 영향을 지니지 않고 있기에 그 운동을 도울 수 없다며, 만일 왕이 미얀마의 권좌에 있다면 당장에 왕족 재무부에서 필요한 10만 루피를 구할 수 있을 것이라며 유감을 표했다. 그리고 고 Mindon Ming 왕이 30만 루피에 해당하는 선물을 위대한 사원에 보낸 일, 그가 이 선물을 가지고 붓다가야로 간 포교단의 단장이었던 일, 그들이 보리수에 헌정한 후 마한트에게 기탁된 일, 포교단에 대한 설명이 대리석 널판에 새겨져 사원 경내에 세워진 일을 말했다.

Mandalay는 현재 황량한 도시이다. 이전의 장대함, 빛나는 탑들, 황금빛 사원들, 그림 같은 광경은 모두 과거의 일이다. 행복하고 만족한 사람들이 불자 주권 하에서 동양적 단순함으로 시간을 보냈다. 그러나 물질적 문명의 영향으로 이러한 단순한 마음의 민족이 내몰리고 그들의 장소는 인도의 모험적인 민족에게 주어졌다. 남인도의 건조한 초원에서 이기적인 회교도들과 검소한 Tamil인 수백 명이 이곳으로 와서 그들의 비열함으로 단순한 마음의 미얀마인들을 속였다. 미얀마 왕 시대에 사람들은 행복했고, 영국 지배 하에서 그들은 이기심의 노예가 되었다. 미래의 불편부당한 역사가는 사람들이 돈을 사랑하는 영국인들에 의해 악과 술의 노예가 된 것이 축복인지 아닌지 결정할 것이다. 그들은 자신의 왕 아래서 더 잘 살았고, 술을 몰랐고, 천민들만이 소고기 섭취를 했다. 동물 도살은 금지되었지만 현재 얼마나 변했는가? 범죄는 매일 증가하고, 가난은 만연했고, 서양의 술이 아편과 함께 도입되었다.

부유한 미얀마인은 극소수이지만 Mandalay 주변의 시골은 탑, 대리석 불상, 사원이 문자 그대로 산재해 있다. 부유한 자, 가난한 자 모두 종교를 위하여 자비롭게 시주한다. 자선에 아낌없이 돈을 주는 것은 미얀마인 성격의 훌륭한 특징이다. 버마인은 부를 축적해 종교에 전달한다. 노점을 가지고 물건을 파는 여인은 수 백 루피를 벌면 바로 종교적 목적에 그 돈을 쓰려고 서두른다. 그녀는 대리석 불상을 구입하든지 객사나 사원을 세우기 위해 시주한다. 그녀는 자선에 돈을 쓰기 위해 번다.

미얀마는 자유로운 여성의 나라이다. 여성은 토양의 주인이다. 티보 왕은 수파야랏 여왕이 그의 지위에서 통치했기에 그의 왕국을 잃었다. 바스락거리는 비단옷을 입고, 아름다운 머리채는 아름다운 장미와 재스민으로 장식하고, 목과 손가락은 비싼 루비와 다이아몬드로 치장한 우아한 모습의 미얀마 여성의 매력에 끌리지 않을 사람이 있겠는가? 미얀마 소녀들은 축일에만 혹은 사원에서만 가장 좋은 복장을 한다. 랑군의 축일에 황금불탑으로의 행렬은 인상 깊은 장엄한 광경이다. 수백 명의 활기찬 어린 소녀들이, 웃고 이야기하며, 순례자들에게 음식을 나누어주며, 온화한 여래의 무결한 사원 앞에 꽃을 바친다. 사람들은 자신이 요정의 한가운데에 함께 있다고 상상할 것이다. 미얀마의 소녀들은 우아하지만 여성성의 가장 달콤한 꽃은 국화와 벚꽃의 나라인 일본에 있다. 일본도 불교국이다. 헨리 노만은 그의 빛나는 작품 〈The Real Japan〉에서 "일본 여성은 일본 매력의 절정이다"라고 말한다. 그는 일본여성을 다음과 같이 묘사한다. "만일 당신이 우아한 일을 하고 있는 자비의 성모 동정회 수녀(Sister of Mercy)의 눈에서 빛을, 연인을 찾아 바다를 내려다보는 여성의 미소를, 때 묻지 않은 아이의 마음을 가지고 매력 있고 건강한 작은 몸으로 형체를 만들고 칠흑의 머리채를 올리고 밝고 바스락거리는 비단옷을 입히면, 당신은 전형적인 일본 여성을 가지게 될 것이다."

거대한 사원, 금박을 입힌 탑, 1001개의 대리석 불상과 조각된 석판을 가진 비교할 수 없는 수도원, 아름다운 공원, 수로, 연꽃 연못의 왕궁이 있는 Mandalay는 불자 주권 시기의 동양 도시에 대한 모습을 보여준다. Mindon Ming 왕 시대에는 만 명의 노란 장삼의 불교 서계를 받은 사람들이 도시에 있었고, 이들은 모두 왕의 개인적인 수입으로 부양되었다.

나는 Mandalay에서 이라와디강 기슭에 위치한 읍구인 Myin-um으로 가서 그 지역의 부판무관인 나의 동료 Maung Hla를 만났다. 미얀마는 헌신으로 가득 차고, 언제나 불교 대의에 봉헌할 준비가 되어있는 그를 자랑스러워하는 게 당연하다. 나는 그가 계획한 멋진 계획을 실현하기를 바란다. 만일 그가 성공한다면 불교는 능동적인 포교의 시대로 진입할 것이다. Maung Hla와 같은 사람은 불교국에 거의 없다. 소위 남방 불교 종파가 널리 퍼진 미얀마, 실론, 아라칸이 외국 정부의 통치를 받는 것은 운명의 모순이다. 결과적으로 불교는 그 나라에서 지지를 거의 받지 못한다. 나의 존경하는 남동생은 불교의 미래에 관해 희망으로 가득 차 있다. 동서양의 철학을 공부하고 불교를 열심히 따르는 그는 영국 정부에 봉사하지 않는다면 그 대의에 거대한 도움이 되었을 것이다. Myin-um의 불자들이 법당에 모였고, 나는 그들에게 마하보디협회의 목적에 대해 연설했다. 그 공동체의 지도자들은 그 대의에 따뜻한 지지를 보내기로 약속했다.

내가 미얀마를 방문한 목적은 불교 대중들에게서 필요한 돈을 구하기 위해서였다. 그러나 지도자들은 10만 루피가 한두 달 이내에 모금될 수 있을지 확신하지 못했다. 그들의 약속은 충분치 않았고, 목표를 이루지 못하고 인도를 떠나 시카고로 가려하니 마음이 부서지는 것 같았다. 그러나 나는 미얀마 사람들에게서 희망을 버리지 않았고 그 공동체에는 필요한 10만 루피를 줄 준비가 되어 있는 사람이 있었다. 그는 내 친구와 그 형제인 모울 메인(Moulmein)의 마웅 쉬웨온(Maung Shwe on)이었다. 다른 나라의 불자 친구들이 미얀마에 그를 사랑하는 불자 헌신자들이 있다는 것에 기뻐하는 것은 당연하다. Maung Shwe on의 이름과 함께 그의 형제 Maung Shwe Goh는 이 과업과 연결되어야 한다. 걱정스럽게 나는 미얀마로 왔고 즐거운 마음으로 7월 17일에 그 즐거운 해안을 떠나 캘커타로 향했다.

인도를 떠나기 전에 나는 붓다가야를 방문할 기회가 있었고 그곳에 가는 도중에 나는 가야의 징수관 맥퍼슨을 만나 사원 문제에 대해 그와 논의했다. 인도정부와 벵갈정부가 이 중대한 주제에 간신히 관심을 갖게 되었다. (참고 #30)

## 아나가리카 다르마팔라에 관한 외국에서의 매체보도

이 글은 아난다 구루게가 편찬한 'Return to Righteousness'의 서문의 일부이다. 이글의 내용은 아나가리카 다르마팔라가 시카고 세계 종교 대회, 다양한 시기에 미국과 영국에서의 체류 동안 미국과 유럽에 언론에 가졌던 영향을 높이 평가하고 있다. (참고 #31)

아나가리카가 그가 활동했던 많은 외국의 사람들에게 끼쳤던 깊은 인상도 똑같이 매력적이다. "불자(Buddhist)"의 편집자(1893년 12월호 1권)는 예전에 말했다. "시카고 종교대회의 우리 불자 대표는 그의 친한 친구들의 가장 높은 기대를 넘어서서 시카고 뿐 아니라 그가 언변, 열정, 진정한 불교로 등장하는 다른 곳에서도 큰 열광적 감격을 일으켰다." "불자"는 아나가리카가 미국에서 받은 언론 기사의 발췌문을 출간했다. 이를 보면 그가 강연한 대중에게 끼친 최면적 영향과 그가 청중을 놀라게 한 솔직한 비평에 대해 알 수 있게 해 준다.

"우리는 뉴욕의 불자 형제인 스트라우스에게 다양한 미국 신문의 발췌문 두 세트를 빚지고 있다. 발췌문이 너무나 많아 여기서 다 보이기에는 불가능하다. 우리는 단지 그가 한 연설을 포함하고 있는 신문의 이름을 언급할 수 있다. 그리고 그가 한 대표적인 언급 한 두 개를 인용하려 한다. 다음 신문들이 그의 대중 강연을 다루고 있다.

시카고 헤럴드(93년 9월 28일), Christian Unity Church에 불

교에 관한 다르마팔라의 설교를 실은 샌프란시스코 콜(93년 9월 16일), 그의 사진을 실은 뉴욕 포스트(93년 9월 8일), H. 토키의 "일본의 불교"에서는 "우리는 마침내 남방불교와 북방불교의 관점이 갈등 없이 결합될 것이라고 믿는다. 이것이 마하보디협회가 캘커타에 조직된 이유이다."라고 말했다. Inter Ocean of Chicago(93년 9월 15일), 샌프란시스코 콜(93년 10월 6일), "교회는 이 행사를 위해 특별 장식되었다. 3시 30분 훨씬 이전에 교회 좌석을 모두 찼고 마지막에는 의자가 통로에 놓였는데 설교단에서 문까지 늘어섰다. 사람들로 가득 찼고 Rev L. Sprague가 다르마팔라를 소개했다. 다르마팔라는 강연을 마칠 때 청중들이 하는 많은 질문에 답했다. 그의 대답은 정곡을 찔렀고 많은 박수를 끌어냈다." 다르마팔라가 Unitarian 교회에서 한 설법을 담고 있는 역대기, 샌프란시스코(93년 10월 9일), 이 신문은 설교단에서의 다르마팔라의 외관을 담고 있는 Star Richmond (93년 9월 20일)

**불자의 비난**

위대한 종교 대회의 한 섹션이 막 끝나기 전에 "기독교 선교의 방법이 어떻게 개선될 수 있을까요?"라는 질문이 논의로 떠오르자 다르마팔라가 말한 것이 보도되었다.

"당신들은 전적으로 쓸모 있는 사람들 보내야 합니다. 그들은 현대의 포교단이 가는 것처럼 가서는 안 됩니다. 그들은 예수 그리스도를 특징짓는 신성함과 온순함의 정신 뿐 아니라 자기희생, 자선정신, 관용 정신을 가져야만 합니다. 여기 시카고의 당신의 거대한 도살장은 문명에 수치이고 저주입니다. 우리는 실론에서, 미얀마에서, 중국에서, 일본에서, 그들이 상징하는 그러한 어떠한 기독교도 원하지 않습니다. 우리는 온화하고 겸손한 예수의 가르침을 원합니다. 우리가 지금 우리 신앙에서 그러한 가르침을 가지고 있지 않아서가 아닙니다. 우리는 더 많은 가르침을 원하기 때문입니다."

그런 다음 우리는 그 온화한 불자가 조용히 조금의 열정도 없이 그가 그들을 본대로 그가 그들의 성급함과 이기심이라 부르는 것에 대해 선교단을 비난하는 것을 들었다. 그는 말했다. "당신이 동양에서 기독교를 정착시키고 싶다면 그리스도의 사랑과 온화함의 원칙에서 행해져야만 한다고 경고합니다. 선교단이 모든 종교를 공부하도록 하십시오. 그들이 일종의 온화함과 겸손함을 가지도록 하십시오. 그러면 그들은 모든 나라에서 환영을 받을 것입니다." 누가 다르마팔라의 주장의 힘을 부인하려 하겠는가? 트리뷴, 오클랜드 (93년 10월 9일), 뉴욕 모닝 어드버타이저 (93년 10월 1일)

"2주전 시카고 종교 대회에서 수천 명의 거대한 집회에서 얼마나 많은 사람들이 붓다의 삶을 읽었는지에 관한 질문이 제기되었다. 5명이 수줍게 손을 들었고 그 중에 4명은 여성이었다. 그런 다음 캘커타의 불자 다르마팔라는 코란을 읽은 사람은 몇 명인지 물었다. 4명이 손들었다. 그리고 당신은 자신을 위대한 민족이라고 부른다. 4억 7천 5백만의 사람들이 따르는 신앙에 대해 단지 너덧 명만이 읽어 본 적이 있다. 당신이 감히 어떻게 우리를 평가하겠는가?"

그 질문은 환호와 폭발적인 박수갈채를 받았다. 이는 쉽게 감동받고 흥미로워하는 청중과 한 매력적인 남자의 경우였다. 그러나 다르마팔라는 "그가 아는 것보다 더 잘 지었다." 그 말 속에 당시 누구도 생각지 못한 더 많은 집중공세, 논쟁, 논의가 숨겨있었다. 그 질문은 일종의 돌격 함성이 되었고 다르마팔라는 그 나라 전역에서 인용되고 남용되고 찬사 받고 논의되었다. 붓다를 읽어본 적이 없는 사람들은 그 추종자들을 감히 판단했느냐 아니냐를 논의했다. 그리고 만일 그렇다면 왜 그랬을까? 블루밍턴, 일리노이즈 (93년 9월 24일)

"그의 까무잡잡한 피부색과 풍부한 칠흑 머리채로 더욱 하얗게 보이는 티끌 한 점 없는 하얀 옷을 차려입고, 팔과 집게손가락을 뻗어, 그의 몸의 모든 근육이 흥분으로 떨리며, 캘커타에서 온 불자 학자인 다르마팔라는 시카고의 종교 대회에서 단상 끝에 섰다. 보스턴의 E. L. Bexford 박사의 뛰어난 자유에 대한 연설 후에 그 불자는 소개되었다.

'당신은 당신이 우리 중에 개종자를 만들지 않는다고 설명합니다.' 그는 계속했다. '당신은 사랑의 신을 설교합니다. 그러나 당신의 행동은 이기적입니다. 당신은 무지하거나 세련되지 못한 이를 완벽한 위선자로 만듭니다. 당신은 이교도로 여겨지는 이를 구원하기 위한 수단을 확보하기 위해 생명을 으깨고, 피투성이의 크리슈나 신의 이야기를 이용합니다.'

'크리슈나는 기독교 선교단이 대중화하였습니다. 그러나 저명한 영국인으로 이루어진 위원회는 크리슈나에 대한 기독교의 생각이 신화라고 그리고 죽음과 피는 우리 민족에게 혐오감을 일으킨다고 선언했습니다. 이 기독교의 이야기는 타파되었습니다. 망각으로 사라졌습니다.'

그리고 그 동양인은 청중을 조롱하고, 그의 신념을 방어하며 계속했다." [뉴욕 헤럴드 (93년 9월 15일), 전보로 블루밍턴 신문과 동일]

Interocean(93년 9월 11일과 93년 9월 19일)은 다르마팔라의 세계가 붓다에 진 빚에 관한 강연을 두 편의 칼럼에 실었다.

레지스터지, 스프링필드(93년 9월 17일), 공화당 지도자, 라크로세(93년 9월 13일), 타임스지, Leavenu'orth, 캔자스(93년 9월 16일)는 다르마팔라의 '당신이 어떻게 우리를 판단하겠는가.'에 대해 언급하며 다음과 같이 인정했다. "기독교인들은 다른 종교에 대해 애석하게도 무지하다. 그들의 지식은 그들의 자선을 증가시킬 것이고 더 나은 기독교인으로 만들 것이다."

트리뷴지, 시카고(93년 9월 18일) "먼로가에 있는 제3 유니테어리언 교회(Unitarian Church)의 목사의 의자에 실론의 다르마팔라가 앉았다. 그의 오른 쪽에 LA Sioux City의 유니테어리언 교회의 공동 목사인 Rev. 메어리 A. Safford와 Rev. 엘리모어 고든이 앉았다. 그 교회의 목사인 Rev. J. 빌라 블레이크는 신도단 사이에 앉았다."

뉴욕 교회 메신저(93년 10월 4일)는 기독교인이 영적 예배를 하기 위해 돈을 받는 것을 꾸짖은 종교 대회의 불자 참가자 중 한 명을 공격한다.

피츠버그 가제트(93년 7월 18일) 스탠더드, 브리지포트(93년 9월 22일)는 다르마팔라의 거침없는 발언을 칭찬한다.

공화주의자, 윌리엄스포트(93년 9월 19일)는 "불자 다르마팔라가 행한 비난이 당연하다"고 말한다.

뉴욕 월드(93년 9월 19일) 우먼스 트리뷴, 워싱턴 (93년 10월 9일) "다르마팔라는 종교대회의 가장 흥미로운 인물 중 하나였다. 항상 티끌 한 점 없이 하얗게 옷을 입고, 중간에서 가르마를 타고, 등에서 곱실거리며 만나며, 온화하고 품위 있는 얼굴의 그는 예수의 친숙한 초상처럼 보였다."

저널, 시카고(93년 9월 14일) "동양 종교에 대한 경멸과 연민이 존경과 경탄에 자리를 내주었다."

저널 인디아나 폴리스(93년 9월 19일) "한 불자의 열변에 영향을 받아 조끼와 옷의 주머니에서 시계와 시계 줄이 사라졌고 그녀는 홀린 듯 앉아서 아름답게 끼고 있던 다이아몬드 귀걸이 한 쌍을 실제로 귀에서 뺐다."

센티넬, 밀워키, 위스컨신(93년 9월 12일) "불교가 엄격한 도덕성을 가르치며 높은 지성을 가진 사람이 품는 순수하고 고귀한 믿음이라는 것이 이해되기 시작했다."

Triblllle, 시카고(93년 9월 20일) "불교에 대한 기도를 시작하기 전에 다르마팔라는 이상하고 괴상한 노래를 불렀다." 그리고 기도를 했다.

더 레코드, 톨레도(93년 10월 14일)는 "불교 연구가 이번 겨울의 유행일 것이라고 말해도 무방하다"라고 말했다.

더 인터 오션, 시카고(93년 9월 23일)는 다르마팔라의 외국 선교에 관한 의견을 실었다.

박수갈채를 받은 다르마팔라는 이렇게 말했다.

"외국 선교에 관한 이 질문은 20세기의 여명 전에 해결책이 필요한 중요한 문제를 구성합니다. 나는 여러분에게 진지하고 진실하게 고려해보기를 요청합니다. 질문은 비기독교 국가에 어떻게 복음을 전도하느냐입니다. 여러분은 19세기 동안 유럽에 기독교를 지녀왔습니다. 그러나 단지 지난 3세기 동안 동양에 기독교를 포교하려는 시도를 해왔습니다. 3세기 전에 기독교 국가는 그리스도가 원했던 대로 그 의무를 하지 않았다는 것을 보여주는 기록이 불자에게 있습니다. 그래서 기독교가 동양에서 실패했습니다. 기독교가 동양에서 발전하고 싶다면, 고안된 프로그램과 당신이 세운 교의가 전적으로 다시 구성되어야 합니다. 당신은 이타심으로 고양된 사람들을 파견해야 합니다. 당신은 예수 그리스도를 특징짓는 겸손함과 온화함의 정신 뿐 아니라 자기희생의 정신, 자선 정신, 관용 정신을 지녀야만 합니다. (박수갈채)

기독교가 선교하기 전에 불교는 그 포교를 했습니다. 불교는 아시아 전역을 정복했고 몽골을 온화하게 만들었습니다. 그 설법자는 당신의 거대하고 세속의 의상을 입고 가지 않았습니다. 당신들이 이 단상에서 볼 수 있는 이 단순한 복장을 하고 갔습니다. 그들은 한 손에는 성경을 또 다른 한 손에는 럼주 병을 들고 가지 않았습니다. 그들은 겸손함, 연민, 동정으로 가득 차서 갔습니다. 이러한 특징으로 그들은 정복했고 아시아를 온화하게 만들었습니다. 도살장은 폐지되었고, 공공 주택은 없어졌는데 그것들이 지금 서구 문명의 영향으로 증가하고 있습니다. 이를 변화하는 것은 여러분, 유럽 국가들의 젊은 가문에게 남겨졌습니다. 당신은 지적입니다. 당신은 신학과 교의의 구속에서 자유롭습니다. 나는 당신이 20세기의 선교가 당신들 손에 달렸다는 것을 진지하게 고려하기를 바랍니다. 나는 당신에게 만일 당신이 동양에 기독교를 구축하기를 원한다면 그리스도의 사랑과 온화함의 원칙으로만 가능하다고 경고합니다. 선교단이 모든 종교를 공부하도록 하십시오. 그들이 온화함과 겸손함을 보이도록 하십시오. 그러면 그들은 모든 나라에서 환영을 받을 것입니다. (박수갈채)

머큐리지, San Jose(93년 9월 15일)는 "일본에서의 기독교 선교단을 활발한 도전으로 비난하는 달변의 일본 불자는 따뜻한 박수를 받았고 청중은 '선교단, 부끄러운 줄 알아라.' 라고 외쳤다."라고 쓰고 있다.

인콰이어러지, 필라델피아(93년 9월 17일)은 Unity Church의 설교가 끝나고 많은 이들이 이야기를 나누기 위해 다르마팔라 주위에 모여들었다. 그의 말에서 그는 미래 상황에 대한 환상도 없고, 죽음 전에 마주하는 것과 같은 것을 제외하고는 보답이나 벌도 없었다고 관찰 될 것이다. 이에 다음 사건이 일어났다. 한 여성이 그에게 물었다. "죽음 이후에는 아무것도 없다고 믿습니까?" "나는 순수한 삶을 믿습니다." 그가 대답했다. 그녀가 주장했다. "그렇지만 모든 힌두인들은 순수한 삶을 살지 않습니까?" 그가 대답했다. "오, 아니오. 진정한 불자들이 그렇습니다." 그녀는 강조했다. "그렇지만 인간이 더 우월한 존재를 믿지 않고 불멸을 믿지 않고 지상에서 순수한 삶을 살 수 있을까요?" 그는 대답했다. "당신 나라의 한 시인이 쓰지 않았습니까.

신앙의 교리를 위해 품위 없는 광신자들이 싸우게 하라,
그의 인생이 옳다면 그는 잘못할 리 없지 않은가?"

그런 다음 동양적 예절과 함께 그는 절하고 질문 공세(공격!)하는 여성들의 무리를 벗어났다.

그의 초창기에 불교 포교자로 그를 만난 사람들의 마음에 그가 심어준 인상은 이러했다. 시간이 지남에 따라 그의 비난하는 혀는 그에게 많은 적을 만들었다. 실론의 영국 행정가는 그를 "군사적 민족주의자", "종교 광신자", "계산적이고 우쭐대는 허식가", "주목을 바라는 간교한 폭동적 선동가"로 여겼다. 1917년에

Ponnambalam Ramanathan은 식민지 총독에게 보내는 편지에서 말했다. "그는 고행자이지만 자신의 나라 사람들과 승려들에게 인정을 베풀지 않는 신랄한 사람이기도 하다." 지역 신문은 그에게 매우 비우호적이었고, 그의 활동과 계획이 더 잘 이해받고 인정받아야 하는 그의 집단에서도 그는 단지 냉담과 장애를 겪었다.

그러나 굽히지 않는 아나가리카는 전혀 친구들과 추종자들이 없었던 것이 아니다. "Twentieth Century Impressions of Ceylon"이라 불리는 방대한 책을 준비하며 그 편집자 아놀드 라이트는 아나가리카 다르마팔라에게 "불교의 과거와 현재"에 관한 글을 쓰도록 권했다. 유명한 "아시아의 빛""의 저자 에드윈 아놀드 경은 아나가리카의 평생의 친구였고 그가 인도불교 성지를 불자에게 되돌리려고 투쟁할 때 많은 도움과 격려를 주었다. 에드윈 아놀드 경이 아나가리카에게 보낸 편지는 특별히 따뜻한 인사말과 함께 시작했다. "너무나도 친애하고 존경하는 친구에게" 그의 책 "동양과 서양"에서 에드윈 경은 아나가리카를 "나의 훌륭한 친구"라고 불렀다(참조 p.721). 그는 라젠드라 프라사드 박사, 라빈드라 나트 타고르, 마하트마 간디와 같은 많은 인도 국가지도자들과 친구였고 그들과 많은 운동에서 협력했다.

1926년 1월 30일의 "스펙테이터지(The Spectator)"에서 에이츠 브라운이 쓴 기사는 아나가리카가 젊은 시절 미국인들에게 어떻게 환대받았는지 우리에게 보여주는 신문 기사로 달변이다. "Bayswater의 불자"라는 제목으로 에이츠 브라운은 61살의 포교자의 인상을 기록하며 그의 확신의 힘과 표현의 열정이 나이가 들면서 더욱 증가하고 있다고 썼다.

지난 달 나는 동양 고행자의 사프란 승복을 입은 큰 키의 승려가 미국 청중을 불교로 개종하려고 시도하는 것을 들었다. 며칠 전에 나는 그를 런던에서 다시 만났고 그가 여기에 온 목적을 알게 되었다. 그의 계획은 영국에 불교 포교 센터를 세우는 것이다.

뉴욕 시청에서 착석하기 전에 나는 홀을 둘러봤고 군중이 주로 높은 눈썹과 텅 빈 눈을 한 채 동양 숭배의 회원을 만들기 위해 갑자기 등장한 것처럼 보이는 호기심어린 시민들로 이루어져 있다는 것을 알았다. 그러나 몇몇 뛰어난 사람들이 단상의 연사를 지지하고 있었고 그들 중 '탁월한 지혜 (In tune with the Infinite)'의 저자 랄프 왈도 트린이 있었다.

나는 자신에게 물었다. 우리 중 어느 누가 내적 조화를 진정으로 이루었는가? 외관으로 보면 천명의 청중 중 한 사람만이 안정과 평화의 비밀을 아는 것처럼 눈에 두드러졌다. 그는 우리에게 연설하려는 아나가리카 다르마팔라였다. 물론 그는 섬세해 보였지만 그 안에서 내적 빛, 목적의 숨겨진 불을 지니고 있는 것처럼 보였다.

"우리의 친구가 매우 쇠약합니다." 의장이 말했다. "그래서 그가 앉아서 연설을 하는 것을 양해해 주셔야 합니다." 그러나 우리의 불자가 연설을 하게 되자 그는 6피트 키를 곧추세워 일어섰고 청중에게 지팡이를 휘둘렀다. "나는 실론 선교 학교에서 당신들의 신앙을 배웠습니다." 그는 말했다. "그리고 하루는 선교사가 총을 꺼내 작은 새들을 쏘고 또 쏘았습니다. 그것으로 인해 나는 내 아버지의 신앙으로 돌아가게 되었습니다. 그러나 나는 성경을 공부했고 그 가르침을 존경합니다. 당신의 신은 가난하고 집이 없었습니다. 겸허하게 나도 그의 발자취를 따르기를 요구합니다. 나는 또한 돈도 없고 내 머리를 눕힐 곳도 없습니다. 그러나 나는 서방에 붓다의 평화를 가져오며 해야 할 일이 있습니다. 친구들은 내가 런던에 사원을 지을 수 있도록 자금을 제공합니다. 오는 도중에 왕자로 태어나서 만일 있다면 인생의 신비를 풀 해결책을 찾기 위해 왕궁을 포기한 붓다에 대해 당신들에게 말하기 위해 들렀습니다. 6년 동안 그는 고대 지혜를 공부했고 마침내 당신의 스승의 말을 빌리자면 천상세계가 인간 자신에게 있다는 것을 알게 되었습니다. 천상세계나 지옥은 없습니다. 당신 자신이 만드는 천상세계와 지옥만이 있습니다. 그리고 여기 이 갇힌 몸에서 천상세계를 발견해라. 바로 지금 여기에서 천상세계를. 붓다가 말했습니다."

그리고 한 시간 동안 그렇게 계속되었다. 청중들은 움직이지도 않고 기침도 하지 않았습니다. 영적 나태에 반하는 이사야의 비난을 외치는 입술에는 떨림도 없었고, 그 허약한 몸에는 피곤의 기색도 없었다. 여기 메시지를 지닌 남자가 있었다. 그는 꼿꼿이 서서, 평안하게, 자신과 청중의 주인이 되어 웅변가의 기술과 세상이 별 것 아닌 승려의 위엄으로 메시지를 전했다. 그가 앉았을 때 적막한 침묵이 있었고 이어 폭발적인 박수갈채가 있었다. 우리는 감동받았지만 개종하지는 않았다.

그의 청중들은 그를 영국에서 어떻게 받아들였는가? 불교의 검소하고 무혈의 가르침이 이 곳 소고기와 맥주의 땅에서 기반을 마련할 수 있는가? 알아내기 위해 나는 아나가리카 다르마팔라가 살고 있는 Lancaster Gate 52번가로 순례를 갔다. 그는 60대의 독수리 같은 특징과 난발한 은발의 잘생긴 남성이었다. 그는 가스 불 가에 앉아있었고 그의 사프란 승복은 런던 겨울의 우울함 속에서 다소 불편해 보였다.

그는 주장했다. 붓다는 인도가 영광을 꽃피우고 있는 때에 인도에 왔다. 그의 메시지는 매우 발달된 민족들만 이해할 수 있다. 그래서 지금 영국과 미국이 번영을 꽃피우고 있기 때문에 인도와 실론에서 우리 선교단이 그러하듯 아나가리카 다르마팔라의 주장도 당연히 그의 설법에 꽤 경청될 것이다. 젊은 시절 아나가리카 다르마팔라는 런던의 에드윈 아놀드 경의 손님이었고 그곳에서 불교 연사로 세계 종교 대회에 참석하기 위해 시카고로 갔다. 그때부터 그는 캘커타와 붓다가야에서 일해 왔다. 전쟁동안 그는 반전론자로 투옥되었다. 괜찮다. 그것은 끝났다. 남방 불교의 진정한 권위자로서 그는 환영받아야 한다. 비록 서양이 이름과 형태(nama rupa)의 숭배에서 체스터필드 경이 말한 대로 10분의 확고한 사고가 일생동안 인도에서 얼빠진 명상을 하는 가치가 있다고 믿는 경향이 있지만, 동양은 서양에 줄 진짜의 무언가를 가지고 있다.

명상이 어리석은가? 만일 우리가 골프를 연습하듯이 평화를 연습한다면, 우리 요양소와 병원이 더 비게 되지 않겠는가? 명상은 확실히 아나가리카 다르마팔라에게 해를 끼치지 않았다. 그는 평범한 정도가 아니게 고요하고, 기민하고, 지각 있고, 융통성 있다. 그가 죽을 때가 되자 그는 나에게 눈을 뜬 채 죽을 것이라고 말했다.

"그 모든 것은 딸깍 한 순간에 끝난다." 그는 말했다. "우리의 이 아름다운 삶에서 가장 쉬운 일 중의 하나이다. 당신에게 삶에 대해 가르치려는 우리 승려들은 아무렇게나, 힘들게 죽는 것을 치욕으로 여긴다. 우리는 죽음을 만나야만 하는 것처럼 죽음을 만나는 것을 배운다. 잠에 있어 당신의 마음과 몸이 순수하다면 당신은 거의 자지 않고 지낼 수 있다. 2시간이면 당신에게 충분하다. 행복? 당신은 명상을 통해 행복을 얻고, 올바른 호흡법을 통해 마음을 다스린다. 나는 당신이 연화좌를 하고 있는 것을 본다." (내가 들을 때 반쯤 무의식상태로 나는 고대 불상의 자세로 책상다리를 했다.) "그러면 당신이 호흡하는 데 도움이 될 것이다. 의사가 말한 대로 호흡은 두뇌과정과 직접 연결되어 있다."

그러나 그의 기사를 쓰는 것은 공정하지 않다. 인간의 내장에서 우주의 공간까지 이르는 철학은 몇 단락으로 요약될 수 없다. 그러나 한 가지는 말해야겠다. 불교는 열반후의 공허한 노력으로 잘못 이해되었고, 열반은 축복으로 해석되는 대신에 허무주의로 오해되었다. 기독교 과학자 같은 불자들은 행복을 법으로 확신한다. 불자들의 천국은 "손이나 호흡보다 더 가깝다" 그리고 내세가 아니라 이생에 얻어진다.

그의 가르침은 우리의 습성에 너무나도 낯설기 때문에 아나가리카 다르마팔라는 이 나라의 영적 생활에 소용돌이를 거의 만들지 못할 것이다. 그러나 그는 스승으로서 능변인 만큼 진정성이 있기에 동양의 신앙에 관심이 있는 사람들은 그에게 귀 기울여야 할 것이다.

6-5 런던에서의 아나가리카 다르마팔라(가장 왼쪽)와 그의 친구들

## 영국에서의 불교

아나가리카 다르마팔라가 쓴 이 글은 그가 다양한 방문지에서 받은 따뜻함에 대한 현명하고 깊이 있는 관점과 세계 종교로서 불교를 포교하는 대의에 대한 동감적 반응들을 우리에게 보여준다.

영국은 프로테스탄트 기독교의 본부이다. 1818년에 영국은 인도와 실론에 선교사를 보내기 시작했다. 1822년에 교회 선교협회는 기독교 교리를 "이교도의 땅에" 전파하기위해 설립되었다. 그들은 실론에 3군데의 센터에 본부를 설립했다. 실론에서 활동을 시작한 다른 비영국 국교도 종파는 웨슬레파, 침례교, 영국 국교회, 구세군이었다. 1백년 이상 동안 수만 명의 불자 소년들은 특히 학교를 통한 선교단의 포교로 종파주의 기독교로 개종했다.

1870년까지 불자는 섬 전역의 사원에 학교를 가지고 있었다. 그러나 기독교 정부는 불자 소년들이 자신의 영적 스승 밑에서 교육받는 것을 원하지 않았다. 1870년에 교육 법안이 통과되었고 사원학교는 금기가 되었다. 아이들이 종교와 도덕 교육을 받지 못하는 정부 밑의 초등학교가 설립되었다. 젊은 세대는 종교적 스승의 도덕적 영향 없이 자랐다. 그리고 싱할리 아이들은 불교의 긴 역사상 처음으로 종교와 무관해졌다. 선교단체는 침투할 기회를 마련했고 아라비아 이야기의 낙타처럼 이전 사원 학교가 있던 마을에 현지 학교를 열기 시작했다. 19세기 50년대에 한 선교 출판사가 싱할리인에 우호적으로 이렇게 발표를 했다. "싱할리인은 예절바르고, 아이들에게 친절하고, 배우는 것을 좋아한다." 선교 학교가 마을에

문을 열면 정부는 그들에게 국가보조금의 형태로 가능한 모든 도움을 주었다. 불자들은 기독교 가르침이 불자 부모의 자식들의 연약한 마음에 주었던 치명적인 영향을 알지 못했다. 10년 동안 선교학교는 붓다의 온화하고 연민의 가르침에 정반대인 비도덕적인 가르침을 주고 있었다. 그 당시에 현대 과학은 탄생하지 않았고 성경은 모든 도덕성의 처음과 끝이었다. 1880년 6월 올코트 대령과 블라바츠키 부인은 섬을 방문하여 붓다 분리자 Belly 기독교인으로 알려졌던 무관심한 불자에게 자극을 주었다. 영어를 배운 사람들은 무관심한 불자가 되었고 그들에게 올코트 대령의 활동은 깜짝 놀랄만한 행위였다.

1860년에 승려 웅변가 미게투왓테 구나난다는 불교를 공공연히 공격해온 기독교 사제들을 물리치기 위한 캠페인을 시작했다. 감폴라(Gampola), 파나두라(Panadura), 밧데가마(Baddeama)에서 기독교 사제와 불교 비구들 사이에 토론이 개최되었다. 1872년에 Panadura에서 열린 위대하고 역사적인 토론에서 불자편이 승리했다. 이 토론에 대한 보고로 인해 올코트 대령은 실론으로의 여행을 나서게 되었다. 불자 현지 학교 도단두와(Dodanduwa)에서 올코트 대령은 학교가 불자들 영향 아래 있지만 싱할리 독자들은 그곳에서 기독교 출판사가 발행한 출판물을 사용한다는 사실을 발견했다. 붓다는 삶이 의도적으로 파괴되어서는 안 된다고 강조했지만 기독교 독자들에게는 그 반대의 것이 강조되었다. 불교는 취하게 하는 술을 마시는 것을 엄격히 금했지만 기독교 책에서 술은 필수품으로 보였다. 기독교는 그 섬에 동물의 도살과 취하는 술을 마시는 것을 들여왔다. 세입을 위하여 기독교 정부는 사람들에게 아락주, 야자술, 다른 독을 팔았다. 정부 세입 관료는 도덕적 양심이 없다. 그들은 알코올성 독이 인간 발전에 해롭다고 생각하지 않는다. 거둬진 세금은 외국 관료와 다른 정부 부문이 먹어치웠다. 실론의 과학 교육은 완전히 무시되었고, 농업과 고유 예술은 쇠퇴가 되도록 내버려 졌다.

6년 동안 나는 실론에서 불자를 위해 일했다. 1891년 1월에 나는 붓다가야의 불교성지를 방문했다. 성지가 완전히 방치된 것을 알고 나는 그 성지를 그 곳을 지배하고 있는 Saivit 탁발승의 손에서 구하려는 희망에 내 삶을 바치기로 맹세했다. 나는 부모, 집, 내가 실론에서 사랑했던 다른 모든 것들을 포기하고, 성지 가까이에 있는 미얀마 객사에서 주거를 시작했다. 3개월 동안 나는 그곳에 머물며 편지를 써서 불교계를 각성시켰다. 나는 인간이 그 곳을 구하기 위해 할 수 있는 모든 것을 했다. 그러나 인도 정부가 사이바이트(시바숭배)탁발승의 편을 들고 공공연히 불자에 반하는 작업을 했을 때, 나는 다른 곳에서 활동하는 것이 더 낫겠다고 결론 내렸다. 나는 활동지를 캘커타로 옮겨, 불교 사원을 건축하기 위해 나의 힘을 집중했다. 그러나 내가 붓다가야를 떠나기 전에 나는 가야의 지역 이사회가 성지를 방문하는 불자 순례자들이 사용할 수 있는 객사를 붓다가야에 세우도록 만들었다. 불자들이 사용하고 있던 미얀마 객사는 정부에 의해 사이바이트(시바숭배)탁발승에게 넘겨졌다. 1903년에 Mandalay와 콜롬보의 마하보디협회에 의해 세워진 객사가 없다면 불자 순례자들은 그들에게 너무나도 성스러운 곳에서 객사도 없이 오도 가도 못할 것이다.

1915년 6월에 실론에서 불자와 회교도 사이에 폭동이 발발했을 때 나는 캘커타에 있었지만 실론 정부는 인도 정부에 나를 캘커타에 연금하라고 요청했다. 인도 정부는 벵갈정부에 그 문제를 논의했고 나는 그곳에 연금되어 있었다. 5년 동안 나는 실론에 돌아가도록 허가되지 않았고 연금 기간 동안 나는 다양한 종류의 신체적 고통을 겪어야 했다. 운동 부족과 부적절한 식단은 나의 건강을 망가트렸고, 5년 후에 나는 좌골 신경통, 각기병, 심계 항진, 빈혈증 환자라는 것을 알게 되었다. 이유도 없이 나는 벌을 받았지만 나는 나의 연금에 책임이 있는 영국 관료들에게 나의 사랑에 대한 생각을 보내기로 결심했다. 증오 대신에 영국 사람들에 대한 연민이 내 마음 속에 샘솟았다. 1925년에 내가 진료 받은 캘커타의 여러 의사들이 나에게 독일로 가서 전문가의 진료를 받아 병을 치료하라고 충고했다. 1925년 7월에 나는 스위스 루체른 근처의 Vierwaldstattersee의 Kuranstali에서 2달을 보냈다. 8월 4일에 나는 영국으로 가서 그곳에서 불교를 세우는 활동을 하기로 결심했다. 8월 4일의 내 일기에 나는 다음과 같이 기록 했다.

"실론과 영국은 다시는 분리될 수 없다. 따라서 나는 영국 국민의 부흥을 위해 일할 것이다. 영국은 아내를 때리는 남편처럼 인도를 대해서는 안 된다."

나는 영국인에게 불법을 설법하는 위대한 일에 대해 생각했다. 영국은 오만하고 매우 이기적인 인종이다. 따라서 나는 사랑, 정의, 관대함, 충실함을 연습하고, 용서하는 인내의 윤리를 채택하고, 무자비하고 잔인한 사람이 살고 있던 수나파란타(Sunaparanta)

나라에 갔던 부루나 존자처럼 행동하기로 결정했다.

나는 내가 눈여겨보던 그 사람처럼 위대한 일을 시작할 돈이 없었지만 나는 절망하지 않았다. 돈은 내 남동생 헤와위따르네 박사와 마하보디협회의 후원자 메어리 포스터 부인에서서 나왔지만 영국에서의 일을 시작하기 위한 것이 아니고 내 개인적 사용을 위한 것이었다. 나는 이 돈을 모아서 지난 7월에 런던에서 일을 시작했다. 나는 2번이나 죽음의 문턱에 갔다. 한번은 1925년 11월에 샌프란시스코에 체류하는 동안이고 또 한번은 지난 3월에 런던에서였다. 런던에서 3월 22일부터 5월 24일까지 계속 아픈 동안 나는 위크라마싱테(Wickramasinghe) 교수와 그의 아내 베라의 보살핌을 받았다.

나는 불자들에게 나를 도와달라고 요청하지 않았다. 내가 동생에서 받은 돈과 1916년부터 용돈을 모은 돈을 가지고 런던 일링(Ealing) Madeley Road 86번지에 2500파운드에 집과 정원을 구입했다.

실론, 인도, 미얀마, 중국, 일본에 간 모험적인 영국인들은 공감이 전혀 없다. 그들은 돈을 벌기 위해 갔고 그들의 섬, 고향에 도덕적 의식을 남겨두었다. 그들이 자신의 인종의 관료들이 통치하는 곳에 도착할 때면 그 토양의 자손들에게 참을 수 없는 오만함을 보인다. 법과 의학을 배우기 위해 영국에 간 인도, 실론, 미얀마의 젊은이들은 그들의 도덕적 특징을 보여줄 기회를 갖지 못한다. 그들은 낮은 계층의 영국 사람들의 악한 태도를 배운다. 그들이 영국을 떠날 때는 그들 종교의 우월한 도덕성을 잊어버린 상태이다. 그들의 도덕적 본능은 그들을 떠났다.

불자들은 어떠한 다른 세속적 유산보다도 우월한 정신적 유산이 있다. 불자들은 지금까지 영국 사람들에게 불자의 법을 설법할 결심을 가지고 영국에 오지 않았다. 기독교 선교사는 그들의 일을 매우 사악하게 행한다. 그들은 왜곡하고 카필라의 왕자, 위대하고 성스런 세존의 신성한 가르침을 잘못 전한다. 그들은 영국에서 불교의 가장 큰 적이다. 영국 기독교인에게 유대인 구세주는 신중의 신, 왕 중의 왕이다. 그는 사람들을 원죄에서 구할 수 있는 유일한 자이다. 이러한 가르침 때문에 영국 기독교인들은 매우 이기적이 되었고 오만함으로 가득 찼다. 그들은 갈애, 아만, 사견의 희생자이다. 물론 아리아 심리학은 유목 유대인의 미개한 애니미즘보다 우월하다. 그러나 그들은 예수의 셈어족 교리를 제외하고 더 우월한 어떠한 것도 알지 못한다. 붓다의 경건한 불법은 "영국인은 결코 노예가 되지 않을 것이다."라고 큰 소리로 외치는 영국인들에게 설법해야 한다.

불교는 가장 높은 우주적 자유에 이른다. 그것이 자유의 과학이다.

성스런 교리를 설법해야 할 수천의 자유로운 영혼의 교육받은 영국인들이 있다. 괴상한 영국인에게 동감을 표해야 할 시간이 왔다. 영국인은 위대한 민족이다. 그런 사람들로서 그들은 영적 기아로 죽도록 내버려두어서는 안 된다. 영국인들은 석가족의 위대한 스승의 성스런 법을 들어야만 한다. 사카족은 인도의 가장 자랑스러운 귀족이다. 그들은 붓다의 고귀한 가르침의 영향을 받았다.

아시아 불자들은 붓다의 기치를 회복해야 하고 영국인들이 그들의 "총 외교"를 멈추도록 설득해야 한다. 모험적인 영국인들은 그들의 시간이 끝나가고 있다는 것을 알아야 한다.

나는 늙었고 신체적으로 쇠약하다. 그러나 나는 그들의 언어를 배운 영국인들의 부흥에 힘이 되기를 희망하며 열심히 일하고 있다. 나는 영국인들에게 법을 설법하기 위해 그 언어를 이용할 것이다. 형제들이여, 우리가 런던의 어딘가에 아름다운 사원을 세우게 하소서. 사랑의 정신으로 우리가 영국인들에게 봉헌할 수 있게 하소서. 나는 영국의 겨울 기후를 피해야 한다. 11월 첫째 주에 나는 런던을 떠나 실론과 인도로 갈 것이다. 다음 4월에 나는 런던으로 돌아오기를 희망한다. 나는 내가 8살 때부터 나의 영적 빛이 되어 온 나의 사랑하는 모친을 만날 것이다.

내가 행한 모든 선행은 모친의 덕이다. 1904년부터 내가 인도와 실론에서 행한 선한 일은 내 '수양모'인 호놀룰루의 메어리 엘리자베스 포스터 부인의 관대한 선심 덕분이다. 그녀의 훌륭한 관대함과 개인적 애정이 없었다면 나는 내가 착수한 일들을 성취하지 못했을 것이다. 그녀가 심신의 행복을 즐기며 장수하기를 바란다.

## 붓다 탄신일에 세계 평화를 위한 동양의 연합

세계 불자들이 종파와 철학과 관계없이 마하보디협회의 거대한 우산 아래 결합한 것은, 불교의 부흥이라는 하나의 대의를 위해 연합한 것은 아나가리카 다르마팔라의 혹독한 캠페인 때문이다. 다음 글은 1927년 붓다 탄신일(Vaisakh Purnima day)의 경축행사에 관한 보도이다. 이 행사는 다르마팔라가 설립한 미국 마하보디협회가 조직했다. 이 행사 동안에 중국-인도 친선 만찬이 뉴욕의 실론-인도 인(Inn)에서도 조직되었고 중국, 인도, 스리랑카, 일본과 다른 나라에서 많은 존경할 만한 손님들이 참석했다. (참고 #34)

아나가리카 다르마팔라가 뉴욕 시티 웨스트 49번가 148번지에 본부를 두고 설립한 미국 마하보디협회는 뉴욕의 실론-인도인 숙소에서 중국-인도 친선 만찬을 열며 붓다 탄신일(Wesak Day)을 매우 경건하게 경축했다. 명예 손님은 일본의 총영사 Kiyoshi Uchiyama, Uchiyama 부인, 페르시아의 전 총영사 M. K. Sagaphi와 이집트의 총영사 A.F. Assal이 있었다.

수많은 축하 손님 중에는 콜롬보의 W.A. De 실바 부부, I. Sogani 부부, Max Smith 부부, William R. Shepherd, Philip Lewisohn 부인, Charles Recht, Florence Kendell 부인, Hari G. Govil 부부, Alfred Pinn대, 로버트 굿 박사, Ernest K. Moy, Thomas Ming-heng Chao, 해리 Bernhardt, H. K. Rakhit 부부, J.J. Cornelius 교수, Sarat Mukerji 부부가 있었다. 찰스 Fleishcher가 사회자였다.

아난다 꾸마라스와미 박사가 이 만찬에 참석하기 위해 보스턴에서 왔고 "불교 예술"에 대해 강연했다. 콜롬비아의 윌리엄 R. 셰퍼드 교수는 "동양과 서양"에 관해 연설했다. 제로는 "붓다, 온정가"

에 대해 말했다. 베단타 협회의 스와미 보다난다는 "불교와 진화"에 관해, 자가디쉬 C. 챠터르지는 "불교에 대한 서양의 오해"에 대해 강연했다. 클라우드 브라던은 불교 정신을 고취하는 연설을 했다. "붓다의 아시아에의 부름"에 관해 강연한 Basanta Koomar Roy는 또한 워싱턴의 중국 공사 Sao-Ke 알프레드 Sze각하와 컬럼비아 대학의 존 듀이 교수, 뉴욕 합동 교회의 존 Haynes Holmes, J.T. Synderland, 미국의 중국 협회 이사 P.W. Kuo 박사와 실론의 J.H. Grairo에게 받은 메시지를 대독했다.

De 실바 부인과 Sogani 부인이 팔리어와 산스크리트어로 찬불가를 불렀다. Kamala Mukherji 부인과 Sarat Lahiri는 여러 힌두 노래를 불렀다. 그리고 이 성스러운 날의 정신을 따르며 만찬은 순전히 채식이었다. 공경하는 청중들은 미국 마하보디협회의 삶과 영혼 자체인 K.Y. Kira에 따뜻한 감사를 보냈다.

### 붓다, 공자 그리고 평화
Ziang-Ling Chang 연설
뉴욕 주재 중국 총영사

중국과 인도의 위대한 스승들의 이름을 단지 언급하는 것이 평화의 분위기를 만들어낸다. 붓다도 공자도 무력으로 정복하는 것을 가르친 적이 없기 때문이다. 모든 종교 창설자들이 평화와 우주적 사랑을 가르쳤다는 주장이 옹호될 수 있지만 단지 불교와 유교의 종파와 추종자들만이 종교를 포교하는 캠페인에서 유혈학살의 오점이 절대적으로 없다는 사실은 변함이 없다. 정치적 침공은 불자와 유교 추종자의 발자취를 따른 적이 없다는 것은 주목할 가치가 있는 놀라운 사실이다.

붓다는 근본적으로 평화주의자이다. 그의 가르침이 연민, 감수, 자기절제, 우주적 사랑의 기본 교리를 바탕으로 심지어 자기희생을 대가로 하여 설립되었기 때문에, 나는 그의 종교를 모든 신념 중에 가장 순수하고 고귀하다고 여긴다.

붓다는 주로 "적자생존"의 교리에 기초한 서양 문명에 대한 가장 큰 도전과제를 주었다. 정치의 세계에서, 일본을 제외하고 불교는 세력을 잃었고, 아시아의 모든 불교국들은 오늘날 불만족의 상태이다. 그러나 불교의 영적 우수함은 여전히 변치 않았고 결코 파괴되지 않을 것이다. 아마도 언젠가는 서양은 극단적 물질주의가 초래할 수밖에 없는, 피할 수 없는 재앙을 깨달을 것이다. 불교는 인류를 기계적 파괴에서 구하기 위한 중립 요소로서 도움이 되어 조언을 줄 것이다.

중국, 일본, 인도, 시암 그리고 아시아 끝자락의 터키를 포함한 모든 다른 아시아 나라들은 불교의 형태로 공통의 연결고리로 함께 묶여 있다. 불교는 우리의 문명을 철저히 침투하고 있다. 우리의 문학, 철학, 예술, 건축, 사회 관습, 국가법, 정치 체계와 우리의 일상생활에서 불교의 영향은 어디에서나 눈에 보인다. 불교의 연결고리로 함께 묶인 동양 민족들은 기독교의 공통 연결고리로 함께 묶인 서양 민족들과 우주적 형제애와 인류의 사랑을 공통 기반으로 함께 만날 수는 없는가? 세계 평화와 인류의 미래는 한 민족이 다른 민족을 지배하는 것에 달린 것이 아니고 모두의 협력에 달려있다.

### 일본이 불교에 진 빚
Kiyoshi Uchiyama 연설
뉴욕 주재 일본 총영사

붓다의 탄신일을 경축하기 위해 중국-인도 친선 만찬에 초대되어 매우 기쁘다.

오늘밤 이곳의 모임은 내 소년 시절의 지나간 기억을 떠오르게 한다. 일본에서는 크리스마스가 이 나라에서 경축되는 똑같은 방식으로 붓다 탄신일을 축하하기 때문이다. 그 날 거대한 꽃축제가 다양한 사원에서 열렸고 우리는 사원의 청동불상에 경의를 표했던 일이 아직도 내 마음에 생생히 떠오른다. 이러한 경배는 붓다의 불멸의 언어로 "나는 나 자신의 신이고 주인이다."라고 표현되는 고귀한 생각을 상징한다.

따라서 유년시절부터 거의 모든 일본인들은 붓다의 신비로운 정신의 영감을 받을 수밖에 없다. 이 정신은 가장 높은 것보다 더 높고, 가장 깊은 것보다 더 깊고, 사방이 제한이 없다. 이런 식으로 나는 본능적으로 종교로서 뿐 아니라 가장 위대한 철학과 예술로서 불교에 관심을 가졌다. 당신이 의심할 나위 없이 아는 것처럼, 초기 우리의 문명은 인도에서 발생하여 중국을 거쳐 한국을 통해 물려받았다.

나는 불교가 일본에 어떻게 전래되었는지 몇 마디 하고 싶다. 우리 역사에서 가장 눈에 띄는 사건 중 하나는 552년 한국 왕이 일본 황제에게 황금 불상과 성스러운 경전을 전달한 것이다. 당시 보수적인 계층의 강한 반대에도 불구하고 새로운 불상과 스승들이 한국에서 차근차근 건너왔다. 그때부터 불교는 황실에서 빠르게 번영하기 시작했고 그 영향은 백성들 사이에 꾸준히 기반을 마련해갔다. 특히 Suiko 황제의 통치기간인 600년 정도에 불교는 Shotoku 왕자의 주도로 국가 종교의 지위로 상승했다. 일본이 고대 문명의 발전에서 불교에 진 빚은 진정으로 값을 매길 수 없다. 일본에 불교보다 더 많은 영향을 준 것은 없다고 말하는 것이 과장은 아니다. 오늘날 우리가 일본의 예술과 문학이라고 부르는 것은 대부분 불교와 관련된 높은 수준의 세련미의 달성이다. 일본에서의 불교의 성장이 그 문명의 역사와 밀접하게 엮여있다고 진심으로 말할 수 있다. 일본 조각, 회화, 건축의 대작들의 간략한 연구만 해도 당신은 위의 사실을 쉽게 알 수 있다. 미술 이외에 우리의 거의 모든 문학과 음악은 불교의 생각을 가미하고 있다. 따라서 영적, 물적 문화 모두에서 우리나라는 사랑하는 붓다의 전능한 힘을 통해 중국과 인도와 전적으로 조화를 이룬다.

나의 붓다에 대한 동감과 존경은 당신들과 같다고 말할 수 있다. 불교 경전에 다음과 같이 쓰여 있다. "열 방향의 모든 세계가 붓다의 성스러운 땅이다." 행복하고 성스러운 삶을 즐기는 기회는 부자와 빈자, 현자와 우둔한 자, 서양인과 동양인 모두에게 똑같이 있다.

내가 이미 말한 것처럼 나의 영혼은 어린 시절부터 붓다의 교리에 깊이 영향 받았다. 내 젊은 시절의 16년을 중국에서 보낸 나에게 이 만찬에 초청된 것보다 더 기쁜 일은 없었다. 그리고 나는 이 모임이 여기 오늘 저녁 국민들이 대표하는 나라들에 친밀한 관계를 증진하는데 크게 기여할 것이라고 믿는다.

### 회교도의 붓다에 대한 헌사
Syad Hossain 연설
The New Orient 편집장

누군가가 이 광경을 보았을 때 그 상징적 중요성을 깨닫지 않는 것이 불가능하다. 오늘밤 여기 유대인, 기독교인, 유교인, 불자, 도교인, 힌두교인, 회교도인이 있다. 모든 인류역사에서 가장 위대한 이름 중 하나이며, 우주성과 진실을 영원히 상징하는 이름에 존경을 표하기 위해 모두 함께 모였다. 붓다의 메시지는 모든 인류를 위한 것이다. 따라서 모든 인종과 종교는 그 위대한 이름의 영감에서 자신의 믿음을 새롭게 하는 이 행사에서 대표자로 만났다.

신사 숙녀 여러분, 오늘밤 이 모임은 주목할 만할 뿐 아니라 많은 면에서 독특합니다. 이는 단지 남성과 여성의 모임이 아니라 영혼의, 열망의, 이상의 모임입니다. 인류의 근본적 단일성과 삶의 영적 가치의 압도적인 중요성을 사람들에게 일깨워주는 행사입니다. 그것은 근거 없는 분리주의 외적 표식을 뛰어넘어 자신의 영적 운명의 내적이고 개별적인 결합을 깨달아, 인류가 상호이해와 형제적 선의의 결속력으로 결합하는 진정한 국가들의 가족이 되고 그리고 이루는데 있어 좋은 본보기를 제공해줍니다.

### Sao-Ke 알프레드 Sze 박사의 메시지
워싱턴주재 중국 공사

붓다 탄신일의 중국-인도 친선 만찬행사에 참석하지 못해 유감입니다. 그러나 나의 정중한 인사와 선한 소망을 전하게 될 기회가 되어 나에게는 큰 기쁨입니다. 나를 초청하신 친절함에 감사드리며 당신이 그렇게 베풀게 한 친절한 생각에 감사합니다.

### J.T. Synderland의 메시지

나는 붓다가 이 세계가 아는 한 가장 위대하고 고귀한 종교 스승 중 한 명이라고 믿습니다. 불교 신앙은 인류 역사에 가장 큰 자비로운 영향 중의 하나라고 생각합니다.

### 존 듀이 교수의 메시지
미국 일류의 생존 철학자

상황상 내가 당신의 흥미로운 모임에 참석하는 즐거움을 가질 수 없어 유감입니다. 중국-인도 친선 만찬으로 붓다 탄신일을 경축하고 미국 친구들까지도 참석할 기회를 제공한 것은 행복한 생각입니다. 현재 문제는 미국인들이 아시아의 문제를 더 잘 이해할 필요성을 보여줍니다. 우리가 동양의 위대한 영적 그리고 도덕적 스승을 떠올리고 한 인류의 공통 관심사에 모든 인종과 나라의 사람들이 모두 결합하는 이상적 유대를 깨닫는 것은 좋습니다.

## Rev. 존 Haynes Holmes의 메시지
뉴욕 합동 교회 목사

우리가 그 이름 아래 모인 위대한 성인이자 고귀한 종교 지도자에게 경의를 표할 기회를 가지게 돼서 기쁩니다. 붓다는 모든 역사에서 가장 고귀한 영혼 2인 내지는 3인에 위치합니다. 그의 고결함과 희생의 삶, 그의 연민과 사랑의 메시지는 인류의 불멸의 보물로 영원히 보존될 것입니다. 붓다는 나의 구원자 중의 한 명입니다. 그의 이름은 나의 교회 벽에 황금 문자로 새겨져 있습니다. 나는 우리의 병을 치료하고 우리의 잔인함을 가라앉히는데 도움이 되기 위해 전 서양 모든 곳에 그의 메시지가 전해지는 것보다 더 유익한 것은 생각할 수 없습니다.

이 고귀한 영적 천재에 대해 세계는 인도에게 은혜를 입었다는 것을 잊을 수 없습니다. 붓다는 인도의 가장 고귀한 영혼의 환생이고 그와 함께 인도의 궁극적 해방의 예언자입니다.

## P.W. Ku 박사의 메시지
미국의 중국 협회 director

중국인과 인도인은 많은 공통의 문제를 직면하고 있습니다. 이러한 문제들의 해결책으로 우리는 모든 가능한 방식으로 협력할 필요가 있습니다.

## 서양인들에 대한 우리의 의무

이 글은 서양세계로 불교를 전파하려는 아나가리카 다르마팔라의 관심에 대해 말하고 있다. 그는 서구 국가들의 몇 회원들이 불교 부흥을 돕는데 능동적인 역할을 했다는 것을 계속해서 언급해 왔다. 널리 퍼진 서양 종교에 대한 그의 지식은 불교 부흥가가 붓다의 위대한 메시지를 전파하기위해 지속적으로 여행하며 알아야 했던 지식의 하나를 보여주고 있다.

영국인들은 에너지, 모험심, 학식으로 이 세상의 제1의 자리를 차지했다. 그들의 제국은 과거 모든 역사상의 제국 중 가장 거대하다. 캐나다, 호주, 뉴질랜드, 남아프리카, 인도, 미얀마, 말레이 반도, 홍콩, 실론, 이라크가 영국기 밑에 있다. 1년 전에 영국기의 보호 아래 프로테스탄트 교회의 선교사들이 인도, 실론, 후에는 중국, 일본, 미얀마와 다른 곳에서 포교활동을 시작했다. 오늘날 선교 운동은 절정에 달했다. 지난해 기독교 경전 1천 1백만 부가 중국, 인도 등지에서 발행되었다. 외국 성경 협회는 600개의 다른 언어로 성경을 인쇄했다. 프로테스탄트 교회의 기독교 종파에 의해 기독교 경전을 인쇄하는 데 400,000파운드 금액이 쓰였다. 23,000명 이상의 선교사가 소위 말하는 이교도 사이에 기독교 교리를 전파하기 위해 아시아와 아프리카에 있다. 회교도들은 아프리카에서 그 제국을 넓히고 있고 파리에 멋진 모스크를 가지고 있다. Ahmadiya 운동으로 런던 교외지역인 사우스필즈에 모스크를 세웠다.

브라만교는 개종자를 만들지 않는다. 힌두로 태어난 자만이 브라만교의 추종자가 될 수 있다. 다른 비개종 종교는 조로아스터교, 유대교, 자이나교가 있다. 가톨릭교회는 독일, 미국, 영국에서 그 영향을 넓히고 있다. 기독교 탄생 전에 불교 포교단은 붓다의 법을 설법하며 아시아 전역으로 갔다. 9백 년 전에 불교 제국은 카스피해에서 일본까지 퍼져있었다. 모든 아시아가 불자였다. 이슬람교의 설립 이후로 중앙 투르키스탄, Bamian, Graeco Bactriana, Turfan, Sogdiana, 아프가니스탄, 캐쉬미르, Gandhar, 펀잡, Sindh와 인도의 불교가 아랍의 정복으로 파괴되었다. 회교도가 가는 곳은 어디든 붓다 사원을 발견했고 아무런 양심의 가책 없이 모두 파괴했다. 1000년에 인도에는 하나도 없던 회교도가 회교 왕조의 연속적인 침입 동안 지금은 7천만의 불교와 힌두 개종자의 후손들이 있다.

1400년에 자바는 이슬람교로 개종했고 후에 말레이 반도의 사람들에게로 계속 이어졌다. 오늘날 이슬람 제국은 포교 종교 중 가장 공격적이다. 인도의 기독교 선교사들은 회교도들을 개종하려는 열정적 시도를 하지 않는다. 불교 제국은 오늘날 5억 이상의 인구가 있고 2억 5천만의 힌두교도는 붓다를 비슈누 신의 9번째 화신으로 받아들인다.

서양의 사람들에게 경건한 법을 줄 시간이 왔다. 기독교는 현대 과학과 직면했고, 과학은 모든 교조적 신학에 반한다. 과학의 현대적이고 반면 기독교의 교리는 시대에 뒤처진 시대에 속한다. 중국은 깨어나고 있고 인도도 그러하다. 선교사들은 현재 중국에서 반대에 직면하고 있다. 몇 동양 학자들은 현재 선교사들 동맹했다. 둘 다 그들의 공헌에 대해 돈을 받는다. 만일 불교가 현지에 나가면 선교사들은 물러나야 한다는 것을 그들은 알고 있다. 영국에는 무신론자들과 이성론자들의 수가 증가하고 있다. 그들의 활동들도 고려되어야만 한다.

더 고차원의 불교는 순수 과학이다. 신학을 위한 자리는 없다. 창조자 신과 전투의 신과 전혀 상관이 없다. 몸 어딘가에 존재하는 분리된 영혼의 존재의 유령을 인정하지 않는다. 구세주의 호의로 사람들이 천국에 갈 수 있다는 것을 거부한다. 영원한 지옥과 영원한 천국의 미신을 인정하지 않고 성직자의 간섭을 부인한다. 그것은 절대적 자유의 종교이고 이 자유는 모든 악을 피하고 선을 행하며 마음을 순화하여 얻을 수 있다. 그것은 알코올 중독과 식량과 스포츠를 위해 동물을 죽이는 것을 반대한다. 그것은 모든 인류를 그리고 신 뿐 아니라 동물의 세계도 끌어안는 형제애이다. 그것은 인간과 인간 사이의 상호관계를 설교한다. 모든 인류는 한 형제이다. 그것은 개화된 진보의 친구이다. 그리고 가치 있는 활동의 가장 경건한 진실을 설교하고 좋은 생각, 좋은 말, 좋은 행동, 옳은 직관력, 옳은 열정, 옳은 말, 옳은 직업, 옳은 노력, 옳은 사고의 영속성, 옳은 마음의 계발의 꽃으로 덮인 길을 보여준다. 단지 자기희생적 활동을 통해 행복을 발견할 수 있다. 고행주의와 쾌락주의에 반대한다. 비과학적인 일신론(一神論), 다신론(多神論), 범신론(汎神論), 허무주의에 반대하여 설교한다. 그 가르침은 궁극적 진실은 깨우치는 것이지 단지 교리에 따라 믿는 것이 아니라는 것이다.

이 종교는 세상이 지니고 있는 모든 것들이 가치 있다는 진실을 발견하기 위해 인연을 끊은 카필라 왕자에 의해 설립되었다. 그는 완벽한 의식으로 행복의 길을 찾기 위해 신체적 고행의 가장 엄격한 형태를 겪었다. 그는 고행주의가 명확한 의식을 얻는 것에 장애이기 때문에 이를 거부했다. 관능적 즐거움이 지혜의 깨달음에 방해가 되기 때문에 그것들을 거부했다. 중도가 인간에게 죽기 전에 여기 지상에서 행복의 목적을 이루어 주기 때문에 그것을 공언했다. 아시아의 젊은 불자들이여! 진실, 사랑, 봉사의 전장에 들어가서 영국, 독일, 미국, 프랑스와 다른 국가들의 정력적인 사람들에게 평등, 형제애, 연민, 이타심, 자제의 메시지를 전해주도록 당신이 준비할 시간이 왔습니다. 소비에트 정부는 아마도 불자 포교단이 러시아의 거대한 국가에 들어가도록 허락하지 않을지 모른다. 무솔리니 총통은 아마도 그들이 이탈리아로 들어오도록 허락하지 않을지 모른다. 스페인은 또한 당신에게 닫혀있다. 페르시아와 터키도 있다. 남아메리카의 공화국들도 있다. 이러한 국가들은 붓다가 퍼뜨린 최고의 진실에 대해 알아야 한다. 붓다는 2500년 전에 인도의 가장 계몽된 사람들에게 그 진실을 가르쳤다. 그 당시 예수, 모하메드, 다른 예언자들은 태어나지 않았다. 이 나라의 사람들이 사성제(四聖諦), 팔정도(八正道), 37조도품(助道品), 12연기(緣起)를 알게 해라.

신성함과 평화의 군대를 일으키고, 깨우고, 결합하고, 함께하라. 악의 무리를 물리쳐라.

# VII
# 아나가리카 다르마팔라의 뛰어난 강연

힌두교와의 관계에 있어서의 불교

세계가 붓다에 진 빚

사르나트, 물라간다쿠티 사원에서 아나가리카 다르마팔라가 행한 개원 연설

# VII
# 아나가리카 다르마팔라의 뛰어난 강연

### 힌두교와의 관계에 있어서의 불교

1891년 10월 25일에 인도에서 아나가리카 다르마팔라가 영어로 한 이 최초의 강의는 원래 소책자로 출판되었다. 서문은 S.N. Sen이 썼고, 이 편찬물에 포함되어 있다. (참고 #35)

### 헌정사

신실한 사랑의 추도로서 나는 인도 청중에게 영어로 한 나의 최초의 강의를 고 Rai Bahadur Sri Narendra Nath Sen의 사랑하는 기억에게 헌정한다. 그는 마하보디협회의 문학 부문 회장이었고 불자의 진정한 마음을 가진 따뜻한 친구였다. 그는 연민의 신의 오래 잊힌 가르침이 그 자녀들에 의해 다시 받아들여지기 전까지 인도의 고통이 없어지지 않을 것이라는 그의 영적 확신을 종종 표현했다.

아나가리카 브라흐마챠리
H. 다르마팔라

마하보디협회 본부,
캘커타, 칼리지 광장, 4-A
2461/1918년 4월 8일

### 서문

아나가리카 다르마팔라 형제는 나의 돌아가신 존경하는 부친을 기리는 사랑의 추도사로 출판하는 소책자에 대한 서문을 써달라고 부탁했고, 나는 기꺼이 그의 요청에 응했다. 이 나라에 불자 친구들이 거의 없던 시기에 인도에서 불교 대의를 신봉했던 보기 드문 용기와 확신에 차 있었던 사람은 고(故) 라이 바하두르 나렌드라 나트 센이다. 그의 기억할 만한 역할에 대한 언급이 없는 19세기 후반의 인도 불교 부흥의 어떠한 이야기도 불완전하고 부정확할 뿐 아니라 불공정하고 불공평하다. "불교에는 통일성이 있다." 그는 이렇게 말하곤 했다. 그의 수고가 막중하고 그의 활동이 다방면에 걸쳐있었지만, 불교의 성스러운 대의가 그의 마음에 항상 최우선이었다. 그는 항상 포교 자체뿐 아니라 그 분야의 각각의 노동자에게도 형제의 손을 뻗칠 준비가 되어 있었다. 성스러운 사원으로 가는 길에 캘커타를 통하는 불교 순례자는 Norendro Nath Sen가 그들에게 준 격려와 도움에 대해 그를 축복했다. 그는 굴하지 않는 그리고 흔들리지 않는 진심으로 불교를 도왔다. 그래서 인도의 불교 분야에서 그의 진심의 지지를 받지 않은 수고는 결코 없었다. 마하보디협회는 그보다 더 진실한 친구가 없었다. 그는 힌두 동포들에게 그 운동을 대중화하는데 그의 모든 영향력 있는 지지를 보낼 때 그의 더 정통적인 동포들의 조소와 야유에도 굴하지 않았다. 협회의 후원 하에 캘커타에 성스러운 부처님 오신날 행사를 개막한 이래 그는 그 축하행사에 두드러진 참여를 하지 않고 지나치는 경우가 한 번도 없게 하였다. 그의 저널 "The Indian Mirror"의 칼럼들은 불교와 불자를 위해 좋은 말을 하려고 하는 모두에게 자유롭게 열려있었다. 그는 힘 있는 지도자들에게 힌두교와 불교의 결합을 옹호하는 그의 칼럼을 썼다. 인도의 미래의 구원은 두 위대한 종교의 최종적 융합에 있다는 확신을 감추지 않았다. 불교가 오늘날 벵갈에서 확고한 기반을 얻은 사실은 상당히 그의 진지하고, 능력 있고, 강력한 옹호 때문이다. 비난의 여지가 없는 정통의 매우 영향력 있는 한 힌두 귀족은 그의 연례 언사에 매우 감동을 받아 그는 고타마 붓다의 종교를 힌두 대중에 소개하는 새로운 관점에 대한 그의 존경을 표하는 글을 썼다. Norendro Nath Sen의 불교에 대한 관심은 공론이 아니었다. 그는 아나가리카 다르마팔라가 그에게 준 작은 청동 불상으로 위대한 여래께 매일 경의를 표했다. 그 불상을 그의 머리 위에 놓고 그는 그 위대한 대의에 충실할 것을 매일 고백했고 그 봉헌에 그를 바칠 것을 새로이 했다. 그의 일생의 꿈은 캘커타에 크고 아름다운 사원을 보는 것이었지만 불행히도 살아서 그것이 실현되는 것을 보지 못했다. 그러나 그러한 진심의 지치지 않는 헌신은 결과가 없을 수 없었다. 마하보디협회가 마침내 위대한 스승의 탁실라 사리를 안치하기 위한 아름다운 사원의 건설을 계획하는 데 성공했을 때, 이는 당연히 그 지상에서의 일을 잊지 않고 여전히 그 강한 의지로 지도하는 가장 위대한 친구와 후원자들 중 한 명의 축복 덕분이다.

Sayeendra Nath Sen
Indian Mirror 편집장

1918년 4월 13일자
벵갈 새해

**힌두교와의 관계에 있어서의 불교**

1891년 10월 25일 일요일 오후 6시에 유명한 싱할리 신사인 다르마팔라 헤와위따르네가 알버트 홀에서 꽤 많은 청중 앞에서 위 주제에 관한 강의를 했다. Babu Norendro Nath Sen는 의장을 맡았다.

의장은 그가 청중에게 그날 저녁의 강연자 다르마팔라 헤와위따르네를 소개하게 되어 큰 기쁨이라고 말했다. 그는 실론의 불자들의 주요한 대표자였다. 그는 붓다가야가 합법적 권리 주장자, 불자들에게 다시 양도되는 것과 불교가 그 고대의 고향인 인도에서 다시 한 번 꽃피우는 것을 보려는 특별한 목적으로 선택된 대표단으로서 인도에 왔다. 싱할리 불자들은 이 점에서 그들의 원이 너무나 진지해 그들은 콜롬보에 "붓다가야 마하보디협회"라는 협회를 설립했다. 협회의 회장은 고승 수망갈라이고 경영자는 사무총장이다. 이 협회의 주요 목적은 붓다가야를 불자들에게 회복하는 모든 실질적 조치를 취하는 것이다. 협회는 실론의 불자들 뿐 아니라 중국, 일본, 미얀마 시암의 불자들의 동감과 지지를 얻었다. 다른 불교국들에서 온 대표단의 협의회는 붓다가야에서 간단히 개최되었고 이 대표단은 이 주제에 대해 벵갈의 총독 중위 각하가 비하르주(Behar)를 현재 순례하는 동안 가야에서 그를 만나기를 제안했다. 이 문제에서 불자들을 움직인 영혼의 진정성은 시대의 가장 중요한 신호였고 공동체의 두뇌집단이 주목해야 할 가치가 있는 것이었다. 인도 발전의 물결은 그 경로에서 밀어닥치기 시작했다. 어떠한 지구상의 세력도 그것을 저지할 수 없었다. 강연자는 그의 불교 형제들에게서 그들에게 사랑과 평화의 메시지를 가져왔다. 그들은 한때 같은 행복한 가족의 구성원이었다는 것을 기억해야만 한다. 그들의 마음에 그렇게 가까운 것이 없을 정도의 그러한 거룩함으로 모든 불자들은 붓다의 탄생지와 불교의 초기의 집인 인도를 그들의 스승이 살았고, 설법했고, 입적했던 땅에서 그들의 뼈를 내려놓을 수 있다고 여긴다…….

다르마팔라 헤와위따르네는 그리고 다음 강연을 했다.

1900년 거슬러 올라가 기독교 입문자 성바울은 문명화된 아테네 사람들에게 다음과 같은 말을 했다. "그들은 미지의 신이 아니라 그들이 알던 그를 숭배했다." 아테네 사람들은 그의 해설을 경청했고 성 바울은 그들에게 그리스도를 전했다. 이 6세기 전에 세계 역사상 최초로 위대한 개혁가, 아니 세상에서 이제까지 중 가장 위대한 개혁가가 인도인에게 추상적인 원칙이 아니라 현실적인 교리를 설법했다. 그리고 모든 초인간적 매개 없이, 인격화된 개념 없이 한 종교 체계를 퍼뜨렸다.

내가 당신에게 가져온 메시지는 사랑, 순수, 자기 통제의 메시지이다. 이상적인 교리의 단순한 반향의 반복이며 이는 2500년 전에 베나레스의 녹야원에서 5명의 고행자 브라만이 있을 자리에서 설법되었던 것이다. 깊고 진지한 연구로 오랜 시간 간직된 지혜를 얻은 후에 그리고 6년의 긴 시간 동안 그 모든 단계에서 자기 수양을 시험한 후에 싯다르타 왕자는 인간이 자신의 행동에서 자신의 존재를 자유롭게 하여 지극한 행복을 얻을 수 있는 진실의 법을 발견했다.

위대한 발견이 이루어진 날은 인류와 사고의 역사에서 새 시대를 열었다. 궁극의 순화, 지성의 교리, 이 세상에 밝혀진 모든 문제의 해결책은 수억의 인류에게 안도를 주었고, 그들 중 많은 사람들을 현자와 성자로 바꾸었으며, 세계 종교에 완전한 도덕적 품격을 주었다. 당신들 중 많은 사람들에게 주제가 새롭게 보이지 않을 수도 있지만 그것을 전하는 데는 고귀함이 있다. 경종이 울려야 하는 때가 거의 침묵의 700년이 지나고 이다. 따라서 나는 이 메시지가 영적 마음을 가진 이들에게 중요하다고 말한다. 당신 중 일부는 듣고 싶지 않을 수도 있다. 그러나 불교에 대한 지성인들의 마음에 존재하는 오해를 없애야 할 시간이 왔다. 순환 이론에 중요성을 부여하는 사람들은 내가 말하려는 것의 중요성을 더 잘 이해하고 깨달을 수 있다. 불교는 지난 7세기 동안 인도인에 의해 잊혀졌다. 수세기 동안 존재해왔고 번영했지만 이 거대한 국가의 전역 어디에도 그 흔적이 불교적 형태로 발견되지 않는다. 아직 만족스럽게 해결되지 않은 문제이며 인도에서 불교가 사라진 것에 대한 가장 이상한 오해들이 퍼져있다. 가장 밝고, 번영하고, 영광스러운 시대의 인도 민족의 운명을 형성했던 종교는 완전히 잊혔고, 그 작은 흔적들 모두도 사라졌다. 우리가 그것에 대해 더 생각할수록 더 이상하게 보인다. 다른 사실은 지난 수세기 동안 인도가 발전하지 않았고 지적으로 영적으로 역행했다는 것이다. 인도의 최고의 역사가들, 최고의 불편부당한 작가들은 불교가 널리 퍼져있을 때보다 인도가 더 영광스러운 때는 없었다는 것을 인정한다. 놀라운 사실은 불교를 잃어버리며 무기력의 통치 기간이 시작되었다는 것이다. 인도의 가장 어두웠던 시기는 회교도 시절이고 계몽의 종교는 어디에서도 발견할 수 없었다. 광신, 불관용, 박해가 이 기간 동안 심하게 작용했고, 더욱 인간적이고 관용적인 국가의 도래가 있을 때까지 지속되었다. 지난 백년은 어둠의 시절에 축적된 일종의 정신적 부패를 없애는 기간이었다. 우리는 지금 관용의 정신이 시작되고 있는 것을 본다. 교육이 확대되고 있고 그와 함께 지성도 확장되고 있다. 사고의 발전과 함께 인간은 신학이 일관적이고 만족스러운 답을 주지 못한 거대한 문제들과 싸우기 위해 독립을 갈망한다. 되돌아보면 우리는 인간의 발전적이지 않고 계발되지 않은 마음 상태에서 항상 외부의 도움을 찾는다는 것을 안다. 인간에게 자연의 힘은 너무나 크고 경이로워서 문제들을 해결하기 위한 지적 부족함 속에서도 인간은 그 힘을 신성화하고 숭배하기 시작한다. 따라서 우리는 초기 시대에 다신교를 볼 수 있다. 지성의 점차적인 확대와 함께 인간은 높이 솟아오르고 신이 자연의 법칙 밖에 있는 것이 아니라는 것을 알게 된다. 다신교는 일신교에 자리를 내어주고 일신교는 다시 미숙한 범신론에 자리를 내어준다. 이 점차적인 사고의 진화를 베다(Veda)와 우파니샤드(Upanishad)에서 발견한다. 다음은 이상적인 범신론 사고의 장으로 들어간 바가바트 기타에는 여기저기에서 이것의 완벽한 철학이 그려져 있다. 우파니샤드의 형이상학은 모순적으로 보인다. 왜냐하면 다른 작가들에 의해 사고의 점차적 단계와 전개가 나타나기 때문이다. 얼마나 경건하든 베다는 더 깊은 문제들의 해결로 불만족스럽다. 따라서 우리는 우파니샤드에서 체현되는 듯이 일신론적 개념이 범신론에게 무너졌다. 우리가 후기의 우파니샤드 에서 유신론적 개념의 점차적인 소멸을 보게 될 때까지 우파니샤드가 오래될수록 일신론의 색채는 더욱 강해진다. 이 유신론적 범신론에서 철학의 가장 높은 체계의 전파로 절정에 이르는 더 이상적인 단계의 사고가 발전된다. 그 최상위 철학은 그 안에 우주적 희망의 영속성, 끝없는 사랑의 불멸성, 인간의 자유로 이제까지 만들어진 최후의, 선하고, 가장 자랑스러운 주장에서 파괴할 수 없는 믿음의 요소를 가지고 있다. (에드윈 아놀드의 아시아의 빛)

"우파니샤드의 목적은 궁극적 무용함, 아니 모든 의례적 행위의 악영향을 보여주는 것이다. 동기로서 보답에 대한 희망의 욕구를 가지는 모든 희생적 행동을 비난하는 것이다. 신적인 존재가 아니라면 적어도 뛰어나고 고귀한 특성을 부정하는 것이다. 개인적 자아에 의해 진정한 우주적 자아를 인지하는 것을 제외하고 구원과 해방의 희망이 없다는 것을 가르치는 것이다." 이것이 막스 뮐러가 우파니샤드에 관한 그의 Hibbert 강연에서 말한 것이다.

우파니샤드의 철학보다 바가바드기타가 더 광범위하고 압축적인 철학을 포함하고 있다는 것이 거의 일반적으로 인정된다. 이제 불교 경전과 기타(Gita)에 있어서 교리의 뛰어난 정체성을 지적하는 것은 불교를 물질주의의 체계로 받아들이는 사람들에게는 이상하게 보일 것이다.

현명한 학자이자 바가바드기타의 번역가인 봄베이의 Telang 판사보다 더 나은 권위가 인용될 수는 없다. 그는 말한다. "불자는 높은 영적 주제에 관한 사고 작용의 결과로서 완벽히 명료하다. 그것은 우리는 다른 말단에서 우파니샤드와 기타(Gita)에서 덜 철저한 표명을 본다고 말할 수 있을지 모른다……. 우파니샤드는 기타(Gita)와 붓다의 계율과 함께 나에게는 시대의 영적 사고의 연속적인 구현으로 보인다.

불교가 허무철학(Nastika)이라는 이상한 생각은 처음에 H.H. 윌슨 교수에 의해 시작되었다. 논점은 그가 시작했고 그를 따르는 동양학자들이 Telang에 의해서 반박되기 전까지 그 주장을 단순히 반복했다. 기타(Gita)에는 차라와카(Charvaka)에 대해 넌지시 말하고 있다. 윌슨 교수는 불교의 교리에 무지하여 차라와카가 불자라고 당연히 여겼다.

차라와카는 인도의 세속적 물질주의자이다. 윌슨 교수가 마찬가지로 불교 철학에 무지한 그의 산스크리트어 스승에게서 그 생각을 들었다고 나는 생각한다. 만일 물질주의의 관점을 체계적으로 공격할 선생이 있다면 그것은 붓다이다. 심지어 오늘날에도 브라만 학자들은 너무도 부주의하게 불교를 허무 철학 체계로 폄하한다. 그들이 우파니샤드와 기타(Gita)를 의례적 행사의 무용성을 보여주는 면에서 비난하는 것은 무리가 아니다.

불교는 철학적 사고의 가장 상위의 표현이다. 가장 높은 영적 개념은 거기에서 발견된다. "그 도덕적 법도는 세상이 이제까지 알아온 가장 완벽한 법도중 하나이다." 막스 뮐러는 말한다. 그리고 고 Kunte 교수의 의견으로는 "불교 요가 철학은 파탄잘리(Patanjali) 요가 체계보다 더욱 탁월하다. 윤리에 있어서의 포괄성, 탁월한 형이상학, 그리고 요가에서 어떠한 체계도 불교 체계와 견줄 수 없다. 성스런 철학의 가장 고귀한 측면 혹은 절정이기 때문이다." 더 동감하는 불교에 관한 일부 작가들은 그것이 불가지론자의 철학 체계라는 것을 보여주려 시도했고, 다른 작가들은 그것을 비관적 교리로 받아들었다. 또 다른 작가들은 그 안에서 단지 공허한 무(無)와 허무주의의 교리로만 받아들였다! 유명한 팔리 학자인 리스 데이비즈 박사는 붓다를 인도의 불가지론적 철학자로 부른다. 그는 말한다. "신학적 토론이 관심을 잃고, 인간이 여기 지상에서 자신의 구원을 가져올 새로운 체계속에서 새로운 해결책을 찾는 학파가 항상 마침내 등장했다. 인도의 불가지론적 철학자, 그리스와 로마의 스토아학파 철학자, 프랑스, 독일, 우리들 자신의 일부 최신 학파 사이에 어떻게 공통점이 많은지를 이해하는 데 도움이 되는 사고의 발전에 있어서의 위치이다." 붓다가 가르친 4가지 진리 중 첫 번째는 존재하는 것이 고라는 생각에 바탕을 두고 있기 때문에, 불교는 비관적 체계로 비난받는다. 그러나 불교는 두 가지 길에서 안전한 관계에 있다. 한편으로는 스펜서와 그의 학파, 다른 한편으로는 쇼펜하우어와 그 학파이다. 붓다는 결코 불가지론적이지 않았고 비관적 교리를 설법하지도 않았다. 이전의 생각은 말룽키야(Malunkya)가 붓다에게 우주의 기원에 관해 물었을 때 붓다가 지킨 침묵에 근거한다. 현실주의적 이상주의를 가르치는 체계에 비관주의가 있겠는가? 붓다와 아라한의 삶에서 보여지는 것처럼 고요함과 기쁨의 바다에서 헤엄치는 열반의 어디에 비관주의가 있는

가? 불교가 물질적이고 허무주의적이라는 것도 피상적인 동양학자의 외침이다. 막스 뮐러는 이 이론을 타파했지만 열반이 허무주의라는 외침은 계속된다. 시간과 불교의 교리에 대한 더 나은 지식만이 이러한 오해를 없애줄 것이다.

교육의 발전과 지성의 진보와 함께 인간과 인간 사이에 성직자의 영향력과 이기심으로 세워진 장벽은 제거될 것이다. 사랑의 더 순수한 공기를 호흡하는 자는 인류의 고양을 위해 형제애의 정신이 키워져야 하는 것이 훨씬 더 좋다는 것을 알게 될 것이다. 그러면, 그 때만이 불교가 이해될 것이다.

붓다는 무엇을 불교의 기본 교리로 전파했는가? 사성제와 팔정도이다. 그는 시작했다. "두 극단이 있다, 비구여. 하나는 육욕이고 다른 하나는 고행이다. 전자는 영적 행복을 성취하기에 저급하고, 음란하고, 무가치하고, 무익하다. 후자는 고통스럽고, 무가치하고, 무익하다. 여래가 발견한 중도(中道)가 있다. 이는 마음의 평화, 더 고귀한 지혜, 완전한 깨달음, 열반으로 이르는 길이다."

더 진행하기 전에 나는 실론의 불자들이 실론과 인도 사이의 오래 전에 존재했던 관계를 부흥할 때가 왔다는 결론에 이르게 되었다는 사실을 강조하고 싶다. 악의 시기에 인도는 회교도의 손아귀로 갔고, 그와 함께 인도와 다른 불교국 사이에 존재했던 친밀한 감정은 잊혀졌다. 나는 지금 회교 정복자들이 어떠한 광신적 행위로 힌두 사원 뿐 아니라 불교 사원을 파괴했는지 보여줄 것이다. 최고의 불교사원들은 파괴되었고 일부는 그들의 목적에 맞게 사용되거나 개축되었다. Sherring 박사는 "Journal of the Asiatic Society of Bengal"에 기고한 그의 정교한 논문 중 하나에서 회교도들이 베나레스에서 파괴한 불교 사원의 수를 보여준다. 반면에 그는 일부가 어떻게 Musjida로 전환되었는지 언급한다. Gnazmi와 그 외의 회교도를 시작으로 회교도 작가 자신들은 파괴의 활동에 대해 언급해 왔다. 고 R.L. 미터 박사는 그의 "orissa Antiquities"에서 다음과 같이 썼다. "샹카라차리아가 이끈 일반적인 박해는 (불교) 소멸의 주요한 원인이었다는 믿음과 그 목적을 이루기 위해 오랜 시간의 장기간 전쟁이 수행되었다는 믿음이 매우 일반적이다. 그러나 불교와 힌두의 기록에는 그것을 지지할 증거가 없다. 많은 책들이 꾸준히 읽히고 분석되었지만 아직 두 종파의 장기간 전쟁 같은 흔적은 단 하나도 찾을 수 없다. 샹카라 (行)의 현존하는 두 세상은 그 문제에 대해 완전히 침묵한다. 위대한 Vedantist와 개혁가가 적을 정복하기 위해 합법적 논쟁의 무기 외에 것을 사용하였다는 것은 어디서도 보이지 않는다. 그의 탁발승의 성격으로는 경쟁 종파를 박해할 기회가 단지 희박하게 주어질 뿐이었다." 윌슨 교수는 "샹카라 (行)에게 박해의 활동을 돌리는 것이 대중적이다. 그는 그 추악한 일에 종사한 것처럼 보이지 않고 Bauddhas의 누구와도 특정 논쟁에 연루되지 않은 것처럼 보인다. Mandana Misra가 보여주는 것처럼 그의 반대파로 가장 두드러지는 대상은 그와 오랜 그리고 다소 신랄한 논쟁을 한 Minansakas와 그리고 Vaishnavas, Saivas의 통속 종파이다. 그는 특히 후자, 특히 시바 신 추종자의 계층인 Kapalikas에 적대적이다. 그 경배자들은 다시 그의 가장 활동적인 적이며 어느 경우에는 그의 존재를 비난했다."

샹카라차리아가 9세기 초기에 살았고 그의 시기에 불교는 이름과 지리적 위치에서 현대의 Balkh와 동일시 되는 지역인 Bahlika 나라, 캐시미어, 또한 마가다, 벵갈, 그리고 다른 지방들에서 살아 있는 존재였다는 것이 일반적으로 인정된다. 11세기 초까지 살았던 Alberuni는 말한다. "회교도들은 그들의 번영을 완전히 파괴했고 힌두교가 먼지 원자처럼 되어 사방으로 흩어지도록 굉장한 위업을 행했다. 이것이 우리에 의해 정복된 나라의 그 지역에서 힌두 과학이 멀리 물러나서 우리의 손길이 닿을 수 없는 장소인 캐시미어, 베나레스와 다른 곳으로 달아난 이유이다. 엘리어트(Elliot)의 '회교도 시대의 역사(History of the Mahomedan Period)'에서 알 수 있듯이 회교도가 처음 인도로 진입하여 인도 민간신앙을 접하게 되었을 때 불교는 이미 인도아대륙 서북부 지역인 신드(Sindh)에서 널리 퍼진 종교였다. 당시 인더스 강 유역에 불교가 널리 전파된 몇 증거가 있다. 중국 구법 여행자들의 특정한 언급과 같은 취지로 Ibn Battuto의 선언에서 뿐 아니라, 바라문들과 학자들의 반대 파벌에 대해 특별히 언급하지 않고 행해진 아랍 기록들의 우연한 암시에서도 볼 수 있다. 성직자 지략이나 다른 독단적인 가정, 과부 화형, 화형된 희생물, 소 숭배, 세정식, 고행, 또는 바라문 신앙의 신조에 특정한 다른 관습이나 의식에 관해 언급한 증거에 의해 부정적 증거가 이에 더해질 수도 있다." 9세기 중반에 살았던 회교도 역사가 Al Biladeri는 모하메드가 수로를 파괴하고, 무기를 다룰 수 있는 남자들을 죽였다고 말한다. 그러나 6,000개의 수에 이르는 사원의 성직자들은 생포되었다.""

11세기에 불교는 여전히 캐시미어, 마가다와 인도의 다른 곳들에서 번창하고 있었다. 우리의 출전은 지금은 Bod Yul(티베트)의 사원 기록 보관소에 있는 티베트의 기록 또는 인도의 기록이다. "접근 불가능한 산맥에 고립되어 티베트의 수도원들은 학자들과 여행자들의 관심의 대상이 아니고 거의 방문도 받지 않았다. 인도 대륙에서는 헛되이 추구될지도 모르는 충실한 번역물들 뿐 아니라 원래의 산스크리트어로 완벽하게 보존되어 있는 불교 신앙 경전들이 티베트에서 발견된다." 위대한 헝가리 여행가 코로스가 말했다.

Babu Sarat chandra Das가 티베트어에서 번역하고 "Journal of the Bengal Asiatic Society"에 출간된 마가다(Magadha)의 위대한 불교 고위성직자인 Srijnana Dipankara의 아름다운 삶에서, "티베트의 왕 Lama Yesheod가 캐시미어, 마가다, 순수 불교가 여전히 널리 퍼져있는 인도의 다른 곳들에 17명의 젊은 수도승을 파견했다는 것이 쓰여 있다." 이것이 1025년이었다. Srijnana는 벵갈의 왕족에서 탄생했고 그의 위대한 학식과 성스러움으로 시암, 미얀마, 티베트, 실론 전역에 알려져 있었다. 티베트 왕의 계속적인 요청으로 그는 1038년에 그 나라를 방문했고 그곳에 13년간 머무르는 동안에 그는 대승불교에 관해 여러 작품을 썼다. 그는 1053년에 73세의 나이로 Hhassa 인근에서 죽었다. 그는 옛날의 아시아 전역에 깊은 존경심으로 기억된다. 1779년에 티베트를 방문한 Bogle은 그의 한 인터뷰에서 Grand Lama가 다음 발언을 하는 것을 들었다. "라마는 베나레스와 가야와 다른 곳들에 사원을 가지고 있었다. 성직자들은 논서와 바라문의 종교를 공부하기 위해 그곳으로 여행하곤 했다. 약 8백 년 전에 회교도들이 벵갈을 침략해서 정복했고, 사원을 파괴하고 약탈했고, 사람들에게서 약탈했다. 그래서 탈출한 사람들은 박해를 피해 달아난 일부 바라문과 함께 이 산으로 돌아갔다. 이때부터 티베트의 거주자들은 벵갈과 남부 국가들과 접촉을 거의 하지 않았다." 마지막 대학살은 1202년에 Odentapuri에서 발생했고, Bakhtiyar Khilji는 2,000명의 불자 수도승들을 죽였다. 이 사건 이후로 불교는 그 발상지에서 사라졌다. 1, 2세기 후에 붓다가야의 중앙 사원에 불교 비구의 거류지를 설치하려는 노력이 시도되었지만 모두 실패했다. 따라서 여러분은 인도에 불교를 파괴한 것은 우상파괴주의자 회교도들이라는 것을 알게 될 것이다.

교육의 확대가 인간의 마음을 자연스럽게 자유롭게 했다. 사실 우리는 그 결과를 보고 있다. 불교의 씨앗은 자유로운 지성의 건강한 토양에만 뿌리를 내린다. 불교는 사려 깊은 사람들만을 위한 것이다. 거의 7세기 동안의 망명 후에 불교는 다시 그 집으로 돌아왔다. 그것이 젊은 인도의 현대 토양에서 번영할지 아닐지는 여전히 두고 봐야 한다. 나는 붓다가야를 일본 비구와 동행하여 지난 1월에 방문했다. 보통 순례자로서 우리는 성지를 방문했지만 그곳이 방치되고 돌봐지지 않는 것을 보고 우리는 머물기로 결정했다. 우리가 그곳이 합법적인 관리자인 불자 비구의 관리 아래 놓일 때까지 우리가 그 곳을 떠나지 않을 것이라 맹세했다. 나는 몇몇 저명한 힌두인과 대화를 개시했고 그들의 동감을 구했다. 한 사람 한 사람 모두는 나에게 너무나 동감의 편지를 보내 우리가 그 일에 성공을 거두기를 기원했다. 나의 친구인 일본 승려와 나는 일본 불자들에게 공동 편지를 보냈고, 나는 시암, 미얀마, 실론의 불자들에게 편지를 썼다. 몇 유럽 관료들에게도 나는 편지를 썼고 동감의 답장을 받았다. 신문 편집장들이 우리에게 도움을 약속했다. 한 번 잃은 기회는 결코 다시 돌아오지 않는다. 따라서 나는 실론으로 떠났고 지난 5월 31에 붓다가야 마하보디협회가 Maha Nayaka 수망갈라 대장로를 회장으로 하여 조직되었다. 7월 17일에 4명의 비구가 실론에서 파견되어 붓다가야에서 상시 거주하게 되었다. 그들의 거주를 위한 수도원을 세우기 위해 성스러운 사원 근처의 한 부지를 매입했다. 현재 붓다가야의 성지는 방치되어 있고 어느 누구의 저항도 없이 매일 성지에 대한 모독이 행해지고 있는 것을 보는 것은 고통스럽다. 합법적 관리자는 종교 수행자들이지만 그들이 그 사원에 대한 보호권을 지니는 것이 허락되지 않는 한 성지에 대한 모독은 계속될 것이다. 인도의 가장 "고대의 기념비"가 썩고 부패하도록 내버려 두는 것이 옳은 것인지 아닌지 나는 당신에게 호소한다. 몇 몇 가장 우아한 불상들이 쓰레기 아래에 놓여있다. 2000년 전의 인도 사람들의 삶과 예절을 묘사하는 아소카 버팀대들이 마한트에 의해 부엌으로 사용되어져 왔다.

붓다는 힌두교들에 의해 적어도 화현(化現 : Avatar)로 여겨져 왔기 때문에, 그 곳을 재소유하려는 불자들의 시도에 대해 불자들에게 적대감을 보여서는 안 된다. 거의 17세기 동안 불교는 이 성스러운 토양에서 번창했고, 불자 왕들 밑에서 국가가 향유했던 평화스러운 문명은 예술, 과학, 상업을 발전시키도록 도움이 되었다. 그리스 역사가와 중국 불자 순례자들은 그들 작품에서 그들이 고대 인도에서 본 것을 묘사했다. 메가스테네스(Megasthenes), 현장 스님, 법현 스님과 초기 인도를 방문했던 다른 사람들은 그들이 불교 인도에서 발견한 것들을 모두 증명했다. 고대 아리아의 특징인 그 만족감, 그 단순성, 그 온화함은 심지어 회교도들에게도 보였다. 인도에 대해 12세기에 쓴 Aldrisi 는 말한다. "그들은 천성적으로 정의의 경향이 있고 행동을 하면서 결코 정의를 벗어나지 않는다." 아소카 대왕의 고귀한 지시는 그가 전파한 열렬한 헌신과 함께 온화함과 관용의 정신을 보여준다. Sanchi와 Ajanta 동굴의 그림에서의 불자 조각은 우리에게 불교 시대의 온화하고, 평화로운 사람들의 전경을 우리 앞에 펼쳐준다. 더 즐겁고, 만족한 민족을 상상하는 것은 불가능하다. 스승의 인본적인 개념을 전파하려는 이타주의 정신으로 성스러운 불자들은 중국, 티베트, 미얀마, 캐시미르, 그리스-박트리아와 다른 나라들의 지역에 갔다. 그들이 가는 곳은 어디든지 그들은 과학과 문학의 발전을 위한 자극을 주었다. 에드킨스 박사는 말한다. "인도 불자들은 상형문자만을 필요로 했던 중국인들에게 그들 자신의 교묘한 고안물로 언어의 소리를 쓰는 법을 가르쳐 주었고 그리고 새로운 기호의 도입이 불필요하게 했다는 것이, 그들의 정교함의 충분한 증거이고 그리고 그들이 중국인에게 행한 막대한 기여이다. "산스크리트어가 개작된 티베트어와 아마도 한국어도 또한 그들의 알파벳을 불자들에게 빚지고 있다." 저명한 중국학 학자 Basil Hall Chamberlain은 말한다. "가장 오래된 일본 책들은 불교의 도입 이후에 쓰였다. 일본은 그 국가로서의 형성을 불교에 빚지고 있다. 승려들의 행렬에서 모든 예술이 도입되었다."

거의 17세기 동안 이 사랑의 종교는 이 나라에서 집을 가지고 있었다. 아리아 민족은 당시 여전히 살아있는 민족이었고 예술, 과학, 문학을 발전시켰다. "인도 건축의 발전은 불교적 자극 때문이다. 의학은 불교 배움의 중심에서 최고 수준으로 연구되었다. 불자 왕자들이 모든 도시에 세운 대중 병원은 아마도 인도 의학의 진정한 학교였다. 불교의 쇠퇴로 대중 병원은 폐지되었고 더 발전하는 경향의 모든 것들은 종말을 맞이했다. 모든 예술이 불교의 쇠퇴와 함께 퇴보했다. 성취된 것들의 많은 것들이 또한 불교의 영향 아래 있었고 불교의 표식을 가지고 있었다." (헌터 박사). 그 멋진 "고대 인도 문명의 역사(History of the Civilization of Ancient India)"에서 R.C. Dutt 는 말한다. "천문학에서 가장 빛나는 결과가 이루어 진 것은 불교 시대였다……. 1200년 이후 6세기 동안 힌두의 역사는 공백이다." 티베트의 사원에서 그 원래의 산스크리트어로 불교 신앙의 책들이 완벽한 보관의 상태로 발견된다는 예언적 말을 쓴 사람은 위대한 헝가리 여행자 코로스였다. 오랜 기간 잃어버린 종교가 다시 인도의 자손들의 환영을 받는다면 현재 잃어버린 인도 문학의 보석은 확보될 수도 있다. 인도의 밀턴, 캐쉬미르에 살던 Kshemendra는 불자였다. 그의 비교 불가한 붓다의 삶에 대한 서사시는 그 경건성과 표현에서 적수가 없다. 그의 독특한 시 Avandana Kalpalata는 현재 벵갈 정부의 지시로 출판되고 있다. Babu Sarat Chandra Das는 그것을 '인도의 잃어버린 보석'이라고 부른다. 인도의 지성적 자손들이 가장 거대하고, 고귀하고, 고양시키는 교리를 가르치는 그들의 고대 종교를 다시 환영한다면 그것은 인도와 세계의 선을 위할 것이다. Digha Nikaya의 '삼명경(三明經 : Tevijja Sutta)'에서 스승의 특징이 주어진다. "바셋타(Vasettha)야, 여래는 완전히 깨달은 자로, 축복받고, 가치 있고, 가르침과 실천이 일치하고, 행복하고, 세계에 대한 지식을 가지고, 잘못을 행하는 인간들에게 안내자로서 탁월하고, 신과 인간의 스승인 세존(世尊)이며 진리를 깨달은 부처로 세상에 태어난다는 것을 알아라. 그는 스스로 이 우주 – 천상과 천하의 모든 마라(魔羅), 범천(梵天)과 모든 생명들, 사문(沙門)과 바라문, 신과 인간의 세계에 이르기까지–를 차례차례 있는 그대로 완벽히 이해하고 본다. 그런 다음 그는 다른 사람들에게 법을 설한다. 그는 의미와 표현에서 구족하게 처음도 좋고 중간도 끝도 좋은 법을 설한다. 그는 모든 순수, 모든 완벽함에서 더 고상한 삶을 알린다."(리스 데이비즈 박사 번역)

세계 역사에서 최초로 붓다는 구원을 주장했고, 각 인간은 이 생애 동안 이 세상에서 혼자서, 혼자 힘으로 개인적 신들의 최소한의 도움도 없이 구원을 얻을 수 있다. 그는 자기의존, 순수, 정중함, 깨달음, 평화, 우주적 사랑의 교리를 강력히 되풀이해서 가르쳤다. 그는 지식의 필요를 강력히 촉구했다. 지혜가 없다면 정신적 통찰력이 이 생애로 들어올 수 없기 때문이다. 반복하여 환생하지 않기를 바라는 마음, 이번 생애에서 존재의 소멸을 바라는 마음, 육욕을 즐기지 않기를 바라는 마음, 순수의 삶을 원하는 마음은 열반에 이르는 사성제의 결실만을 구한다. 이것들이 붓다의 가르침이다. 이렇게 탁월하게 현실적이고 반의례적인 체계는 전에 어떠한 종교 개혁가에 의해서도 전파된 적이 없었다. 형이상학 공론, 머리를 쪼개는 논쟁은 무용하고 무익하다고 붓다는 비난했다. 행복은 진실을 깨닫고 다른 사람들의 부흥을 위해 일하는 데 있다는 것을 발견하고 그는 능동적인 이타주의의 삶이 인간이 이룰 수 있는 최상이고 가장 고귀하다고 설법했다. 그는 선이 선 자체를 위해 행해져야 하고, 타인을 위해 행해져야 한다고 가르쳤다. 그의 절대적인 자기희생의 예를 통해 그는 추종자들에게 그들이 해야 할 것을 보여주었다. 가장 고상한 덕은 붓다가 세상 앞에 제시한 이상이다. 그가 전파한 사성제는 다음과 같다.

1. 육체의 존재는 고통이다.
2. 욕망은 슬픔을 만드는 원인이다.
3. 행복은 모든 이기적 욕망의 소멸에 있다.
4. 행복을 얻는 방법은 팔정도에 있다. 불교는 연기법으로 세상과 인간의 기원이나 창조자를 찾는 것은 헛되다는 것을 말한다. "모든 끊임없는 변화를 가진 우주의 기원에 대해 붓다는 인간들에게 침묵 속에 이 압도적인 문제 앞에 설 것을 가르친다. 게다가 끊임없는 변화에 관한 이 교리는 지난 50년간 에너지 보존의 이름으로 과학의 지지를 받았다." 인과법인 연기법에서 붓다는 모든 것이 원인과 결과의 법에 지배를 받는다는 것을 보여주었다. 모든 것은 끊임없이 그러나 지각할 수 없게 변화하고 있다는 것을 보여주었다. 우주 전체는 이 법의 지배를 받는다. 신과 인간도 예외를 이루지 않는다. 불교에 따르면 진화의 등급에서 가장 높은 지점이 인간이다. 인간이 즐거움을 즐기기를 갈망하는 한, 계속되는 탄생을 원하는 한, 존재하기를 지속하고 싶어 하는 한 계속 고통 받을 것이다. 자신을 해방하기 위해서 팔정도를 걸어야 한다.

(1) 정견(正見)- 모든 원인은 그 대응하는 결과를 가지고 있다는 윤리적 업설과 윤회를 믿는 것이다.
(2) 정사유(正思惟) - 무아(無我)의 종교적인 삶은 살고, 인류에 이익을 주며, 자신처럼 모든 존재를 사랑하는 것

(3) 정어(正語) - 비방, 독설, 공허하고 무익한 말을 피하기 위해 결과에 관계없이 진실을 말하는 것
(4) 정업(正業) - 생명을 빼앗고, 도적질하고, 외도하고, 취하는 술을 마시는 것을 삼가는 것
(5) 정명(正命) - 살인적 무기, 독극물, 동물과 인간의 신체를 다루는 나쁜 직업을 피하는 것
(6) 정정진(正精進) - 선한 생각, 행위, 말을 일으키고, 그것을 발전시키고 촉진하는 것. 악한 생각을 없애고, 그것을 발생시키는 것을 피하는 것
(7) 정념(正念) - 선정 속에 올바른 사고는 신체와 감각 그리고 마음의 무상성(無常性)을 보고 마음에 부정(不淨)함으로부터 자유로움을 유지하는 것이다.
(8) 정정(正定) - 사고의 올바른 집중으로 이는 불자의 목표이다.

삼매의 상태에서 선정수행자는 열반의 환희를 깨닫는다. 다음 덕은 필수적으로 연마되어야 한다.

보시(Dana) - 자비
지계(Sila) - 이타주의와 순수한 삶을 사는 것
출가(Naiskrammya) - 자아의 집착으로 벗어남.
반야(Prajna) - 지혜
정진(Virya) - 열반에 이르는 길을 개척하는 불굴의 에너지
인욕(Kshanti) - 가장 고통스러운 박해 하에 지치지 않는 인내
진실(Satya) - 모든 시도와 어려움 하에서의 진실
결의(Adhisthana) - 향상하는 실천에서 자신의 맹세를 실행하

는 의지력
자애(Maitri) - 모든 생명체에 대한 우주적 사랑과 친절
청정심(Upeksha) - 고통, 즐거움, 칭찬, 비난에 대한 모든 고요한 완전한 평정심

이러한 10가지 덕목을 배양하는 것은 열반을 이루기 위해 절대적으로 필요하다. 가장 높은 범계(Brahmaloka) 즉 "비상비비상처(非想非非想處)"라도 그리고 그 기간이 무수한 겁 동안이라도 불자는 그것을 피하도록 요구된다. 그곳에 태어난 그에게는 고통이기 때문이다. 그 길고 긴 기간이 끝난 후에 그는 다시 아마도 가장 낮은 상태에서 삶을 시작해야 하기 때문이다. 팔정도를 닦는 이는 열반이 그의 것이다.

향상의 길은 가르침을 지키는 자에게는 어렵지 않다. 자기 통제, 순수의 삶은 그 길을 걷는 자에게 요구되는 본질적인 자격요건이다.

고대 불교 인도에서 자유의 가장 높은 형태는 남성과 동등하게 여성도 누렸다. 영혼의 가장 고차원의 길은 여성에게 열려 있었다. 불교의 역사를 보면 그 영광스러운 시대에 여성의 아름다운 상태의 그림을 볼 수 있다. 비구니에 의해 지어진 찬불가는 그들이 인간 본성으로 가지고 있던 멋진 통찰력을 보여준다. Viskha, 귀족 여성과 붓다의 신도의 아름다운 이야기들은 현대에 필적할 만한 것이 없다. Prajapati Gotami, Khema, Uppalavanna, 법(Dharma)dinna, Nanda, Sona, Yasodhara와 다른 순수한 마음의 다수의 여성들의 철학적 배움과 고귀한 삶은 당시 여성의 상태

에 대한 지표이다. 여기 티베트 Dulva(규율 법칙의 책)에서 발췌한 것이 있다. 나는 당신에게 그곳에 담긴 생각이 현대 지적인 여성들의 최고의 언급과 비교되는지 아닌지 묻는다. 싯다르타 왕자의 부인인 야소다라가 한 말이다. "앉아서, 일어서서, 걸으며 존경스러운 사람들은 가려지지 않을 때 매력적이다. 밝은 보석은 촛대의 맨 위에 놓일 때 더욱 빛을 발할 것이다. 뛰어난 덕을 가진 사람은 말할 때 매력적이다. 예를 들어 Kuravaka 새는 자신의 아름다운 노래를 부를 때 더욱 아름답게 보인다. 모든 악을 버리는 사람은 존경할 만하다. 악을 저지르는 바보는 그들이 얼마나 꾸미든지 결코 매력적이지 않다. 사악한 사람들과 함께하는 것을 끊은 사람들의 선물은 환희로 가득 찬다. 교활한 마음을 가진 자는 경솔하고 파렴치하다. 필요한 자질을 가지지 못하고 진실을 말하지 않는다. 그들이 몸을 천개의 천으로 감싸도 그들은 세상에서 옷을 입지 않은 자보다 더욱 발가벗고 돌아다니는 것이다. 욕정을 누르고 정숙하고 자신의 남편에 만족하고 다른 여성들에 대해 생각하지 않는 자는 베일로 가려지지 않았을 때 태양과 달처럼 빛을 낸다."

육방예경(Sigalovada sutta)에서는 아내의 의무가 설명되어 있다. 남편에게 애정을 보이고, 가정 일을 돌보고, 남편을 방문하는 친척과 친구를 대접하고, 그들에게 환대를 보여주도록 배운다. 아이들은 부모에게 복종하고 모든 동물 생명체에 다정하라고 배운다. 남자들은 이웃을 자신처럼 사랑하고, 모든 거래에서 진실하며 공정하고, 진정한 행복을 위해 세계의 헛된 표출 그 너머를 보도록 배운다. 악의 모든 그림자는 특별한 가르침으로 막아진다. Beal 박사는 그의 "중국 불교"에서 말한다. "불교는 방탕의 악에 대항하여 그것을 막으며 도덕성에 대한 사랑과 사회의 건전한 상태를 촉진하는 경향이 있다. 불교는 자연의 아름다움에 대한 사랑으로 마음을 고양시키는데 도움이 되고, 예술과 문학의 발전에 도움을 주었다. 불교는 민족의 믿음을 보충할 뿐 아니라, 사람들의 도덕성의 힘을 증가시키고, 그들의 생각을 일으키고 고양시킨다."

회교도 정복 이전에 인도가 즐겼던 문명은 인도의 본성에 알맞다. 실리(Seeley)는 그의 〈영국의 팽창(Expansion of England)〉에서 "위협당한 마라타(Mahratta)의 지배가 아니라 회교도의 침입 이전의 토착의 정부가 인도에 더 잘 맞는다."라고 올바로 생각했다. 그러면 그것은 불교 정치 제도에 기초를 두어야 한다. 그러면 인도는 홀로 하나의 꽉 짜인 통일체로 결합될 것이다. 그러면 지난 800년 동안 닫혔던 티베트의 문이 인도에 다시 열릴 것이다. 4억 7천 5백만의 불자들의 축복이 인도에 내릴 것이다. "만일 우리가 자부심을 가지는 우리 고대 선조의 지적, 종교적, 도덕적 유산에 무언가가 있다면, 그것은 세계가 붓다에게 빚진 종교와 도덕 체계의 경건하고, 순수하고, 단순한 개념이다. 교육받은 힌두인들은 불교가 그들 가운데 한 번 더 위엄 있고 영구적인 확고한 기반을 마련하여 힌두교 자체와 격려하고 상호 순화적인 우호관계로 존재하도록 돕는 데 주저할 필요가 없다." 6월 16일의 힌두에 등장한 이러한 사려 깊은 말과 함께, 나는 교육받은 인도가 실론의 싱할리 형제들과 동감하여 협력할 것을 희망하며 이 연설을 맺는다.

강연자에 대한 진심어린 감사의 마음이 주어졌다. 1891년 10월 29일 〈인디언 미러 (Indian Mirror)〉에서.

위의 강연에 대한 다음의 뛰어난 글이 1891년 11월 3일 Indian Mirror에 실렸다.

## 힌두민족의 미래

우리의 독자들은 우리가 힌두 민족의 미래에 관한 문제로 계속해서 돌아가는 것에 대해 용서해 줄 것이라고 우리는 믿는다. 이것은 너무도 중대한 문제이고 너무도 많은 중요한 문제들이 그 해결책에 관련되어 있기에, 만일 그 주제에 관해 이미 뭔가 이야기 된 이후에 우리 자신이 침묵하고 있다면 우리는 우리 의무를 덜 하는 것이 될 것이다. 힌두 사람의 한 명으로서 그들의 번영, 행복, 진보는 우리 마음에 아주 가까이 있다. 작은 단위의 우리는 무한한 불행 없이 우리 자신을 전체 조직체에서 불리할 수 없기 때문이다. 그러나 현재의 우리의 슬픔은 너무 커서 그들이 계속 앞으로 가든지 인간 진보의 길가에서 그만두어야만 할 때 힌두 사람들이 그들이 가야 할 곳에 자신을 데려가지 못하고 지나치게 되는 것을 볼 수 있다. 힌두인은 자신의 가장 큰 적이었다. 불화, 질투, 혐오, 사회적 종교적 반목은 그들을 현재의 그들로 만들었다. 그들은 오랫동안 자신의 최상의, 최고의 이상을 포기해 왔고, 고대 이타적 신념은 자신의 숭배로 대체되었다. 힌두인의 완전한 쇠퇴를 완성한 것은 우리가 종종 지적할 수 없는 이러한 빠지기 쉬운 죄악이다. 그러나 전환점이 모든 이에게 올지도 모른다. 잃어버린 기회는 모두에게 주어진다. 전환점이 힌두인에게 왔다고 생각한다. 우리는 또한 그들이 개혁과 진보를 위한 마지막 기회를 막 받았다고 믿는다. 그것은 꽤 상당한 시간 동안의 우리의 확신이었고 많은 차후의 신호와 사건들이 그 믿음을 확고히 해 왔다. 우리 모두는 힌두인 사이에 그리고 그들 사이에서 뿐만 아니라 문명화된 세계의 거의 모든 지역에서 종교적 그리고 영적 활동의 부활을 분명히 알아챘다. 동시대의 사건들을 가장 부주의하게 본 사람들도 힌두교의 9번째 화신인 붓다의 종교가 더 광범위하게 연구되고 있다는 사실을 알지 않을 수 없었다. 그리고 인도의 더 문명화되고 사려 깊은 계층에서 뿐 아니라 서부의 모든 곳에서도 더 많이 수용되고 있는 것을 안다. 그리고 이것은 단지 자연적이다. 힌두교는 본질적으로 종교이고 어느 누구도 최장 계층도 자신이 그 추종자 중 한명이라고 부르는데 자부심을 느낄 것이다. 그러나 현대 세대의 힌두인들이 이해하고 실천하는 것으로서의 힌두교는 아니다. 시간이 진정한 힌두교를 모욕했다. 시간이 힌두교에 현명하지 못하고 미신적인 교리를 그 기초 위에 덧붙였다. 다르마팔라가 이전에 불교에 관한 강연에서 지적한 것처럼, 심지어 최상의, 최고의 Vedic 가르침을 구현한 우파니샤드(Upanishads)도 전적으로 그 비난에서 자유롭지 못하다. 그러나 붓다가 설법하는 종교는 한 때는 힌두교에 있던 최상의 것을 포함하며 시간의 파괴에서 대체로 살아남았다. 오늘날 그것은 붓다가 법과 실천도의 교리를 설법할 때만큼 인간의 구원을 위해 효력이 있다. 힌두인이 불교를 인도에서 몰아낼 수 있었던 것은 믿을 수가 없다. 반대로 불교는 그 탄생지에서 가장 널리 수용되었다. 그 스승의 신념을 설법하기 위해 동으로 서로 갔던 것은 인도의 불교 포교단이었다. 인도는 불교 시대 동안만큼 문명화되고, 번영하고, 행복했던 적이 없었다. 그러면 불교를 인도에서 몰아낸 것은 힌두인이 아니었다. 다르마팔라가 그의 최근 강연에서 지적한 바와 같이 회교도들이 파괴의 행위를 했다. 만일 힌두인이 당시 결코 불자들과 적대감을 가지지 않았다면, 스승이 붓다가 된 성지인 붓다가야에 정착하려고 제안했던 그들의 거주지를 환영하는 것이 받아들여졌을지도 모른다. 인도는 불교의 소멸의 날 이후로 그 불행이 거슬러 올라간다. 붓다가야의 불교 거주지의 형태로 이러한 불교의 예기치 않은 회복이 그와 함께 힌두인이 세계의 위대한 국가 중 하나로 자신의 위치를 되찾는 희망을 불러일으키지 않을 이유가 있겠는가? 이는 단지 모호하고 정의되지 않은 희망이 아니다. 그것은 우리가 오래지 않아 깨닫기로 예상하는 것이다. 불자들은 세계 인구의 매우 큰 부분을 차지한다. 힌두교도는 오랫동안 중국, 일본, 미얀마, 시암, 티베트, 실론의 수백만의 불자들에게서 자신들을 분리시켜왔다. 벵갈의 사람들은 실론의 사람들과 공통점을 많이 가지고 있다. 그들의 언어는 많은 점에서 서로 닮았고 거의 천년동안 벵갈 왕의 계속된 혈통이 싱할리를 한 때 통치했다. 그러면 우리는 왜 불자들이 현재 우리에게 옳은, 순수한 우정으로 제의하는 손을 잡는 것을 주저해야 하는가? 그들에게 그들의 구원적 믿음을 준 것은 인도였다. 그 품에 그들을 안지 않을 것인가? 그리고 그런 경우에 그 자손들은 단지 제한된 지역, 히말라야 산맥과 코모로곶 사이에서만 발견되는 것이 아니다. 또한 그 밖에서 더 먼 곳에 그 수백만의 자손들이 과거 부인되었으나 현재 그들의 오랫동안 잃어버렸던 어머니의 사랑으로 돌아온 자손들이 모든 열정과 정열을 가지고 인도를 위해 일할 것이다. 힌두인들이 감히 현대의 이 가장 고귀한 일을 지연시키겠는가? 우리는 그때보다 더 나은 믿음을 가지고 있다. 우리는 확신을 가지고 재결합, 행복, 번영의 시대를 고대한다.

## 세계가 붓다에 진 빚

이 논문은 1893년 9월 18일 시카고의 세계 종교 대회의 만원인 회기에서 발표되었고, 그 인상이 너무나 깊어 그는 모든 방면의 사람들에게서 축하를 받았다. 다음은 1893년 9월 21일 성 루이스 옵서버(St. Louis Observer)에 기록된 그의 개성의 간단한 기술이다.

"넓은 이마에서 뒤로 넘겨진 검고 곱슬거리는 머릿결을 가진 그는 날카롭고 맑은 눈을 청중에 고정했다. 그의 긴 갈색 손가락이 그의 힘찬 목소리의 어조를 강조했고, 부흥 운동가 바로 그 모습이었다. 사람들은 그러한 인물이 붓다 신자를 통합하고 문명세계전역에 Light of Asia를 널리 배포하는 운동의 선두에 서 있다는 것을 알고 전율했다." (참고 #36)

고대 인도는 2500년 전에 종교 혁명의 장이었고 세계가 이제까지 본 것 중 가장 위대했다. 인도 사회는 당시 두 개의 크고 두드러지는 종교 토대인 사문(沙門)과 바라문이 있었다. 유명한 스승들이 등장했고 그들의 제자와 함께 사람들 속으로 가서 설법하고 그들을 각각의 관점으로 개종했다. 분위기는 다가오는 영적 분투로 충만했고, 귀족 가문의 수백 명의 가장 학식 있는 젊은이들(Kulaputta)은 진실을 찾기 위해 집을 떠났다. 고행자들은 고통의 악에 대한 해결책을 발견하기 위해 가장 엄격한 고행을 했고, 젊은 변증가들은 논쟁에 참가하며 여기 저기 돌아다녔다. 일부는 당시의 현실적인 교리에 대항하여 싸우기 위해 최상의 무기로서 회의론은 옹호했고, 일부는 존재를 제거하기 위한 가장 근접한 방법으로서 비관주의 인생을 지지했고, 일부는 내세를 부정했다. 깊이 있고 다방면의 지적 운동의 시대였고, 바라문 철학자 집단에서 일반 대중에게로 깊숙이 확대되었다. 희생적인 승려는 현재 그러하듯이 당시 강력했다. 그는 신과 인간 사이의 중재자였다. 물신숭배와 애니미즘과 인격화된 자연신론에서 초월적 이원론까지 가장 조악한 형태의 일신론이 만연했다. 육욕적 쾌락주의에서 초월적 허무주의까지 물질주의도 그러했다. 올덴베르그 박사의 말에 의하면 "변증적 비관주의가 도덕적 생각을 공격하기 시작했을 때, 존재의 부담에서의 해방을 고통스레 갈망하는 것이 도덕적 부패의 최초의 신호와 만났을 때, 붓다가 등장했다."

"…세계의 구원자,
싯다르타 왕자가 이 지상에 출현하였네,
지상에서, 천상에서, 지옥에서, 비할 자 없는,
가장 존경을 받고, 가장 현명하고, 최상이며, 가장 동정심 많은
열반과 정법의 스승."

– 에드윈 아놀드 경의 아시아의 빛

### 새 시대의 새벽

금세기 초에 인도 문학 분야에서 연구를 시작한 동양학 학자들은 요구되는 종교의 존재로 이루어진 발견에 대한 사고의 거대한 혼란에 처했다. 붓다는 인도 철학책에 있다. 윌리엄 존스 경, H.H. 월슨, 콜브루크는 그를 확인하지 못해서 당황했다. Marshman박사는 1824년에 붓다가 이집트의 Apis(성스러운 소)라고 말했다. 윌

리엄 존스 경은 붓다가 스칸디나비아 보단(Woden, 신)에 지나지 않는다고 말하며 문제를 해결했다. 그러나 1837년 6월에 애도 받는 고고학자 제임스 프린세프가 기르나르(Girnar)와 카푸르 다이기리(Kapur-dagiri)에 있는 아소카 대왕의 바위 단면의 칙령을 해독하고, 터너가 팔리 실론 역사를 영어로 번역하고, 네팔, 실론, 다른 불교국들의 사원에 불교 원고가 발견되면서 인도와 불교의 애매한 역사 전체가 명확해졌다. 1844년에 "불교 종교에 대한 최초의 이성적, 과학적 통합 해석"이 저명한 학자 유진 뷔르누프에 의해 출간되었다. 이 위대한 종교의 숨겨진 저장고의 열쇠가 이 위대한 학자에 의해 유럽 사람들에게 제시되었다. 연구가 시작된 이후로 시대의 가장 사고력 깊은 사람들에 의해 문의가 계속되고 있다.

붓다의 지혜는 무한하다. 모든 살아있는 것에 대한 붓다의 사랑은 끝이 없다. 불교 경전은 말한다. 붓다는 "모든 살아있는 것에 연민을 가진 가장 자비로운 주(主)"를 의미하는 이름으로 대비자(大悲者 : Mahakarunika)라고 불린다. 인간의 마음에 붓다의 지혜와 자비는 이해 불가능하다. 그의 제자 중 가장 뛰어나고 위대한, 축복받은 사리불조차도 그가 붓다의 지혜와 자비를 측정할 수 없다는 것을 알았다. 헉슬리 교수는 옥스퍼드에서 한 "진화와 윤리"에 관한 최근의 기억에 남는 강연에서 붓다에 대해 말했다. "고타마는 철학의 학생들에게 큰 관심인 형이상학적 대걸작을 이용해 영구적인 존재의 그늘의 그림자조차도 제거했다. 버클리 주교의 잘 알려진 이상적인 주장의 부족한 절반을 제공해 준다고 보았다. 고타마가 현대의 이상주의자의 가장 위대한 것보다 더 깊이 있게 보여준 인도 고찰의 미묘함을 놀랍게 지적해 준다." 전 세계 당시의 계몽적 생각의 경향은 신학에 대한 것이 아니라, 철학과 심리학에 향해 있었다. 신학적 이원론의 논쟁은 위험상황으로 표류했다. 진화와 일원론의 근본적인 원칙은 사고하는 사람들에게 받아들여지고 있다.

역사는 반복된다. 2500년 전에 인도는 일신론, 승려의 이기심, 사이비 종교 설립의 전복 속에 최고조에 이른 지적 종교적 혁명을 목격했다. 법(法) - 철학적 종교라 적합하게 불리는 빛과 사고의 체계를 목격했다. 선한 모든 것이 모든 원천에서 모아졌고 그 안에서 구현되었다. 그리고 악한 모든 것은 폐기되었다. 사이비 종교를 폭로한 위대한 개인은 붓다로 알려진다. 45년 동안 그는 절대적인 순수의 삶을 살았고 현실적이고, 단순하지만 철학적인 인생과 사고의 체계를 가르쳤다. 그 체계는 이 지상에, 이 생애에 성스러운 결실을 깨닫기 위해 인간을 능동적이고, 지적이고, 동정적이고, 이타적으로 만든다. 이상가의 꿈, 신학자의 희망이 목적과 현실로 도입된다. 잘못된 철학과 신학의 영역에서 사고가 멈추고, 능동적인 이타주의가 절정을 지배한다.

그리스도가 탄생하기 5백 43년 전에 위대한 존재가 카필라 도시 근처의 왕실 룸비니 정원에서 태어났다. 그의 어머니는 인도 태양의 인종의 정반왕의 부인인 마야왕비였다. 그의 수태와 탄생 이야기와 29살까지의 그의 삶에 대한 자세한 이야기, 그의 위대한 금욕 선언, 그의 고행의 삶, 인도 중부 붓다가야의 위대한 보리수 아래서의 깨달음은 에드윈 아놀드 경의 뛰어난 서사시인 아시아의 빛에 구현되어있다. 나는 성스러움과 순수함의 삶을 감상하고 싶은 사람들 모두에게 그 시를 추천한다.

나사렛 예수가 성스러움과 순수의 삶을 설교하며 갈릴리 평원을 걷기 6세기 전에, 깨달은 세계의 메시아인 붓다는 인도 반도 전역을 돌아다니며 죄악으로 짐 진 세계에 평화와 성스러움의 메시지를 전했다. 그가 베나레스의 성자들의 은둔처, 녹야원에서 최초의 다섯 제자에게 한 말은 마음에 감동적이다.

**그의 최초의 메시지**

"귀를 열어라, 비구여, 죽음에서의 해방이 발견된다. 나는 너에게 가르친다. 나는 법을 설법한다. 네가 내 가르침에 따라 걸으면, 고귀한 가문의 자손들이 집을 떠나 노숙자가 되는 이유, 즉 종교적 노력의 가장 고귀한 목적에 곧 동참하게 될 것이다. 너는 이 현생에서 진실 그 자체를 이해할 것이고, 그것을 직접 보게 될 것이다." 그리고 고귀한 붓다는 다음과 같이 말했다. "진실을 추구하는 자가 따르지 말아야 할 두 극단이 있다, 비구여. 하나는 저급하고, 천하고, 비속하고, 무가치하고, 무익한 육욕의 삶이다. 다른 하나는 극단적 고행의 고통스럽고, 무가치하고, 무익한 비관적 삶이다. 모든 중생을 구제하려는 여래가 발견한 중도가 있다. 이는 눈을 열고 이해를 주는 마음의 평화, 더 고귀한 지혜, 완전한 깨달음, 영원한 평화로 이르는 길이다. 여래가 발견한 중도는 팔정도 즉 옳은 지혜이다. 인과법을 아는 정견(正見)·정사유(正思惟)·정어(正語)·정업(正業)·정명(正命)·정정진(正精進)·정념(正念) 그리고 정정(正定)이다. 이것이 여래가 발견한 중도이고, 이는 눈을 열고 이해를 주어 마음의 평화, 더 고귀한 지혜, 완전한 깨달음, 영원한 평화로 이르는 길이다."

그의 담화를 계속하며 말했다. "탄생은 고통이 수반되고, 나이 듦은 고통이다. 질병은 고통이고, 죽음은 고통이다. 즐겁지 않은 것들과의 관계는 고통이고, 즐거운 것들과의 분리도 고통이다. 자신의 원에 만족하지 못하는 것은 고통이고, 짧게 말해 존재하게 되는 것이 고통이다. 이것이 고통의 고귀한 진실이다. 이는 정말로 여러 기쁨을 수반하는 존재의 부활을 일으키는 삶에 대한 집착, 지금 여기, 지금 저곳에서의 만족의 추구, 즉 열정의 기쁨에 대한 갈망, 소멸의 갈망이다. 이것이 고통의 기원에 대한 고귀한 진실이다. 고통의 중단에 대한 고귀한 진실은 열정의 파괴, 모든 원의 파괴에 있다. 이 갈증을 버리고, 제거하여, 갈증이 없는 상태여서 더 이상 집착하지 않는 것이다. 그리고 길을 알려주는 고귀한 진실은 팔정도이다." 이것이 정의의 왕국의 기초이다. 베나레스의 중심에서 평화와 사랑의 메시지가 해외의 모든 인류에게 전달되었다. "비구여, 가서 많은 것을 얻기 위해, 이 세상을 위한 연민에서, 선을 위해, 획득을 위해, 신과 인류의 부흥을 위해 방랑하라. 비구여, 영광스러운 교리를 칭송하라. 완전하고 순수한 성스러움의 삶을 설법하라. 모든 나라로 가서 개종되지 않은 자를 개종하라. 그래서 가서 연민으로 가득 차서 각자 홀로 여행하라. 가서 구하고 받아라. 축복받은 붓다가 이 세상에 나타난 것을 전하라. 그가 성스러움의 법(Law of Holiness)을 설법하고 있는 것을 전하라."

붓다의 거대한 가르침의 본질은
악한 모든 것의 전체적 소멸이고,
선하고 순수한 모든 것의 완벽한 성취이며,
마음의 완전한 순화이다.

84,000 가르침으로 이루어진 삼장인인 경장, 율장, 논장에 구현된 시대의 지혜는 그의 45년간의 성직기간 동안 모두 전달되었다. 한 시간 이내에 이 위대한 체계를 정성들여 설명하는 것은 인간의 능력 밖이다.

　붓다는 "범망경(梵網經 : Brahmajala Sutta)"라 불리는 설법에서 종파주의자들이 가지고 있는 62가지 다른 종교적 관점을 열거하였다.

　이 교리들은 붓다에 의해 완전히 이해되었다. 그는 그것들이 지니는 원인을 알고 그것들이 토대로 하는 경험들을 안다. 그는 또한 이것들보다 훨씬 더 훌륭한 다른 것들을 안다. 그러나 그 지식은 육욕적 인상에서 파생된 것이 아니다. 감각에 관한 인상에서 나온 것이 아닌 지식을 가진 그는 그것에 의해 인상과 그 원인이 소멸된다는 것을 완전히 안다. 그리고 생산, 중단, 이점, 악, 감각의 소멸을 확실히 인지한다. 그는 집착하지 않고 완전히 자유롭다. 형제들이여, 붓다의 이 교리는 납득하기에 심오하고 어려우며, 이해하기에 어렵고, 이성에 의해 획득되지 않는 고요하고 훌륭하며, 현자들이 아는 미묘하고 가치 있는 것이다. 여래가 그 자신의 지혜로 이것들을 확인했고, 대중적으로 그것들을 알렸다. 그러나 다른 신자들의 가르침은 무지와, 지각의 결핍, 개인적 경험, 그들의 열정의 영향을 받는 사람들의 기복 있는 감정에 기초하고 있다.

　"형제여, 과거와 미래를 존중하는 가르침의 이 모든 방식은 여섯 개의 감각 기관에 의해 만들어진 반복된 인상에 의해 경험되는 감각에서 시작된다. 이러한 감각 때문에 욕망의 결과와 욕망의 대상에 대한 집착에서 욕망이 만들어진다. 이러한 집착 때문에 재생이 존재하는 상태로 만들어진다. 이러한 존재의 재생산의 결과로 탄생이 만들어진다. 탄생의 결과로 질병, 죽음, 슬픔, 울음, 고통, 비탄, 불만족이 만들어진다."

붓다의 교리에 대한 체계적인 연구는 아직 서양 학자들에 의해 행해지지 않았다. 따라서 다양한 시기에 그들은 모순되는 의견을 표했다. 물질주의의 체계가 타파되었다는 개념이 학자들에 의해 한때 지지되었다. 프랑스의 실증주의자들은 그것을 실증주의라고 했다. "Buchner와 그의 물질주의 학파는 그것이 물질주의적 체계라고 생각했다. 불가지론자들은 붓다에서 불가지론자를 발견했다. 저명한 빠알리(Pali) 경전 학자인 리스 데이비즈 박사는 붓다를 인도의 불가지론 철학자라고 불렀다. 일부 학자는 그 안에서 일신론을 발견하고 표현했다. 불교의 다른 학생인 아서 릴리는 그것을 일신론적 체계로 생각한다. 비관주의자들은 그것을 쇼펜하우어의 비관주의로 정의한다. 고 버클은 그것을 피히테의 범신론으로 정의했다. 일부는 그 안에서 일원론을 발견했다. 헉슬리 교수의 최근 의견은 버클리 주교의 잘 알려진 이상주의적 주장의 부족한 절반을 채우는 이상주의라고 한다.

붓다의 종교에서 윤리와 경건한 심리학을 끌어안는 초월적 형이상학의 통합적인 체계가 발견된다. 단순한 마음의 사람들에게 그것은 도덕성의 규약을 제공하고, 신실한 학생들에게는 순수한 사고의 체계를 준다. 그러나 기본적인 교리는 인간의 자기 순화이다. 영적 발전은 순수와 연민의 삶을 살지 않는 이에게는 불가능하다.

　진실을 탐구하는 두려움 없는 자, 편견이 없는 자, 육욕적 열정에 사로잡히지 않은 자, 사고를 위한 이성적 능력이 있는 자의 마음에는 진실의 태양 빛이 들어온다. 막스 뮐러가 주장한 감각에는 무신론자여야 한다. "죽음까지 이르는 무신론이 있다. 모든 진실과 믿음의 바로 그 활력의 근원인 다른 것도 있다. 우리의 최선에서 우리의 가장 정직한 순간에서 더 이상 진실이 아니라고 아는 것을 포기하는 힘이다. 그것이 우리에게 얼마나 소중했든지, 얼마나 성스러웠든지간에 덜 완벽한 것을 더 완벽한 것으로 교체할 준비가 되어있는 것이다. 얼마나 많이 혐오될지라도 세상으로 전환할 준비를 하는 것이다. 그것은 진정한 자기 포기, 진정한 자기희생, 진실 속에 가장 진정한 신뢰, 가장 진정한 믿음이다. 그 무신론 없이 어떠한 새로운 종교도, 개혁도, 혁신도, 부활도 가능하지 않았을 것이다. 그 무신론 없이 어떠한 새로운 삶도 우리들 누구에게도 가능하지 않다."

　붓다는 우리가 진실을 탐구하는 길을 출발하기 전에 편견 없는 마음을 가지는 최고의 중요성을 가장 강하게 강조했다. 선입견, 열정, 자신의 확신을 표현하는 두려움, 무지는 시작점에서 희생해야만 하는 네 가지 성향이다.

　인간으로 태어나는 것은 영광스러운 특권이다. 인간의 존엄은 추론하고, 사고하는 능력에 있다. 그리고 외부의 방해 없는 순수한 삶, 고요한 생각, 지혜의 가장 높은 이상에 따라 사는 것이다. 사문과경(Sammannaphala Sutta)에서 붓다는 인간은 이 생애에서 영광스러운 존재, 분할되지 않는 자유의 삶, 두려움 없는 상태, 측은히 여기는 마음을 즐길 수 있다고 말한다. 인류의 위엄 있는 이상은 가장 겸손한 이들이 이룰 수 있다. 이러한 성취는 그를 부와 왕권 이상으로 상승시킨다. "동정심이 있고 법을 지키는 이는 나의 제자이다." 붓다는 말한다.

### 인간의 형제애

모든 인류와 동물의 생명에 대한 우주적 사랑과 연민은 붓다의 기본적 가르침을 이룬다. 어머니가 그녀의 유일한 아이를 사랑하고 심지어 자신의 생명의 위험을 무릅쓰고도 돌보는 것과 같이 모든 이는 모든 존재를 사랑하도록 명해진다. 형제애에 대한 생각을 깨닫는 것은 성스러움의 첫 번째 단계에 도달할 때 성취된다. 분리되어 있다는 생각은 파괴되고 생명의 하나임이 인식된다. 붓다의 가르침에는 비관주의는 없다. 그는 그의 성스러운 제자들에게 생명이 살 가치가 없다고 다른 사람들에게 암시하지 말라고 엄격히 분부한다. 반대로, 자신과 인류에게 선을 행하기 위해 삶의 유용성이 강조된다.

### 인류의 종교적 성격

최초의 숭배하는 원시인에서 인류의 가장 고귀한 부류까지 인간은 자연적으로 더 고상한 무엇인가를 동경한다. 이러한 이유로 붓다는 자기 신뢰와 독립적인 생각의 필요성을 심어주었다. 옳은 길로 인류를 안내하기 위해 구세주로서 여래(如來)는 주기적으로 이 세상에 출현한다.

### 불교의 유신론(有神論)

단 하나의 조물주가 있었고 그로부터 세상이 창조되었다는 신 관념에 대해 말하는 것에 대해 붓다는 그 같은 존재는 있을 수 없다고 한다. 붓다는 세상이 변화 전개한다는 이치를 유일한 진실로 받아들이며 그에 따른 인과법으로 창조주 관념을 비판한다. 그리고 그러한 존재에 대한 질문을 하는 것은 무익하고 불필요한 것이라 하여 엄격히 금한다. 그러나 범천(梵天)과 같은 최고의 신과 하급의 여러 신들은 인정한다. 그러나 그들도 인과법에 벗어나지 못한 존재로 본다.

### 붓다가 가르치는 진화

이 위대한 주제에 관한 붓다의 가르침은 명확하고 광대하다. 우리는 우주를 "자연의 법칙에 복종하여 규칙적인 질서에 따라 그 자신을 드러내는 계속적인 과정으로 여기도록 요청받는다. 우리는 현명하고 이로운 외부의 힘의 계속적인 방해에 의해 억제되고 대립하는 혼란을 그 모든 것 안에서 보지 않는다. 대신 원초적 요소의 거대한 집합체를 보며 그것은 끊임없이 자신의 고유한 에너지에 일치하여 자신의 새로운 재분배를 가져온다. 그는 우주를 무한한 에너지 총합에 의해 움직이는 물질적 원소들의 거의 무한한 집합체로 여긴다." 이것은 허공(Akasa)이라 불린다. 우리는 인간의 진화가 원형질에서 시작되었다는 것을 당연하게 여기지 않는다. 그러나 우리는 생명의 기원에 관해, 인과법의 기원 등에 관해 숙고하지 않도록 요구된다. 이 거대한 법칙에 관한한 우리는 그것이 외부 자연의 현상 뿐 아니라 인간 삶의 현상을 통제한다고 말한다. 전체의 인식할 수 있는 우주는 하나의 분리되지 않는 전체인 "monon"을 형성한다. (Heackel의 『인간의 진화 (Evolution of Men)』 2권, 455쪽을 보라)

## 모든 종교 체계를 진지하게 연구하는 것의 중요성

붓다는 모든 종교를 검토한 후에 그의 철학 체계를 전했다. 범망경(梵網經 : Brahmajala Sutta)에서 62가지의 종교철학적 입장이 비판적으로 논의되었다. 칼라마경(Kalama Sutta)에서 붓다는 말한다. "네가 들은 것을 그대로 믿지 말라. 전통을 그대로 믿지 말라. 그것들은 많은 세대 동안 내려오며 왜곡되었기 때문이다. 어떠한 것도 그대로 믿지 말라. 많은 사람들에 의해 소문으로 전해지고 말해졌기 때문이다. 과거 종교가의 말은 만들어진 것이기 때문에 단순히 믿지 말라. 짐작을 믿지 말라. 네가 습관으로 집착해 온 것이라도 그것을 그대로 믿지 말라. 너의 스승과 연장자의 권위만으로도 믿지 말라. 관찰하고 분석한 후에 이치와 일치하고, 개인이든 모두이든 선과 이익에 부합이 되면, 그 때 그것을 받아들이고 그것에 따라 살라." (Anguttara Nikaya)

## 붓다의 도덕적 가르침

자신의 가장 큰 행복이 이생에서 부유하고 그 이후에 천국에 가는 데 있는 평범한 가장에게 붓다는 도덕의 간단한 규약을 심어주었다. 붓다 종교의 학생은 생명을 파괴하는 것을 삼간다. 그는 곤봉과 무기를 버린다. 그는 겸손하고 연민이 가득하다. 그는 동정적이며 생명을 가진 모든 생명체에 친절하다. 그는 도둑질을 하지 않으며 삶을 정직과 순수의 마음으로 산다. 그는 정조와 순수의 삶을 산다. 그는 그릇된 것을 멀리하고 사기로 동료를 상처주지 않는다. 비방을 멀리하여 중상모략을 하지 않는다. 그는 평화주의자이며, 평화를 만드는 말을 한다. 인간적이고, 귀에 즐겁고, 아름답고, 마음에 닿는 무슨 말이든 그것이 그가 하는 말이다. 그는 가혹한 말을 피한다. 그는 어리석은 말을 하지 않는다. 그는 취하게 하는 것이나 마비시키는 약을 하지 않는다.

## 더 고상한 도덕성

붓다 종교의 뛰어난 학생이 그에게 믿음을 가질 때 생각한다. "가정생활은 장애로 가득하다. 격정으로 더럽혀진 길이다. 모든 세속적인 것들을 끊은 그의 삶은 공기처럼 자유롭다. 가정에서 사는 사람에게 충만하게, 순순하게, 완전하게 더 고상한 삶을 사는 것이 얼마나 어려운가. 내가 머리와 수염을 깎게 하라. 내가 주황색 장삼을 입게 하라. 내가 가정생활에서 노숙자의 상태로 가도록 하라."

"그러면, 곧, 재산의 그의 몫을 버리고, 그의 친족 관계를 포기하고, 그는 머리카락과 수염을 잘라내 버린다. 그는 주황색 장삼을 입고 노숙자의 상태로 들어간다. 그리고 그는 축복받은 이의 지시의 규칙에 따라 자기 절제의 삶을 산다. 곧추 서는 것은 그의 기쁨이고 그가 피해야하는 것들의 적은 것에서도 위험을 본다. 그는 말과 행동에서 신성함으로 자신을 둘러싼다. 그는 매우 순수한 수단으로 삶을 지속한다. 감각의 문을 단속하고, 유념(有念)하고, 침착한 행위는 좋고, 그를 전적으로 행복하게 한다."

### 저급한 그리고 삿된 기술

순수한 종교의 학생은 저급한 그리고 삿된 기술로 생계를 유지하는 것을 삼간다. 즉 모든 점, 해몽, 수상술, 점성술, 수정으로 점치는 것, 예언, 모든 종류의 주술이다.

### 우주적 연민

붓다는 말한다. "힘찬 트럼펫 연주자가 어렵지 않게 모든 방향에서 그의 소리가 들리게 하는 것과 마찬가지로, 생명을 가진 모든 것에서 그 학생이 지나치거나 빼놓은 것은 없다. 대신 그들 모두를 자유로운 마음으로, 마음 깊은 연민, 동감, 침착함으로 대한다. 그는 그의 마음이 사랑의 생각으로 전 세계에 널리 퍼지게 한다."

## 보이지 않는 것에 대한 깨달음

보이지 않는 것을 깨닫는 것은 붓다의 가르침을 따르는 학생의 목표이다. 그러한 사람은 절대적으로 순수한 삶을 살아야 한다. 붓다는 말한다. "그가 옳음을 실천하도록 하라. 그가 그 내면에서 솟아나는 마음의 평정에 전념케 하라. 그가 명상의 환희를 억누르지 않게 하라. 그가 사물을 관통해 보게 하라. 그가 전적으로 혼자 있고, 생명을 위해, 그리고 죽거나 없는 사랑하는 대상을 위하여 모든 정의를 실천하도록 하라."

## 심리적 실험

사고 전이, 독심술, 투청력, 투시력, 잠재의식의 자아의 투영, 그리고 현재 심령 연구자들이 사려 깊은 관심을 갖는 심령과학의 모든 고차원의 부문들은 옳음을 수행하고 고독과 명상에 전념하는 이가 닿을 수 있는 곳에 있다.

## 모든 선한 이의 공통된 특성

자비, 도덕 규칙의 준수, 마음의 정화, 타인을 자신이 행하는 선행에 참여시키는 것, 선행에 다른 사람들과 협력하는 것, 병자를 돌보는 것, 받을 만한 사람들에게 선물을 주는 것, 모든 선하고 아름다운 것을 듣는 것, 타인이 도덕규범을 배우도록 하는 것, 인과법을 받아들이는 것.

## 금지된 일

노예 거래, 전쟁 무기 판매, 독극물 판매, 주류 판매, 고기 판매. 이러한 것들은 모든 저급한 직업 중에서도 가장 저급한 것들이다.

## 다섯 가지 종류의 부

믿음, 순수한 삶, 모든 선하고 아름다운 것을 이해하는 마음, 관대함, 지혜. 이 다섯 종류의 부를 전생에 가진 자는 붓다의 가르침에 영향을 받는다.

## 붓다의 가르침의 보편성

붓다는 말한다. "믿음이 있고 가장의 삶을 살며 다음의 네 가지 덕인 진실, 정의, 확고함, 관대함을 가진 자는 죽을 때 슬퍼하지 않는 자이다. 기도하고 진실, 자기 절제, 관용, 인내보다 더 위대한 것이 있는지를 도처의 스승과 철학자에게 물어보라.

## 학생과 스승

학생은 스승을 모셔야 한다. 그는 스승이 오면 일어서야 하고, 그의 시중을 들고, 그가 하는 모든 말에 존경하며 집중하여 귀를 기울이고, 그의 개인적 편안함을 위해 필요한 의무를 수행하고, 그의 지시를 주의 깊게 처리해야 한다.

스승은 학생에게 애정을 보여야 한다. 학생을 덕이 있고 선한 태도로 가르치고, 그를 주의 깊게 지도하며, 고대인의 과학과 지혜의 지식을 그에게 알려주고, 친구들과 친척들에게 그에 대해 칭찬하며, 그를 위험에서 보호해야 한다.

### 존경스러운 인물

존경스러운 사람은 그 친구들과 친척들에게 선물을 주고, 예절 바른 말을 하며, 그들을 자신과 동일하게 떠받들고, 그들과 자신의 번영을 나누며 섬긴다. 그들은 그가 무관심하게 자신을 방치할 때 그를 돌봐야 하고, 그가 부주의할 때 그의 재산을 지켜야 하고, 어려움에 빠졌을 때 그를 도와야 하고, 그를 지원해서 그의 가족을 부양하도록 도와야 한다.

### 주인과 하인

주인은 하인과 가신의 필요를 살펴야 한다. 주인은 그들이 자신의 힘에 맞는 일을 하도록 배정하고 그들에게 편안한 생활을 제공해야 한다. 그들이 아플 때 돌보고, 그가 얻은 특별한 진미를 그들이 맛보도록 하고, 그들에게 특별한 선물을 하라. 그리고 하인은 주인에 대한 애정을 보여야 한다. 아침에 주인보다 먼저 일어나고 더 늦게 휴식하러 간다. 그의 재산을 도둑질하지 않고, 자신의 임무를 기쁘게 활기차게 하며, 주인에 대한 그들의 행동에 있어서 존경심을 보인다.

**종교적 스승과 재가신도**

종교적 스승은 재가신도들에 대한 그들의 친절한 감정을 보여야 한다. 그들이 악을 행하지 않도록 권하고 그들이 덕이 있는 행동을 하도록 자극한다. 모든 이의 행복을 증진하기를 바라며 그들이 이전에 얻지 못한 것들로 지도해야 한다. 그들이 받은 진실에 확신을 주고 그들에게 천국으로 가는 길을 알려준다.

재가신도들은 그들의 말, 행동, 생각에서 보여주는 존경의 관심을 가지고 스승을 섬겨야 한다. 스승의 속세의 필요를 제공해 주고 스승이 그들에게 항상 접근할 수 있도록 해야 한다.

"이 세상에 관용, 온화한 말, 대중 정신, 예의바른 행동은 모든 상황에서 존경할 가치가 있고 모든 곳에서 가치 있을 것이다."

만일 이것들을 소유하지 않는다면 어머니는 자손에게서 존경도 지지도 받지 못 할 것이다. 아버지도 존경과 명예를 받지 못할 것이다.

**붓다의 과업**

붓다는 말한다. "때때로 여래는 이 세상에 태어난다. 완전히 깨달았으며, 축복받고 가치 있고, 지혜와 미덕이 넘치며, 세상에 대한 지식으로 행복하고, 잘못을 행하는 인간의 안내자로서 탁월하며, 신과 인간의 스승이며, 축복받은 붓다이다. 그는 이 우주를, 모든 영혼이 있는 지하 세계를, 그리고 천상 세계를, 모든 생명체를, 모든 종교적 지도자를, 신을, 인간을 직면하는 것과 같이 홀로 완전히 이해하고 본다. 그리고 그 지식을 다른 이들에게 알려준다. 그는 문자에서, 영혼에서, 그 기원에서, 발전에서, 성취에서 진실을 보여준다. 모든 순수에서, 모든 완전함에서 더 고상한 삶을 보여준다."

## 붓다의 특성

(1) 모든 격정으로부터 절대적으로 자유롭고, 비밀리에도 악을 행하지 않으며, 완벽함의 구현이고, 옳지 않는 어떠한 것도 행하지 않는다.
(2) 스승이 없이 자기 성찰을 통해 최상의 깨달음의 상태를 이룬다.
(3) 신성한 눈을 통해 가장 먼 과거와 미래를 돌아보며, 해방의 길을 안다. 신성한 지식의 세 가지 위대한 부문에서 성취를 이루며, 완벽한 지혜를 얻는다. 모든 심령적 힘을 가지고 있으며, 항상 기꺼이 경청하며, 에너지와 지혜, 그리고 선정(dhyana)으로 가득차 있다.
(4) 열반의 영원한 평화를 깨닫고 완벽한 공덕의 길을 걷는다.
(5) 존재의 세 가지 상태를 안다.
(6) 순수와 성스러움에서 비할 자가 없다.
(7) 신과 인간의 스승이다.
(8) 각각의 기질에 따라 적당한 시간에 신과 인간을 훈계한다.
(9) 최고의 깨달음은 스승이고 그가 설법하는 모든 공덕의 완벽한 구현이다.

붓다의 두 가지 성격은 지혜와 연민이다.

### 붓다의 제자

붓다는 말한다. "자비롭지 않은 자, 욕정을 좋아하는 자, 마음이 곤궁한 자, 한결같지 않은 마음을 가진 자, 반성하지 않는 자, 고요한 마음을 가지지 않은 자, 마음이 불만인 자, 자신의 감각을 통제하지 않는 자, 그러한 제자는 몸이 나와 가까이 있어도 나와 멀리 떨어져 있다."

### 불교 포교자들이 보여준 연민의 마음

연민의 정신에 좌우되어 붓다의 제자들은 포교활동에 선두에 있어왔다. 아시아 전역은 부처님의 법의 영향을 받게 되었다. 종교는 강제로 결코 포교하지 않았고, 붓다의 이름으로 피 한 방울도 흘리지 않았다. 석가모니 부처님의 사원은 얼룩지지 않았다. 다음 이야기는 불교 포교의 본성을 보여주며 흥미를 끈다. 뿐나 비구는 수나파란타(Sunaparanta) 사람들에게 설법하기 위한 포교활동에 파견되기 전에 붓다에게 다음의 태도에 대해 지도받았다.

"수나파란타 사람들은 과도하게 폭력적이다. 그들이 욕설을 퍼부으면 어떻게 하겠는가?"
"대답하게 않겠습니다."
"만약 그들이 당신을 치면 어떻게 하겠는가?"
"대응하여 치지 않겠습니다."

"만약 그들이 당신을 죽이려 하면 어떻게 하겠는가?"

"죽음은 본질적으로 악이 아닙니다. 많은 사람은 삶의 공허를 피하기 위해 심지어 그것을 바랍니다. 그러나 나는 내 죽음의 시간을 재촉하거나 늦추기 위해 어떠한 일도 하지 않을 것입니다."

### 인간의 궁극적인 목표

완전한 인간의 궁극적인 목표는 영원한 평화이다. 인류에게 영원한 평화의 상태를 깨닫게 하기 위한 길을 알려주기 위해, 붓다는 팔정도를 전했다. 붓다의 열반은 보통의 마음의 개념을 넘어선다. 완전한 인간만이 그것을 깨닫는다. 그것은 모든 인간의 생각을 초월한다. 진화의 소용돌이에 사로잡혀 인간은 변화를 경험하고 계속해서 탄생하고 죽게 된다. 가장 높은 천국에서의 행복은 언젠가 끝나게 된다. 이러한 변화는 슬픔이라고 붓다는 단언했다. 그리고 당신이 열반을 깨달을 때까지 당신은 탄생하고 죽을 수밖에 없다. 진화에서 영원한 변화성은 영원한 휴식이 된다. 계속해서 흩어지는 에너지는 열반의 삶에서 집중된다. 더 이상의 탄생도, 더 이상의 죽음도 없다. 그것이 영원한 평화이다. 지상에서 순화되고 완벽해진 인간은 열반을 즐기고, 물질적 육체의 종국이후에 물질의 세상에서의 탄생은 없다. 신들도 그를 볼 수 없고 인간도 또한 그를 볼 수 없다.

### 구원의 도달

자비, 순수, 자기희생, 자각, 불굴의 에너지, 인내, 진실, 결심, 사랑, 평정을 통해 자신을 완성하는 것으로 목표는 실현된다. 마지막 완성이 열반이다.

　자아의 영광스러운 자유인 너 자신의 등불이 되어라, 자신의 피난처가 되어라, 외부의 피난처에 자신을 의지하지 말라, 등불로서 진실을 꽉 잡아라. 이는 붓다의 마지막 말이다. 피난처로서 진실을 꽉 잡아라. 너 자신을 제외하고 다른 누구에게서도 피난처를 찾지 말라. 비구여, 그러면 내가 이루고 너에게 선언한 그 지식을 배워라. 많은 사람들의 축복을 위해, 세상의 구원을 위해, 신과 인간의 행복과 축복과 기쁨을 위해, 성스러움의 이 길이 계속되고 오래 지속되도록 그 안에 걸어 들어가 실행하고 고양하라. 비구여, 존재하게 되는 모든 것은 변화한다. 가장 높은 이상을 이루기 위해 쉬지 말고 노력하라.

**인류 종교의 전파**

　2100년 전에 아시아 전체는 한 황제의 주권의 영향을 받게 되었고 그는 진정으로 신들의 기쁨인 아소카라 불렸다. 그의 영광은 사랑의 힘으로 전 세계에 붓다의 가르침을 전파하는 것이었고 사실 누구도 그가 실패했다고 말할 수 없었다. 그의 유일한 아들과 딸은 온화한 신념의 Apostles로 만들어졌고, 주황색 장삼을 입고 실론으로 갔다. 그곳에서 왕을 개종하고 불교를 세웠다. 문명의 역사상 최초로 인류의 형제애가 인식되었고 다른 민족들이 하나의 살아있는 진실을 받아들였다. 공덕이 숭배되었다. 그것은 자랑스러운 성취였고 문명이 시작된 이래 역사상 전례가 없었다. 신을 인식하지 않는 순수한 종교는 모든 곳에서 환영을 받았다. 그 안에 고유한 장엄함이 있었다. 그것이 인간의 이기심에 호소하기를 원하지 않았기 때문이다. 인간의 마음이 발전의 더 높은 단계에 이르면, 신에 대한 개념은 덜 중요해 진다. 위대한 아소카 제국의 거의 3억에 이르는 사람들이 순수한 윤리의 체계를 받아들였다. 사회적 정치 조직이 처음으로 선언되었다. 왕은 동물을 죽이는 것은 매우 죄스러운 것이라고 보았고 따라서 "사람들은 살아있는 동물을 죽여서는 안 된다." 그는 칙령이 새겨졌을 때 그는 선언한다. "단지 세 동물만을 왕실 식탁을 위해 죽인다. 두 마리의 공작과 한 마리의 가젤이다. 이 세 동물조차도 미래에는 죽여서 안 될 것이다." 그의 왕국의 모든 곳에서 그리스 등과 같은 이웃 왕국에서, 왕은 두 종류의 약인 인간을 위한 약과 동물을 위한 약을 제공했다. 인간이든 동물이든 유용한 식물이 필요한 곳에서는 그것들이 수입되었고 심어졌다. 그리고 공공 도로를 따라 동물과 인간이 사용할 우물을 팠다. "자신의 아버지에게, 어머니에게, 친구에게, 지인에게, 친지에게 본분에 충실한 봉사를 하는 것은 선하고 적절하다. 종교적 스승과 학생들에게 자선품을 선사하는 것은, 살아있는 존재의 생명을 존중하는 것은, 낭비와 폭력적인 언어를 피하는 것은 선하고 적절하다."

"왕이 전파한 종교의 지도 덕분에 수세기 동안 존재하지 않았던 생명체에 대한 존중, 그들에 대한 온화함, 친지와 스승에 대한 존중, 부모에 대한 본분에 충실한 복종, 노인에 대한 경의가 오늘날 존재한다. 종교의 가르침은 가장 공덕이 있는 행위이고 공덕이 없는 종교의 실천은 없다."

"공덕의 실천은 어렵다. 공덕을 실천하는 이는 어려운 것을 행한다. 따라서 과거에 종교의 성직자가 없었지만 나는 종교의 성직자를 만들어 냈다. 그들은 모든 종파와 섞인다. 그들은 구속받는 사람에게 위한을 준다."

"왕은 모든 종파가 모든 곳에서 살 수 있기를 열렬히 원했다. 그들 모두는 똑같이 감각을 정복하고 영혼을 정화하기를 제안한다. 그러나 인간은 그의 집착에서 변덕스럽다. 집착에 충분한 선물을 주지 않는 이는 감각에 대한 통제, 영혼의 순수함, 애정의 감사와 충실을 소유할지 모른다. 그리고 이는 칭찬할 만하다."

"과거 시대에 왕들은 기분 전환을 위해 밖에 나갔다. 스승 방문, 스승에게 선물, 노인들 방문, 돈의 분배, 왕국 사람들 방문 등은 나의 유희이다."

"종교의 선물과 비교 가능한 선물은 없다."

"그 왕은 모든 종파를 존중했다. 그는 자선품으로 그들을 화해시켰다. 그러나 신들의 사랑을 받는 사람은 신의 본질적인 도덕적 미덕을 증진하기 위해 노력하는 것보다 그러한 선물과 명예를 주는 것을 덜 중요하게 여겼다. 본질적인 미덕의 보급이 각 종파에 따라 다른 것은 사실이다. 그러나 공통된 기초가 있고 그것은 말에 있어 온화함과 온건함이다. 따라서 사람은 자신의 종파를 찬미해서는 안 되고 다른 종파들을 비난해서는 안 된다. 사람은 이유 없이 다른 종파를 비난해서는 안 되지만 그들이 마땅히 받을 가치가 있을 때에는 항상 칭찬을 주어야만 한다. 이렇게 노력하며 사람은 다른 종파에 봉헌하며 자신의 종파의 부흥을 촉진한다. 자신의 종파에 집착하여 그리고 그것을 부흥하려는 목적으로 자신의 종파를 찬양하고 다른 종파를 비난하는 자는 모두 자신의 종파에 무례한 타격을 가할 뿐이다."

"따라서 우호만이 가치 있고 모든 이는 각자의 믿음을 전하고 싶어 한다. 모든 사람들은 그들의 믿음이 무엇이든 간에 신의 사랑을 받는 자는 모든 종파의 상호 존중과 본질적인 도덕적 교리를 증진하기 위해 원하는 것 보다 선물과 외적인 의식을 덜 중요하게 여긴다고 말해야 한다. 이것의 결과는 자신의 신앙의 증진이고 종교적 광명에서의 진보이다."

"신의 사랑을 받는 자는 모든 생명체, 생명에 대한 존중, 행동에 있어서의 평화와 친절을 확보하기를 열렬히 원한다. 이것이 신의 사랑을 받는 자가 종교의 정복으로 여기는 것이다……. 나는 강렬한 기쁨을 느꼈다. 그것은 종교의 정복이 가져오는 것이다. 우리의 아들 손자가 새로운 정복이 필요하다고 생각하지 않도록, 그들이 칼에 의한 정복이 정복의 이름을 받을 가치가 있다고 생각하지 않도록, 그들이 그 안에서 파괴와 폭력만을 볼까봐, 그들이 아무것도 종교의 정복만큼 진정한 정복으로 여기지 않도록 이러한 목적으로 이러한 종교적 비문을 새겨왔다."

Eighth Edict에서 위대한 황제는 말한다. "나는 또한 종교의 성직자들이 세속의 인간 뿐 아니라 모든 종파, 수도승 간에 열심히 노력하기 위해 그들을 임명했다. 나는 또한 성직자의, 브라만의, 종교 탁발승의, 종교 금욕주의자의, 그리고 나의 간사들이 일하는 모든 종파의 이익을 염두에 둔다. 성직자들은 각 자신의 협회에서 열심히 노력한다. 종교 성직자들은 일반적으로 모든 종파에서 일한다. 이러한 방식으로 종교 활동이 지역의 실천 즉 자비와 자선, 진실과 순수, 친절과 미덕에서 뿐 아니라 세계에서 증진되고 있다. 사람들 사이에 종교의 진보는 두 가지 면인 긍정적인 규칙과 종교적 감정에 의해 확보된다. 이 두 가지 방법 중에서 긍정적 규칙의 방법은 빈약한 가치를 지닌다. 가장 잘 전파되는 것은 마음의 영감이다. 종교가 생명 존중을 고무하고 생명체를 죽이지 않으려는 염려에서 진정한 발전을 이루며 이는 마음의 감정에 있어서의 변화에 의해서만 이루어진다." 이러한 인본적인 황제의 종교가 계속되지 않았다고 누가 말하겠는가? 연속된 이천년 동안에 인류는 이 지구상에 "자비와 자선, 진실과 순수, 친절과 미덕"을 증진하려는 것보다 더 고귀한 종교는 발견하지 못했다.

어느 정도까지 각 종교가 인종의 역사적 진화를 도와왔는가? 아소카 통치의 칙령과 기념비에서 보이듯이 불교가 인도에 번영할 때 예술, 과학 문명은 절정에 달했다. 병원이 최초로 인간과 짐승을 위해 건립되었다. 포교단이 세계 모든 곳으로 파견되었다. 문학이 장려되었다. 불교가 간 곳은 어디든 민족들은 그 정신을 받아들였고, 사람들은 더 온화하고 온건해졌다. 동물 살육과 주취는 중단되었다. 전쟁은 거의 없어졌다.

### 불교 문학이 인류에서 행한 것

실론과 다른 불교국에 불교의 도래와 함께 문학이 꽃피었다. 불교가 가는 곳은 어디든 예술과 문자의 발전을 도왔다. 수도원은 배움의 자리가 되었고 수도승은 스승에 복종하여 사람들에게 지식을 전파했다.

### 종교와 가족

아이들의 가정교육, 결혼 결합 – 육방예경(Sigalovada Sutta)은 서로에 대한 가족 구성원들의 관계를 규정한다.

부모는 (1) 자식을 악에서 제지하고, (2) 그들에게 덕을 교육하고, (3) 그들이 예술과 과학을 배우도록 하고, (4) 그들에게 알맞은 아내와 남편을 맞게 해주고, (5) 그들에게 유산을 주어야 한다.

아이들은 (1) 부모를 지지하고, (2) 알맞은 가족 의무를 행하고, (3) 재산을 지키며, (4) 자신을 후계자로서 가치 있게 만들고, (5) 그들의 기억을 명예롭게 여겨야 한다. 모든 부에 대한 전 세계의 선물은 부모가 한 모든 것에 대해 부모에게 적당히 돌려주는 것이 아니다.

남편은 (1) 아내를 존경으로 대하고, (2) 아내를 친절히 대하고, (3) 그녀에게 충실하고, (4) 그녀가 다른 이들의 존경을 받도록 만들고, (5) 그녀에게 알맞은 장신구와 옷을 주어야 한다.

아내는 (1) 가사를 올바르게 정돈하고, (2) 친족과 친구들을 잘 대접하며, (3) 정숙하며, (4) 절약하는 가정주부가 되며, (5) 부지런함과 능숙함을 보여야 한다.

## 불자 형제애

붓다는 카스트와 민족의 구별 없이 형제애를 세운 최초의 인물이다. 24세기 전에 그는 선언했다. "제자들이여, 거대한 강으로서 그것들이 얼마의 수가 되든지 간에 갠지스 강, Yamuna 강, Achiravati 강, Sarabhu 강은 거대한 대양을 만날 때 그들의 옛 이름이고 옛 혈통을 잃고 단지 하나의 이름, 거대한 대양을 갖는다. 따라서 또한 브라만, 크샤트리아, 수드라는 그들이 형제애로 함께 할 때 차이를 잃는다." 왕자 뿐 아니라 자기 계급에서 추방된 이들도 이 이치에 수용된다. 통행증은 공덕이다. 부나 계급이 아니다.

## 붓다의 고귀한 관용

"비구여, 만일 다른 이들이 나에 반대하여 말한다면 혹은 나의 교리에 반하여 말한다면 또는 질서에 저항하여 말한다면, 그것은 네가 그것에 화내거나, 불만이거나, 불쾌해야 할 이유가 되지 않는다……." 만일 네가 그 결과로서 화나거나 불만족하면, 너는 자신을 위험에 처하게 한다……. 만일 네가 화나거나 불만족하면, 너는 그들이 올바로 혹은 그릇되게 말하는지를 판단할 수 있겠느냐? 세존이여, 우리는 그럴 수 없을 것입니다……. 만일 다른 이들이 나에 반대하여 말한다면 너는 거짓을 거짓되다고 거부해야 한다. 이러한 것들은 그렇지 않다고, 그것들은 사실이 아니라고, 이것들은 우리에게 존재하지 않는다고, 그것들은 우리 안에 없다고 말해야 한다.

"비구여, 만일 다른 이들이 나를 칭찬하여 말한다면, 나의 교리를 칭찬하여 말한다면, 또는 그 질서를 칭찬하여 말한다면, 그것은 네가 기뻐하거나, 고마워하거나 또는 마음에 의기양양할 이유가 되지 않는다……. 만일 네가 그 결과로 기뻐하거나, 고마워하거나 또는 마음에 의기양양하다면 너는 그에 의해 너는 자신을 위험에 처하게 한다. 너는 진실을 진실한 것으로 받아들여야 한다. 이러한 것들이 존재하고, 그것들이 진실이고, 그들이 너 안에 존재하고, 너 안에서 보인다는 것을 알아야 한다……."

### 불교와 현대 과학

에드윈 아놀드 경은 말한다. "불교와 현대 과학 사이에는 가까운 지적 결속력이 존재한다고 나는 종종 말했고 반복해서 말할 것이다. 틴달(Tyndall)은 우리에게 우리가 들을 수 없는 소리에 대해, 우리가 볼 수 없는 Norman Lock의 색에 대해 말한다. 윌리엄 톰슨 경과 실베스터 교수는 고등 수학 법을 거의 넘어서는 분야에까지 수학적 조사를 추진했고, 다른 이들은 더욱 과감하게 4차원의 공간을 해결하려고 노력했다. 불교 마야가 아니고 이 모든 것이 무엇이겠는가? 그리고 다윈은 더 적합한 개체(the Better)와 가장 적합한 개체(the Best)를 향한 일련의 계속되는 발전 형태를 통해 계속적으로 상승하여 가는 생명을 우리에게 보여준다. 각각의 개인은 과거의 존재에서 깊이 그리고 지울 수 없이 새겨진 지나간 선과 악의 기록과 함께 새로운 존재로 시작한다. 이것은 다시 불교의 업(業)과 법(法)의 교리 외에 무엇이겠는가?" 마지막으로, 만일 우리가 현대 연구의 모든 결과를 모으고, 최고의 문학에서 물리학의 최대 발견과 생물학에서의 최근 언급까지 살펴본다면, 결론은 무엇인가?

높고 기쁜 결론, 아주 기쁘고 아주 희망차게 만드는 것이 진정한 불교가 되어야 한다는 것이다.

### 종교의 지식이 과학적이 될 수 있는가?

불교는 신앙으로 받아들여진다고 해서 그것에 대해 침묵하라고 명령하지 않는 까닭에 과학적인 종교이다. 붓다는 단지 어느 것이 말해졌다는 이유로 이것을 믿어서는 안 된다고 말했다. 불교는 다른 과학의 지식과 동등하다.

### 도덕과의 관계에 있어서의 종교

가장 고차원의 도덕은 붓다의 체계 속에 심어져 있다. 그것이 사고와 의견의 자유를 허용하고, 박해와 잔혹함에 강경히 반대하고, 동물의 권리를 인식하고 있기 때문이다. 술, 아편, 그리고 마음의 평정을 깨는 모든 것에 반대한다.

### 타락한 인간의 회복을 위한 다른 계획

성스러운 삶의 예가 되는 것 뿐 아니라, 악의 삶의 치명적인 영향을 지적하여 계속해서 더 나약한 형제들을 충고하고 공덕의 삶의 영광을 권하고, 순수의 삶을 살도록 촉구하는 것은 비구와 우바새의 의무이다. 타락한 이들은 어떠한 이유에서도 방치되어서는 안 되며, 연민으로 대해야 한다.

### 종교와 사회 문제

불교의 기본 교리는 인간을 고통에서 구하는 것이다. 육욕적 즐거움의 삶은 비난되고, 불교국에서는 유럽이 직면한 노동, 자본, 다른 문제들의 갈등을 만나지 않을 것이다. 천민경(Vasala Sutta)에서 빈자를 돌보지 않는 자는 천민 혹은 태생이 비천한 인간이라고 불린다. 육방예경(Sigalovada Sutta)에서 붓다는 빈자를 구하기 위해 자신의 부의 4분의 1을 바치기를 인간에 명한다. Mahadhamma Samadana 경에서 붓다는 인간의 가난은 종교를 태만히 할 변명이 되지 않는다고 말한다. 수종증의 환자가 더 쓴 약을 먹어야 하는 것처럼 빈자도 가난과 상관없이 힘든 종교적 삶을 살아야 한다.

### 종교와 극기

붓다는 말한다. "이미 무지로 취한 인간은 음주를 금함으로써 거기에 다른 것을 더하지 않게 된다." 비구승과 재가신도들이 행하는 맹세의 하나는 다음과 같다. "나는 술이 발전과 미덕을 막기 때문에 술 마시는 것을 삼갈 것을 맹세한다." 담미카 경(Dhammika sutta)은 말한다. "법에서 기쁨을 찾는 가장은 음주에 빠져서는 안 된다. 다른 이들을 술 마시게 해서도 안 되고, 술 마시는 사람들의 행동도 용인해서는 안 된다. 무지한 자는 주취의 결과를 가져오는 죄를 범하고, 또한 다른 이들이 술을 마시게 만든다. 너는 이를 피해야 한다. 이는 실수의 원인이 된다.

현대 생활의 위험은 주로 음주와 잔혹함에서 유래되었다. 불교국에서 불교의 가르침에 기초한 카르마의 법은 술의 제조, 판매, 사용을 금한다. 식량을 위해 동물을 도살하는 것도 금한다.

### 불교가 여성에게 주는 이점

남성에게와 마찬가지로 여성에게도 똑같은 권리가 주어진다. 조금의 차이도 보이지 않고, 완벽한 평등이 공언된다. 붓다는 Chulavedalla Sutta와 Mahavagga에서 말한다. "여성은 남성들에게 열려있는 성스러움의 가장 높은 길인 아라한과에 이를 수 있다."

아소카의 비문과 실론, 미얀마, 다른 불교국의 역사가 이를 증명한다.

### 애국과 법의 준수

대반열반경에서 붓다는 자신의 나라에 대한 사랑을 명한다. "한 민족이 조화롭게 만나서 조화롭게 일어서고 조화롭게 임무를 수행하는 한, 그들이 이미 확립된 어떠한 것도 제정하지 않고, 이미 제정된 어떠한 것도 폐지하지 않고, 전 시대에 확립된 고대 제도에 따라 행동하는 한, 그들이 노인을 존경하고 명예롭게 여기며 존중하는 한, 어떠한 여성이나 소녀도 강제나 유괴로 감금되지 않는 한, 그들이 마을과 국가의 사원을 명예롭게 여기고 존중하는 한, 그들은 쇠락하지 않고 번영할 것이다."

### 사람들의 동포애

불교가 카스트 제도를 받아들이지 않고, 모든 인간의 완벽한 평등을 인정하기 때문에 불교는 우주적 형제애를 주장한다. 그러나 사람들은 우주적 공덕을 수용하는 것에 동의해야 한다. 불교는 민족들 간에 우주적 평화를 옹호하고, 전쟁과 유혈을 비난한다. 더 작은 부족과 민족의 따로 떨어져 존재할 권리는 공격적인 전쟁으로부터 보호되어야 한다. Anguttara Nikaya, Tika Nipata, Bramanavagga에서 붓다는 전쟁 대신에 중재를 옹호한다. 불교는 전쟁이 인류에 가져오는 커다란 손실을 이유로 전쟁을 강력히 비난한다. 파괴, 기근, 다른 악이 전쟁에 의해 초래된다고 불교는 말한다.

## 사르나트, 물라간다쿠티 사원에서 아나가리카 다르마팔라가 행한 개원 연설

1931년 11월 11일 (참고 #37)

2520년 전에 석가모니 부처님이 전법륜경(轉法輪經)에 알려진 다섯 명의 비구에게 한 최초의 설법이 행해진 장소인, 아시아 불자들에게 성스러운 이 성지에 오신 여러분을 환영합니다. 싯다르타 왕자는 2555년 전에 카필라성 근처의 룸비니 숲에서 탄생했습니다. 그 성지는 네팔 영토에 있고 정확한 지점은 아소카 황제가 세운 돌기둥으로 확인됩니다. 다른 두 성스러운 장소는 붓다가야와 쿠시나라에 있습니다. 붓다가야에서 고행하는 왕자는 2520년 전 인도력 2번째의 보름날에 불자들에게 무상정등정각(無上正等正覺)이라고 알려진 최고의 깨달음에 이르렀습니다. 그로써 그는 의존적 원인에 기초를 두는 인과(因果)법칙을 발견했습니다. 그로써 그는 삶의 두 가지 면인, 계속적인 고통의 삶과 탐진치(貪嗔癡)의 우주적 구속에서의 절대적 해방의 삶을 제창하였습니다. 세 가지 불선(不善)의 부재는 마음에서 탐진치가 제거된 세 가지 무한한 상태를 깨닫게 도움을 줍니다. 완전한 존재의 해방된 마음은 욕심, 화, 무지가 없습니다. 이는 허무주의자, 물질주의자, 관능주의자, 유신론자, 범신론자에게 무서움의 대상인 열반의 실현에 이릅니다. 보살이 사성제(Four Aryan Truth) 즉 슬픔의 존재, 슬픔을 일으키는 원인, 슬픔을 만드는데 이르는 원인의 절대적 중단, 열반의 절대적 상태를 실현하게 되는 여덟 가지 덕목, 즉 완벽한 관점, 완벽한 영감, 완벽한 말, 완벽한 행동, 완벽한 생활 방식, 완벽한 기억, 완벽한 집중을 발견한 곳은 붓다가야이다. 45년 동안 무상정등정각자는 열심히 설법했고, 그가 80세 되던 해에 쿠시나라의 쌍림에서 무여열반(無餘涅槃)의 상태로 들어갔습니다. 그 해부터 현재까지 2475년이 지났고, 2520년 전에 이시빠따나(Isipatana)에서 심어진 법의 생명력 있는 씨앗은 크게 자라서 그 가지가 아시아 전역에 가지를 쳤습니다. 그 가지는 중국, 일본, 만주, 몽골, 한국, 티베트, 시암, 캄보디아, 미얀마, 아라칸, 네팔, 실론의 민족들에게 그늘을 드리웁니다. 기독교와 이슬람교의 탄생 이전에 성스런 진리인 불교는 아시아에서 경쟁상대가 없었고, 아시아의 한 끝에서 다른 한 끝까지 지혜와 자비의 종교는 천년동안 최고로 영향을 미칩니다.

738년 전에 성스러운 이시빠따나(Isipatana)는 모하메드 고리에 의해 파괴되었고, 붓다가야, 오단따푸리(Odantapuri), 나란다(Nalanda), 위크라마실라(Vikramasila)는 박티아르 킬지(Bakhtiyar Khilji)에 의해 거의 7백 년 전에 파괴되었습니다. 캐쉬미르의 불교는 기원전 1394년에 시칸다르 붓시칸(Sikandar Butshikan)에 의해 파괴되었습니다.

사르나트 이시빠따나 (Isipatana)는 거의 800동안 완벽히 잊힌 후에 진정한 소유자의 손에 돌아왔습니다. 내가 1891년 1월에 사르나트를 처음 방문했을 때 마을은 낮은 계층인 돼지 사육자들의 소유였습니다. 작은 울타리로 둘러싼 지역이 자이나교도 소속이었습니다. Mandir는 돼지가 들어갈 수 없는 깨끗한 곳이었습니다. 나는 그 곳을 확보하기 위해 모든 노력을 다 기울지만, 성공하지 못했습니다. 마침내 1901년 1월에 나는 현재 85세인 나의 친애하는 모친이 주신 돈으로 제민다르에게서 무료 학교를 열기 위한 3비거의 부지를 구입할 수 있었습니다. 지금도 존재하는 그 무료 학교는 호놀룰루의 고 포스터 부인이 보내준 기부금으로 1904년 6월에 개교했습니다.

인도를 발전된 상태로 고양시킬 시간이 도래했습니다. 살인적인 논쟁이 계속된다면 어떠한 발전도 가능하지 않습니다. 고대 불교 비구는 성스런 문명의 사회적 윤리를 일본, 한국, 중국, 시암, 캄보디아, 미얀마, 실론에 전할 때, 고행의 길을 따랐습니다. 불교 시대에 인도에 존재했던 놀랍도록 고귀한 문학에 무슨 일이 있었습니까? 인도에서는 그 흔적도 찾을 수 없습니다. 그러나 다행히 전체 문학이 불교국들에 완전히 존재합니다. 유럽인들은 2520년 전에 인도에서 최초의 빛을 보았던 무상정등정각자(無上正等正覺者)의 잊혀진 가르침을 재발견하려는 희망으로 팔리어, 산스크리트어, 중국어, 몽골어, 티베트어를 연구합니다. 그러나 인도의 자손들은 멋진 불교 문학에 존재하는 부에 대해 알지 못합니다. 그 토양의 자손들은 거의 그 안에 묻힌 보석을 발견하는 생각을 하지 않습니다.

오늘날 수백만의 인도인들이 필요한 것은 성스러운 팔정도의 고귀한 윤리와 지혜입니다. 붓다의 가르침을 담고 있는 팔리어 경전 45권과 팔리어로 된 45권의 평석서는 인도의 자산입니다. 이 책들은 불교국에서 반환되어 인도에서 복권되어야 합니다. 마찬가지로 마명보살(Asvaghosa), 적천(寂天 : Santideva), 세친보살(Vasubandhu), 무착(Asanga), 진제(Paramartha) 성천(Aryadeva), 용수보살(Nagarjuna), 호법(Dharmapala), Candragomi, Candrakirti, Yasomitra, Kshemendra의 산스크리트 불교 경전은 재발견되어 그 탄생지로 되돌려야 합니다. 유럽에서는 Bunouf, 막스 뮐러, Turnour, Bopp, Stanislas-Julien, Westergaard, Wassiljew, Childers, Bohtlingk, Spiegel Kuhn, Minayeff, Senart, Neumann, Weber, Fausboll, Eitel, Foucaux, 리스 Davids, Oldenberg, Trenkner, Feer, Cowell, Chalmers와 다른 이들은 다른 동양 언어로 존재하는 불교 경전을 번역하기 위해 애씁니다.

업보(業報)의 법은 복잡한 법이라는 것을 기억하십시오. 성스러움의 특징은 비폭력입니다. 〈법구경〉에서는 다음과 같이 말합니다. "모든 생명에 대한 비폭력을 성스러움이라 말한다.
(ahimsa sabbapananam ariyoti pi vuccati.)"

800년의 망명 후에 불자들은 자신의 소중한 성지 이시빠따나(Isipatana)로 돌아왔습니다. 인도사람들에게 카스트의 차별 없이 무상정등정각자의 연민적 교리를 주는 것은 마하보디협회의 원입니다. 나는 당신들이 인도 전역에 여래의 성스러운 법을 전파하러 나설 것을 믿습니다.

# VIII
# 아나가리카 다르마팔라의 중요 서신

편지 실론에서의 고난

민주주의적 시암

시암 국왕 폐하와 마하보디협회 간에 교환된 전보

마하보디협회 서신

설립자로부터의 메시지

# 8장
# 아나가리카 다르마팔라의 중요 서신

**편지**
**실론에서의 고난**

I

마하보디협회
캘커타, Baniapukur Lane, 46
1919년 7월 7일

실론 총독 각하,
각하,
생활수단 뿐 아니라 쌀의 부족으로 고통 받고 있는 가난한 싱할리 마을 주민들을 구제하기 위한 적은 기부금을 보내기 위해 인도 마하보디협회를 대신하여 편지를 보냅니다.

이는 인자한 폐하가 마침내 파괴적인 전쟁이 끝났으며 인간의 자유와 해방의 대의가 승리한 기쁨을 표하며 최근 발표한 평화 협정을 축하하는 선물입니다.

또한 캘커타의 최초의 사원 일이 진행 중이고 다음 1월에 개원식을 개최하기를 희망한다는 것을 각하께 알려드립니다. 로널드셰이 경 각하는 성스러운 행사를 주재하는데 동의를 표하셨습니다.

마하보디협회는 각하가 사원 개원식에 참석할 불자 대표를 기쁘게 보내주실 것을 희망합니다. 개원식에서는 인도 정부가 공식적으로 협회에 성스러운 사리를 전달할 것입니다.

각하의 충실한 신하
아나가리카 다르마팔라
마하보디협회 사무총장

# II

콜롬보, Queen's house
1919년 7월 18일

귀하,
7월 7일자 귀서한에 관하여, 실론 총독 각하가 수령을 했고 기부자가 표한 목적에 사용될 1,000루피의 자비로운 선물에 대해 감사를 표하려 편지를 씁니다.

각하는 사원의 일이 진행 중이라는 소식을 들어서 기뻐하셨고, 당신이 내년 7월에 개최하기를 희망하는 개원식이 성공적으로 마치기를 희망하십니다.

각하는 사원 개원식에 참석할 실론 불자 대표를 캘커타에 보내는 것에 대해 질문을 할 것입니다. 그리고 머지않아 이 문제에 대해 사무총장과 면담할 것입니다.

귀하
당신의 충실한 하인
서명 / W.F. Hole
개인 비서

사무총장
마하보디협회
캘커타, Baniapukur Lane, 46
(마하보디 저널 27권 1919년 7월&9월)

*위 두 편지는 총독이 1919년 10월 7일에 위원회의 명령이 중지되기 그 이전이 아닌 그 이후에는 아나가리카 다르마팔라가 자신의 책임 하에 실론으로 돌아가도 된다는 명령과 아나가리카가 실론으로 돌아갈 의도가 있으면 I.G.P에 은밀히 정보를 제공하라는 명령을 준 중요한 서신이다.

Ⅲ

마하보디협회
캘커타, 칼리지 광장, 4A
1918년 3월 18일
받는 사람 :　Public Instruction의 Director
　　　　　　캘커타, 벵갈

귀하,
귀하에게 실론정부가 정부 관보에서 붓다 탄신일이 1918년 5월 24일에 해당하고 그날을 정부 휴일로 선포한다고 발표했다는 것을 알리게 되어 영광입니다.

벵갈 학교와 대학에 다니는 불자 학생들에게 그 날 신과 구원자의 탄신을 기념하여 휴일이 주어질 것을 요청하게 되어 영광입니다.

진심을 담아
아나가리카 다르마팔라
사무총장

(마하보디 저널 26권, 1819년 1월)

다음 편지는 우리의 의도를 설명한다.

마하보디협회, 캘커타
1910년 11월 23일

마하보디협회 사무총장으로부터

고고학부 사무총장에게
캘커타 혹은 심믈라(Simla)

귀하,
귀하에게 남방불교 사원이 인정하는 연대에 따라 여래 붓다가 지금의 사르나트인 베나레스, 이시빠따나(Isipatana)에서 최초의 설법을 하며 붓다의 종교를 설립한 이후로 1499년이 지났고 내년에 2500주년이 된다는 것을 알리게 되어 영광입니다. 남방 사원의 불자들이 이 특별한 행사에 대해 무척 열정적이라는 것은 말할 필요도 없습니다.

실론의 불자들은 현재 불자 왕이 없기 때문에 그 행사를 알맞은 방식으로 기념할 수 없습니다. 그러나 그들은 마하보디협회를 통해 그리고 귀하의 친절한 도움을 통해 비문을 새긴 기념비를 세우기를 희망합니다. 협회는 하와이 호놀룰루의 한 부인에게서 사르나트에 그러한 기념비를 세우도록 쓰일 1500루피를 받았습니다.

우리가 사르나트에 어떠한 종류의 기념비를 세워야 할까요? 아니면 오래된 탑을 복구하는 데 돈이 쓰이길 권하십니까? 만일 그렇다면, 얼마의 금액이 필요할까요? 그리고 기념비를 세우는 데 비용이 얼마가 될까요? 우리는 당신 부서에 일을 기꺼이 위임합니다.

충심으로
아나가리카 다르마팔라
사무총장, 마하보디협회

## 민주주의적 시암

하루 동안에, 생명이나 재산의 어떠한 피해도 없이, 한 유일한 예를 제외하고, 시암은 정부에 엄청난 변화를 가져온 유일한 불교 왕국이다. Prajadipok 왕은 마찬가지로 한 성명에서 "인민당(People's Party)의 민주 헌법에 대한 요구를 수용하며, 시암은 절대 군주제에서 입헌 군주제로 변화했다. 세계가 놀랍게도 혁명은 완전한 기술로 이루어졌다. 모든 세부 상항이 미리 준비되었기 때문에 어떠한 반대도 불가능했다. 그러한 평화적인 혁명을 자랑할 수 있는 나라는 거의 없다. 세계의 불자들은 불자들이 항상 마이트리(慈)의 이상을 높이 받들며 명성을 유지하였고 그러한 거대하고 원대한 결정을 하는 데에도 부상도 없이 해냈다는 것에 대해 시암의 같은 종교 신자들을 자랑스러워해야 한다.

우리는 인자한 폐하와 시암의 민족들에게 이러한 정부체계의 행복한 변화에 대해 축하하고 그들이 번영하고 영광스러운 미래를 맞기를 바란다. 시암이 전 세계의 행복을 위한 불교의 기치를 높이 들게 하소서!

## 시암 국왕 폐하와 마하보디협회 간에 교환된 전보

### IV

**시암, 방콕의 국왕에게 보낸 전보**
마하보디협회는 폐하와 시암인들의 입헌 군주국 설립을 경축합니다. 폐하시여, 붓다의 축복으로 장수하소서.
마하보디협회

**시암 국왕 폐하**
방콕, 시암
협회의 발원에 감사하며 폐하는 감사를 전하라고 명하셨습니다.
Chao Rhya Mahadhasa
개인 비서 실장

# 마하보디협회 서신
캘커타, 10월 30일

V

발신,
설립자이며 사무총장
마하보디협회, 캘커타

수신,
비하르 & Orissa 총독 각하
파트나

각하,
실론의 불자들이 당신이 친절히 정독하기를 바라며 동봉한 발췌문을 전달하기를 요청했습니다. 그리고 각하께서 마한트의 하인들에 의한 붓다의 성도지인 보드가야 사원의 모독이 중단되는 것을 보고 기뻐하였으면 합니다.

벵갈의 고 대위 총독인 존 우드번 각하는 우리에게 법정으로 가서 성지에 대한 모독을 중지할 법원의 명령을 받기를 권했습니다. 또한 한 저명한 변호사는 우리에게 법원의 명령을 받으면 이 성지에 대한 모독이 중단될 수 있다고 자문해 주었습니다. 현재 40년 동안 우리는 성지에 대한 모독을 중단하기 위한 모든 평화적 수단을 시도해왔습니다. 그러나 마한트의 하인들은 성스러운 제단에 오르고 성스러운 불상의 이마에 모욕적인 표시를 하면서 불상을 훼손하였습니다. 물론 마한트는 불자들이 무력하다는 것을 알고 있고 그는 그를 도와줄 많은 사람들을 가졌기 때문에 불자들을 공격하는 모든 것을 할 수 있다고 생각합니다. 우리는 이에 각하가 자비롭게 이 문제에 개입하여 사이바이트 (시바숭배)인 마한트가 모든 불자들에게 너무도 공격적인 이러한 모독을 멈추도록 강요되는 것을 보게 되리라 믿습니다. 40년 이래로 우리는 모든 종류의 모욕을 겪어왔습니다. 나는 정부를 능력 있게 관리하는 각하가 정의가 행해지는 것을 보려는 자비가 있기를 희망합니다. 붓다가야 사원의 역사는 지난 2000년 동안 상황이 어떻게 관리되고 처리되었는지를 보여줍니다. 사원은 고인인 가야의 징수관, G.A. 그리어슨이 정부와 상의하지 않고 1889년 당시 마한트에게 사원 내부 관리를 넘기지 않았더라면 사원이 마한트의 손에 넘어가지 않았을 것입니다. 그리고 결과는 우리가 고통 받아야 한다는 것입니다.

각하가 이 혐오스러운 모독을 멈추기 위해 정의감을 발휘하기를 믿으며.

영광을 보내며
각하의 충실한 하인,
시리 데와미타 다르마팔라
마하보디협회의
설립자이며 사무총장

## 설립자로부터의 메시지

### VI

수신,
전 세계 나의 불자 형제들

성스러운 베나레스의 녹야원에서 이 편지를 쓴다.

나는 1891년 3월 캘커타에 도착했다. 그해 5월에 마하보디협회가 설립되었고 1891년 7월에 나는 캘커타에서 일하기 시작했다. 현대 불교 역사상 처음으로 마하보디협회는 비록 인도 정부와 사이바이트(시바숭배) 마한트의 공동 관리 하에 있지만 현재는 방치되어있는 최고의 불교 사원에서 불교를 부흥할 필요성을 깨달았다. 붓다가야에서 싯다르타왕자는 2520년 전에 무상정등정각(無上正等正覺)이라는 최고의 상태에 도달했다. 일체지(一切智)를 깨닫고 붓다는 7주 동안 보리수 인근에서 무지로부터의 절대적인 자유의 행복을 즐겼다. 그 후 그는 베나레스의 녹야원으로 가서 5명의 비구에게 네 가지 성스러운 진리를 설법했다. 성지에서 그는 3개월을 머물렀고, 그가 60명의 아라한 비구를 얻었을 때 그들을 갠지스강 유역 전역으로 보내어 법을 설하게 했다. 최고의 법의 끝없이 회전하는 바퀴는 2520년 전에 구르기 시작했고 이 긴 시간 동안 법의 메시지는 아시아의 모든 나라에 전해졌다. 연민의 공헌을 한 지 75년 만에 붓다는 쿠시나라에서 무여열반을 이루었다.

거의 천년 동안 불교는 인도 사람들에게 잊혔고 마하보디협회는 지금 법의 잊힌 규범을 전파하기 위해 노력하고 있다.

나는 붓다에 봉헌하며 벵갈, 비하르와 베나레스에서 40년을 보냈다. 몇 몇 친구들의 도움으로 나는 마하보디협회의 활동을 유지해 올 수 있었다.

나는 모든 것을 나의 부모, 고 블라바츠키 부인, 호놀룰루의 고 포스터 부인에게 빚졌다.

붓다가야의 성지는 불자가 아닌 자들의 손에서 구출해야 한다.

사이바이트(시바숭배) 수도승들은 델리 회교도 Badshah에게서 Mastipur-taradih의 마을을 받았다고 말해 진다. 성지가 파괴된 후에 회교도의 손에 있었다는 것이 그것을 말해준다. 다음의 성지는 베나레스의 녹야원에 있고 그것은 마하보디협회의 손안에 있다. 그리고 우리는 멋진 사원을 건립했고 그 개원식은 다음 10월로 결정되었다. 다음 성지는 미얀마의 불자들의 손에 있다. 붓다가 태어난 룸비니의 성지는 네팔에 있다.

인도는 붓다의 친애(親愛)의 법을 필요로 한다. 현재의 모든 정치적, 사회적, 경제적 문제들은 법의 도입으로 해결될 것이다.

모든 존재가 행복하기를!
아나가리카 다르마팔라

# IX
# 참고문헌

1  아나가리카 다르마팔라 – 불교 대의에 봉헌한 영광의 삶
   카하왓떼 스리 수메다 테라, 1판, 1999, 사르나트
2  마하보디 저널, 1906년 1월호
3  마하보디 저널, 1936년 8월호
4  마하보디 저널, 41권, 1933년 5월-6월호
5  불교 백과사전, 조티야 디라네케라 편집주간, 4권, 스리랑카 정부 출판, 1979년
6  마하보디 저널, 1933년 4월-5월호
7  마하보디 저널, 1917년 8월호, 1922년 2월호, 1931년 11월호,
   1933년 4월-5월호, 1934년 10월호, 1947년 2월호, 1956년 5월호,
   1959년 8월호, 1968년 8월-9월호

   데와프리야 발리싱하 – Gee Tsing Po
   봉헌의 삶 – U. 다마라타나 마하 테라 박사
   인 메모리엄 – 스리 강가 챠란 랄
   데일리 뉴 (스리랑카) 1968년 8월 28일
   실론 타임즈 (스리랑카) 1968년 8월 27/28일
8  마하보디 소책자 시리즈 6호, 1932년
9  실론 데일리 뉴스, 1933년 10월 3일
10 마하보디 저널, 1937년 1월호
11 마하보디 저널, 1933년 11월호
12 마하보디 저널, 1967년 10월-11월호
13 마하보디 저널, 1954년 10월호
14 1925년 6월호 마하보디 벵골판
   마하보디 저널, 1933년
15 마하보디 저널, 1926년 1월호 (붓다가야 특별판)
   다르마팔라 리피 (싱할리어) 스리랑카 정부 출판, 문화부, 1964년
16 마하보디 저널, 1933년 12월호
17 마하보디 저널, 1931년 12월호
18 마하보디 저널, 1964년
19 마하보디 저널, 1931년 11월-12월호

| | |
|---|---|
| 20 | 마하보디 저널, 1961년 11월-12월호 |
| 21 | 마하보디 저널, 40권, 1932년 2월호 |
| 22 | 다르마두트 (카르티크 푸르니마 호 - 2002년) 인도 마하보디협회 나르나트 센터 출판 |
| 23 | 마하보디 저널, 1911년 5월호 |
| 24 | 마하보디 저널, 1907년 2월-3월호 |
| 25 | 마하보디 저널, 1891년-1905년<br>스리랑카 윌리암 페이리스의 에드윈 아놀드 |
| 26 | 마하보디 저널, 1924년 5월호 |
| 27 | 마하보디 저널, 19권, 1911년 1월호<br>고타마 석가 붓다의 아리아 법, 1917년호<br>인도 불교 성지 순례, 마하보디 저널, 40권, 1932년 4월-5월호<br>석가모니 고타마 붓다의 아리아 법, 2부, 1917년<br>마하보디 저널, 39권, 1931년 10월<br>고결한 행위로의 복귀 - 아나가리카 다르마팔라의 연설, 수필, 편지 모음집 - 아난다 구루게 편집, 스리랑카 정부 문화부 사회-문화 통합국 문화 사무 & 정보부 출판, 1991년 |
| 28 | 고결한 행위로의 복귀 - 아나가리카 다르마팔라의 연설, 수필, 편지 모음집 - 아난다 구루게 편집, 스리랑카 정부 문화부 사회-문화 통합국 문화 사무 & 정보부 출판, 1991년<br>마하보디 저널 60주년판, 1952년 캘커타 |
| 29 | 마하보디 저널, 40권, 1932년 4월-5월호 |
| 30 | 불자, 6권, 1894년 2월호 |
| 31 | 고결한 행위로의 복귀 - 스리랑카 정부, 1991년 |
| 32 | 마하보디 저널, 34권, 1926년 11월호 |
| 33 | 고결한 행위로의 복귀 - 스리랑카 정부, 1991년 |
| 34 | 마하보디 저널 |
| 35 | 고결한 행위로의 복귀 - 스리랑카 정부, 1991년 |
| 36 | 고결한 행위로의 복귀 - 스리랑카 정부, 1991년 |
| 37 | 마하보디 저널, 1931년 12월호 |

 추도사

## 『佛敎』誌를 통해 본 다르마팔라 스님과
##         한국불교와의 인연[1]

그의 호신진신사리(護身眞身舍利)를 남기고 가다.

아나가리카 다르마팔라가 처음이자 마지막으로 우리나라를 찾은 것은 그가 49세 되던 여름, 1913년 8월 20일이었던 것으로 전한다.
당시 일본을 위시하여 동양권 내 불교 국가를 순방 중이던 다르마팔라는 지금의 서울인 京城을 방문했다. 『佛敎』誌에 게재된 그 당시 기사 내용에 따르면 다르마팔라는 한국 교계에 관해 거의 아는 바가 없었다. 일찍이 불법이 전수된 나라이기는 하나, 있으나마나 한 상태가 아닐까, 하는 정도로 생각했었다가 막상 한국에 와서 예상 외로 많은 불교도와 방대한 조직의 승단이 구성되었고 三十本山 주지, 대덕들이 절을 일으키고 전법에 임하고 있는 큰 불교나라임을 알게 되었다.

---

[1] 아래와 같은 귀중한 자료는 고요한 소리 출간인 『불교 중흥의 기수 – 아나가리카 다르마팔라(Anagarika Dharmapala)』(상가라크시타 저/ 류시화·이경숙외 역)의 부록을 약간의 수정과 함께 옮긴 것임을 밝힌다. 이를 허락해주신 고요한 소리의 활성스님과 원명스님(조계종 범패어장, 원 자료를 고요한 소리 측에 제공해 주셨음)께 감사를 드린다. 역자의 조사에 의하면 다르마팔라의 영어 원문 편지문은 〈불교〉지의 월간 불교사에도 소장하고 있지 않으며, 원명스님 또한 원본을 소장하고 계시지 않는다고 한다. 이에 법화정사 회주이신 도림스님은 인도의 마하보디 협회 측에 다르마팔라 스님의 한글 편지문을 다시 영문으로 옮겨 전할 계획이다.

자기 조국인 남방의 스리랑카와 마찬가지로 한국이 동양 불교의 명맥을 제대로 이어가고 있는 전통 불교 국가임을 발견했을 때 다르마팔라는 감격을 누를 길 없어 팔 다리가 절로 춤출 듯 기뻐했다고 전한다. 그리고 벅찬 歡喜心을 표현하기 위해 자신이 친히 모시고 다니던 釋尊眞身舍利一顆를 한국 방문 기념으로 남기고 갈 것을 결심하게 되었다. 그리하여 당시 宗務院 원장인 金錦潭禪師께 전하고 李海光 스님이 親授했다가 覺皇寺(曹溪寺의 前身) 준공으로 새로 지은 법당 主佛左側에 모시게 되었으니 이것이 南方으로부터 한국에 전래된 부처님 眞身舍利로는 처음이 아닌가 생각된다.

다르마팔라가 眞身舍利를 지니게 된 경위는 태국 순방여행 가운데 國王이 그의 인품과 신심에 감동하여 궁중 황실에 모셨던 佛舍利一顆를 하사했는데 이 사리는 바로 아쇼카왕의 불법 전파 때에 온 것이라고 했다.

그러나 참으로 불행하게도 다르마팔라가 전하고 간 釋尊眞身舍利는 火災와 도난의 위험이 있는 법당 내에 17년 동안이나 그대로 방치되었다.

그러다가 1930년 9월 14일 당시 覺皇寺 元主 李允根 스님의 大願力 造塔불사가 준공 회향되면서 七층 석탑 안에 사리를 안치하기에 이르렀다.(현재 曹溪寺 境內에 있음)

『佛敎』誌는 다시 1932년 3월 25일자의 다르마팔라의 私信을 싣고 있는데 편지에는 19년 전인 1913년에 한국에 남기고 떠난 眞身舍利의 뒷 소식을 궁금히 여기는 내용이 눈에 뜨인다. 또한 인도에서 성지 회복을 위해 노력하는 자신의 불사에 관해서도 허심탄회하게 적어 보낸 것이 인상적이다.

여기 당시 『佛敎』誌에 게재된 다르마팔라의 편지와 다르마팔라 입적 당시 그 소식을 접하고 실었던 기사와 金素荷 詩人의 弔詩를 싣는다.

〈다르마팔라 스님이 〈불교〉잡지 사장에 보낸 편지문〉

"『불교(佛敎)』誌 사장님,
　惠途하신 貴誌는 고맙게 받았습니다. 그러나 그 내용을 해득할 사람이 이곳에 없는 것이 유감입니다. 어려우시겠지만 귀 불교계의 활동을 소개하는 영문판이 있었으면 좋겠습니다.
　1913년에 제가 서울을 방문한 일이 있습니다. 그 때 저는 그 곳 敎界의 僉德과 相面할 영광을 가졌습니다. 그리하여 僉德과 상면하던 날, 世尊聖體의 遺骨을 담은 금반 一個를 당시 수석 老德앞에 봉정한 일이 있습니다. 그 후 이 聖物이 어떻게 되었는지 알지 못해 궁금합니다. 그 때 僉德께서는 이 聖物을 봉안하기 위하여 특별히 寺院을 건조하시겠다고 말씀하셨습니다.
　오늘 날 인도에는 불교가 거의 절멸되었습니다. 距今 七百年前 回敎침입자가 불교를 파괴한 것입니다. 그래서 만 七百년 간 우리 聖敎를 중흥하려는 기도가 전혀 없었습니다. 제가 '바라나시'와 '부다가야'에 있는 聖寺院을 순례하기는 벌써 42년 전의 일입니다. 장차 나는 나의 신명을 바쳐서라도 잊혀진 大法을 이 땅에 재흥키로 결심하였습니다.
　그리하여 나는 현재 바라문교, 회교, 기독교 밖에 없는 이 땅에서 雙手로 분투 활동하여 왔습니다. 오늘날 인도 민중은 전적으로 우리 부처님을 잊어버렸습니다. 그러나 저는 삽화에 있는 것과 같은 아담한 精寺(물라간다 쿠티 비하라)를 鹿野苑에 건조하는 데 성공했습니다. 저의 생전에 우리 世尊께서 正覺을 이루신 부다가야에 있는 우리의 聖寺院을 회수할 수 있기를 바랍니다. 현재 부다가야는 世尊의 聖跡을 나날이 더럽히는 사이바트 교도의 管下에 있습니다. 조선 불교도들이 이 성지에 내방하게 되기를 바랍니다. 이 성지야말로 朝鮮, 中國, 日本, 태국, 버마, 스리랑카 등 모든 나라 불교도들의 것입니다.

귀하의 下敎를 기다리면서……. 佛恩中 貴下의 건강을 비나이다."

佛紀 2476년(서기1932년) 3월 25일
데와밋따 다르마팔라(前名 - 아나가리카 다르마팔라)

다르마팔라의 서거(逝去)에 붙여

현대 인도 불교계의 큰 별인 다르마팔라가 지난 4월 29일 바라나시 교외 사르나트에서 69세의 고령으로 서거했다고 한다.

그는 20년 전 한반도 불교계를 방문하여 세존의 진신사리 1과를 기증한 일이 있었으며 지난 3월 25일자로 친절한 편지 한 통을 본사로 보내어 인도 불교의 중흥운동에 대하여 조선 불교도의 지지와 성원을 간청한 바도 있었으니 그와 조선 불교계와의 관계는 적지 않은 인연을 가진 것이다. 이에 돌연 그의 부음을 접하게 됨에 우리는 안타까운 마음을 금할 수 없어 그와 생전에 친분이 두터울 뿐 아니라 그가 창설한 영국 마하보디 협회의 부회장이기도 한 브루톤(B. L. Broughton)씨의 다르마팔라에 대한 추억담(일본 중외일보에 실림)을 번역하여 독자들께 소개한다.

다르마팔라는 1864년 콜롬보의 상류 가정에서 탄생했다. 본명은 데이비드 헤와위따르네(David Hewavitarne)라 하였으며 교육을 기독교 학교에서 받았으나 결코 기독교의 감화를 받지 않았다. 1883년 그가 19세 되던 때 유명한 블라바츠키(Blavatsky) 부인과 올코트 대령을 만났다. 블라바츠키 부인에게서 인류를 위하여 활동하며 빠알리어를 공부하라는 권고를 받았다. 그래서 그는 이 권고에 따라 그의 전 재산을 자선사업에 제공하고 이름도 아나가리카 다르마팔라(Anagārika Dharmapala)로 고쳐 완전히 학승(學僧)의 생활을 했다.

그는 태어나면서부터 여행을 좋아했다. 그가 처음 여정에 오른 곳이 인도인데 그 나라에서는 불교가 이미 망각되어버린 것을 알았다. 그래서 그는 당시 영국 정부의 강력한 지지를 받고 있는 힌두교도로부터 부다가야를 구제하려는 거룩한 운동을 개시했다. 1893년 그가 처음 방문한 사르나트는 괴멸된 폐허로 돼지들만 돌아다니고 있었는데, 이 성지를 불교도의 손에 회수하여 세존의 초전법륜지인 녹야원에 웅장하고 아름다운 사원을 건립하게 된 것은 그의 일생을 통하여 가장 빛나는 공적이다.

1891년에 그는 대각회(大覺會)를 창설하고 다음 해에는 이 단체의 기관지 「대보리(大菩提, The Maha Bodhi)」제1권을 발행했다.

그는 1893년 가야에 가서 보리수 아래에 단정히 앉아 있었다. 그곳에서 그는 그를 방문한 나와 함께 정답게 대화를 나눈 적이 있었는데, 당시 그는 가야에 영주할 충동을 느낀 듯하다. 그리하여 마침내 거기에 머물게 되었다. 그런데 이 가야 체류는 그에게 획기적 결과를 가져온다. 즉 한 인도 신사가 젊은 스리랑카 승려의 광채 있는 풍모를 보고 자기 집에 초대하여 마침 개최되려는 시카고 종교회의에 가보기를 권한 것이다. 그래서 그는 곧 스리랑카 불교도 대표로 이 회의에 참석하게 되었으니, 이것은 실로 그의 생애 가운데 가장 중대한 일이었다. 왜냐하면 그는 이 회의에서 대단한 주목을 받았을 뿐 아니라 여행 도중 하와이의 카메하메하 왕의 후예이며 부호인 포스터(Elizabeth Mary Foster) 부인을 만났기 때문이다. 그 때 부인은 "나의 성질은 급하며 고약스러워서 스스로도 곤란하다"고 그에게 고백했다. 이에 그는 불교심리학과 정신수양들에 관해 여러 가지 일러주었더니 부인은 완전히 감격하여 끝없는 감사를 드리는 동시에 이후 항상 각종의 자선사업에 그의 재산을 제공했다. 담마팔라가 창설한 공립학교, 병원, 시약원(施藥院), 캘커타의 사원 등, 어느 것이나 포스터 부인의 힘을 입지 않은 것이 없다.

1915년에 영국인은 스리랑카에서 극히 잔학한 통치를 했다. 다행히 담마팔라는 당시 인도에 있었으나 영국정부는 그를 극도로 냉대하여 3년 간 독방에 감금했다. 이 때 해친 그의 건강은 끝내 회복되지 않았다. 1926년, 그는 영국을 방문하여 불교 전도회관과 영국대각회(大覺會)를 창설했다. 동회(同會)는 최초의 본부를 런던 교외 일링(Ealing)에 두었는데 너무나 떨어져 있는 까닭에 무슨 일에나 대단한 곤란을 느꼈으나 불굴의 보살정신을 지닌 담마팔라는 조금도 물러나지 않고 이 단체의 성장에 모든 힘을 기울여 노력했다.

원래 그의 건강은 좋지 못하였으며 또한 영국의 기후가 전연 맞지 않았기에 1927년 스리랑카로 돌아왔으나 그의 늙은 몸은 해를 거듭할수록 쇠약해졌다. 다음 해 그는 스리랑카 비구 세 사람을 2년 간 계약으로 영국에 파견하여 영국 최초의 불교 사원을 건립하게 했다. 1931년, 그는 스리랑카를 떠나 인도로 가서 사르나트에 거주했다.

같은 해 11월 이곳에 사원 물라간다쿠티 비하라가 창건되었다.

그런데 담마팔라의 풍채로 말하면, 그는 실론 사람으로서는 키가 큰 편이고 청년시절에는 훌륭한 미남이었다. 그러나 유감스럽게도 그에게는 육체적으로 결함이 있었으니, 한쪽 다리가 짧아서 절뚝 걸음을 하였던 것이다. 이런 약점을 가졌음에도 불구하고 그의 열정은 경탄할만한 것이었다. 보살의 정신을 지닌 그가 불교를 위하여 행한 활동에는 절름발이 걸음이 없었다.

그는 나의 절친한 벗이며, 나는 그에게 더 없는 존경을 보냈다. 그의 거동은 친절하고 동정심으로 가득 찬 것이었다. 그러나 무엇보다도 그의 비범한 특성이라 할 것은 그의 '대담한 성실(Fearless sincerity)'이다.

영국에서는 그가 기독교를 혐오하고 기피했다고 하여 꺼리는 자가 많았다. 그러나 그는 기독교와 타협할 수는 없는 것임을 분명히 인식하였으며 마음에 있지도 않는 칭찬을 늘어놓기에는 너무나 정직했다. 나 개인의 생각으로는 기독교에 대한 담마팔라의 이와 같은 분명한 태도는 전불교도가 지녀야 할 태도라고 생각한다.

담마팔라의 불교철학에 대한 지식은 심원하며 그가 말한 바는 간명하고 직절(直截)했다. 또 그는 무슨 일에든지 열렬했다. 이 성실한 열정이야말로 그의 불사를 성공시킨 근본 에너지일 것이다. 오늘날과 같은 오괴겁(五壞劫)의 시대에 그와 같이 인류의 복리를 위하여 생애를 바친 사람은 실로 드물다.

담마팔라의 명성이 널리 퍼지게 된 주요한 이유 중의 하나는 불교를 서양에 널리 유통시키려고 한 그의 열렬한 서원이다. 이에 모든 불교도들은 그의 이런 서원을 본받아 그것을 성취하려고 노력해야 할 것이다. 법보시야말로 그 어떤 보시보다도 뛰어난 것이기 때문이다. 담마팔라는 세계를 구제할 수 있는 유일한 길은 세계종교

가운데서도 진정 평화를 희구하는 종교인 불교를 선포하는 데 있음을 명백히 인식했다.

이제 담마팔라가 서거함에 따라 세계의 위대한 인물 한 사람이 사라졌다. 그와 같은 인물이 소수라도 존재한다면 훌륭한 인격자의 결핍으로 수난 받고 있는 현재의 상황에서 인류의 운명을 바꿀 수도 있을 것이다. 따라서 세계를 개혁할 유일한 방법은 그가 몸소 실천한 바와 같이 인류를 위하여 활동하는 것이다.

담마팔라가 탄생할 당시 스리랑카 사람들은 자신들을 불교도라고 긍정하기를 부끄러워했다. 기독교 전도사들은 철면피적이며 공격적이었다. 모든 교육은 그들의 손에 장악되었었다. 스리랑카 사람들이 그들의 종교와 국민성을 상실하는 것은 오직 시간문제였다. 그러나 담마팔라의 덕택으로 오늘날 스리랑카 불교는 중흥하였고 스리랑카 사람들은 그들이 불교도임을 자랑하게 되었다.

비구들의 공부를 위한 대학을 가진 사라나트의 사원은 인도불교 갱생의 중심이 될 것이다. 오늘날 교양 있는 인도인은 불교 중흥운동에 기대하는 바가 크다. 왜냐하면 그들은 국가를 정치적으로 무력케 하는 카스트 제도의 사성계급 구별을 없애는 데는 불교사상의 선포 이외에 달리 길이 없음을 확신하는 까닭이다. 영국의 불교 전도회관이 동양의 불교도에 의해 올바르게 뒷받침된다면, 머지않아 물질문명에 번민하는 서유럽에 광명과 행복의 기초를 제공하게 될 것이다.

담마팔라의 일생 서원은 인도불교의 중흥이었다. 그의 이 서원은 어느 정도 성취되었다.

이 거룩한 서원의 성취야말로 그를 미래에 숭고한 정각위(正覺位)에 나아가게 할 공덕의 선근이라 해도 결코 과언이 아닐 것이다.

1933년 6월호 『佛教』에서

 추도시

## 조곡시(弔哭詩)
印度錫蘭島 담마팔라 大師 涅槃

金 素 荷

오 - 偉大한 太陽도 밤이 되면 지단말가?
오 - 猛烈한 불꽃도 때가 가면 죽단말가?
永劫에 비춰주워야 할 그 太陽이!
은제든 타올나여야 할 그 불꽃이!

回敎徒에 짓발핀 佛陀의 聖誕地인 룸비니를!
婆羅門敎에 빼앗긴 佛陀의 成道場인 불타가야를!
그남어지 說法하든 鹿野院과 般열반튼 사라雙林을!
期於코 奪還하려 信念에 불이 붓든 聖者 담마파라여!

그는 太陽이 西山에 넘어가듯 열반에 쉬시도다.
그는 불꽃이 野邊에 사라지듯 覺에 잠들도다.
支那, 朝鮮, 日本, 佛敎徒의 覺醒을 재촉하며
더욱히 朝鮮漢城에 모신 佛舍利를 새로곰 憶慕하면서

나는 그를 설허하며 눈물 흘니며 哭하노라
七百年 긴 歲月에 破壞하든 異敎徒와 싸와가며
佛敎의 復興 그를 위하야 太陽가티 불꽃가티 奪鬪하든 그가 도라가니
佛光明이 비추려든 印度天地가 다시 暗黑하야 질것을.

 Memorial writing

# The first relation of Dharmapala and Korean Buddhism

It is said that Anagarika Dharmapala's first and last visit to Korea was on August 20th of 1913 he was at the age of 49.

He visited Seoul while he was making tour of Eastern Buddhist countries including Japan. According to an article in journal "Buddhism", Dharmapala had disclaimed any knowledge of religion of Korea until his visit. Although Buddha-Dharma had been inherited long ago, he did not expect that Buddhism had flourished in Korea. Not only was he surprised at the extraordinary number of Buddhists and extensive organized Sangha, but impressed by the chief abbot of main temple and Maha Theras who had been making the temples prosperous and preaching the Dharma.

He was deeply touched when he found out Korea had been keeping the tradition of the Eastern Buddhism alive as his country Sri Lanka had been. With great veneration, he decided to donate a relic of the Buddha which he had carried around he conveyed arelic to the most Venerable Keum-Dam Kim, the president of Jogye Order of Korean Buddhism. The relic was enshrined on the left of the Buddha image in the worship room of Jogye Temple. It is regarded as the first relic that has been conveyed from Southern Buddhism to Korea.

It is said that once Dharmapala was on tour in Thailand, the King of Thailand, moved by his great personality and devotion, bestowed on him a relic that had been kept in Thai royal palace since King Asoka had distributed.

Unfortunately the relic that Dharmapala presented had been in a state of total neglect in the worship room that had been exposed to fire and theft risks for 17 years. The relic was enshrined in a seven-story stone pagoda after the completion of astone pagoda by Venerable Yoon-Keun Lee on September 14th of 1930.

The Journal "Buddhism" is carrying the letter from Dharmapala dated March 25th, 1932. It is notable that he wonders about the relic he conveyed to Korea 19 years ago. It is also impressive that he candidly reveals his efforts to restore the Sacred Temple to the Buddhist world.

Following are the letter from Dharmapala, the obituary, and a memorial poem by Soha Kim, which was published on the journal "Buddhism".

**The Letter from Dhamapala**

To,
The president of the journal "Buddhism"

We are in receipt of your generous paper. It is unfortunate that we do not have any translators here. It may be hard, but it would be better if there is English edition for the journal that reports Buddhist activities in your country.

I have visited Seoul in 1913. I had the honor to meet Venerables from various orders of traditional Korean Buddhism for the first time. On the day I met them, I presented to Most Venerable a relic of Sakyamunni Buddha. I wonder what happened to the sacred relic after I left. Most Venerable said that he would build a special stupa in which the sacred relic would be enshrined.

Buddhism was virtually extinct in India by now, primarily due destructive activities of Muslim invaders 700 years ago. There have not been any attempts for the revival of Buddhism for 700 years. When I went to on pilgrimage to Varanasi and Buddha Gaya 42 years ago, I vowed to dedicate my life to disseminate the forgotten principles of the Dharma in the country of its origin.

I have fought for the revival of Buddhism in a country where only Brahmanism, Islam, and Christianity survived. Buddhism has been forgotten by the people of India nowadays. However, we have succeeded in erecting a splendid Vihara (Mulagandhakuti Vihara) at the Deer Park as you can see in the illustration. The holy space at Buddha Gaya where the Buddha attained enlightenment must be rescued from un-Buddhist hands. Currently, the holy site is in the hands of Saivite monks who desecrate the Buddha's deeds. We hope that one day Chosun Buddhists would be able to visit the holy sites which belong to all the Buddhists of Chosun, China, Japan, Thailand, Burma, and Sri Lanka.

We will be waiting for your reply

May Buddha be with you and bless you

March 25th, 1932.

Devamitta Dhammapala

## Lamenting for the death of Dharmapala,

Dharmapala, a leading figure of Buddhism in modern times, passed away aged 69 at Sarnath near Varanasi on April 29th.

The incidents that he conveyed a relic of the Buddha when he visited Korea in 1913 and sent a letter dated March 25th to the head office to plead Korean Buddhists to support the revival of Buddhism in India indicate a close tie between him and Korean Buddhists. To honor him, we decided to present readers a collection of the vice president of the British Maha Bodhi Society, B. L. Broughton's reminiscences about Dharmapala.

Dharmapala was born into an aristocratic family in Colombo in 1864. Although he started his life with the name David Hewawitharana and had his education at Christian institutes, he had never been influenced by Christianity. In 1833, at the age of 19, he met Colonel Olcott and Madame Blavatsky who advised him to study Pali and to work for the good of humanity. Under their influences, he donated his entire fortune to charity, and changed his name to Anagarika Dharmapala.

When Dharmapala was on a pilgrimage to India, he realized that the Buddhism had been buried in oblivion in India. Heresolved to start his great mission for the restoration of Buddha

Gaya from the Hinduism which was vigorously supported by the British government. Sarnath where he visited in 1893 had been used as a place for hog breeding. It is the most distinguished accomplishment through his life that Dharmapala aimed the restoration to Buddhist control of the sacred site and built magnificent temple at the Deer Park where the Buddha had preached his first sermon.

In 1891, he founded the Maha Bodhi Society, and published the Maha Bodhi journal which was the official organ of the Maha Bodhi Society in the following year.

Hewas sitting up square under the Maha Bodhi Tree, Gaya in 1893. After I had a conversation with him, I figured out that he had an overwhelming urge to settle down in Gaya. Staying at Gaya brought about epoch-making consequences to him he was invited to attend the World Parliament of Religions held at Chicago as a representative of Southern Buddhism. It was a landmark in his life since he not only became world famous at the meeting but also met wealthy Mrs. Elizabeth Mary Foster, a descendant of King Kamehameha of Hawaii on the way home. Dharmapala consoled her emotional problems using Buddhist techniques; in return, she granted him an enormous donation to various charitable works such as establishing public schools, hospitals, and building temples in Calcutta.

Sri Lanka had been ruled cruelly by the British Colonialists in 1915. Fortunately he had been staying in India, but he was placed in solitary confinement for three years on the request of the British authorities. He could never regain his health that had been weakened under confinement. In 1926, he established the London Buddhist Mission and the British Maha Bodhi Sodiety while he was staying in Britain. Although he had to go through difficulties given that the first head office was located in Ealing, far from the city, he did not lay down but exerted great effort for the growth of the organization with an indomitable spirit of Bodhisattva.

Due to deteriorating health and unsuitable weather condition, he came back alone to Sri Lanka in 1927. In the following year, he dispatchedthree Singhalese Buddhist monks to London to erect the first Buddhist temple in England. In 1931, he left Sri Lanka to settle down in Saranath where Mulagandhakuti Vihara was established on November of the same year.

He was taller than average Ceylonese and brilliantly handsome in his youth. Unfortunately, he had a physical defect that he walked lame because one of his legs was shorter than the other. Despite the disadvantage, his passion was admirable; his lame footnever disqualified himfor activities for the sake of Buddhism with a spirit of Bodhisattva.

He was my close friend and an admirable man whose heart was filled with kindness and sympathy. Above all, the most extraordinary characteristic would be his fearless sincerity.

In Britain, there were lots of people who shunned him because he abhorred and evaded Christianity. However, he was clearly aware of that there was no room for compromise with Christianity; he was too honest to praise that were underserved. In my opinion, all the Buddhists should take a firm stand on Christianity as he did.

His Knowledge in Buddhology was profound and his lectures were simple, clear and faithful. He was enthusiastic in everything he did. His sincere enthusiasm would be the fundamental energy of success in his achievement. It is seldom that one who dedicates one's life to promote the welfare of humanity nowadays.

One of the reasons that Dharmapala achieved his fame is his enthusiastic vow to spread Buddhism in Western hemisphere. Thus, all Buddhist should emulate his vowand put forth their best efforts to disseminate the Dharma throughout the world. Dissemination of Dharma is regarded as one of the most important Buddhist virtues. Dharmapala was obviously aware that the only way for the salvation of the world was the propagation of

Buddhism which sincerely sought the peace among other world religions.

One of the greatest men of the world has gone for ever as the demise of Dharmapala. Under the present conditions in which humanity suffers due to lack of great men, the destiny of humanity can be changed if there is a person like Dharmapalawho devoted his life to humanity. The only way to reform the world would be workingfor the humanity like he did.

Dharmapala appeared at a time when Sri Lankan felt ashamed to affirm their Buddhist identity. Christian Missionaries were brazen and aggressive, and the education system was under their control. It was a matter of time to Sri Lankan to surrender their religious and cultural identity to the Christians. Due to greatest efforts of Dharmapala, the revival of Buddhism has succeeded and Sri Lankan became to be proud of their Buddhist identity.

Temple at Sarnath that has college for Bhikkhus will grow to be the center of reformation of Buddhism in India. Educated Indians of today have great expectations on the revival of Buddhism since they are confident that propagation of Buddhism is the only wayto eradicate the caste-system that politically incapacitates the country. If the London Buddhist Mission is supported properly by the Eastern Buddhist, it will provide a foundation of happiness and a ray of hope to Western Europeans who has been tormented by material civilization.

Dharmapala has vowed himself to work for the revival of Buddhism in India. His vow was achieved to some degree by now. It may be fairly said that his sacred achievement would be the root of good deeds for next incarnation.

**From the June issue of journal "Buddhism" in 1933.**

 **역자후기**

『인도불교부흥운동의 선구자 – 제2의 아소카, 아나가리카 다르마팔라』

조 준 호

　본 역서는 순전히 법화정사 회주이신 도림스님의 발원과 서원의 결과물이다. 스님은 일제강점기 때 독립을 위해 민족대표 33인 가운데 불교계 대표로 참가했던 백용성스님의 손제자이다. 용성스님은 한국불교사상 처음으로 한글판 금강경을 출간했던 바 있다. 도림스님 역시 그 정신을 이어받아 한글 불교경전을 손수 다듬어 널리 유통시키는 데 전력을 다하고 있다. 게다가 남다른 역사의식으로 '평화통일불사리탑'을 제주도에 건립하여 통일에 대한 기원을 고취함은 물론 보우스님과 지안스님 등의 불교순교자의 석상을 경내에 건립하여 사적지화함으로써 민족과 불교의 대의(大義)를 실현하는데도 앞장서고 있다. 더 나아가 불교의 발상지인 인도불교부흥이라는 대의를 실현하고자 성도재일(成道齋日)에 맞춰 보드가야에서 정기적으로 기념비적인 불사(佛事)를 거행하고 있다. 그 이유는 불교발상지 인도에서 불교부흥을 이루어 세계불교를 활발발하게 하기 위해서이다. 이를 위해 대승불교의 정수라 일컫는 〈법화경〉과 같은 경전을 현지의 힌디(Hindi)어로 번역하여 널리 유통시키는 불사(佛事)를, 그리고 인도에 체류하는 각국 스님들과 함께 성도재일을 대대적으로 기념하는 행사 등을 통해 인도불교부흥에 새로운 활력을 불어넣어주고 있다.

　본 역서 역시 도림스님이 인도불교부흥을 위해 울리는 법고(法鼓)

가운데 하나라 할 수 있다. 스님은 인도불교부흥을 위해서는 우선 운동의 선구자인 아나가리카 다르마팔라 스님을 잘 아는 것이 중요하다고 인식하였다. 그 때문에 여러 가지로 부족한 본 역자에게 그 번역을 당부하였다. 게다가 역자 또한 인도 유학 시기에 다르마팔라 스님이 건립한 사찰에 신세를 지는 은혜를 입었다. 당시 인도에는 번역자를 포함하여 한국에서 온 외교관이나 기업체에서 파견된 불교인들이 함께 모여 신행활동을 할 수 있는 마땅한 공간이 없었다. 그런 상황에서 우리들에게 기꺼이 공간을 제공한 사찰이 바로 다르마팔라 스님의 흉상이 모셔진 델리(Delhi)의 '마하보디 소사이어티'라고 하는 절이었다. 그러므로 역자는 무엇보다도 보은할 수 있는 좋은 기회라 여겨 순순히 번역요청에 응했다. 하지만 안 그래도 정해진 행사일에 맞추어 번역작업을 맞추기가 어려운 상황이었던 데다가, 설상가상으로 개인의 신상에 예기치 않은 일까지 발생하였다. 따라서 약속한 날짜에 맞추어 무리하게 책을 출간하려다 보니 번역내용을 잘 다듬을 여유가 허락되지 않았다. 그 때문에 본 역서는 많은 부분에서 내용이 미숙하고 매끄럽지도 못하여 많은 아쉬움이 있다. 비록 그렇지만 다음 기회(제2쇄 또는 개정판)에는 충분한 시간을 가지고 좀 더 완전한 번역서가 될 수 있도록 심혈을 기울일 것을 다짐해 본다. 모쪼록 본 역서를 통해 많은 인연 있는 독자들에게 인도불교부흥에 대한 관심을 환기시키는 데 조금이라도 도움이 되기를 희망한다. 끝으로 본 역서가 나오기까지 큰 도움을 주신 법화정사 회주 도림스님, 위말라끼띠 스님, 난다라타나 스님, 보리수투어의 정기선 사장님, 이화문화출판사의 이홍연 이사님, 김지연 선생님, 방경일 선생님, 그리고 추도사를 영문으로 옮겨주신 박동주 불자께 깊은 감사를 드린다.

## 편저자 카하왓떼 스리 수메다 스님
### (Dr. Kahawatte Siri Sumedha Thera)에 관하여

아나가리카 다르마팔라의 삶과 작품에 관한 이 책은 그가 불교를 그 탄생지에 회복하기 위해 평화적인 개혁운동을 하는 동안 그가 겪은 일생의 경험과 대결을 광범위하게 편찬하였다. 또한 서구세계에 불교를 알리기 위한 그의 긴 여정과 스리랑카의 유산을 회복하기 위한 그의 부단한 운동을 그리고 있다.

편집자인 스리 수메다 스님은 1967년 11월 26일에 스리랑카 칸디구 감폴라 교외 마을의 카하왓떼의 마을에서 태어났다. 그는 마탈레 쿰비얀고다 사원에서 아튼피티예 시리 위말라 큰스님에게 계를 받았다. 그는 콜롬보 폴와타 사원의 국가 학자인 인두루에 우타라난다 마하나이케 큰스님, 스리랑카의 밧에가마 위말란사 아누나야카 큰스님, 스리랑카의 비디얄라야 마라다나의 지도를 받으며 승려생활을 하였다. 그는 콜롬보 대학을 졸업하고 일본 오사카의 국제 센터에서 언어학을 수학했다.

스리 수메다는 불교 포교사로서 서태평양 국가들을 널리 순회하였으며 사람들의 사회-종교적인 특성에 대해 지식을 쌓고 경험했다. 그 후 인도 마하보디 협회의 초청으로 협회에 참석했으며 현재 부사무총장이다. 그는 바라나시 마하트마 간디 카쉬 비드피쓰에서 연구 과정 학위를 받았고 바라나시 바나라스의 힌두 대학에서 역사 고고학 박사 학위를 취득했다. 그는 사르나트의 물라간다쿠티 사원의 현직자로서 조직의 도량을 다종교 사회 활동에 탁월하게 보여주었다. 그는 일본, 미국, 영국, 유럽, 동남아시아에서 열린 불교, 세계 평화와 조화, 종교간 대화에 관한 국제회의와 세미나에 참석했다. 그는 협회 사르나트 센터의 다르마두트의 영어와 힌두어판 편집인이다. 저술가로서 그는 1999년에 출간된 아나가리카 다르마팔라에 관한 초기 작품인 〈아나가리카 다르마팔라 : 영광의 삶〉으로 유명하다. 그는 세계 종교 지도자 회의(UNO : United Nations Organization)의 성과, 미국 뉴욕)의 회원이다. 그는 또한 인도 뉴델리 종교 지도자 인도 회의의 운영부의 회원이다.

법화사상연구소 기획총서 ❶

# 인도불교 부흥운동의 선구자
제2의 아소카, 아나가리카 다르마팔라

2010年 10月 23日 발행

| | |
|---|---|
| 편 저 자 | 카하왓떼 스리 수메다 스님 |
| 역 자 | 조준호 |
| 발 행 처 | 도서출판 佛사리탑 · 레미엣나 |
| 제 작 처 | 이화문화출판사<br>서울시 종로구 내자동 167-2 인왕빌딩<br>02)738-9880 |
| 등록번호 | 제2호 (1992.12.30)<br>E-mail : buphwajungsa@hanmail.net<br>한글주소 : 법화정사, 세계불교수도원구룡사, 불사리탑 |
| 주 소 | 130-864 서울시 동대문구 제기동 1158-38 |
| 전 화 | 02)928-1331 |
| F A X | 02)953-0258 |
| 홈페이지 | www.buphwajungsa.or.kr |

ISBN 978-89-89579-59-5

값 18,000원

※ 잘못 만들어진 책은 바꾸어 드립니다.
※ 본 책의 내용을 무단으로 복사 또는 복제할 경우, 저작권법의 제재를 받습니다.